우리말 연구의 첫걸음

유현경 · 서상규 · 한영균 · 강현화 · 고석주 · 조태린

보고사
BOGOSA

머리말

우리말을 가르치고 배우는 보람은 어디에 있을까? 외솔 최현배 선생이 "사람이 있는 곳에 말이 있으며, 겨레의 사는 곳에 겨렛말이 산다. 겨렛말은 실로 겨레의 정신이요, 생명이다.(『우리말 존중의 근본뜻』중에서)"라고 한 바와 같이, 우리말의 속을 깊이 알아 가면 갈수록, 거기서 우리는 스스로가 어떤 사람이고 어떤 민족인지를 뚜렷이 알 수 있게 된다. 그러므로 우리말을 갈고 닦는 것은 우리말을 매일 쓰는 모든 사람들이 마땅히 해야 하는 일이다. 특히 한국어학을 전공한 사람들에게는 우리말에 대한 일정 수준 이상의 지식과 이해가 있을 것으로 기대하며 또 이를 요구한다.

이 책은 '우리말 연구의 첫걸음'이라는 제목이 말해 주듯 국어국문학을 전공하는 학부 학생들이 한국어학을 처음 공부할 때 교재로 사용할 수 있게 만든 것이다. 또 이 책의 원고를 집필할 때 학부 학생들뿐 아니라 학부에서 한국어학을 전공하지 않은 대학원생이나 외국어로서의 한국어교육을 전공하는 외국인 학생들도 염두에 두었다. 국내에서 이와 같은 목적을 가지고 출간된 단행본들과 비교해 보면 이 책의 내용은 상대적으로 무겁게 느껴질 수도 있고 난이도도 높은 편이다. 그러나 학생들의 수준에 따라 기본적인 내용부터 깊이 있는 내용까지 익힐 수 있도록 다양한 형식으로 구성하였다.

이 책은 총 13장으로 되어 있다. 한 학기가 15주 내지 16주로 되어 있는 것을 고려하여 한 주에 한 장씩 학습할 수 있게 한 것이다. 한국어학의 기초에서 시작하여 일상의 언어 사용 문제와 관련된 사회언어학과 방언학 등 거시적인 내용을 앞부분에 배치하였다. 한국어학의 이론 중에서 음운론부터 학습하는 기존의 일반적인 방식에서 벗어나 학습자들이 가장 쉽게 인지하는 문법 단위인 문장부터 배울 수 있도록 문장의 구성을 제일 앞에 오도록 하였다. 그 다음에는 학습자의 학습 부담과 내용적 연관성을 고려하여 장을 배치하였다.

이 책의 각 장은 도입부와 본문, 참고상자, 토론거리, 더 읽을거리 등으로 이루어져 있다. 도입부는 다시 두 가지 부분으로 나뉘어 있다. 먼저 해당 장에서 다루어야 할 주요 연구 주제들을 5개 내외의 질문 형식으로 제시하여 교수자와 학생들이 가벼운 토론을 통해 일종의 브레인스토밍을 할 수 있도록 하였다. 다음에는 해당 장에서 다루는 분야에 대한 간단한 설명이 제시되어 있다. 이 설명을 통하여 한국어학의 각 영역이 어떤 관계를 가지고 있는지, 한국어학의 이론적인 지식을 어떻게 응용할 수 있는지 알 수 있도록 하였다.

이 책의 가장 특색 있는 부분은 풍부한 참고상자이다. 참고상자는 세 가지 유형이 있는데 본문의 내용에서 한발 더 나아간 심도 있는 한국어학적 지식을 〈깊이 알기〉에서 설명하였으며 〈생각 넓히기〉에서는 한국어학의 다른 영역이나 다른 학문과 관련된 내용을 기술함으로써 사고의 폭을 확장시킬 수 있도록 하였다. 입문 단계에서 가장 중요한 것은 주요 개념을 정확하게 익히는 것이다. 이 책에서는 〈개념 정리〉를 따로 두어 우리말 연구의 기본을 단단하게 다질 수 있도록 하였다. 이러한 참고상자들은 필요에 따라 학생들의 수준에 맞게 활용하면 될 일이다. 그리고 각 장마다 토론거리를 몇 개 제시하여 수업 시간 중에 학생들과 토론을 하거나 과제의 주제로 삼을 수 있게 했다. 각 장의 마지막에는 해당 장의 내용을 보충할 수 있는 주요 읽을거리를 제시하여 심화 학습에 도움이 되도록 하였다.

　이 책은 초고를 2014년 2월에 완성하여 2014년의 두 학기에 걸쳐 실제 수업에서 교재로 사용해 본 후, 강의한 교수들과 수강 학생들의 다양한 의견들을 수렴하는 과정을 거쳤다. 이를 통해 필자들의 집필 의도가 잘 전달되도록 가독성을 높이고자 했으며, 실제 사용자인 학생들의 요구와 만족도를 반영하고자 했다. 이러한 이유로 책의 전반적인 내용과 형식은 수강 학생들의 의견에 힘입은 바가 크다. 이 자리를 빌려 부족한 원고를 읽어주고 귀중한 의견을 제시해 준 수강 학생들에게 감사의 말을 전한다.

　이 책은 2013년도 연세대학교 문과대학 전공개론서 집필 사업의 지원으로 저술되었다. 책이 나올 수 있도록 지원을 아끼지 않은 연세대학교 문과대학에 감사의 마음을 전한다. 내용 교정과 문면 교정에 있어서는 강계림, 이주현, 주향아, 조미희, 유소영, 백정현 등 연세대 대학원생들의 도움이 컸다. 이 책의 출판을 선뜻 승낙하여 주신 보고사 김흥국 사장님과, 촉박한 제작 일정에도 수고를 아끼지 않는 보고사의 권송이 선생을 비롯한 편집부원들에게도 이 자리를 빌려 감사를 드린다.

2015년 2월
필자가 모두 함께 씀

목차

참고상자 목차

〈깊이 알기〉

〈개념 정리〉

그림 목차

표 목차

제1장 한국어학의 기초

▶ 이 장에서 다루는 문제

· 우리는 언어를 통해서 무엇을 보고 생각하고 알 수 있을까?
· 언어에 대해서 관심이 있다면 어떤 분야에서 찾아보아야 할까?
· 언어를 다루는 분야는 어떤 것들이 있을까?
· 언어학과 한국어학은 무엇이 같고 무엇이 다를까?

사람은 말을 통해서 의사를 주고받고, 자기 생각과 경험을 다른 사람에게 나타내거나 전해 준다. 이러한 일들은 꼭 소리, 즉 음성을 통한 언어뿐 아니라, 몸짓이나 표정, 글자나 기호 등과 같이 다양한 방법을 통해서 할 수 있지만, 가장 대표적인 것은 말, 즉 음성 언어이다.

그러므로 말을 관찰함으로써 우리는 그 말을 주고받는 사람들의 생각과 경험, 그리고 습관과 사고방식, 더 나아가서는 그 사람들이 속한 집단이나 사회 등에서 오랫동안 형성된 관습과 문화, 역사 등을 엿볼 수 있다.

한국어학이라고 부르는 분야에는 어떤 분야들이 있는지를 살펴봄으로써, 우리는 각 분야에서는 어떤 현상이나 문제들에 주된 관심이 있는지, 또 어떤 연구 방법을 쓰는지를 비교하며 이해할 수 있을 것이다. 그뿐만 아니라 한국어나 외국어를 다룰 때 공통적으로 이해해야 할 일반 언어학의 기초 개념들을 배우고 익힘으로써, 보편적 언어학의 한 갈래로서의 한국어의 특징과, 개별 언어학으로서의 한국어학의 특징을 잘 이해할 수 있게 될 것이다.

1. 언어와 언어학

1.1. 언어와 의사소통

인간을 동물과 구분 짓고자 하는 기준은 여러 모로 생각해 볼 수 있겠지만, 널리 일컬어지는 인간의 고유한 특징으로는 마디진 소리 (분절된 음성)를 통해서 의사를 주고받을 수 있다는 것이다. 이를 의사소통이라 이르는데, 동물들도 소리나 몸짓, 그 밖의 갖가지 방법으로 의사소통을 하지만, 인간의 언어와 같은 복잡한 체계를 지닌 언어를 구사하는 동물은 아직까지는 없는 것으로 알려져 있다.

인간은 태어나서 매우 이른 시기부터 이미 언어의 습득을 시작하여, 자라는 동안 언어를 통하여 세상을 구분하고 인식하는 방법을 익히게 된다. 또한, 언어를 통해서 오랫동안 축적된 지식과 문화를 물려받고, 먹고 살아가기 위한 기술과 능력을 갖추게 된다. 한 사람의 사회 구성원으로서의 역할에 있어서 언어가 차지하는 비중은 이루 말할 수 없을 것이다.

언어가 지니는 특징은 우리가 언어를 통해 인간 생활에서 무엇을 하고 있는가를 생각해 보면 잘 알 수 있다. 언어는 사람들 간에 생각과 지식을 주고받는, 의사소통의 대표적인 수단으로 쓰인다. 이 과정에서 언어에는 그 말을 쓰는 사람 개인의 생각이나 습관을 비롯해서 더 큰 단위의 가족이나 마을, 나라 따위와 같은 인간들의 집단 속에서 오랜 과거로부터 전해져 내려오는 풍습이나 관습, 문화(의식주뿐 아니라)가 담겨 있다. 이러한 것들이 언어 속에 깊숙이 스며들고 뿌리박혀 전해지면서 언어는 사회성을 짙게 띠게 된다. 이를 언어학에서는 언어가 언중들의 약속, 또는 계약에 의해서 이루어진다고 설명한다.

그러므로 언어에는 인간이 살아온 한없는 시간은 물론이요, 인간이

살아온 장소(지역), 그리고 그 집단에서 이루어진 문화의 총체가 녹아
들어 있다. 언어가 존재하는 한, 이 흐름은 끝없이 지속된다.

▌생각 넓히기 ▌

말은 문화와 역사의 자취

　한 겨레의 문화(文化) 창조(創造)의 활동은, 그 말로써 들어가며, 그 말로써
하여 가며, 그 말로써 남기나니: 이제 조선말은, 줄잡아도 반만 년 동안 역사의
흐름에서, 조선 사람의 창조적(創造的) 활동의 말미암던 길이요, 연장이요, 또
그 성과(成果)의 축적(蓄積)의 끼침이다.

　그러므로, 조선말의 말본을 닦아서, 그 이치를 밝히며, 그 법칙을 들어내며,
그 온전한 체계(體系)를 세우는 것은 앞사람의 끼친 업적(業績)을 받아 이음이
될 뿐 아니라, 나아가아, 계계승승(繼繼承承)할 뒷사람의 영원한 창조 활동의
바른 길을 닦음이 되며, 찬란한 문화 건설의 터전을 마련함이 되는 것이다. (최
현배(1937/1971), 『우리말본』, 정음사, 머리말)

1.2. 언어와 사고

　인간은 말을 통해서 자신을 둘러싼 세계를 바라보고 구별하고 이해
한다. 오늘날 한국 사람들은 모두 무지개를 바라보며 일곱 빛깔로 이
루어져 있다고 믿고 실제 그렇게 바라보지만, 일곱 빛깔 중 순수한
한국어로 이루어진 것은 '빨강, 노랑, 파랑'의 셋밖에 없고 나머지 빛
깔들의 이름은 모두 다른 언어에서 빌려 온 말로서, 그 이전까지는
알거나 부르지 못했을 빛깔이다.

　본래 분리되지 않는 하나의 사물을 여럿으로 분리해서 보고 인식하
게 됨으로써 말로 구별하게 되는 것이기 때문에, 그 반대로 우리가
보고 인식하여 분별하는 모든 세상과 사물 역시 우리의 언어를 통해
서 분별되는 것이기도 하다. 또한 인간은 스스로의 내면 즉 의식의

세계를 관조할 때에도 언어에 기대서 생각을 하고 생각을 정리하며 체계화해 나간다. 이와 같이 언어는 한편으로 사고의 도구이자, 한편으로는 사고의 결과이기도 한 것이다.

　말로써 사고되고 표현되는 대상 그 자체는 똑같은 것이 하나도 없고 찰나마다 변화해 나가는 것들임에도 불구하고 우리는 언어라는 수단을 통해서 마치 고정되고 오랜 세월이 지나도 변하지 않는 것으로 인식한다.

▮ 생각 넓히기 ▮

말과 정신

　다음의 (가)와 (나)의 글은, 언어와 그것을 사용하는 사람들의 사고방식이나 정신과의 관계에 대한 대표적인 동서양의 사상을 보여 준다.

가.　선남자여, 그대는 이제 자세히 들어라. 그대를 위해 설명하여 주리라. 선남자여, 좋거나 좋지 않은 법은 마음에 따라서 변화하여 생기는 것이니라. 일체의 경계는 의식과 언어로 분별한 것이니, 한 곳에서 제어(制御)하면 온갖 인연이 끊어져 없어지리라. (『금강삼매경』)

나.　독일의 언어철학자 훔볼트에 의하면, 언어는 그 언어를 사용하는 사람의 사고방식이나 정신구조에 일정한 영향을 미친다고 한다. 이러한 견해를 언어상대성 가설이라고 한다. (중략) 사피어−워프가설(Sapir−Whorf hypothesis)에 의하면, 우리들의 사고 과정이나 경험 양식은 언어에 의존하고 있으며, 언어가 다르면 거기에 대응해서 사고와 경험의 양식도 달라진다고 한다. 다시 말하면, 언어는 사람들의 경험과 사고방식을 규정하며 사람은 이것을 피할 수 없다고 보는데 이러한 입장을 언어결정론(linguistic determinism)이라고도 한다.

　사피어의 문하생인 워프는 미국 인디언의 언어를 연구했다. 그때까지 알려지지 않았던 그 언어자료를 연구하면서, 그는 인간의 심리적 그리고 지적 세계가 그 언어구조와 밀접하게 결합되어 있다는 견해를 주장하게 된다. 그가 연구한 호피(Hopi)족의 언어는 우리들처럼 시간을 구별하지 않는다. 호피족은 과거, 현재, 미래와 같은 시간상의 구별이 뚜렷하지 않다.

그러나 호피족의 언어는 지속되는 시간에 의해서 현상을 분류하는 문법적 수단을 가지고 있다. 〈걸음, 물결, 보행의 행동〉들은 일시적 현상이며, 〈돌, 나무, 사람〉들은 계속적 현상이다. 또 아이다호(Idaho) 인디언은, 그들의 언어에서 어떤 성질이 있는 것을 구별하는 특수한 체계를 발전시켰다. 예컨대, 건포도는 그 자체가 달지만, 커피는 그렇지 않다. 커피는 단맛을 설탕에서 얻고 있기 때문이다. 당밀을 바른 과자는 한층 〈간접적〉으로 달다. 그것은 그 과자의 단맛을 당밀에서 얻고 있는데, 그 당밀 자체는 설탕에서 단맛을 얻어서 〈이차적〉으로 달기 때문이다. 이와 같이 인디언의 언어는 영어나 국어와 비교해 볼 때 모든 것이 근본적으로 다르다. 워프에 의하면 인디언어의 그러한 구조는 특수한 심리를 나타내고 있으며 그러한 언어구조가 그러한 심리의 형성에 영향을 미쳤다는 것이다.

언어상대성을 검증하기 위해서 여러 가지 증거가 인용되고 있는데 색채어(色彩語)도 그 한 예이다. (김방한(2001), 『언어학의 이해』, 민음사, 313-315쪽)

1.3. 언어학

언어학(言語學, linguistics)이란 인간의 언어를 직접 또는 간접적인 대상으로 하는 학문 중에서도 매우 중요하고도 대표적인 분야이다. 언어학을 비롯하여, 교육학, 사회학, 심리학, 정보학, 언어병리학, 자연언어처리 등 이루 헤아릴 수 없는 넓고 다양한 분야에서 각기의 필요성과 목적, 방법에 따라서 실제 언어의 문제를 다루고 있다.

언어학에서는 언어의 내적인 구조뿐 아니라 언어를 둘러싼 외적인 환경들에 이르기까지 매우 폭넓은 관점에서 언어를 관찰하고 분석한다. 언어학은 인류에게 보편적인 현상으로서의 언어를 다루는 분야로부터, 한국어, 중국어, 영어 등과 같은 수천여 개에 이르는 개별 언어를 대상으로 하는 분야에 이르기까지 다양하다.

2. 언어의 여러 모습

2.1. 언어의 두 측면

언어학에서는 인간의 말을 두 가지의 측면으로 파악한다. 하나는 실제의 삶에서 부려쓰이거나 실현되는 말이요, 또 하나는 그 말을 쓰는 사람들의 머릿속에 저장되어 있는 말이다. 전자는 일상의 의사소통에서 쉽게 관찰할 수 있는 모습이지만, 후자는 사람들의 머릿속에 갈무리되어 있는 추상적인 체계로 설명된다. 이것을 일찍이 프랑스의 언어학자 소쉬르(Saussure)는 '파롤'(parole)과 '랑그'(langue)로 불렀으며, 『국어학』(허웅 1983/1997:21-22)에서는 '부려쓰인 말'과 '갈무리되어 있는 말'이란 말로 풀어서 설명하고 있다.

개념상 정확하게 일치하는 것은 아니지만 언어의 이러한 두 가지 측면에 대해서, 노암 촘스키(Noam Chomsky)는 구체적인 현실 속에서 실현된 언어를 '언어 수행'(linguistic performance), 언어의 추상적인 측면을 '언어 능력'(linguistic competence)으로 구별하기도 하였다. 여기서의 '언어 능력'이란 인간이 자기의 모어를 자유롭게 조작하고 생성할 수 있는 잠재적인 지식 또는 능력을 가리킨다는 면에서, 사회성이 더 강조된 소쉬르의 '랑그'와는 다른 측면을 보이기도 한다.

파롤(부려쓰인 말)은 입에서 나오는 순간 사라져 버리며 개별적이라는 특성을 지닌다. 같은 뜻을 전달하고자 할 때라고 해도, 그 말을 하는 사람의 목소리, 말투, 출신 지역, 교육 정도, 말할 때의 마음가짐 등 갖은 조건에 따라서 말은 서로 다르게 나타난다. 나아가서 말을 할 때 선택하는 낱말이나 표현도 달라지며 높낮이까지도 개개인마다 다 다르게 느껴진다. 한편, 갈무리되어 있는 말은 사람의 기억 속에서 유지되므로 그 말을 습득하기만 하면 사라지지 않고 지속되며, 같은 말을 쓰는 언중들이 모두 공통적으로 지니는 유한한 체계로서 사회성이 강하다는 특징을 지닌다.

전통적으로 언어학에서는 일차적으로 후자의 랑그(갈무리된 말)를 연구 대상으로 삼아 왔지만, 최근 들어서는 전자의 파롤(부려쓰인 말)(예컨대, '말뭉치'라고 일컬어지는 실제의 언어 자료)을 적극적으로 연구 대상으로 삼음으로써 랑그(갈무리된 말)를 더욱 잘 연구할 수 있다고 보는 관점의 연구도 매우 활발히 이루어지고 있다.

▌생각 넓히기 ▌

언어의 두 가지 모습

언어의 두 가지 측면에 대한 주요 개념에는 소쉬르의 '랑그'와 '파롤', 그리고 노암 촘스키의 '언어 능력'과 '언어 수행'이 대표적이다. 이들 개념에 대해서는 다음의 글을 읽으면 도움이 된다.

가. 인간은 누구나 말하는 능력을 가지고 있으나 모두 동일한 하나의 언어를 사용하는 것은 아니다. 의사소통 때 의거하게 되는 언어규약의 내용은, 화자가 속해 있는 언어 공동체에 따라 서로 다르며, 그 언어 공동체를 떠나서는 규약의 효력이 발생하지 않는다. 이렇게 보편적 언어 능력의 〈사회적 소산〉으로서, 특정 언어 공동체의 구성원이 공통적으로 지니고 있는 말―언어규범―이 랑그이다. 그것은 한 개인이 창조하거나 변경할 수 없을 뿐더러, 한 개인이 완전히 소유하거나 담지하고 있지도 못한, 공동체 즉 言衆, masse parlante의 공유물과 같은 것이다. 이러한 의미에서 랑그란 인간 언어활동의 〈사회적〉 측면을 말한다고 할 수 있다. 한편, 이와 같은 사회적 산물, 사회적 공유물로서의 랑그가 개인의 구체적・개별적 행동을 통해 실현될 때의 언어 현상의 측면을 파롤이라고 말하므로, 소쉬르는 파롤의 〈개인성〉을 지적하였다. 파롤은 랑그라는 사회적 규약이 개별적이고 〈개인적인〉 사건으로서의 언어 행동 속에 구체적으로 실현될 때의 언어 현상을 말하는 것이다. (중략)

화자는 자신의 머릿속에 〈기억〉의 형태로 〈저장되어 있는〉 말―언어 요소와 규칙―을 〈의지적 지적 행동〉을 통해 음성적 실체 속에 실현시킨다. 즉 〈뇌리〉 속에 잠재적으로 존재하는 제한된 언어 요소를 제한된 규칙에 의거하여, 의사소통의 요구에 따라 결합시켜, 자신의 경험·사고·의사를 전달할 수 있는 무한한 言述을 할 수 있다. 이러한 적극적이고 창조적인 활동으로서의 언어 현상의 측면이 파롤이다. 반면에 랑그는, 언어 사용자가 반복되는 언어 사용·언어 행동을 통해 수동적으로 저장해 놓은 말, 필요에 따라 선택하여 사용하기 위한 잠재적인 실체로서의 말을 지칭한다. 이 랑그는 수동적으로 기억 속에 저장되어 있을 뿐, 개인적인 의지나 행동을 통해 변형을 가하거나 폐기하거나 새로 만들어 첨가될 수는 없는 것이다. 그러기 위해서는 반드시 랑그의 공유주인 言衆의 동의가 필요한 것이다. 이러한 의미에서 랑그는 언어활동의 소극적·수동적 측면을, 파롤은 적극적·활동적 측면을 지칭한다. (홍재성(1977), 「소쉬르 언어학의 몇 가지 개념」, 『언어과학이란 무엇인가』(이정민 외 공편), 문학과지성사, 117–118쪽)

나. 한 언어의 話者가 잠재적으로 알고 있는 내용(그의 <u>언어능력</u>이라고 한다)과 그가 하는 행위(그의 <u>언어수행</u>)를 구별해야 한다. 정통적인 견해에서 보면, 문법은 언어능력에 대한 설명이다. 이 문법은 언어의 임의적인 문장을 이해하고 또한 상황이 주어지면 그 상황에 적절한 문장을 만들어 내는 화자의 능력을 기술하고 설명하는 것이다. 학교 문법의 경우라면, 그 문법은 학생에게 이 능력을 부여하는 것이 되며, 언어학적 문법이라면, 그 문법은 이러한 언어능력을 가능하게 하는 인간 내부의 기계 과정을 찾아내고 제시하는 것이어야 한다. 이상적으로는 話者·聽者의 언어능력은 신호(signals)와 이들 신호의 의미론적 해석을 연결시켜 주는 규칙들의 체계로 설명되어야 한다. 문법학자의 임무는 이러한 규칙의 체계를 발견하는 것이다. 한편, 언어학 이론의 임무는 인간 언어의 基調를 이루는 이러한 규칙 체계들의 일반적인 특질을 발견하는 것이다. (중략)
 언어수행은 언어능력을 발견하는 데에 증거를 제시한다. 그러나, 일차적인 관심이 언어능력에 있다고 해서 이것이 언어수행에서 나타나는 여러 사실과 이들 사실에 대한 설명적 문제를 경시하여서는 안 된다. 오히려 반대로, 언어수행의 기조를 이루는 언어능력에 대한 명시적인 이론에 근거를 두지 않고서는 언어수행을 진정하게 연구할 수가 없으며, 돌이켜 보건대 언어수행에 대한 이해는 언어능력을 기술하는 문법에 대한 연구의 부산물이었다는 것을 알 수 있다. (노암 촘스키/이승환 역(1977), 「생성언어이론의 가정과 목표」, 『언어과학이란 무엇인가』(이정민 외 공편), 문학과지성사, 42쪽)

2.2. 시간과 언어의 변화

우리는 어려서 말을 배운 뒤로부터 평생 쉬지 않고 말을 쓰게 되는데 살아가는 동안에 주변의 세상은 끊임없이 변한다. 사람의 모습뿐 아니라 산천과 거리 풍경, 세상의 습관 등 모든 것들이 변화한다. 이와 마찬가지로 우리가 쓰는 말에도 전에는 없었던 새로운 말들이 쓰이기 시작하거나, 예전에는 많이 쓰이던 말들이 어느 틈엔가 쓰이지 않고 있거나, 말투나 표현법 역시도 크게 달라지고 있음을 문득 깨닫게 된다. 이러한 변화는 우리와 나이나 세대가 다른 사람들이나 그때의 글, 방송 등을 관찰해 보면 꽤 손쉽게 알 수 있다.

이와 같이 끊임없이 크고 작은 변화를 이루고 있지만, 근본적인 언어의 구조나 전체는 크게 달라지지 않으므로, 언뜻 말은 예나 지금이나 변함없어 보이기도 한다. 언어학에서는 언어를 기술하기 위해서 그 말이 마치 고정되어 있는 듯이 가정한다. 즉 고정되어 보이는 상태의 말소리, 낱말, 문법 규칙들이 이루고 있는 체계를 마치 사진으로 찍어낸 것같이 가정하고 연구하는 것이다.

시간적인 면에서 고정된 상태의 언어를 '공시태'(共時態, synchronie)라고 부르며, 언어의 공시태를 대상으로 연구하는 방법론을 '공시언어학'(共時言語學, synchronic linguistics)이라 한다. 물론 이때에는 시간뿐 아니라, 그 말을 쓰는 사람이 사는 지역이나 계층까지도 고려해야 한다.

이와는 반대로, 수십 년 또는 수백, 수천 년에 걸쳐서 일어난 언어 변화의 모습을 '통시태'(通時態, diachronie)라고 하며, 이를 대상으로 하여 언어 변화의 모습을 적극적으로 연구하는 방법론을 '통시언어학'(通時言語學, diachronic linguistics)이라 한다.

원칙적으로 이 두 가지 연구 방법은 뒤섞이지 않도록 하는 것이 일반적이지만, 실제의 언어 현상을 올바로 이해하기 위해서는 이 두 방법론은 서로 기대어야 할 때가 적지 않다.

2.3. 언어의 내적 조직과 언어학의 하위 분야

언어는 과연 어떠한 조직으로 이루어져 있을까? 대부분의 언어학 기본서에서는 언어의 조직에 대해서 공통적인 설명을 하고 있기는 하지만, 이 물음에 대한 대답은 우리의 언어행위를 관찰해 봄으로써 어느 만큼 얻어낼 수 있다.

사람은 음성 기관이라고 불리는 몸을 이용하여 소리를 내어서 상대방에게 '말'을 하며, 상대방은 귀로 그 말을 듣고 머리로 이해하게 되며 그 말에 담긴 뜻에 따라서 합당한 반응을 하는 것이 일반적이다.

말하는 사람과 듣는 사람이 주고받은 말은 소리(음성)와 그 소리에 의해서 전달되는 뜻(의미)으로 이루어져 있다. 예컨대 '꽃'이라는 소리를 전달하면 상대방에게는 그에 대응하는 '뜻으로서의 꽃의 모습, 성질'들이 떠오르게 된다. 이와 같이 말은 일차적으로 소리와 뜻으로 이루어진다. 언어학에서는 소리를 낼 때 일어나는 조음적인 특성이나 음향물리학적인 여러 특성들에 대해서 연구하는 분야를 '음성학'(音聲學, phonetics), 그 소리들이 서로 뜻을 구별할 때 어떤 관계와 체계를 이루고 있는지에 대해서 연구하는 분야를 '음운론'(音韻論, phonology)이라고 한다. 물론, 음성학은 조음음성학, 음향음성학, 청취음성학으로 더 잘게 나뉘기도 한다. 조음음성학은 사람의 말소리 기관에서 어떠한 일이 일어나는지에 주목하는 것이고, 음향음성학은 말하는 사람(화자)에게서 듣는 사람(청자)에게 전달되는 음파의 특성을 물리학적으로 분석하는 것이며, 청취음성학은 듣는 사람의 귀에 전달될 때에 일어나는 특성에 주목하는 것이다.

한편 말의 뜻과 관련된 체계와 조직을 연구하는 분야를 '의미론'(意味論, semantics)이라고 부른다. 이 뜻(즉 의미)은 낱말 또는 그것보다 더 작은 언어 단위(예컨대 형태소)의 뜻으로부터, 문장의 뜻, 그리고 여러 문장이 모여서 이루어진 더 큰 단위(글, 또는 텍스트)의 뜻에 이르기까지 그 폭이 매우 넓다.

한편, 말을 분석해 나가는 언어 단위, 즉 형태소와 낱말(단어), 구나 절, 문장, 글이나 담화 등의 층위에 따라서 언어학은 세부적인 분야로 나뉜다. 하나의 낱말이 어떠한 구성으로 이루어져 있는지, 주로 그 구성 요소인 형태소의 기능과 특성, 의미, 그리고 형태소들이 어떻게 배합되어서 낱말이 되는지에 대해서 연구하는 분야를 '형태론'(形態論, morphology)이라 부른다. 한편, 낱말들이 모여서 이루어진 집합 속에서, 낱말들 사이에 있는 형태적, 의미적인 관계 등을 중심으로 연구하는 분야를 '어휘론'(語彙論, lexicology)이라 한다.

둘 이상의 낱말들이 모여서 문장을 이루어 나가는 규칙과 방식, 그 때에 일어나는 문법적인 여러 현상과 특성을 분석하고 연구하는 분야를 '통사론'(統辭論, syntax)이라고 부르며, 앞서의 '형태론'과 '통사론'을 아울러서 흔히 좁은 의미의 '문법' 또는 '문법론'이라고 부르기도 한다.

통사론이 낱말로부터 문장에 이르는 언어 단위를 대상으로 하는 데 비해서, '텍스트언어학'은 여러 문장들로 이루어진 텍스트를 대상으로 그 문장들의 결속 관계 등을 분석하는 분야이다.

2.4. 언어 외적 요소와 언어학의 하위 분야

언어는 사람에 의해서 실현되는 것이기 때문에, 언어 그 자체의 내적인 조직으로서의 소리, 뜻, 크고 작은 언어 단위들로써만 모든 언어 현상을 설명하거나 이해하기는 어렵다. 그렇다면 언어를 실현하는 주체인 사람의 어떠한 요소들이 언어에 영향을 끼치는 것일까?

먼저, 말하는 사람 그 자체와 관련된 요소로 그 사람의 출신 지역, 나이, 교육 정도나 교양, 직업이나 사회적 계층 등을 생각해 볼 수 있다.

우리는 어떤 사람의 말을 들어 보면 처음 만난 사람이라고 해도 어렵지 않게 어느 지방 출신인지 또는 어디에서 어린 시절을 보냈을지 미루어 짐작할 수 있었던 경험을 대부분 가지고 있을 것이다. 이와 같이 말하는 사람의 출신 또는 성장 지역에 따라서 달라지는 언어, 즉 방언의 모습을 공시적으로 또는 통시적으로 연구하는 분야를 전통적으로 '방언학'(方言學, dialectology)이라고 하는데, 최근에는 '지리언어학'(地理言語學)이라는 말도 자주 쓰이고 있다. 말하는 사람의 나이나 교육 정도, 교양, 직업 따위에 따라서 언어 그 자체의 체계나 그 쓰임에 어떠한 차이가 있는지를 주로 사회관계나 맥락, 상호 작용 속에서 연구하는 분야를 '사회언어학'(社會言語學, sociolinguistics)이라고 한다.

말하는 사람의 심리적 특성에 따른 언어 사용의 차이를 비롯해서, 인간 언어 활동의 발생과 언어의 습득, 언어의 처리 등에 포함되는 심리적인 제 과정을 연구하는 분야를 '심리언어학'(心理言語學, psycho-linguistic)이라고 한다.

인간이 언어를 사용하는 행위들의 유형과 성립 조건, 언어를 사용하는 행위들에 내재된 언어 사용의 원리와 규칙, 언어 사용 자체와 언어 외적 상황으로 구성된 발화 맥락이 언어 표현의 의미 해석에 대해서 갖는 상관관계에 대한 문제를 중심으로 연구하는 분야를 '화용론'(話用論, pragmatics)이라고 부른다.

언어가 시간에 따라서 달라지는 구체적인 양상과 원리를 중심으로 연구하는 분야를 일반적으로 '역사언어학'(歷史言語學, historical linguistics)이라고 하는데, 한국어의 역사를 다루는 분야를 전통적으로는 '국어사'(國語史)로 불러 오고 있다. 이와 매우 밀접한 분야로 둘 이상의 언어들 간의 계통과 관계를 연구하는 분야로 '비교언어학'(比較言語學, comparative linguistics)이 있다. 비교언어학에서는 같은 기원일 것으로 생각되는 둘 이상의 언어를 대상으로 그 언어들의 내적 구조와 역사적 변천을 비교함으로써 그 계통을 밝혀내는 것을 목적으로 한다.

비교언어학과 혼동되기 쉬운 분야로 '대조언어학'(對照言語學, contrastive linguistics) 분야가 있다. 대조언어학은, 그 기원의 동일성과는 관계없이, 둘 또는 그 이상의 언어의 내적 체계를 주로 대조하여 그 언어적 공통점과 차이점 모두를 상세히 기술하는 데에 목적을 두고 있다. 이는 주로 외국인을 대상으로 한 언어 교육과 관련해서 이루어지는 것이 일반적이다.

20세기, 컴퓨터 과학의 발전과 함께 이루어진 언어 연구 분야로 '언어정보학'을 들 수 있는데, 한국어를 주된 대상으로 삼을 경우, '한국어정보학'(韓國語情報學)으로 불리기도 한다.

인간의 질병이나 노화 등에 의해서 일어나는 언어의 장애 등에 대한 진단과 치료와 관련하여 이루어지는 언어 연구 분야로 '언어병리학'(言語病理學)이 있다.

한국어의 교육과 관련한 응용언어학 분야로는 모국어 화자를 대상으로 한 '국어교육'(國語敎育)과 외국어로서의 '한국어교육' 분야를 들 수 있다. 전자는 주로 모어 화자를 대상으로 한 학교 교육에서의 한국어의 문제, 즉 학교 문법 체계나 교수법 등에 대해 연구하는 데 비해서, 후자는 주로 외국인이나 제2언어로 한국어를 배우고자 하는 재외 동포 등을 대상으로 한 한국어교육 문법 체계나 그 효율적인 교수법 등에 대해서 연구한다는 차이가 있다.

2.5. 한국어를 다루는 여러 분야들

한국어를 연구 대상으로 삼고 있는 분야는 꼭 국어학, 또는 언어학에만 국한되는 것은 아니다. 흔히 사회학 분야에서 언어를 다룰 때는 '언어사회학'이라고 한다든가, 심리학 분야에서 언어를 다룰 때 '언어심리학'이라고 하여, 앞서 살펴본 언어학의 하위 분야와 이름은 비슷하지만 그 중심과 관점은 다른 분야의 연구가 이루어지는 것이 대표적인 예라 할 수 있다.

공학 분야에서도 언어 공학의 연구가 활발히 이루어져, 인공 지능에 필요한 한국어 지식의 연구라든가, 정보 검색이나 자동 번역, 나아가 음성 인식과 합성 등과 같은 기술의 개발을 위한 컴퓨터 과학 연구 역시 매우 활발히 이루어지고 있다. 우리가 일상적으로 자주 접하는 인터넷의 포털 사이트의 검색에서도 이제는 자연 언어를 활용한 검색이 어느 정도 이루어질 만큼, 한국어에 대한 기술 수준도 매우 높아져 있다.

의학 분야에서도 언어병리학과 같은 분야에서는 노화나 질병에 따른 언어 능력의 감퇴나 병리적인 현상을 이해하고 이를 의료적으로 진단, 치료하고자 하는 한국어 연구 역시 매우 활발히 이루어지고 있다.

이와 같이, 한국어를 대상으로 한 과학적 연구는 꼭 언어학이나 국어학에만 국한되는 것이 아니라, 언어 사용자인 인간, 그리고 사회를 중심으로 한 다양한 분야를 통해서 이루어지고 있음을 알 수 있다. 이는, 이미 국어정보학과 같은 통합 과학의 시도에서도 볼 수 있듯이, 학제적이고 통합 과학적인 관점과 연구 방법론이 필요하다는 것을 알려 준다.

3. 한국어의 특징

인간의 여러 언어들을, 구조나 형태의 언어적 특성(또는 자질)에 따라서 몇 가지의 보편성을 찾아내어 유형화하는 학문을 '유형론'(typology)이라 하는데, 이 분야의 연구를 통해서 형태론적인 특성이나, 어순, 그 밖의 다양한 문법 범주 등을 기준으로 한 연구가 이루어져 왔다.

3.1. 한국어의 형태론적 특징

체언이나 용언의 형태 변화의 양상에 따른 형태론적인 언어 유형은 크게 교착어, 굴절어, 고립어 등으로 구분된다.

'굴절어'(屈折語, inflectional language)는, 체언이나 용언이 문장에서 사용될 때 단어 자체의 형태가 변화함으로써 그 단어가 문장에서 나타내는 여러 기능과 자격, 예를 들어서 성, 수, 격, 인칭, 시제, 수 등의 문법 범주를 나타내는데, 라틴어를 비롯한 인도유럽어족에 속하는 언어들이 이 유형에 속한다.

반면, 이러한 어형 변화가 전혀 없이, 단어의 문법적 기능이나 관계가 주로 어순에 의해서 표시되는 언어를 '고립어'(孤立語, isolating language)라고 하는데, 중국어, 타이어, 티베트어 등이 여기에 속한다.

이에 비해, '교착어'(膠着語, agglutinative language)는 실질적인 의미를 지닌 어근(또는 어간)에 접사가 결합되어 문장 안에서의 단어의 기능이나 자격을 나타내는 언어로, '첨가어'(添加語, affixing language)라고 부르기도 한다. 한국어를 비롯한 일본어, 몽골어, 터키어, 핀란드어 등이 여기에 속한다.

> (1) 가. 나-는 학생-에게 책-을 주-었-습니다.
>
> 　　나. 깨-뜨리-시-었-겠-더-군-요.

(1가)를 보면, 체언(나, 학생, 책)은 문장 안에서 아무런 형태 변화가 없으며, 체언에 접사(는, 에게, 을)가 붙음으로써 그 기능이나 자격을 나타내고 있다. 한편 용언의 어간인 '주-'(1가)나 '깨-'(1나) 역시 그 어간은 변함이 없이, 다양한 접사(활용 어미)들이 붙어서, 문장 안에서 용언이 갖는 다양한 기능과 의미를 표시하고 있다.

3.2. 한국어의 계통론적 특징

한국어의 계통에 관해서는 많은 학자들에 의해서 다양한 견해가 제시되어 왔는데, 문법 구조의 관점에서 본다면 한국어는 알타이제어나 일본어와의 공통점이 많은 것으로 일컬어져 왔다. 아직, 엄밀한 의미에서 친연 관계가 입증된 것은 아니지만, 그동안에 밝혀진 알타이제어와 한국어가 공통적으로 지니는 것으로 보이는 언어 구조상의 유사점은 다음과 같은 것들이다.

(2) 한국어와 알타이제어와의 공통적 특징

　가. 어두에 자음군이 나타나지 않는다.

　나. 어두에 r이 쓰이지 않는다.

　다. 모음조화가 있다.

　라. 접미사, 어미, 조사 등이 쓰이며, 전치사가 없다.

　마. 주어가 서술어의 앞에 놓인다.

　바. 수식어가 피수식어 앞에 놓인다.

　사. 보어나 목적어가 각각 이들을 요구하는 동사 앞에 놓인다.

　아. 용언의 어간에 활용 어미가 붙어서, 관형사형이나 부사형, 또는 접속형을 이룰 수 있으며, 이때 주어나 목적어, 보어 등을 취해서 복문을 만들 수 있다.

　자. 관계대명사가 없다.

(2)의 (가–다)는 음운적 특징을, (라–자)는 형태·통사적인 특징을 나타내는데, 특히 (마–아)는 한국어의 어순적인 특징을 이루는 것이기도 하다.

한편, 한국어에는 알타이제어와는 다른 특징을 아울러 가지고 있다.

(3) 알타이제어와의 구별되는 한국어의 특징

　가. r과 l의 음운적 구별이 없다.

　나. 일부 방언에서 높낮이 악센트가 유지되고 있다.

　다. 체언이나 용언에 붙는 인칭어미가 없다.

　라. 알타이제어에서는 형용사가 명사와 같은 곡용을 하는 데 비해, 한국어에서는 형용사와 동사가 한 종류의 범주(즉 용언)를 이루어, 활용을 한다.

　마. 높임법(존대법)이, 용언의 활용 체계 속에 포함되어 있다.

(3)에 나타나는 한국어의 특징은 일본어에서도 공통된 것으로 알려져 있다.

3.3. 한국어의 어순적 특징

앞서 3.1에서 본 바와 같이, 고립어인 중국어는 어순에 따라서 문장의 의미가 달라진다.

> (4) 가. 我愛你(나는 너를 좋아한다).
>   나. 你愛我(너는 나를 좋아한다).

이에 비해 한국어는 (5)에서 보는 바와 같이, 문장의 어순이 상대적으로 자유로운 편이지만, 간혹 (6)에서처럼 부분적으로 제약이 있다.

> (5) 가. 말이 들판을 달린다.
>   나. 들판을 말이 달린다.
>   다. 달린다, 들판을 말이.
> (6) 가. 학생 모두가 노래 한 곡을 불렀다.
>   나. 노래 한곡을 학생 모두가 불렀다.
>   다. *모두가 학생 한 곡을 노래 불렀다.
> (7) 가. 아이가 예쁜 옷을 입었다.
>   나. 예쁜 옷을 아이가 입었다.
>   다. 예쁜 아이가 옷을 입었다. (뜻이 달라짐)

(5-7)을 통해서 볼 때, 한국어의 어순은 아무런 수식 구조가 없는 단순한 구조일 때는 그 어순이 매우 자유롭지만, (특히 관형) 수식 구조나 수량 표현이 포함된 구조가 있을 경우에는 문장의 구성 요소를

이루는 덩어리 단위로 어순 이동이 가능하다는 것을 알 수 있다.

한편, (8)에서도 역시 문장의 모든 구성 요소가 마음대로 어순을 바꿀 수는 없다는 제약을 알 수 있는데, 복문 구조의 선행절과 후행절 사이에서 어순 이동의 제약이 있음을 보여 준다.

> (8) 가. 언니는 책을 읽고, 동생은 피아노를 친다.
> 　　　나. *언니는 피아노를 읽고, 동생은 책을 친다.

3.4. 한국어 조사의 형태적 특징

첨가어의 하나인 한국어에서는 조사가 매우 중요한 문법적 기능을 수행하는데, 이들이 가진 형태적 특징은 다양한 조건에 따라서 이형태로 실현된다는 점이다.

> (9) 형태가 단일한 조사 : 에서, 의, 께서, 께
> (10) 체언이 모음으로 끝나는가 자음으로 끝나는가에 따라, 조사의 형태가 달라지는 것: 가/이, 는/은, 를/을, 와/과, 라고/이라고
> (11) 체언이 모음이나 'ㄹ'로 끝나는가, 아니면 'ㄹ' 이외의 자음으로 끝나는가에 따라 그 형태가 달라지는 조사: 로/으로
> (12) 체언이 유정물인가 무정물인가에 따라서 그 형태가 달라지는 조사: 에/에게(한테)

3.5. 문장 구성의 특성

한국어의 문장 구조는 서술어의 의미적 속성에 따라서 정해진다. 즉, 서술어가 되는 용언에는, 그 종류에 따라서 주어만을 필요로 하는 것도 있으며, 주어와 목적어가 있어야 되는 것, 주어 또는 주어와

목적어 외에도 그 밖의 성분을 필수적으로 요구하는 것이 있다. 전통적인 '자동사'와 '타동사'의 구별만으로는 한국어의 이러한 문장 구성의 다양성을 충분히 이해하기 어렵다.

(13) 동사
　　가. 아기가 운다. (①이 울다)
　　나. 코끼리는 풀을 먹는다. (①이 ②를 먹다)
　　다. 구름이 비로 변한다. (①이 ②로 변하다)
　　라. 어른이 아이에게 속는다. (①이 ②에게 속다)
　　마. 철수가 학교에 다닌다. (①이 ②에 다니다)
　　바. 순이가 동생에게 장난감을 주었다. (①이 ②에게 ③을 주다)
　　사. 아이가 편지를 우체통에 넣는다. (①이 ②를 ③에 넣다)
　　아. 나는 이 일을 철수와 의논하겠다. (①이 ②를 ③과 의논하다)
　　자. 김 선생은 그 아이를 양자로 삼았다. (①이 ②를 ③으로 삼다)

(14) 형용사
　　가. 하늘이 푸르다. (①이 푸르다)
　　나. 그림이 실물과 꼭 같다. (①이 ②와 같다)
　　다. 그는 나쁜 사람이 아니다. (①이 ②가 아니다)
　　라. 나는 집사람이 무섭다. (①이 ②가 무섭다)
　　마. 이곳 기후가 농사에 적합하다. (①이 ②에 적합하다)

● 토 론 거 리 ●

① 무지개의 색깔 중 고유어는 '빨강, 노랑, 파랑' 셋밖에 없지만 한국인의 조상들은 과연 세 가지의 색상만을 구별하였을까? 비판적으로 이야기해 보자.

② 언어에 따라 친족어는 어떻게 구별되는가? 친족어가 세부적으로 나누어져 있지 않은 언어를 가진 사람들은 실제로 상하 위계 관계를 인지하지 못하는 것일까?

③ '언어의 상대성'을 옹호하는 입장과 반대하는 입장의 견해를 정리해 보자.

④ 이 장에서 소개된 언어 연구 분야 외에 또 어떠한 분야에서 한국어에 대한 연구가 이루어지고 있는지 더 알아보도록 하자. 그리고 그 분야에서 이루어진 대표적인 성과에는 어떠한 것이 있는지 조사해 보자.

더 읽을거리

언어학에 관한 전반적인 논의는 허웅(1997), 김진우(2007), 허웅/권재일 엮음(2011)을 참고할 수 있다.

제2장 사회언어학

▸ **이 장에서 다루는 문제**
· 국어로서의 한국어의 지위와 기능은 무엇인가?
· 다문화, 세계화 시대의 한국어의 변화 모습은 어떠한가?
· 한국어가 규범으로서, 관계 속에서 사용되는 방식은 어떠한가?
· 한국어를 적는 문자의 현재와 미래 모습은 어떠한가?

　　사회언어학은 언어를 사회적 관계와 맥락, 상호작용 속에서 연구하는 언어학의 한 분야이다. 기존의 언어학이 언어의 형식에서 발견되는 내적 구조와 규칙을 체계적으로 기술하는 것에 집중한다면, 사회언어학은 언어의 사용에서 나타나는 외적 기능과 효과를 구체적으로 설명하는 것에 초점을 둔다. 사회언어학이 하나의 분과 학문으로 성립한 것은 1960년대에 들어서부터였다. 학문적으로는 실제적 언어 현장 자료에 대한 체계적 조사와 복잡한 사회적 요인에 대한 과학적 분석이 발전하고, 실용적으로는 사회적 문제 해결과 사회 통합에 언어 사용 및 교육의 문제가 중요하게 제기되었기 때문이다.

　　사회언어학은 연구 대상의 범위와 분야를 기준으로 크게 두 가지, 즉 미시 사회언어학과 거시 사회언어학으로 나눌 수 있다. 전자가 언어 변항(linguistic variable)들이 계층, 성별, 연령 등과 같은 사회적 매개변수(parameter)들과 맺는 공동 변이(covariance) 관계, 언어 사용자 간의 대화 방식 및 전략 등을 주된 연구 대상으로 삼고 있다면, 후자는 사회가 언어를 통해 공유하게 되는 태도나 소속감, 언어의 변화, 보존 및 대체, 언어 공동체의 경계와 상호작용 등과 같은 사회 내의 언어 문제를 주된 연구 대상으로 삼고 있다.

1. 한국어의 기능과 지위

프랑스인은 어려서부터 프랑스어(Français)를 배우고, 독일인은 독일어(Deutsch)를 말하며, 영국의 대학에서는 영어(English)를 영어영문학과(Department of English language and literature)에서 연구한다. 하지만 한국인은 '국어'를 배우고 말하며, 한국의 대학에서는 국어를 국어국문학과에서 연구한다.

이처럼 자국어의 명칭으로 고유 명사(한국어)보다 일반 명사(국어)가 더 많이 사용되는 것은 다른 나라에서는 흔치 않은 모습이다. 최근에는 한국어를 국어가 아닌 외국어로서 배우고 말하며 연구하는 외국인이 많아지면서 '한국어'의 사용이 점차 늘어나고 있다. 이 과정에서 국어로서의 한국어가 많은 변화와 도전에 직면하고 있다.

1.1. '국어'로서의 한국어와 국어기본법

언어학적 시각에서는 언어 사이에 우열이 없고 모든 언어가 평등하다. 하지만 언어 외적인 기능과 사용의 측면에서는 차이와 우열이 있고 그로 인해 언어들 간에 지위상의 불평등이 발생한다. 한 나라 안에서 어떤 기능과 역할을 하는가에 따라 특정 언어는 국민어나 표준어, 공용어나 국가어 등의 지위를 갖기도 하지만, 또 다른 언어는 그 중 어떤 지위도 갖지 못하는 것이다. 이러한 언어 지위(status)의 문제는 언어 정책 및 계획의 중요한 대상이 된다.

한국에서 한국어의 기능과 지위는 거의 절대적인데, 한국어를 가리키지만 한국어보다 더 많이 사용되는 '국어'라는 용어의 개념 속에는 하나의 언어가 가질 수 있는 거의 모든 기능과 지위가 함축되어 있다. 국어는 국민성과 국민 통합의 상징적 징표로서의 국민어(國民語, natio-

nal language)이자 근대 자본주의적 생산 체제와 국민 국가 수립에 필
수불가결한 표준어(標準語, standard language)인 동시에, 정치, 법률,
행정 등의 공공 분야에서 공식적인 기능을 담당하는 공용어(公用語,
official language)이자 국가 차원에서 그 지위와 기능을 보장하는 국
가어(國家語, state language)이기도 하기 때문이다.

┃ 생각 넓히기 ┃

한중일 동양 3국에만 존재하는 개념, '국어'

'국어'는 흔히 'national language'로 번역되지만 그러한 번역으로는 국어가
가지고 있는 개념과 의미를 온전히 전달하기 어렵다. 사실 국어는 한중일 동양
3국에만 존재하는 독특한 개념을 담은 용어이기 때문이다. 역사적으로 국어(國
語)의 개념은 같은 한자로 표기되는 근대 일본어의 '코쿠고'의 개념에 영향을
받아 형성되었으며, '코쿠고'의 개념은 그 한자의 종주국인 중국에서 사용되는
'궈위'라는 용어에도 고스란히 이전되면서 3국 공통의 개념이 되었다. '국가-민
족-언어'를 하나로 연결하는 코쿠고의 논리는 일제 강점기에 한국어를 사멸의
위기로 몰아가기도 했지만, 해방 이후 한국에서는 다시 그 논리를 바탕으로 무
엇보다 강력한 국어 개념이 형성되어 지금까지 지속되고 있다.

그런데 최근 일본과 중국에서는 '코쿠고'와 '궈위'의 위세가 예전만 못한 듯하
다. 일본에서는 코쿠고가 가진 국가주의적 성격이 비판을 받으면서, 많은 서적
제목과 기관 및 단체 명칭에서 코쿠고라는 표현이 사라지고 '니혼고(日本語)'로
대체되는 경향이 나타나고 있다. 일본의 '국어학회'가 '일본어학회'로 이름을 바
꾼 것이 대표적이다. 중국에서도 궈위는 1949년 이후 '푸통화(普通話)'로 완전
히 대체되었고, 현재는 대만에서만 사용된다고 한다.

최근에는 국어라는 용어의 개념이 법적으로까지 규정되어 그 지
위가 더욱 강화되었다. 2005년 "국어의 사용을 촉진하고 국어의 발
전과 보전의 기반을 마련하여 국민의 창조적 사고력의 증진을 도모
함으로써 국민의 문화적 삶의 질을 향상하고 민족 문화의 발전에 이

바지함을 목적으로"〈국어기본법〉이 제정되었는데, 이 법에서 국어는 "대한민국의 공용어로서 한국어를 말한다."라고 정의되고 있다. 그런데 국어에 대한 이러한 정의 조항이 있다는 사실은 국어로는 충분히 포괄하지 못하는 한국어의 기능과 지위가 있음을 드러내는 것이기도 하다. 실제로 〈국어기본법〉 제19조는 외국인이나 재외동포에게 국어를 가르치는 '국어의 보급 등'에 관한 조항인데, 이때 외국인이나 재외동포가 배우는 국어는 앞서 살펴본 의미에서의 '국어'가 아니라 외국어 또는 계승어(heritage language)로서의 '한국어'이기 때문이다.

이런 까닭에 한국어가 국어보다 좀 더 국제적이고 탈이데올로기적인 용어라는 의견이 제기되고 있다. 내국인을 대상으로 하는 '국어 교육'과 외국인을 대상으로 하는 '한국어교육'을 구별하게 된 것이나 이 책에서처럼 국어 대신 한국어를 사용하는 경우가 점차 늘어나고 있는 것도 같은 이유에서일 것이다. 국어를 대신하여 사용할 수 있는 용어들로는 한국어 외에도 우리말, 한(나라)말, 배달말 등 여러 가지가 제안되었고 부분적으로 사용되고도 있지만, 앞으로 어떤 용어가 더 널리 사용될지는 아직 단언하기 어렵다.

1.2. 다문화, 다언어 사회에서의 한국어

언제부터인가 한국 사회가 다문화 사회로 진입하고 있다는 이야기들을 많이 한다. 다문화 사회임을 확인하는 대표적인 지표 중의 하나는 그 사회 내에서 사용되는 언어가 다양하다는 것이다. 이미 한국 내에서는 한국어 외에도 유학생, 외국인 근로자, 결혼 이주민 등과 함께 들어 온 다양한 언어들이 사용되고 있으며, 그 종류와 사용자 수도 계속적으로 증가해 왔다. 이런 모습을 근거로 한국 사회는 다언어 사회로 진입하고 있다고도 말할 수 있다. 이러한 변화는 단지 한국에서 다양한 언어들이 사용된다는 사실에 그치지 않는다. 모어로서의 국어 교육에서 비모어 화자를 위한 한국어교육을 분화시켰을 뿐만 아니라 한국어교육을 외국어로서의 한국어교육만이 아닌 제2언어로서의 한국어교육과 계승어로서의 한국어교육 등으로 다시 한 번 세분하게 만들었다.(☞제13장 '한국어교육학' 참고)

다언어 사회로서의 한국 사회가 마주하게 될 또 하나의 변화는 한국어만이 아니라 또 다른 언어를 함께 구사하는 이중 언어 사용(bilingualism)이 많아진다는 사실이다. 이중 언어 사용자의 증가는 국내에 체류하는 외국인과 다문화 가정이 증가하는 것 외에도 전 지구적인 세계화와 함께 다양한 목적과 이유에서 외국어를 학습한 한국인의 수가 증가하는 것에도 그 원인이 있다. 양자 모두에게 한국어는 이중 언어를 구성하는 중요한 한 축이 된다.

이중 언어 사용자라고 해도 두 개 언어의 유창성, 기능, 위상 등이 모두 동일한 수준을 보이는 것은 아니다. 한국어를 포함하는 이중 언어 사용자의 경우에도 한국어의 유창성 정도나 한국어가 갖는 기능 및 위상은 이중 언어 사용의 이유나 목적에 따라 상당한 차이가 있다. 예를 들어, 동남아 출신 결혼 이주민인 이중 언어 사용자에게는 한국어의 유창성 정도가 자신의 모어에 비해 상대적으로 낮겠지만 한국어의 기능이나 위상은 모어에 비해 훨씬 높다고 느낄 것이다. 반면 미국 유학을 준비하는 한국인 이중 언어 사용자에게는 한국어의 유창성 정도가 영어에 비해 당연히 높겠지만 언어적 기능이나 위상은 한국어보다 영어가 높다고 여길 가능성이 크다.

이중 언어 사용은 특정한 목적을 달성하기 위한 개인적 선택의 문제일 수도 있지만, 일상의 생활을 정상적으로 영위하기 위해서 반드시 필요한 사회적 생존의 문제일 수도 있다. 세계화에 적응하기 위해 외국어를 학습한 한국인이 전자의 경우라면, 한국에서 살기 위해 한국어를 학습한 이주민이 후자의 경우다. 최근 결혼 이주민이나 다문화 가정 자녀를 대상으로 하는 한국어교육뿐만 아니라 그들의 모어를 포함하는 이중 언어 사용 및 교육에 대한 정책적 대응이 이루어지는 것도 이중 언어 사용이 그들에게 선택의 문제가 아니라 생존의 문제이기 때문일 것이다.

두 개 언어의 사용 문제가 개인적인 차원에 머무르지 않고 사회적인 차원으로 확대되면서 두 언어 사이의 기능 또는 위상에 차이가 발생할 수 있는데, 이러한 상황이 바로 양층어 상황(diglossia)이다. 한국에서는 아직 양층어 상황이 뚜렷하게 나타나지 않고 한국어가 상층어와 하층어의 기능을 모두 수행하고 있다. 하지만 한국 사회의 다문화 현상과 세계화가 심화되고 한국어가 다른 언어와 함께 사용되는 상황이 진전된다면 한국에서도 양층어 상황이 형성될 가능성은 얼마든지 존재한다.

이중 언어 사용이 두 개를 넘어 세 개 이상의 언어를 사용하는 다중 언어 사용(multilingualism)으로 확장될 수 있는 것처럼, 양층어 상황도 세 개 이상의 언어가 복합적인 층위를 갖는 다층어 상황으로 확장되는 것이 가능하다. 예를 들어, 이주민들의 공동체 형성과 언어 인권(linguistic human right) 의식의 성장으로 인해 이주민 모어의 사용이 활성화되고 세계화에 적극적으로 대응한다는 명분하에 영어가 대한민국의 공용어가 되는 상황이 발생한다면, 미래 한국의 언어 사용 양상은 다음과 같은 모습이 될 수도 있다.

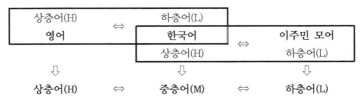

〈그림2-1〉 미래 한국의 양층어(다층어) 상황 가능성

이상에서 살펴본 바와 같이, 한국이 다언어 사회가 된다는 것은 단지 한국어와 함께 다른 언어가 하나 더 사용된다는 단순한 일이 아닐 수 있다. 이러한 변화는 한국어의 의미와 기능, 그리고 위상에 큰 영향을 줄 수 있으며, 한국에서 한국어와 외국어를 모두 포함하는 언어 사용 및 교육과 관련한 통합적인 정책의 수립과 추진을 필요로 할 것이다.

개념 정리　이중 언어 사용과 양층어 상황

- 이중 언어 사용(bilingualism): 한 개인이나 언어 집단이 두 개 이상의 언어를 다소간의 유창성을 가지고 사용하는 것
- 양층어 상황(diglossia): 두 개의 서로 다른 언어 또는 동일 언어의 두 개의 변이형이 한 사회의 동시대 관계에서 교육, 문화, 공적 의사소통 등의 고급 기능을 수행하는 상층어(High form, H)와 가정, 이웃, 상거래 등의 비격식적 일상어의 기능을 수행하는 하층어(Low form, L)로 나뉘어 사용되는 상황

1.3. 세계화와 한국어의 미래

앞서 양층어 상황을 논의하면서 언급했던 것처럼, 미래의 한국어가 어떤 모습일지, 어떤 기능과 위상을 갖게 될지에 큰 영향을 미칠

수 있는 중요한 요인 중의 하나가 영어를 대한민국의 공용어로 인정하고 사용할지의 문제다. 1998년 소설가 복거일이 『국제어 시대의 민족어』라는 책을 발간하면서 촉발된 영어 공용화 찬반 논쟁은 수많은 전문가들과 일반 국민을 들끓게 하다가 지금은 많이 수그러든 모습을 보이고 있지만, 최근에도 제주도와 송도 국제도시 등에서 영어 공용화 논의가 있었던 것을 볼 때 언제 또 터져 나올지 모르는 휴화산이다.

영어 공용화와 관련한 논리와 주장들은 세부적으로 들어가면 적지 않은 차이가 존재하기도 한다. 찬성론의 경우에 영어 공용화가 궁극적으로 한국어가 사멸되는 것을 전제하는 입장과 그렇지 않는 입장으로 나뉠 수 있으며, 반대론의 경우에도 공적 상황에서의 영어 사용을 전혀 인정하지 않는 입장과 부분적으로는 인정하는 입장으로 나뉘기 때문이다. 그러한 세부적 차이를 부각시키지 않으면서 영어 공용화에 대한 찬반 입장의 주요 논리와 주장을 비교해 보면 다음과 같다.

먼저 영어 공용화 찬성론은 영어가 이미 국제어로서 세계 지식과 정보의 대부분이 영어로 소통되고 있음에 주목한다. 현대 지식 기반 사회에서 영어 구사력은 생존의 필수 조건이자 전략적 자산이므로 한국의 발전과 번영을 위해서 영어를 공용화해야 한다는 것이다. 언어는 근본적으로 도구일 뿐이며, 민족어의 사멸이 곧 민족과 민족 문화의 사멸을 의미하는 것이 아니다. 또한 영어 공용화는 평등하고 자연스러운 영어 학습 환경을 제공함으로써 영어 교육을 위한 시간과 경비, 노력을 절감시킬 수 있다고 주장한다.

반면에 영어 공용화 반대론은 영어의 국제어로서의 지위는 영구불변한 것이 아니며, 한국의 국제적 경쟁력을 강화하기 위해서는 오히려 다양한 언어를 구사할 수 있는 전문 인력들을 양성하는 것이 효율적이라고 주장한다. 언어는 단순한 도구가 아니라 정체성의 표현이자 역사의 저장고이며 인류 문화의 유산이므로 한국어를 포기하는 것은 한국 문화의 가장 중요한 한 부분을 포기하는 것이 된다. 또한 영어 공용화로 영어 교육의 문제를 해결한다는 발상은 본말이 전도된 것이며, 영어 공용화를 한다고 모든 한국인이 영어를 잘할 수는 없으므로, 영어로 인한 계층 간의 불평등과 갈등만 심화시킬 뿐이라고 지적한다.

개념 정리　공용어

　공용어(official language)는 정치, 법률, 행정 등의 공공 분야에서 공식적인 기능을 담당하는 말을 가리킨다. 공식적(公式的)으로 인정되고 사용된다는 의미에서의 '공용어(公用語)'이므로 공식성의 여부와 상관없이 많은 사람들이 '공통적(共通的)'으로 사용한다는 의미의 공용어(共用語)로 오해하지 말아야 한다. 한자가 다른 동음이의어로 인한 이러한 혼동을 피하기 위해 후자를 공통어(Common language)라는 용어로 구별하여 사용할 수 있다.

　한편 영어가 대한민국의 공용어가 될 가능성에 대해서는 회의적인 사람조차도 영어가 이미 한국인의 생활에 깊숙이 들어와 있으며 한국어의 미래 모습 변화에 큰 영향을 미칠 것이라는 점에 대해서는 대체로 동의하는 모습을 보인다. 직장에서는 물론이고 개인적인 대화 상황에서도 영어 단어의 사용이 일상화되어 있으며, 특히 대학의 이공계 전공 수업에서는 강의와 토론이 조사와 어미를 제외하고는 거의 다 영어로 이루어진다는 지적까지 있다. 최근에는 내국인을 대상으로 하는 정부 중앙 부처의 정책명이나 지방자치단체의 홍보 표어에서마저 다음과 같이 영어를 많이 사용하고 있다.

〈그림2-2〉 공공기관의 외국어 사용 사례

　이러한 영어 사용의 증가는 전 세계 모든 언어에서 나타나는 일반
적인 현상이라는 점에서 자연스럽게 수용해야 한다는 관점도 존재하
지만, 한국어의 오염, 변질, 위기 등과 같이 부정적인 것으로 묘사되
는 경우가 많다. 언어가 생각의 양식을 결정한다는 관점에서 볼 때,
영어를 비롯한 외국어 또는 외래어를 남용(濫用)하는 것은 민족정신
과 국민 의식을 훼손하고 한국어의 창조적 생산 능력을 저해하는 것
이 되기 때문이다. 여기서 한국어를 좀 더 순수하고 바르고 건강하게
만드는 노력, 즉 '국어 순화'가 필요하다는 주장이 나오게 된다.

　그런데 국어 순화는 외국어나 외래어를 한국어로 바꾸어 쓰는 것만
을 의미하지 않는다. 실제로 지금까지 이루어진 국어 순화의 내용에
는 일본어투나 영어를 적절한 한국어로 바꿔 쓰는 것뿐만 아니라 어

려운 한자어를 쉬운 말로, 비속어를 품격 있는 말로, 거친 표현의 말을 고운 말로, 규범에 어긋나는 말을 바른 말로 고쳐 쓰는 것 등 다양한 유형이 포함되어 있다. 그런 의미에서는 국어 순화의 다른 표현인 '우리말 다듬기'는 위와 같은 여러 유형을 포함하기에 매우 적절한 표현으로 여겨진다.

지금까지 국어 순화 또는 우리말 다듬기는 외래적 요소를 무조건 배척하는 언어 순혈주의나 배타적 언어 민족주의에 기대고 있거나 그렇다고 오해를 받으면서 한국어 사용자들의 현실적 공감대와 충분한 동의를 얻는 데는 부족한 측면이 없지 않았다. 다듬은 말(순화어)로서 비교적 성공한 사례는 '나들목(←인터체인지)', '댓글(←리플)', '누리집(←홈페이지)', '누리꾼(←네티즌)', '참살이(←웰빙)' 등 손가락으로 꼽을 수 있을 정도로 적다.

우리말 다듬기는 한국어의 어휘력과 표현력을 증대시키고 국민들 간의 효율적 의사소통을 증진시키는 효율적인 방법 중의 하나일 수 있다. 우리말 다듬기가 한국어의 발전과 소통이라는 관점에서 그 기능을 제대로 하기 위해서는 다듬은 말의 결정 과정에서 몇몇 전문가들의 판단만이 아니라 한국어를 사용하는 일반인들의 대중적 참여가 필수적이다. 이러한 점에서 다듬을 말과 다듬은 말의 제안에 국민 누구나 직접 참여할 수 있는 국립국어원의 '우리말 다듬기'(http://malteo.korean.go.kr)는 주목할 만하다.

2. 한국어의 규범과 사용 방식

한국에서 태어나 자란 사람에게 한국어는 자연스럽게 습득하여 사용하게 된 언어인데, 한글을 배우면서, 그리고 학교에서 공부해야 할 대상이 되면서 갑자기 낯설고 어려운 언어로 느끼는 경우가 많다. 초등학교 시절 받아쓰기를 하면서 받았던 스트레스는 성인이 되어서도 쉽게 사라지지 않으며, 사회생활을 잘 하려고 하니 이제껏 별 관심이 없던 언어 예절에도 신경이 쓰인다.

언어는 기본적으로 의사소통을 위한 것이고, 원활한 소통을 위해서는 서로 이해할 수 있는 일종의 약속이 필요하다. 따라서 한 언어 내에 공통의 표준(standard) 또는 규범(norm)이 생겨나는 것은 자연스러운 현상이며, 언어 사용자 간의 관계에 따라 그 모습이 달라지기도 한다. 그런데 한국어의 형식이나 사용 방식과 관련한 표준 또는 규범은 다른 언어에 비해 유난히 복잡하고 어렵다고 생각하는 사람들이 적지 않다.

2.1. 한국어의 언어 규범

한국어의 언어 규범 문제는 지금까지 대부분 음운론이나 형태론을 기반으로 하는 정서법이나 어문 규정의 차원에서 논의되어 왔지만, 구체적인 언어 사용의 현실과 밀접한 관계를 맺고 있다는 점에서 사회언어학이나 언어정책론적인 고려도 매우 필요하다. 언어 규범의 문제는 신어 개발, 전문 용어 정비, 어휘 현대화 등의 문제들과 함께 언어 자료(corpus) 계획 및 정책의 중요한 한 부분이다.

언어 규범은 '한 사회 내에서 기대되거나 받아들여지는 제반 행태의 언어 사용 규칙을 규정하는 것'이라고 정의할 수 있다. 그런데 모든 언어 규범은 동일 언어 사용자 간의 원활한 의사소통에 도움을 주는 측면과 규범의 내면화 여부로 언어 사용자 간의 우열을 나누고 차별을 유지·강화하는 데 기여하는 측면을 동시에 가지고 있다. 언어 규범을 유용하게 여기는가, 부담스럽거나 불편하게 느끼는가는 바로 이러한 언어 규범의 양면성 중에서 어떤 측면이 강조되는가에 달려 있다.

역사적으로 볼 때, 언어 규범은 상당히 최근에 등장한 용어이다. 20세기 이전까지는 용법(usage) 또는 바른 용법이 언어 규범의 역할을 대신했다. 좀 더 의식적이고 제도화된 모습의 언어 규범은 근대 국민 국가가 형성되고 나서야 발달할 수 있었다. 근대 국민 국가에서 국립 언어 기관이나 학술원이 사전, 문법서, 문체 지침서 등의 발간을 통해 권위있는 언어 규범을 제정할 때 가장 많이 참고한 세 가지는 지난 100년간의 문학 작품, 언어 공동체 구성원들에게 행한 설문 조사, 그리고 규범 작성자 자신들의 언어적 직관이었다.

한국어와 관련하여 제도화된 언어 규범은 대한제국 시기 학부 안에 설치한 '국문연구소'에서 1909년에 작성한 〈국문연구의정안(國文硏究議定案)〉이 최초의 시도였다. 〈국문연구의정안〉은 문자 체계와 표기법에 대해 전체적으로 매우 합리적이고 체계적인 내용을 담고 있어서 개화기 국어 연구의 성과를 집대성한 것이라고 평가할 수 있으나 보고서로만 남고 실제로 공포되지는 못했다.

이후 일제 강점기에도 조선총독부가 〈보통학교용언문철자법(普通學校用諺文綴字法)〉(1912)을 제정·공표하기도 했지만, 한국어 사용자에게 실질적인 영향을 끼친 언어 규범은 1933년 민간단체인 조선어학회가 제정한 〈한글 마춤법 통일안〉이었다. 총론 3항, 각론 7장 63항, 부록 2항으로 구성된 〈한글 마춤법 통일안〉은 총론에서 일종의 기본 강령을 다음과 같이 밝히고 있다.

一. 한글 마춤법(綴字法)은 표준말을 그 소리대로 적되, 語法에 맞
　　도록 함으로써 原則을 삼는다.

二. 표준말은 大體로 現在 中流 社會에서 쓰는 서울말로 한다.

三. 文章의 各 單語는 띄어 쓰되, 토는 그 웃 말에 붙여 쓴다.

위에서 1항은 〈한글 마춤법 통일안〉의 형태 음소적 원리를, 2항은
표준어 선정의 기본 원칙을, 3항은 띄어쓰기의 규칙을 명시적으로 밝
히고 있다. 각론은 크게 7장으로 나누어져 있는데, 제1장 자모(字母),
제2장 성음(聲音)에 관한 것, 제3장 문법에 관한 것, 제4장 한자어,
제5장 약어(略語), 제6장 외래어 표기, 제7장 띄어쓰기로 되어 있으
며, 부록은 표준어와 문장 부호에 대해 기술하고 있어 한국어의 표기
법 관련 문제들을 총망라한 내용이라 할 수 있다.

〈한글 마춤법 통일안〉은 내용을 일부 고치고 '마춤법'도 '맞춤법'으
로 바꾸는 등 조금씩 수정되기는 했지만, 해방 이후 1948년 대한민국
정부에서 공식적으로 채택함에 따라 사회적으로 거의 그대로 수용되
었다. 각종 사전과 교과서에 반영되면서 명실상부한 공식 표기 규범
이 되었고, 현행 〈한글 맞춤법〉(1988년 문교부 고시 제88-1호)의 기본
토대를 이루고 있다. 조선어학회는 이 외에도 1936년 〈사정한 조선어
표준말 모음〉, 1940년 〈외래어표기법통일안〉 등을 제정하면서 한국
어 규범의 기본 틀을 정립했다.

하지만 이렇게 형성된 언어 규범도 고정불변할 수는 없다. 언어 규
범은 규범으로서의 기본적 속성상 보수적이어서 언어의 변화를 반영
하는 속도가 느리지만, 돌이킬 수 없는 언어 변화의 결과를 마냥 외
면할 수는 없기 때문이다. 한글 맞춤법은 과거 조금씩 수정되어 온
것처럼 앞으로도 이런 저런 이유에서 변화를 겪을 것이다. 실제로

〈한글 마춤법 통일안〉의 총론과 부록에 담겨 있던 표준어의 정의와
목록은 현행 〈표준어 규정〉(1988년 문교부 고시 제88-2호)으로 독립하
면서 그 정의를 "표준어는 교양 있는 사람들이 두루 쓰는 현대 서울말
로 정함을 원칙으로 한다."라고 수정한 바 있다. 또한 국립국어원이
2011년과 2014년에 기존에는 비표준어였던 단어들을 표준어로 인정
한 것도 언어 규범이 변화한다는 것을 잘 보여준다.

〈깊이 알기〉 2011년과 2014년에 새로 추가된 표준어 목록

		추가된 표준어	기존 표준어
뜻 차 이 없 음	2011	간지럽히다, 남사스럽다, 등물, 맨날, 묫자리, 복숭아뼈, 세간살이, 쌉싸름하다, 토란대, 허접쓰레기, 흙담, 택견, 품새, 짜장면	간질이다, 남우세스럽다, 목물, 만날, 묏자리, 복사뼈, 세간, 쌉싸래하다, 고운대, 허섭스레기, 토담, 태견, 품세, 자장면
	2014	눈두덩이, 구안와사, 삐지다, 굽신, 초장초	눈두덩, 구안괘사, 삐치다, 굽실, 작장초
뜻 차 이 있 음	2011	-길래, 개발새발, 나래, 내음, 눈꼬리, 떨구다, 뜨락, 먹거리, 메꾸다, 손주, 어리숙하다, 연신, 횡하니, 걸리적거리다, 끄적거리다, 두리뭉실하다, 맨숭맨숭/맹숭맹숭, 바둥바둥, 새초롬하다, 아웅다웅, 야멸차다, 오손도손, 찌뿌둥하다, 추근거리다	-기에, 괴발개발, 날개, 냄새, 눈초리, 떨어뜨리다, 뜰, 먹을거리, 메우다, 손자, 어수룩하다, 연방, 횡허케, 거치적거리다, 끼적거리다, 두루뭉술하다, 맨송맨송, 바동바동, 새치름하다, 아옹다옹, 야멸치다, 오순도순, 찌뿌듯하다, 치근거리다
	2014	개기다, 꼬시다, 놀잇감, 딴지, 사그라들다, 섬찟, 속앓이, 허접하다	개개다, 꾀다, 장난감, 딴죽, 사그라지다, 섬뜩, 속병, 허접스럽다

언어 규범은 통시적인 변화의 모습을 보일 뿐만 아니라 공시적으
로도 다양한 모습으로 존재한다. 언어 규범이 가지는 강제력의 정도
나 적용 방식을 기준으로 할 때 자연스러운 관습의 모습을 띠는 유형
에서부터 법령과 유사할 정도로 강력한 강제력을 가지는 유형에 이
르기까지 다양하다. 한국어의 경우, 형태(표기)나 발음에 관련한 언

어 규범은 한글 맞춤법, 표준 발음 등을 고시함으로써 법령과 유사한 수준의 강제력을 가지고 있으나, 문장(문법) 단위의 어문 규범은 몇 몇 권위 있는 문법서가 그 기능을 대신하고 있다. 어휘 단위에서의 언어 규범은 '표준어 규정'을 고시하는 방식에서 『표준국어대사전』을 참조하게 하는 방식으로 유연하게 변화하고 있으나, 일반적으로 강제력이 가장 약한 담화(텍스트) 단위에서의 언어 규범은 국가기관(국립국어원)에서 〈표준 언어 예절〉을 제안함으로써 오히려 강화되는 모습을 보인다.

2.2. 한국어의 호칭과 경어 사용

호칭과 경어 사용은 기본적으로 대화자 간의 관계를 드러내는 기능을 한다는 점에서 일찍부터 사회언어학적 관심과 연구의 대상이 되어 왔는데, 특히 한국어의 호칭과 경어 사용은 다른 언어에 비해 더 복잡하고 다양하게 발달한 편이어서 사회언어학 연구자들에게 많은 주목을 받아온 주제이다. 사회언어학에서 호칭과 경어 사용을 분석하고 연구하는 주된 방법은 호칭과 경어 사용의 방식을 규정하는 힘(상하, power)의 관계와 유대(친소, solidarity) 관계를 유기적으로 살펴보는 것에 있다.

먼저 호칭(address form)은 흔히 화자가 상대방과 말하는 동안 그 상대방을 가리키기 위해 사용하는 단어는 물론이고 그러한 어구나 표현까지를 가리키는 개념이다. 이러한 호칭은 화자가 대화 중에 언급하는 대상을 가리키기 위해 사용하는 지칭(terms of reference)이나 화자가 청자인 상대방의 주의나 관심을 얻기 위해 사용하는 호출(summonses)과 구별된다. 특히 한국어의 호칭은 이름, 직함, 친족명,

대명사 등 다양한 방식을 통해 실현되고 있다.

이름을 사용한 호칭은 모든 언어에서 나타나는 보편적인 현상이지만, 한국어의 경우에는 이름만 단독으로 사용되기보다는 이름에 호격조사 '아/야'(민국아/현수야)나 의존 명사 '씨', '군'(현정 씨, 김 군) 등이 붙어 화자와 청자의 관계를 드러내는 경우가 더 많다. 최근에는 인터넷상의 대화에 의존 명사 '님'의 사용도 급격하게 증가하는 모습이 나타나고 있다. 이름을 이용한 호칭은 힘의 관계에서 윗사람에게는 사용되지 않는다는 특징을 보이며, 유대 관계에서는 친하지 않을수록 사용하기 어렵다는 특징을 보인다.

직함을 사용한 호칭 역시 보편적인 현상인데, 한국어에서는 이름보다 직함을 더 많이 사용하는 경향이 있으며, 직함만 사용하든, 이름과 함께 직함을 사용하든 간에 접미사 '-님'을 붙이는 것이 일반적이다(부장님/김부장님). 접미사 '-님'이 없이 이름과 함께 사용되는 직함 호칭(김부장)은 윗사람이 아랫사람에게 향하는 힘의 관계나 친한 동료 간 유대 관계에 한정된다.

친족명을 사용하는 호칭은 한국어에서 특히 발달했는데, 친족명을 단독으로 사용하는 유형(어머니), 친족명에 접미사 '-님'을 붙여 사용하는 유형(어머님), 그리고 이른바 '친근형' 친족명을 사용하는 유형(엄마) 등이 있다. 또한 한국어의 친족명은 친족 관계가 아닌 사이에서도 많이 사용되는데, '형', '누나', '오빠', '언니' 등은 동네나 학교에서 친한 선배를 부르는 호칭으로 널리 사용되어 왔다. 친족명에는 친족 관계에서 나타나는 힘의 관계와 유대 관계가 그대로 반영되어 있으며, 친족명을 사용하는 호칭도 그러한 관계를 반영하거나 확장하고 있다.

최근에는 '언니', '이모' 등의 친족명이 음식점이나 서비스업에 종사하는 직원을 부르는 호칭으로 사용되는 모습을 자주 볼 수 있는데, 이는 친족명 호칭이 일종의 통칭적 호칭으로 발전한 것이라고 할 수 있다. 통칭적 호칭은 청자에게 개별적으로 적용되는 것이 아니라 일반적으로 적용될 수 있는 것으로 보이는 호칭이다. 친족명 외에 직함도 통칭적 호칭으로 많이 사용되는데, 서비스업 종사자가 손님을 부를 때 사용하는 '사장님', '사모님' 등이나 상대의 직함을 잘 모를 때 널리 사용하는 '선생님' 등이 그 대표적인 예다. 이밖에도 한국어에서는 '너, 자네, 자기, 당신' 등의 2인칭 대명사가 호칭으로 사용되기도 하는데, 힘의 관계에서 윗사람에게나 유대 관계에서 친하지 않은 사람에게는 잘 사용되지 않는 특징을 보인다.

다음으로 경어 사용(honorific usages)은 화자가 다른 사람을 높이거나 낮추기 위해 사용하는 표현 방법으로, 한국어에서는 어미나 특수하게 발달한 어휘에 의해 이루어진다. 경어법, 높임법, 대우법 등의 이름으로 이루어진 기존의 논의에서는 상대방을 높이거나 낮추기 위해 사용되는 호칭, 조사, 어미 등의 형식들이 일정한 호응 관계를 가지며 그 호응이 유지되지 못한 문장은 비문법적이거나 부자연스러운 것으로 간주되는 문법적 연구의 관점이 주를 이루었다.(☞제7장 3절 '높임의 문법 범주' 참고)

하지만 사회언어학적 시각에서는 경어 사용 관련 형식들의 호응 관계가 절대적인 것이 아니다. 그것은 화자의 의도나 의지에 따라 얼마든지 선택적일 수 있으며, 다양한 언어 외적 요인에 의해 변형될 수 있다. 사실 경어 사용은 문법의 범위를 넘어서는 문제이기에 문법적 연구의 관점만으로는 그 현상을 제대로 이해하고 설명하기 어렵다. 실제로 청자를 대상으로 하는 경어 사용을 실현하는 종결 어미는 세대, 성별, 집단 등의 사회적 요인에 따라 다양한 화계(話階) 또는 말

단계(speech level) 체계를 보인다. 중년층 이하 세대에서 '하오체'나 '하게체'가 거의 쓰이지 않는 것이나 여성 화자의 '하십시오체' 사용이 상대적으로 적다는 것 등이 좋은 예다.

　최근에는 어떤 동작이나 상태의 주체인 사람을 높이기 위해 사용되는 선어말 어미 '-시-'가 "이게 신상품이세요.", "요금은 1,000원이세요." 등과 같이 사물이 주어이거나 서술의 대상일 때에도 자주 사용되고 있다. 이는 문법적으로 비문이라고 비판할 수 있겠지만 '-시-'의 기능이 주체 높임에서 청자 높임까지 확장되고 있다고 기술할 수도 있다. 또한 사회언어학적 시각에서는 '-시-'의 사용 범위 확대가 문법 형식으로 고정된 경어법을 수동적으로 따르지 않고 화자의 목적, 즉 청자 높임을 달성하기 위해 의도적으로 구사하는 일종의 전략일 수 있다. 경어 사용을 통해 화자는 청자와의 힘의 관계 및 유대 관계를 드러내거나 조정할 수도 있고 청자에 대한 감사나 바람, 심리적 거리 등 다양한 생각과 감정을 표현할 수도 있기 때문이다.

2.3. 말투와 상황 변이어(사용역)

　어떤 사람도 언제나 모든 상황에서 항상 같은 방식으로 말하지는 않는다. 예를 들어, 공식적인 행사에서는 아주 격식적이고 딱딱하게 말하던 사람도 친구와의 대화에서는 비격식적이고 편하게 말하게 된다. 사회언어학에서는 이러한 차이를 말투(style)라는 개념으로 설명하는데, 이때 말투는 한 명의 화자가 상황에 따라 달리하는 말하기 방식을 가리킨다. 넓은 의미에서 말투는 글 쓰는 방식까지 포함하는 개념이지만, 좁은 의미에서는 글투(writing style)와 구별되는 말하는 방식으로서의 말투(speaking style)만을 의미하기도 한다.

　개인이 처할 수 있는 의사소통의 상황은 매우 다양하지만, 거의 대부분의 화자는 한 언어의 다양한 말투를 습득하고 통제할 수 있다. 이처럼 다양한 말투의 습득은 직접적 경험, 교육, 사회적 교류 등 여러 가지의 언어적 사회화 경로를 통해 가능해진다. 그 결과, 각 상황에 가장 적절한 것으로 판단되는 말투를 개인적으로 선택하여 구사할 수 있다. 이러한 말투는 문법 형태소 및 어휘, 억양 등과 같은 구체적인 언어 항목들의 선택과 관련된다. 이때 이러한 언어 항목들이 특정한 사회 방언이나 지역 방언과 같은 변종과도 관련될 수 있음은 물론이다.

　경상도 출신이지만 서울에서 산 지 오래 된 화자가 서울 시내에서 우연히 마주친 동향 친구와 대화하는 상황에서 경상도 방언은 친근감과 동질감을 표현할 수 있는 비격식 말투로서 사용될 수 있다. 반면에 이 화자가 회사에서 업무 보고를 하거나 학교에서 학생들을 가르치는 경우라면 표준어를 격식 말투로 선택하게 된다.

　한 명의 특정 언어 화자가 선택할 수 있는 말투의 범위는 상당히 넓고 다양하지만, 말투의 선택이 특정한 사회적 지위나 기능과 관습적으로 결합하는 경향도 존재한다. 특정 화자의 사회적 신분이나 직업 등을 알면 그 화자의 말투를 어느 정도 예측할 수 있는 것이다. 사회언어학적 훈련을 받지 않은 일반인들이 특정인의 말투를 가리켜 '선생님 말투', '군인 말투'라고 표현하는 것이 그 좋은 예다. 이처럼 말투 중에서 특정하게 제도화된 상황(situation) 또는 맥락(context)을 특징적으로 드러내는 말투를 특별히 상황 변이어(또는 사용역, register)라고 한다. 상황 변이어는 방언과 구별할 수 있는데, 방언이 언어 사용자의 지역적, 사회적 특성에 따른 변이와 관련된다면, 상황 변이어

는 언어가 사용되는 상황적 맥락에 따른 변이와 관련된다.(☞제3장 3
절 '한국어의 사회적 변이' 참고)

　상황 변이어는 의학, 법학, 과학, 음악 등과 같은 전문 분야에서 뚜
렷하게 발견되는데, 특히 어휘의 측면에서 전형적인 모습을 보여준
다. 예를 들어, 설렁탕집에서는 손님이 점원에게 '소금'을 더 달라고
말하지만, 의사는 환자에게 '염분'을 너무 많이 섭취하면 좋지 않다고
말할 것이다. 특정 가수의 팬들은 그냥 그의 노래가 듣기 좋다고 말
하지만, 전문적인 음악가들은 가수의 '성량', '음정', '박자 감각' 등을
따지고, 곡의 '장르'와 '음계'를 분석한다.

　한국어는 의사소통의 상황과 대화 참여자 간의 관계를 특히 중요하
게 고려하는 언어라는 점에서 다양한 말투와 상황 변이어가 풍부하게
발달했을 것으로 예상되지만, 이에 대한 연구와 이해는 아직 많이 부
족한 형편이다. 말투와 상황 변이어의 이러한 다양성이 같은 한국어
사용자 간의 의사소통에 어떤 영향을 미치고 어떻게 변화하고 있는지
에 대한 연구가 필요할 것이다.

3. 한국어와 문자 정책

　한국어는 과거 오랜 세월 동안 한자로 적어 왔는데, 한자로는 한국
어의 특성을 제대로 드러낼 수 없었기에 문자 생활에 불편함이 많았
다. 훈민정음이 창제되고 나서야 한국어는 고유 문자인 한글을 갖게
되었다. 한글은 그 어떤 문자보다도 한국어에 가장 잘 맞는 문자임에
틀림없지만, 한자가 한국어에 끼친 영향이 크기 때문인지 한국어를
한글로만 적을지, 한자도 함께 사용하여 적을지에 대한 해묵은 논쟁

은 지금도 계속되고 있다.

급속한 세계화와 함께 한글은 더 이상 한국어를 적는 데에만 사용되지 않는다. 날로 증가하는 국제 교류 속에서 외국의 인·지명과 새로운 분야의 외국어로 된 전문 용어들을 한글로 적어야 할 필요성이 점점 더 커졌다. 또한 새로운 시대의 요구에 부응하기 위해서는 지금의 한글을 더 좋게 개선해야 한다는 주장도 있으며, 더 나아가 한글을 외국의 문자 없는 언어 공동체에 보급하려는 시도까지 생겨나고 있다.

3.1. 한글 전용과 국한자 혼용

훈민정음 창제의 사회역사적 동기와 의미에 대해서는 다양한 분석과 해석이 있을 수 있지만, 훈민정음의 탄생이 한국어 사용자의 문자 생활에 결정적인 변화를 가져오는 시발점이 되었다는 점에 대해서는 별다른 이론이 없을 것이다. 탄생 이후에도 많은 역사적 굴곡을 겪기는 했지만, 이제 한글은 교육, 언론, 문화 등 거의 모든 분야에서 한국어를 적는 기본 문자로서의 지위를 확고히 하고 있다. 초중고 교과서와 대학 교재에서 한자 혼용(混用)은 물론이고 병용(倂用)도 찾아보기 어려워졌으며, 대부분의 주요 일간 신문도 1990년대 말에 한글 가로쓰기를 도입하면서 이제 한자는 매우 제한된 범위 내에서 일부 양념처럼 사용될 뿐이다.

(동아일보 1946년 2월4일자 1면)

(동아일보 1980년 2월 4일자 1면)

(동아일보 2011년 2월 14일자 1면)

〈그림2-3〉 일간신문의 문자 표기 변화 모습

이러한 상황에서 한글 전용론과 국한자 혼용론 간의 논쟁은 논리적 대립으로만 남아 있을 뿐이지 현실적 대립은 더 이상 성립할 수 없다고 볼 수도 있을 것이다. 하지만 최근에는 국한자 혼용론이 한자 교육론의 모습으로 다시 등장하는 모습이 곳곳에서 나타나고 있다. 국한자 혼용론은 표기의 문제로서 한글 전용론과 정면으로 대립하지만, 한자 교육론은 일단 교육의 문제이므로 한글 전용론과 정면 대립을 피할 수 있다. 하지만 대부분의 한자 교육론은 한자 교육이 제대로 이루어지기 위해서는 한자 사용이 필요하다는 주장으로 이어진다는 점에서 본질적으로는 국한자 혼용론과 다를 바 없다.

국한자 혼용론은 기본적으로 국어 어휘의 60~70%가 한자어이고 그 한자어의 25%가 동음이의어라는 점을 강조하고, 이러한 비중과 혼동 가능성을 근거로 한자 사용의 필요성을 주장한다. 또한 전통문화의 전승과 고전의 이해를 위해서는 한자를 넘어 한문에 대한 소양도 필수적이라고 주장한다. 국한자 혼용론자에게 한자는 처음에는 남의 것이었지만 받아들여 사용하면서 우리의 것이 된 문자다. 따라서 한자를 버리는 것은 우리의 중요한 일부를 스스로 포기하는 어리석은 일이다. 또한 국한자 혼용론은 한자를 사용하는 것이 중국, 일본 등의 한자 사용 국가들과의 교류에 도움을 주며, 한자 교육이 사고력 증진과 깊이 있는 통찰을 유도하여 학생들의 인성 교육에도 효과적이라고 주장한다.

이에 대해 한글 전용론은 소리글자인 한글은 한자와 비교할 수 없을 정도로 글자 수가 적어서 배우고 사용하기 쉽기 때문에 효율적이고 민주적인 문자이며, 정보 통신 기술의 발달에 따른 전산화, 정보화 등에도 유리하다고 강조한다. 또한 한글은 한국어의 특성과 한민족의 정체성을 가장 잘 반영할 수 있는 문자로, 한자어 동음이의어도 문맥을 통해 충분히 구별이 가능하므로 한글만으로 한국어를 적기에 부족함이 없는데 굳이 한자를 계속 사용할 필요가 있는지 반문한다. 또한 한글 전용론은 한글만을 사용하는 것이 전통문화와의 단절을 의미하는 것도 아니며 한글 번역을 통해서도 그 내용을 얼마든지 교육할 수 있다고 주장한다.

이상과 같은 한글 전용론과 국한자 혼용론의 대립은 이 문제가 단순하게 학문적 논리의 문제만이 아니라 언어와 문자에 대한 가치 판단과 태도의 문제이자 문자 사용과 관련한 정책적 판단과 행동의 문제이기도 함을 극명하게 보여 준다.

3.2. 외래어 표기와 한글

앞서 언급한 바와 같이 한글은 한국어를 적는 데 그치지 않고 외국에서 들어온 말을 적는 데도 쓰이는데, 후자의 방식을 다룬 어문 규정이 〈외래어 표기법〉이다. 하지만 현행 외래어 표기법에 대해서는 적용 대상, 방식 등 여러 가지 측면에서 문제가 제기되면서 적지 않은 논란이 있어 왔다. 먼저 현행 외래어 표기법은 이 표기법을 적용하는 대상이 되는 외래어가 무엇인지를 분명하게 정의하지 않아 논란을 가중시킨 측면이 있다. 『표준국어대사전』에서는 외래어를 '외국에서 들어온 말로 국어처럼 쓰이는 단어'라고 정의하고 있는데, 이는 그냥 '다른 나라의 말'인 외국어와 구별된다. 이처럼 엄격한 의미에서의 외래어는 버스, 텔레비전, 피아노처럼 외국에서 들어왔지만 이제 한국어가 된 말만을 가리킨다.(☞제8장 3절 '어휘의 차용 및 변천' 참고)

하지만 언어 현실에서는 특정 단어가 외래어인지 외국어인지 단정하기 어려운 경우가 많다. 예를 들어, '치킨', '티켓', '프린터' 등은 '닭고기튀김', '표', '인쇄기' 등으로 바꾸어 쓸 수 있으므로 외국어인가? 아니면 현실에서는 후자보다 전자가 훨씬 많이 사용된다는 점에서 외래어인가? 외래어와 외국어 개념의 이러한 불분명함은 현행 외래어 표기법에서도 그대로 나타나고 있는데, 표기 세칙을 설명하는 과정에서 '셋백(setback)', '시크니스(sickness)', '베이드(bathe)', '왜그(wag)' 등처럼 외국어라고 할 수밖에 없는 낱말들이 외래어 표기의 예로 제시되는 경우가 많다. 이상과 같은 모습은 현행 외래어 표기법을 외국에서 들어와 한국어의 일부가 되었거나 되어가는 낱말들뿐만 아니라 들어온 지 얼마 되지 않아 아직 널리 사용되지 않는 낱말들이나 앞으로 들어올 낱말들까지 적는 방법을 규정한 것으로 이해할 수밖에 없게 한다.

외래어 표기법과 관련한 또 하나의 논점은 외래어 낱말을 원음에 가깝게 표기해야 하는가(원음주의), 아니면 한국어 사용자들의 관용적 발음에 따라 표기해야 하는가(관용주의)의 문제와 관련된다. 외래어 표기법은 1940년 조선어학회의 〈외래어표기법통일안〉 이후 현행 외래어 표기법에 이르기까지 원음주의를 기조로 해 왔다. 문제는 이러한 원음주의가 무리할 정도로 강하게 적용되면서 한국어 사용자들이 자연스럽게 만들어 온 관용 표기가 일방적으로 무시되는 규범주의적 태도가 발생한다는 점이다.

오래전부터 사용하던 '부페', '샌달', '바베큐', '샤베트' 등의 관용 표기는 외래어 표기법에 의해 '뷔페', '샌들', '바비큐', '셔벗' 등과 같은 원음주의 표기로 한순간에 대체되어야 했다. 하지만 이는 외래어 표기법의 근본 목적이 한국어 사용자들로 하여금 외국 및 외국어와 관련된 각종 정보를 접하고 상호 소통할 때 장애가 없도록 하는 것에 있음을 간과한 것은 아닌지 생각해 볼 필요가 있다. 외래어 표기법의 원칙이 원활한 의사소통이라는 근본 목적보다 중요할 수는 없기 때문이다.

　원음주의는 일반용어보다 인·지명에서 두드러지는데, 특히 중국
과 일본의 인·지명은 한자음 및 한자 사용의 문제와 얽히면서 또 다
른 양상의 논란을 일으킨다. 현행 외래어 표기법은 한자로 표기될 수
있는 중국과 일본의 인·지명을 한국식 한자음과 상관없이 중국어 또
는 일본어의 발음에 가깝게 적도록 하는데, 최근의 언론과 출판물을
살펴보면 이러한 원음주의가 거의 정착하는 모습을 확인할 수 있다.
현재의 중국 국가주석과 일본 총리 이름은 대부분 원음에 가까운 '시
진핑'과 '아베 신조'로 적고 있으며, 한국식 한자음을 표기한 '습근평
(習近平)'과 '안배보삼(安培普三)'으로 적는 경우는 매우 드물다.

　이에 대해 국한자 혼용을 주장하는 입장에서는 옛날부터 중국과 일
본의 인·지명을 한국식 한자음으로 읽어 온 전통이 있고 지금도 그렇
게 읽고 그대로 적으면 된다고 주장한다. 현행 외래어 표기법은 한국
식 한자음을 버리고 현지의 원음을 따른다는 점에서 언어 주권(主權)을
포기하는 사대주의적 발상이며, 이제껏 잘 사용하던 '모택동', '북경',
'연변' 외에도 원음주의에 따른 '마오쩌둥', '베이징', '옌볜' 등을 사용
하게 함으로써 국민들에게 표기의 혼란만을 가중시켰다고 비판한다.

　하지만 현행 외래어 표기법을 옹호하는 입장에서는 국한자 혼용론
자들의 비판이 말(언어)과 글(문자)을 동일시하는 잘못된 인식에 기반
해 있다고 지적한다. 외래어 표기법은 외국의 인·지명을 귀에 들리
는 대로 적기 위한 것이지 외국의 인·지명을 적어 놓은 한자를 눈으
로 보고 그 한자음을 적기 위한 것이 아니라는 것이다. 또한 현행 외
래어 표기법도 굳어진 외래어의 관용을 존중하고 있음을 강조한다.
실제로 "중국 인명은 과거인과 현대인을 구분하여 과거인은 종전의
한자음대로 표기하고, 현대인은 원칙적으로 중국어 표기법에 따라 표
기하되, 필요한 경우 한자를 병기한다."(제4장 제2절 제1항)거나 "중국

및 일본의 지명 가운데 한국 한자음으로 읽는 관용이 있는 것은 이를 허용한다."(제4장 제2절 제4항)는 등의 동양의 인·지명 표기 세칙이 존재한다. 이를 적용하면 '공자(孔子)'를 '콩쯔'라고 바꾸거나 '동경(東京)'을 '도쿄'로 굳이 바꿀 필요가 없다.

이상의 논의를 살펴보면 외래어 표기는 원음주의만을 고수하거나 관용주의만을 주장하는 이분법적인 방식으로 이루어질 수 없으며, 개별 외래어의 기원, 도입 시점, 현재 사용 양상 등에 따라 적절한 방식을 취할 필요가 있음을 확인하게 된다. 외래어 표기법은 근본적으로 특정 논리나 원칙을 내세우기 위한 것이 아니라 한국어 사용자의 언어생활을 효율적이고 편안하게 만들기 위한 것이기 때문이다.

3.3. 한글의 개선과 활용

한글이 현존하는 세계의 문자 중에서 한국어를 적고 읽기에 가장 적합한 문자라는 점은 크게 의심할 여지가 없다. 더구나 한글은 국내외의 여러 학자들로부터 소리글자로서의 과학성과 체계성에 대한 많은 찬사를 들어 왔다. 이로 인해서인지 한글에 대한 한국인의 자부심과 애정 또한 남다르며, 그 자부심과 애정을 바탕으로 한글을 더욱 가꾸고 발전시키려는 노력이 확산되고 있다.

하지만 그러한 자부심과 애정이 지나쳐서 과학적 근거가 없는 자민족 우월주의에 빠지고, 한글의 특수성을 강조하면서 이른바 '한글 우월주의'를 재생산하는 것은 문제가 있다. 언어와 문자에 대한 심도 깊은 연구를 바탕으로 상대적으로 최근에 만들어진 문자로서의 한글이 지닌 장점을 오랜 역사의 흔적을 고스란히 담고 수없이 변화하며 발전해 온 다른 문자들과의 우열을 가리는 근거로 삼는 것은 적절하지 않기 때문이다.

그런데 한글을 개선하고 활용하자는 최근의 논의들은 이처럼 왜곡된 자부심과 애정이나 문자와 음성기호의 혼동에서 출발하는 경우가 적지 않다. 특히 현재 사용하고 있는 한글의 자모와 운용 방식이 다양한 소리를 표기하는 데 한계가 있다고 인식하는 경우가 많다. 그리고 이러한 한글의 한계를 극복하기 위한 방법으로 옛글자 되살려 쓰기, 새 글자 만들어 쓰기, 기존 글자 새로 조합하여 쓰기 등을 제안하고 있다.

옛글자 되살려 쓰기는 현재의 한글 자모체계에는 없지만 훈민정음 창제 당시에는 있었던 'ㅸ', 'ㆄ', 'ㅿ', 'ㆍ', 'ㆆ', 'ㆁ' 등을 되살려 쓰는 것을 의미한다. 이렇게 하면 'face'와 'pace'를 'ㆅ이스'와 '페이스'로 분명하게 구별하는 등의 방식으로 영어 등의 외국어 발음을 습득하는 데 도움을 줄 수 있으며, 한글이 표기할 수 있는 음가의 폭이 확대될 것이라고 한다. [f]와 [v]는 'ㅍ'와 'ㅂ'에서 각각 한 획을 뺀 'ㆄ'와 'ㅃ'로 적고, [ð]는 'ㄷ'의 방향을 돌려 'ㅕ'로 적는 등의 방식으로 새로운 글자를 만들어 쓰는 것도 그 이유와 목적은 옛글자 되살려 쓰기와 다르지 않다.

반면에 기존 글자 새로 조합하여 쓰기는 현재 쓰이고 있는 글자들만을 사용하되 단지 그것들의 조합 방식만을 새롭게 한다는 점에서 위의 두 가지 방법과 차이가 있다. 다른 겹자음자를 본 따서 [r]과 [l]을 'ㄹ'과 'ㅀ'로 구별하거나 어두 자음군을 인정하던 동국정운식 표기법을 원용하여 'strike'는 'ㅳㅌ이크'로 적는 식으로 어두에 세 개의 자음자가 연이어 오는 것을 허용하는 것이 대표적이다. 특히 모음자의 경우에는 입말로는 발음되고 있지만 기존의 조합 방식으로는 줄여서 표기할 수 없었던 'ㅟ'와 'ㅓ'(사귀었다)를 'ㅕ'(사겼다)로 적을 수 있게 하는 것은 주목할 만하다.

하지만 이상의 논의들은 모음자 줄임의 예를 제외하고는 대부분 한국어를 제대로 표현하기 위한 것이라기보다는 영어 등의 외국어 발음을 좀 더 현지음에 가깝게 적기 위한 것인데, 외래어로 정착되지도 않은 외국어 단어들을 구별하기 위해 한글의 자모를 늘릴 필요가 있는 것인지 의문이다. 또한 한국어에 없는 몇몇 발음을 표기할 수 있는 글자를 몇 개 만들어 사용한다고 해서 외국어 학습에 큰 도움이 되리라고 보기 어렵다. 이러한 태도는 오히려 한 언어의 문자와 범언어적인 음성기호를 혼동하는 것이라는 점에서 문제가 있다. 문자는 한 언어의 음소 체계를 충실하게 담아낼 수 있으면 제 기능을 다 하는 것이지 음성기호처럼 모든 언어의 음성을 표기할 수 있어야 하는 것은 아니기 때문이다.

개념 정리 문자, 글자, 자모

- 문자: 인간의 언어적 의사소통을 위한 시각적인 기호의 체계
- 글자: 문자 체계를 구성하는 낱낱의 기호
- 자모: 글자 중에서 한글처럼 한 개의 음절을 자음과 모음으로 갈라서 적을 수 있는 기호

한글을 개선하고 활용하려는 노력에서 한발 더 나아가 한글을 문자가 없는 언어나 너무 어려워 제대로 적기 힘든 문자, 즉 난문자(難文字)를 사용하는 언어의 문자로 보급하려는 시도도 있는데, 이 시도는 흔히 한글의 세계화 또는 수출이라고 표현된다. 한글을 문자 없는 언어의 문자로 개발하여 보급하려는 시도는 1990년대 중반부터 태국의

고산족인 라후족의 언어, 중국의 로바족과 오로첸족의 언어, 동티모르의 테툼어 등을 대상으로 계속되어 왔다. 한글을 난문자 언어의 대체 문자로 보급하려는 시도로는 자모를 구별하기 어렵기로 유명한 스리랑카의 싱할라어 문자나 중국의 한자를 한글로 대체하려는 시도를 들 수 있다. 가장 최근에는 인도네시아 부톤섬의 바우바우시에 밀집해 사는 찌아찌아족이 사용하는 찌아찌아어를 한글로 적으려는 시도가 교과서 제작, 일부 도로 표지판 적용 등의 모습으로 부분적인 성과를 보이면서 많은 관심을 받은 바 있다.

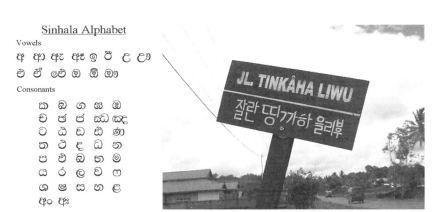

〈그림2-4〉 싱할라어 자모와 인도네시아 바우바우시의 도로 표지판

이처럼 한글을 문자 없는 언어나 난문자 언어의 문자로 개발하여 보급하려는 시도는 우수한 문자인 한글의 가치를 나누고 소멸 위기의 언어문화를 보존하는 데 기여하고자 하는 선하고 인도주의적인 뜻에서 출발하는 경우가 대부분이다. 하지만 이러한 시도가 인도주의적 호의나 민족 문화에 대한 자부심만으로 추진되는 것은 문제가 있다. 한글을 타 언어의 문자로 보급하기에 앞서 무엇보다도 먼저 고려해야

할 것은 그 문자를 수입하여 사용할 이들의 필요와 실용화 가능성이다. 더구나 특정 문자를 난문자로 규정하는 것도 논란의 여지가 크다. 난문자로 규정되는 문자도 특정 언어의 문자로서의 나름의 기능과 역사를 가지고 있으며, 특정 국가에 의해 공용 문자로 인정된 경우가 대부분이다.

자칫하면 문자 보급 논의와 실천이 내정 간섭, 문화 침략 등의 외교적, 문화적 마찰을 야기할 가능성까지도 있다. 사실 한글 또는 한글에 기반한 문자를 도입하여 사용할 가능성이 조금이라도 있는 언어 공동체는 국가 단위를 독립적으로 형성하지 못하는 소수 민족 정도이다. 따라서 이러한 공동체가 그 언어의 문자를 선택하는 정책적 판단을 내릴 때 우선적으로 고려하는 것은 그 문자의 과학적 우수성만이 아니다. 더 중요한 것은 해당 공동체가 속한 국가의 공용 문자가 무엇인가 또는 국제적으로 통용성이 높은 문자가 무엇인가 등의 문제다. 실제로 인도네시아 중앙 정부는 찌아찌아족에 대한 한글 보급이 공식화되는 것을 부인하고 정치적 문제를 야기할 가능성에 대해 우려를 표명한 바 있다.

문자는 언어 공동체를 분열시킬 수도 있고 공통의 요소를 제공할 수도 있다는 점에서 그 자체로 정치적 성격을 지니고 있다. 특정 문자가 한 언어 공동체의 문어 규범으로 일단 성립되면, 그에 대한 정서적 애착심이 형성된다. 이로 인해 기존의 철자법이나 문자의 개혁에 관한 논의는 합리적 논의라기보다는 일종의 종교 전쟁처럼 보이는 경우가 흔하며, 개혁의 방향보다 개혁의 추진 자체가 논쟁의 대상이 되곤 한다. 한글 개선과 활용이 국내에서 이러한 논쟁을 일으킬 수 있다면, 한글의 국외 보급 또는 세계화는 한글을 도입하는 공동체 내에서 이러한 논쟁을 일으킬 수 있다. 이처럼 하나의 문자를 개선하거나 활용하고 세계화하는 문제는 학문적 연구로 그치는 것이 아니라 한 언어 공동체의 문자 생활 및 정책과 밀접한 관련을 맺게 마련이다. 따라서 문자론적 가능성에 대한 연구와 함께 사회언어학적이고 언어 정책적인 의미와 영향에 대한 고민이 수반되어야 한다.

● 토 론 거 리 ●

① 영어 공용화는 단순한 선언이 아니라 막대한 시간과 비용을 요구하는 언어 정책적 행위이다. 투자 대비 효과의 측면에서 영어 공용화의 긍정적인 측면과 부정적인 측면이 무엇인지 토론해 보자.

② 표준어는 어느 나라에나 존재하지만 표준어 '규정'이 존재하는 국가는 전 세계에서 한반도의 남북한을 제외하면 찾아보기 어렵다. 표준어 규정의 역사적 의의를 살펴보고, 그 현재적 가치와 미래 모습에 대해 이야기해 보자.

③ 최근 주체 높임 선어말 어미 '-시-'가 사람이 아닌 사물이 주어이거나 서술의 대상일 때에도 자주 사용되고 있다. 그 배경과 이유는 무엇이고, 이에 대해 어떠한 언어 정책적 대응이 필요할지 생각해 보자.

④ 현행 국어기본법과 어문규범에 따르면, 'CD(Compact Disc)'는 '시디'로 적고 'UN(United Nation)'도 '유엔'으로 적어야 하지만, 현실에서는 로마자를 그대로 사용하는 경우가 더 많다. 이러한 이유에서 로마자도 한국어를 적는 표기 수단의 하나로 인정하자는 주장에 대해 어떤 입장을 취해야 할지 토론해 보자.

⑤ 훈민정음은 흔히 세상의 모든 소리를 담을 수 있게 만들어졌다고 하는데, 문자와 발음기호는 구별할 필요가 있다. 현재의 한글이 한국어를 적을 때 불편하거나 부족한 점이 있는지 생각해 보고, 한글을 개선하거나 외국어의 문자로 활용하려는 시도에 어떤 의의와 문제점이 있는지 살펴보자.

더 읽을거리

사회언어학의 주요 개념에 대해서는 한국사회언어학회 편(2012)을, 사회언어학의 전반적인 이론과 논의를 살펴볼 수 있는 개론서로는 Ward-haugh(1998)/박의재 역(1999), 이익섭(2000), Bonvillain(2002) /한국사회언어학회 편역(2002), Romaine (2000)/박용한·김동환 역(2009) 등을 참조할 수 있다. 또한, 한국어와 관련한 사회언어학적 주제에 대한 다양한 논의는 김하수(2008ㄱ, 2008ㄴ, 2014), 강현석 외(2014)에서 찾아볼 수 있다. 그밖에 한국어의 언어 규범 문제는 이현복 외(1997)를, 한자 교육과 한자 정책에 대한 논의는 한국어문교육연구회 편(2005)을, 영어 공용화 주장에 대해서는 복거일(1998)을 참고할 수 있다.

제3장 방언학

▶ 이 장에서 다루는 문제
· 언어와 방언, 표준어와 비표준어의 구별 기준은 무엇인가?
· 방언 분화의 요인과 방식은 무엇인가?
· 지역 방언의 현황과 미래 전망은 어떠한가?
· 사회 방언의 유형별 특성과 의미는 무엇인가?

방언학은 방언에서 나타나는 언어 체계와 현상을 공시적으로 또는 통시적으로 비교·관찰하고 그 결과를 체계적으로 기술하고 설명하는 것을 목적으로 하는 언어학의 한 분야이다.

방언학은 19세기 후반 유럽의 주요 국가들에서 대규모로 진행된 언어지도(linguistic atlas) 사업 과정에서 언어지리학적인 방법론을 발전시키면서 본격적으로 성립되었고, 이후 구조 방언학과 생성 방언학, 도시 방언학과 사회 방언학 등 다양한 모습으로 발전을 거듭하고 있다. 이 중 사회 방언학은 2장에서 살펴본 사회언어학의 입장에서는 언어의 사회적 변이 연구에 해당하는 것이지만, 이 장에서는 방언학의 한 분야로 기술하기로 한다.

지역 방언학은 개별 방언들의 언어 체계와 요소를 공시적 또는 통시적으로 기술하는 개별 방언론에서 출발하여 방언의 분포 상태를 연구하는 방언 구획론과 방언 대비론, 방언의 변화 양상을 연구하는 방언 분화론과 방언 접촉론으로 발전하고 있다. 사회 방언학은 상대적으로 최근에 등장한 분야이나 현대 사회에서 연령, 성별, 계층 등의 매개변수가 언어에 미치는 영향이 주목을 받으면서 많은 발전을 하고 있다.

1. 한국어와 한국어 방언

1.1. 언어와 방언

'방언'이라고 하면 그 상대편에는 '표준어'가 있다고 생각하는 게 일반적이다. 하지만 사실 방언이라는 개념은 표준어라는 개념과의 관계 속에서 형성되기에 앞서 '언어'라는 개념과의 관계를 통해 형성된 것이다. 일반적으로 하나의 언어는 '그 구성 요소나 규칙의 측면에서 여러 가지 변종들 간의 차이를 아우를 수 있는 하나의 일괄 체계'로 인식되는 반면에, 방언은 '한 언어의 다양한 변종들 중의 하나'로 인식된다. 언어와 방언의 이러한 구별에서는 흔히 형식 및 구조의 유사성이 가장 중요한 기준으로 사용되곤 한다. 형식 및 구조의 유사성이 적은 말들은 서로 다른 독립된 언어가 되고(한국어–영어–중국어), 그 유사성이 큰 말들은 그 중 하나가 언어가 되고 나머지는 그 언어의 방언이 되는 식이다(한국어의 방언으로서의 중부 방언, 동남 방언, 서남 방언, 제주 방언 등).

하지만 이러한 형식 및 구조의 유사성은 언어들을 분류하고 언어와 방언을 구별하는 절대적인 기준이 될 수 없다. 현실에서는 형식 및 구조의 유사성이 매우 큼에도 불구하고 서로 다른 언어라고 주장되거나 간주되는 말들이 적지 않기 때문이다. 그 대표적인 예로 북유럽에서 사용되는 스웨덴어, 노르웨이어, 덴마크어 등 3개 언어는 공식적 말하기 상황에서 천천히 말해지는 경우, 상호 간에 거의 이해가 가능할 정도로 유사성이 높지만 각각 독립된 언어로 간주되고 있다.

사실 언어와 방언의 구별을 위한 구체적이고 합리적인 기준을 세우는 것 자체가 그다지 쉬운 일은 아니다. 일찍이 소쉬르(Saussure)는 문학 작품에의 사용 여부, 상호 이해 가능성, 사용되는 지역의 규모 등을 언어와 방언의 구별 기준으로 제시하기도 했지만, 그것들 역시 객관적이고 현실적인 기준이 될 수는 없었다. 실제로 문학 작품을 쓰는 데 활발히 사용된 경험이 있음에도 불구하고 하나의 방언으로 취급되는 말(프랑스어의 방언으로서의 피카르디말)들이 있는가 하면, 서로 간의 이해가 거의 불가능함에도 한 언어의 방언으로 간주되는 말들(한국어의 방언으로서의 제주 방언)도 있다. 사용 지역의 규모 역시 개별 언어 또는 방언에 따라 적용되는 기준이 달라지는 모습을 쉽게 찾아볼 수 있다.

소쉬르 이후에도 많은 구조주의 언어학자들이 언어의 분류 및 언어와 방언 간의 구별 기준으로 상호 이해 가능성과 구조적 유사성을 제시하고 적용하고자 했지만, 그러한 시도는 언제나 불충분하거나 모순적인 결과를 낳을 뿐이었다. 사실 이 문제를 본질적으로 해결하기 위해서는 말의 형성 과정에 대한 사회적·역사적 이해가 필수적인데, 이전의 시도들 대부분은 말의 형식 또는 체계와 관련된 문제들에만 주목하고 있었기 때문이다.

두 용어가 사용되어 온 역사적 과정을 되짚어 보면, 언어와 방언의 구별은 상호 이해도의 기준이나 순수한 언어 구조적 기준에 의해서 이루어지기보다는 그것들이 사회적으로 사용되어 온 모습의 차이에서 기인하는 것임을 확인할 수 있다. 방언은 근본적으로 한 언어에 종속될 수밖에 없는 형식적, 구조적 한계를 가진 말이 아니라 여러 가지 정치·사회적 요인들에 의해 주류 사회에서 밀려난 말이거나 성공하지 못한 말일 뿐인 것이다. 이러한 관점에서 볼 때, 언어는 '일정한 정치·사회적 권위에 의해 역사적으로 규범화되고 표준화되면서 주변의 유사한 말들을 포괄하고 대표하는 지위를 획득한 말'인 반면에, 방언은 '그 지위와 기능이 여러 가지 정치·사회적 요인들에 의해 제한되면서 한 언어에 종속된 말'이라고 정의할 수 있다.

▌생각 넓히기 ▌

방언과 사투리, 그리고 지역어의 서로 다른 용법

방언과 유사한 용어로 사투리와 지역어가 있는데, 각각의 용법은 언어권이나 사용 영역에 따라 다른 모습을 보인다.

프랑스에서는 한 언어의 변종들을 문어로 사용된 전통이 있는 dialecte와 그 전통이 없는 patois로 구별하는데, 전자를 방언, 후자를 사투리라고 번역할 수 있다. 반면에 한국에서는 문어의 전통을 갖는 언어 변종들이 존재한 적이 없으며, 방언은 한 언어의 변종이 지닌 언어 체계 전반을, 사투리는 그 방언의 일부로서 사용 지역 특유의 언어 요소(어휘, 표현 등)만을 가리키는 경우가 일반적이다.

지역어 역시 유럽에서는 한 언어의 변종, 즉 방언뿐만 아니라 한 국가의 특정 지역에서 사용되는 전혀 다른 언어(프랑스 알자스 지역의 독일어)까지 포함하는 포괄적 개념이지만, 한국에서는 방언이 방언권의 구획에 따라 구별되는 개념에 한정되고 지역어는 방언권 구획과 상관없이 특정 지역에서 쓰이는 한국어를 가리키는 제한적 개념으로 쓰일 때가 많다.

1.2. 표준어와 비표준어

언어를 정의하면서 위와 같이 규범화 및 표준화라는 개념을 사용할 경우, 그것은 사실상 표준어의 정의가 아니냐는 반문이 나올 수 있다. 하지만, 규범화 및 표준화가 말의 사용에 대한 인위적이고 의식적인 개입이 없어도 일정 정도 자연스럽게 이루어질 수 있는 보편적 과정인 반면에, 표준어의 형성은 고도의 인위적이고 의식적인 개입에 의해서만 이루어질 수 있는 특별한 과정이다. 이러한 맥락에서 언어 표준(language standard)과 표준어(standard language)를 구별할 수 있는데, 전자가 '어느 시대, 어느 공간에나 존재하는 말의 특정한 형식

(변종)에 대한 선호 또는 가치 부여를 반영하면서 형성되는 보편적인 것'이라면, 후자는 '질적인 측면에 대한 가치 평가보다는 양적인 측면의 계량 및 산술 계산을 더 중시해 온 서구의 사회·문화적 전통을 반영하면서 근대 이후 형성된 특수한 것'이다. 따라서 표준어는 '인위적이고 의식적인 방식에 의해 높은 수준의 규범화 및 표준화가 이루어진 언어'라고 말할 수 있다.

지위와 기능의 측면에서 보면, 표준어는 흔히 '한 언어 공동체 내에서 사용되는 말들 중에서 권위 있는 변종의 하나로, 언론 및 방송이나 학교 교육 등의 공공 영역에서의 사용을 목적으로 제도화된 언어 규범을 제공하는 것'으로 여겨진다. 이러한 표준어가 하루아침에 만들어지는 것은 물론 아니다. 표준어 형성의 선례를 낳은 서구의 경험을 살펴보면, 일반적으로 15-16세기 봉건 국가와 17-18세기 절대주의 국가 시기에 왕정이 존재했던 지역 및 그 주변의 변종을 중심으로 일종의 언어 표준이 형성되고, 이 언어 표준이 수세기에 걸쳐 문어의 형태로 궁정 및 귀족들에 의해, 그리고 저명한 학자들과 작가들에 의해 변화하고 발전하다가, 19세기 이후 국민 국가 시기에 성립된 공교육 체계를 통해 진정한 표준어의 지위를 획득하게 되었다.

하나의 언어(또는 언어 표준)가 표준어가 되는 이유는 표준어의 형성이 근대 국민 국가의 형성에 필수 요구 사항이라는 점에서 찾을 수 있다. 표준어의 형성은 자본주의 체제의 등장에 의한 시장의 단일화 및 의사소통 영역의 확대에 실질적으로 부응하기 위해, 그리고 그것을 보장하는 정치적 틀인 국민 국가의 내적 통합을 상징적으로 드러내기 위해 이루어졌던 것이다. 이처럼 서구의 표준어들이 수 세기에 걸치는 오랜 언어 표준의 시기를 통해 공통어로서의 기능을 발전시켜 오다가 자본주의라는 경제 체제와 국민 국가라는 정치 체제의 등장과 함께 형성되었다면, 한국에서의 표준어는 상당히 다른 상황에서 다른 과정을 통해 형성되었다. 사실 한국에서는 표준어의 형성에 앞서 그 기반이 될 수 있는 언어 표준이 충분히 형성되지 못하였다.

언어 표준이 형성되기 위해서는 하나의 변종이 일정한 정치적 틀(주로 국가) 내에서 공적인 용도(행정, 재판 등)로 사용되어야 할 뿐만 아니라, 자체의 문자를 가지고 주로 상류 및 중류 사회가 즐기는 문학 및 사교의 언어로 기능해야 하는데, 한국에서는 근대 이전까지 중국 문자인 한자만이 공적인 용도의 문어로 기능했기 때문에 고유 문자인 한글을 기반으로 하는 언어 표준이 형성되기 힘들었다. 더구나 한국은 근대의 초입에서 자본주의 경제 체제와 국민 국가 정치 체제를 이룩하지 못하고 일본의 식민지가 되었기에 근대의 독립된 정치·경제 체제가 필요로 하는 표준어의 형성도 본격화되지 못하였다.

이와 같은 상황에서 한국에서의 표준어는 일제 강점기에 문화적 민족주의에 기반한 소수의 엘리트 지식인들의 의식적인 노력에 의해 형성되었던 것이다. 1933년 조선어학회가 마련한 〈한글 마춤법 통일안〉에서는 표준어를 "大體로 現在 中流 社會에서 쓰는 서울말로 한다."라고 규정하고 있는데, '현재, 중류 사회, 서울'이라는 당시의 표준어 사정 기준은 1988년 개정된 〈한글 맞춤법 통일안〉에서 '중류 사회'가 '교양 있는 사람'으로 대체된 것을 제외하고는 지금도 변함이 없다.

그런데 여기서 주의할 점은 현대라는 시간적 기준, 교양 있는 사람이라는 사회적 기준, 서울이라는 지역적 기준을 모두 지나치게 절대화하지 말아야 한다는 사실이다. 언제부터가 현재이고 어떤 사람이 교양 있는 것인지에 대해서는 어떤 구체적이고 객관적인 기준도 없다. 표준어의 사정 과정에서 서울말 또는 서울 지역에서 사용되는 말이 가장 많이 반영된 것은 사실이지만, 모든 서울말이 표준어의 지위를 얻은 것은 아니다. 엄밀히 말하자면, 서울말도 한국어의 방언 중 하나이며, 서울 방언의 많은 부분이 표준어에 반영되었지만, 서울 방언 중에도 표준어에 반영되지 않은 부분이 여전히 남아있다.

=====〈깊이 알기〉 표준어가 아닌 서울 방언의 특징=====

서울 방언은 경기도 방언, 더 넓게는 중부 방언과의 공통점이 많기 때문에 독립적인 방언권으로 설정하지 않는 경향이 많은데, 표준어에 반영되지 않은 서울 방언의 특징을 몇 가지 찾아보면 다음과 같다.

서울 방언은 자음으로 끝나는 어간 끝소리에 어미 '-다, -고, -지' 등이 연결되면, [가트다](같다), [기프고](깊고), [노프지](높지) 등과 같이 그 사이에 조음소 '으'가 삽입되는 특징을 보이며, '애기(아기)', '멕히다(먹히다)', '애끼다(아끼다)' 등처럼 형태소 내부에서 움라우트가 많이 나타나는 현상도 가지고 있다. 하지만 이러한 서울 방언의 특징은 표준어 사정 과정에서 배제되었다.

한편, 과거에는 대표적이었으나 현재는 거의 사라진 서울 방언의 특징이 아직 표준어(표준 발음)에는 남아 있는 경우도 있다. 원래 서울 방언의 단모음 체계는 'ㅣ, ㅔ, ㅐ, ㅟ, ㅚ, ㅡ, ㅓ, ㅏ, ㅜ, ㅗ'의 10개로 이루어져 있었는데, 최근의 청장년층 이하 세대에서는 'ㅟ'와 'ㅚ'를 이중모음으로 발음하고, 'ㅔ'와 'ㅐ'를 구별하지 못하는 경향이 확산되면서 7개의 단모음 체계로 전환하고 있다. 또한 서울 방언은 모음의 성조(높낮이)가 없는 대신 음장(장단)이 실현되는 특성을 가지고 있었는데, 이 역시 최근의 청장년층 이하에서는 대부분 구별하여 인식하거나 사용하지 못한다.

1.3. 지역 방언과 사회 방언

방언의 분화는 그 원인을 크게 두 가지로 나눌 수 있는데, 하나는 지역이라는 지리적 요인에 의한 것이고, 다른 하나는 사회 계층, 성별, 연령, 종교 등의 사회적 요인에 의한 것이다. 전자의 요인에 의해 분화되는 방언을 지역 방언이라 하고, 후자의 요인에 의해 분화되는 방언을 사회 방언이라 한다. 일상 표현에서 방언이라고 하면 지역 방언을 가리키는 경우가 대부분이고 지역 방언이 아닌 방언이 있으리라고 생각하는 사람은 많지 않다. 그만큼 지역 방언이 방언으로서의 대표성을 가지고 있으며, 사회 방언에 대한 관심과 연구는 상대적으로 최근의 일이다.

방언의 분화가 지리적 요인에 의해 발생한다고 생각하는 것은 그다지 어려운 일이 아니다. 특히 근대 이전처럼 교통과 통신이 발달하지 않았던 시기에는 두 지역 사이를 가로막는 큰 산이나 강과 같은 장애물의 존재는 언어적 차이를 발생시키고 점차 그러한 차이를 심화시켰을 것이다. 이렇게 오랜 시간에 걸쳐 일어난 지역 방언의 분화는 단순히 언어적 차이에 그치지 않고 그 방언을 사용하는 사람들의 문화와 밀접하게 결합되면서 상호 왕래와 교류가 활발해진 오늘날에도 쉽게 변화하거나 통합되지 않고 있다.

반면에 사회적 요인에 의해 분화되는 사회 방언은 어느 사회에나 존재하는 보편적인 현상이지만 지역 방언만큼 그 차이가 뚜렷하지 않아서 전통적인 방언 연구에서는 큰 주목을 받지 못했다. 특히 한국어의 경우에는 경상도 방언과 전라도 방언 사이에서 나타나는 차이만큼 현저한 차이를 사회 계층, 성별, 연령 등 어떤 사회적 요인에 의한 차이에서도 찾아보기 어렵다.

하지만 최근에는 사회 방언에 대한 관심과 연구가 확대되고 있는데,(☞이 장의 3절 '한국어의 사회적 변이' 참고) 여기에는 언어의 변이 현상을 다양한 사회적 변인과의 연관성 속에서 연구하는 사회언어학의 발전이 상당한 영향을 미쳤다. 특히 미국 뉴욕의 고급, 중급, 하급을 대표하는 세 개의 백화점에서 나타나는 모음 뒤 권설음 /r/의 실현율 차이가 사회 계층적 차이임을 밝혀낸 라보브(Labov)의 연구는 사회 방언 연구 발전의 결정적인 전기가 되었다. 사회 방언은 앞서 언급한 다양한 사회적 요인에 의해 분화되지만, 그 중에서도 사회 계층이 가장 대표적이고 전형적인 요인으로 간주되면서 '계층 방언'이 사회 방언을 대신하는 용어로 사용되기도 한다.

사회 방언은 지역 방언 중심의 전통적인 방언 연구에 대한 비판적 인식을 통해 등장한 개념이기도 하다. 역사비교언어학의 보조적 분야로서 출발한 전통적 방언학에서는 농촌이 조사 대상의 중심이 되었고, 이로 인해 근대 국민 국가의 형성 이후 국민의 대다수가 된 도시민의 언어 사용이 간과되었다. 그런데 다양한 지역에서 모인 도시민들의 언어 사용에서는 지역 방언적 차이가 많이 중화되는 반면 사회적 요인에 의한 방언 분화가 증가한다. 이런 맥락에서 사회 방언은 '도시 방언'이라는 표현으로 대체되기도 한다.

2. 한국어의 지역적 분화

2.1. 한국의 언어 지도와 방언 구획

한국어의 지역적 분화 모습을 확인하는 매우 좋은 방법 중의 하나는 지역 방언의 다양한 모습과 차이로 그려진 한국 지도, 즉 한국의 언어 지도를 보는 것이다. 언어 지도(linguistic map)는 특정 지역에서 나타나는 언어적인 차이의 다양한 모습을 지도의 형식을 빌려 총체적으로 쉽게 확인할 수 있도록 표시한 것을 가리킨다. 한국에서는 대부분의 언어 지도가 한국어의 방언적 차이를 표시하는 것이라는 점에서 언어 지도라는 용어 대신 방언 지도라는 용어도 많이 사용되고 있다. 언어 지도는 언어(방언) 자료를 입력하고 제시하는 방식과 제작 목적에 따라 크게 진열 지도(display map)와 해석 지도(interpretive map)

의 두 가지 유형을 나눌 수 있다.

먼저 진열 지도는 지도상의 각 지점에 해당 방언형 또는 방언 특징을 기입하여 진열하는 방식으로 만든 지도다. 진열 지도는 조사된 정보를 지도에 직접 표시할 수도 있고(어형 지도), 조사된 정보를 도형, 색깔, 문자 등을 통해 상징적으로 표시할 수도 있다(도형 지도).

(방언연구회 편 2001: 330)

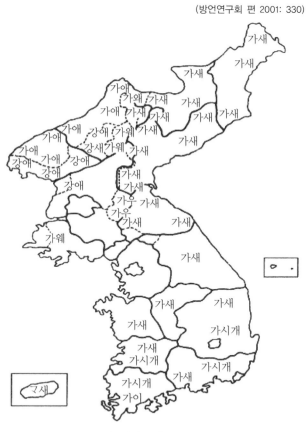

〈그림3-1〉 '가위'의 어형 지도

(이익섭 외 2008: 140)

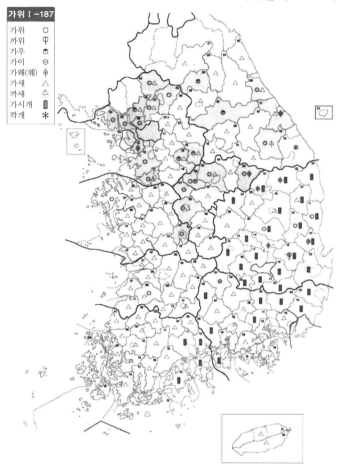

〈그림3-2〉'가위'의 도형 지도

　다음으로 해석 지도는 지도상의 각 지점에 조사된 정보를 입력하는 대신에 그 정보를 바탕으로 구획된 방언권을 단순화된 방식으로 보여 주는 지도다. 해석 지도는 서로 다른 방향의 빗금과 중첩을 통해 방언의 분포를 보여 줄 수도 있고(분포 지도), 방언의 경계를 선과 숫자, 색깔 등을 통해 구별하여 표시할 수도 있다(구획 지도).

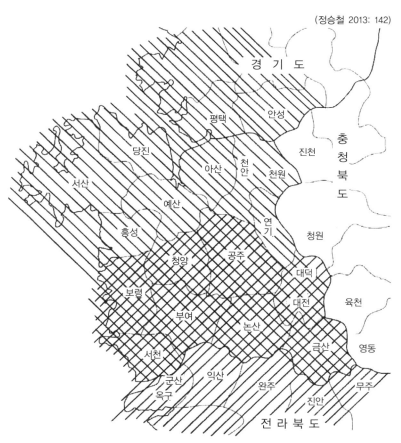

(정승철 2013: 142)

〈그림3-3〉 충청남도 지역의 방언 성격 분포 지도

(방언연구회 편 2001: 31)

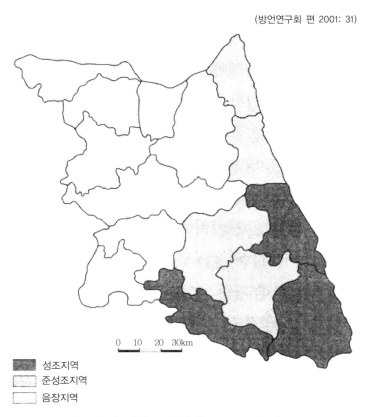

0 10 20 30km

■ 성조지역
▨ 준성조지역
□ 음장지역

〈그림3-4〉 강원도 방언의 운소 분포 구획 지도

위와 같이 다양한 언어 지도를 들여다보면, 동일한 방언형 또는 방언 특징이 특정 지역에 모여 있는 모습을 확인할 수 있으며, 이러한 모습은 다른 방언형 또는 방언 특징이 모여 있는 다른 지역과 구별되어 나타난다. 이처럼 어떤 언어 특징의 차이가 두 지역을 가르는 분계선의 역할을 할 때 그 선을 등어선(等語線, isogloss)이라고 한다.

등어선은 언어적 특성에 따라 특정 지역을 몇 개의 하위 구역으로 나누는 방언 구획(dialect division)의 수단 또는 기준이 된다. 이때 각각의 하위 구역은 방언권(方言圈, dialect area)을 형성하며, 각 구역들 사이를 지나는 경계선을 방언 경계(dialect boundary)라고 한다. 방언 구획은 하나의 등어선에 의해 이루어질 수도 있겠지만, 대부분은 여러 개의 등어선이 동일한 지점 또는 거의 동일한 지점을 지남으로써 만들어지는 등어선의 뭉치 또는 다발을 의미하는 등어선속(等語線束, bundle of isoglosses)에 의해 이루어진다. 포함하는 등어선의 수가 많아서 등어선속의 두께가 굵어질수록 방언 구획이 분명해지는 것이다.

(방언연구회 편 2001: 109)

〈그림3-5〉 경남·경북 지방의 등어선에 의한 방언 구획

한국을 몇 개의 방언권으로 구획할 것인지를 결정하는 것은 사실
그렇게 간단한 일이 아니다. 이론적으로는 한국어의 모든 언어적 특
성을 조사하여 가장 굵은 등어선속을 중심으로 방언권을 구획할 수
있겠지만 이처럼 모든 언어적 특성을 조사한다는 것은 현실적으로 불
가능하기 때문이다. 따라서 각 방언에서 대표적이라고 판단되는 음
운, 어휘, 의미, 문법 등의 몇 가지 언어적 특성을 기준으로 방언권을
구획할 수밖에 없으며, 이런 까닭에 연구자마다 방언 구획의 기준과
명칭이 달라지곤 한다. 흔히 행정 구역 명칭을 그대로 가져와 경기
방언, 충청 방언, 강원 방언 등의 용어를 사용하기는 하지만, 방언 구
획론에서는 이들을 하나로 묶어 중부 방언이라는 용어를 사용하는 것
이 일반적이다.

──── 〈깊이 알기〉 방언 구획의 몇 가지 예 ════

이극로 (1932)	오구라 신페이 (1944)	이기문 (1961)	방언연구회 (2001)	정승철 (2013)
관서 방언	평안도 방언		서북 방언	
관북 방언	함경도 방언		동북 방언	
중부 방언	경기도 방언		중부 방언	
호남 방언	전라도 방언		서남 방언	
영남 방언	경상도 방언		동남 방언	
	제주도 방언		제주 방언	

학문적으로는 방위(方位)를 기준으로 동(東)과 서(西)를 1차로 나누
고 남(南)과 북(北)을 2차로 나누는 이기문(1961)의 방언 구획이 체계
적인 측면이 있으나, 일반인의 언어 인식에서는 호남이나 영남 등과
같은 관습적 지역명이나 전라도나 경상도 등의 행정구역 명칭에 따른

방언 구획이 더 친숙하다. 따라서 이하에서는 엄격한 방언 구획의 문제가 아닌 경우에는 지역명이나 행정 구역 명칭에 따른 방언 명칭을 자유롭게 사용하기로 한다.

2.2. 한국어 지역 방언의 다양한 모습

우리가 누군가를 특정 방언권 출신이라고 판단하는 것은 그 방언의 음운적, 어휘적, 문법적 특성 중 하나 또는 여럿을 알고 있기 때문이다. 과거 한국의 대통령 중에는 경상도 출신으로 '확실히'를 [학실히]라고 발음하거나 전라도 출신으로 '육학년'을 [유강년]이라고 발음하는 경우가 있었다. 여기서 각 방언이 가지는 고유의 음운적 특성을 확인할 수 있는데, 경상도 방언은 지역에 따라 'ㅘ'가 'ㅏ'로 실현되는 특징이 있고, 전라도 방언은 둘째 음절 이하의 'ㅎ'이 약화되거나 탈락되어 뒤따르는 음절의 첫소리와 격음으로 결합하지 않는 특징이 있기 때문이다. 이밖에도 음운적 특성에 의한 방언 간 차이는 다양한 모습으로 나타나는데, 이러한 차이는 대부분 전문적인 수준의 음운론적 지식을 동원하지 않아도 그 의미를 어느 정도 유추할 수 있는 정도여서 의사소통 자체를 어렵게 하는 경우는 많지 않다.

반면에 어휘적 차이에 의한 방언 분화는 유추가 불가능할 정도로 현격한 경우가 적지 않아서 원활한 의사소통에 장애를 가져오기도 한다. 표준어인 '부추'가 '정구지'(경상도), '솔'(전라도), '졸'(충청남도) 등 지역별로 다르게 불리는 것이나 '고구마'가 전라남도와 제주도, 충청남도 일부 지역에서는 '감자(감재)'라고 불리는 것을 모른다면 혼란스럽거나 당황할 수 있을 것이다. 남북 경제 교류 시 남한에서는 '낙지'를 주문했는데 정작 도착한 것은 '오징어'여서 문제가 된 적이 있는

데, 이는 남한에서 오징어라고 부르는 것을 북한에서는 낙지라고 부른다는 사실을 미처 몰랐기 때문이었다.

(이익섭 외 2008: 72)

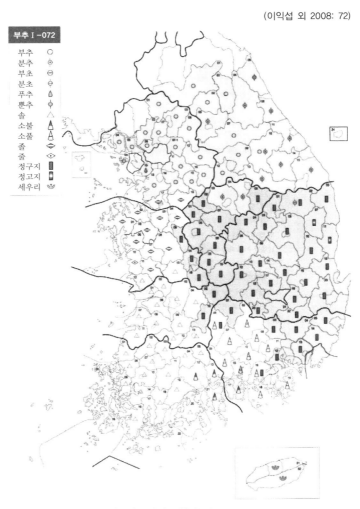

〈그림3-6〉 '부추'의 방언 분화

(이익섭 외 2008: 56)

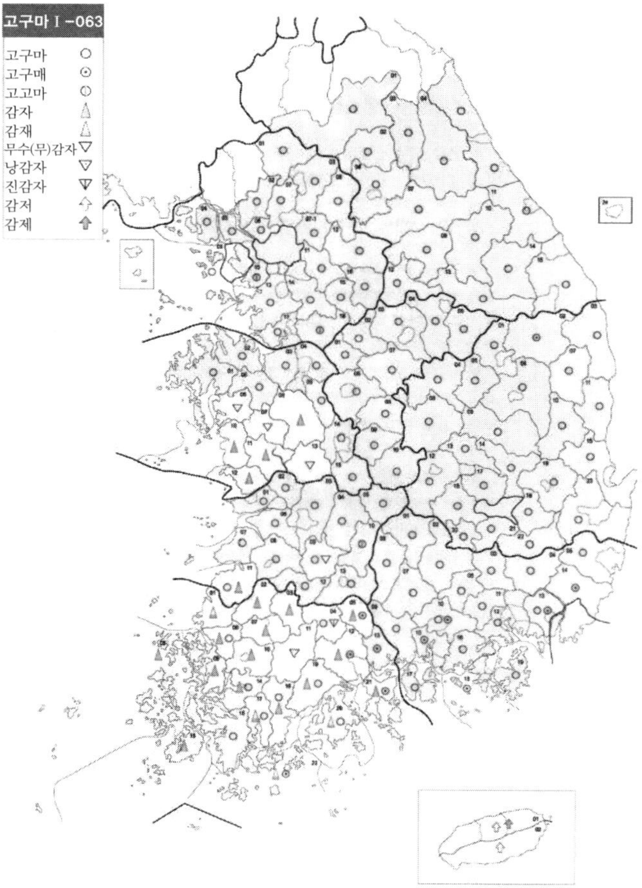

<그림3-7> '고구마'의 방언 분화

마지막으로 한국어에서 문법적 특성에 의한 방언 분화는 어휘적 특성이나 음운적 특성에 의한 방언 분화보다 훨씬 적은 편이다. 그 중 가장 두드러지는 사례로는 지역별로 특색 있는 연결 어미나 종결 어미가 사용되는 것을 들 수 있다.

〈표3-1〉 '-(으)면서'의 방언형 비교

	연결 어미	예
표준	-(으)면서	-오면서
함경	-멘서	-오멘서
평안	-멘서	-오멘서
경상	-면서/-민서	-오면서/-오민서
강원	-민서	-오민서
전라	-음시로(롱)/-음서(성)	-옴시로(롱)/-옴서(성)
제주	-멍	-오멍

　또한 평안도 방언에서는 모음으로 끝나는 명사 뒤에 오는 주격조사로 '가'가 아니라 '래/레'가 쓰이고("내래 갓다 오갓수다."), 경상도 방언에서는 판정 의문문에 쓰이는 의문형 어미('-가, -나')와 설명 의문문에 쓰이는 의문형 어미('-고/꼬, -노')가 구분되어 사용되며, 함경도 방언에서 부정 부사인 '아니'와 '못'이 복합 용언의 중간에 끼어드는 현상("먹어 아이 바:스.", "말: 알아 못 듣소.") 등도 주목할 만하다.

　이런 까닭에서인지 지금까지 한국어의 지역 방언에 대한 조사와 정리는 표준어 어휘 항목에 대응하는 각 지역의 방언형을 수집하여 비교하는 것에 집중되어 왔다. 1978년 한국정신문화연구원(현 한국학중앙연구원) 설립과 함께 대규모 장기 계획으로 시작된 '전국 방언 조사 연구' 사업은 1987년부터 1995년까지에 걸쳐 경기도 편, 강원도 편, 충청북도 편, 충청남도 편, 전라북도 편, 전라남도 편, 경상북도 편, 경상남도 편, 제주도 편 등 총 9권의 〈한국방언자료집〉 발간으로 이어졌다. 이 자료집을 바탕으로 2008년에는 최종 목표였던 『한국언어지도』(이익섭 외)가 출간되었는데, 이를 통해 어휘적 특성에 의한 방언 분화의 대표적 양상을 체계적이고 쉽게 확인할 수 있다.

　그런데 지금까지의 지역 방언 조사와 연구에서 아쉬운 점은 대상

지역이 남한에 한정되는 경우가 대부분이었다는 것이다. 간혹 북한 지역의 방언에 대한 연구가 있는 경우에도 옛날 자료나 북한 또는 중국 학자의 연구에서 추출한 간접 자료에 기댄 것이 대부분이었다. 이런 상황에서 한반도를 벗어난 해외 지역에서 사용되는 한국어의 방언형에 대한 조사와 연구는 더더욱 기대하기 어려웠다. 하지만 국내외를 막론하고 한국어를 사용하는 일정 규모 이상의 공동체가 존재하고 그 공동체의 한국어가 방언적 특징을 보인다면, 그것은 한국어의 한 방언으로서 조사와 연구의 대상이 될 수 있을 것이다.

지역 방언 조사와 연구의 범위 확장은 2001년 남북한의 국어학자 간의 학술적 교류가 시작되면서 북한의 지역 방언에 대한 조사와 연구에서부터 이루어져 왔다. 2003년 11월 국립국어연구원(현 국립국어원)이 북한의 사회과학원 언어학연구소와 함께 중국 베이징에서 개최한 '남북 언어 동질성 회복을 위한 제2차 남북 국제 학술 회의'에서 '민족 고유어의 통일적 발전과 방언 조사 연구'가 주제가 되었고, 그것을 계기로 남북한의 방언 조사 관련 협력과 교류가 시작되었다. 또한 2005년 2월 북한의 금강산에서 '겨레말큰사전 공동편찬위원회'가 결성된 이후부터는 사전 올림말 선정과 관련한 북한의 지역 방언에 대한 조사와 논의도 지속되고 있다.

한반도를 벗어난 해외 지역의 한국어 방언형에 대한 조사와 연구는 좀 더 시간이 지나서야 시작되었다. 국립국어원에서 남한 9개 도를 분담하는 '지역어 조사 추진위원회'를 구성하고 각 지역 방언 조사 결과를 담은 〈권역별 지역어 조사 결과 보고서〉를 발간하기 시작한 것은 2005년부터였지만, 여기에 〈국외 집단 이주 한민족의 지역어 조사 보고서〉가 추가되기 시작한 것은 2007년부터였다. 중국이나 독립국가연합 등 국외 집단 이주 한민족이 거주하는 국외 지역에서는 이주의 역사나 방식에 따라 한반도 특정 방언권의 특징이 그대로 나타나기도 하고(예를 들어, 중국 조선족의 경우에도 지린(吉林) 성 조선족자치주 거주자에게서는 동북 방언의 특징이 강하게 남아 있으며, 랴오닝(遼寧) 성 중부 및 동부 거주자에게서는 서북 방언의 특징이 강하게 남아 있다.), 새로운 방언적 특징이 나타나기도 하는 등 다양한 양상을 보이고 있다.

2.3. 한국어 지역 방언의 가치와 미래

한국인의 언어생활에서 지역 방언이 빠른 속도로 사라지고 있다는 것은 이제 그다지 새삼스러운 이야기가 아니다. 국립국어원에서 실시한 '2010년 국민의 언어 의식 조사'에 따르면, 경인권 거주자 중 표준어를 사용하는 비율은 이미 2/3를 훌쩍 넘고 있으며, 경인권과 가까운 강원권과 충청권 거주자 중에서도 해당 지역 방언을 사용하는 비율이 50% 전후밖에 되지 않는다고 한다. 가장 강한 방언 특징을 가지고 있는 제주권 지역에서도 제주 방언을 사용하는 비율이 70%에 미치지 못하고 있으며, 경상권 지역에서만 해당 지역 방언의 사용이 압도적 비율을 차지하고 있다.

〈표3-2〉 거주 지역별 표준어 및 방언 사용 실태 (단위: %)

거주 지역	사례 수	표준어	강원 방언	충청 방언	전라 방언	경상 방언	제주 방언	북한 방언
경인권	1584	**74.6**	2.5	6.6	8.2	7.8	0.1	0.2
강원권	238	32.4	**59.2**	1.7	1.3	5.4	0.0	0.0
충청권	745	43.4	5.2	**44.7**	2.8	3.5	0.3	0.1
전라권	752	23.5	0.4	0.1	**75.8**	0.2	0.0	0.0
경상권	1539	8.7	0.1	1.2	0.6	**89.3**	0.1	0.0
제주권	142	25.4	0.0	0.0	2.1	3.5	**67.6**	1.4

(양정환 외 2010: 71)

또한 유네스코는 2010년 12월 제주 방언을 '소멸 위기 언어 분류'에서 4단계로 분류했는데, 이는 제주 방언이 소멸 직전의 아주 심각한 위기에 처한 언어임을 뜻하는 것으로 이미 소멸한 언어를 의미하는 5단계의 바로 전 단계에 해당하는 것이다.

이러한 방언 소멸 경향에 대해 취할 수 있는 태도는 크게 두 가지로 나눌 수 있다. 먼저 방언의 소멸과 표준어로의 언어적 통일은 국민 국가 체제에서는 피할 수 없는 현상이며, 그로 인해 국민 간의 의사소통이 원활해진다고 보는 수용적 태도가 있을 수 있다. 반면 방언의 소멸은 그 방언을 사용하던 언어 공동체 구성원의 정신과 문화를 잃어버리는 것이라고 보는 비판적 태도가 있을 수 있다. 역사적으로 전자가 근대 국민 국가 성립 및 발전기에 주로 나타났던 태도라면, 후자는 언어문화의 다양성이 지닌 가치와 생태주의적 사고가 주목을 받게 된 최근에 와서 형성된 태도다.

사실 공교육의 제도화를 통해 표준어 교육이 일반화된 지금은 방언이 더 이상 의사소통의 장애 요인이 되지 않는다는 점에서 방언의 소멸을 긍정적으로 평가하는 전자의 태도는 다소 시대착오적이기도 하다. 방언으로 인한 의사소통 장애는 주로 어휘적 측면에서 오는데, 표준어 교육은 방언 간의 어휘적 차이를 급격하게 감소시켰기 때문이다. 초등학교부터 제도 교육을 받은 젊은 세대에게 방언은 고유한 발음과 억양 등의 운율적 특징과 몇몇 서로 다르지만 이해 가능한 어미 등의 형태적 특징으로만 그 차이가 남아 있다.

실제로 젊은 세대의 방언 화자는 장년층 이상 세대가 사용하던 방언 어휘를 많이 사용하지 않으며, 아예 알아듣지도 못하는 경우도 늘어나고 있다. '제주 지역어 생태 지수 조사'에 따르면, 제주도 토박이 화자라고 해도 40~50대부터는 알아듣기는 하지만 직접 사용하지는 않는 어휘들이 많아지고 30대 이하에서는 알아듣기조차 불가능한 어휘들도 적지 않다고 한다. 최근 부산 방언의 어휘 사용 및 이해 실태를 조사한 결과에서도 세대를 거듭할수록 사용하거나 이해하는 부산 방언의 어휘 수가 현저하게 줄어들고 있는 것으로 나타났다(부산일보 2013년 10월 23일자 인터넷판 기사 "어릴수록 부산말 어휘 사용 안 한다").

이처럼 어휘적인 측면에서 개별 방언의 특징이 많이 사라지고 있는 것은 사실이지만, 그렇다고 해서 단기간 내에 방언이 완전히 사라질 가능성은 높지 않아 보인다. 오히려 최근에는 방언의 언어문화적 가치에 대한 인식이 확산되는 양상이다. 방언의 가치는 지역 공동체의 고유한 문화를 보존하고 발전시키는 핵심적 수단이자 구성원의 정체성을 유지하고 정서를 함양하는 매개체라는 측면에서 재조명되고 있다.

방언의 가치에 대한 이러한 인식은 '2010년 국민의 언어 의식 조사'에서도 확인된다. 표준어와 방언의 바람직한 사용 방향에 대해 조사 대상자의 31.5%가 표준어든 방언이든 어느 것을 사용해도 무방하다고 응답했고, 27.5%가 표준어와 방언을 구분하여 사용하는 것이 바람직하다고 응답함으로써 거의 60%에 가까운 응답자가 방언의 사용을 인정한 것이다. 더구나 방언의 존속 여부에 대해서는 조사 대상자의 81.6%가 다음과 같은 이유들로 방언이 유지·존속되어야 한다고 응답했다.

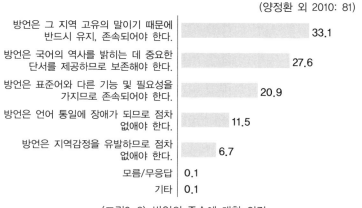

(양정환 외 2010: 81)

방언은 그 지역 고유의 말이기 때문에 반드시 유지, 존속되어야 한다. 33.1

방언은 국어의 역사를 밝히는 데 중요한 단서를 제공하므로 보존해야 한다. 27.6

방언은 표준어와 다른 기능 및 필요성을 가지므로 존속되어야 한다. 20.9

방언은 언어 통일에 장애가 되므로 점차 없애야 한다. 11.5

방언은 지역감정을 유발하므로 점차 없애야 한다. 6.7

모름/무응답 0.1

기타 0.1

〈그림3-8〉 방언의 존속에 대한 의견

지역 방언의 가치와 존속 이유에 대한 공감대를 바탕으로 지역 방언을 보존하고 활성화하기 위한 노력도 다양화되고 있다. 2004년부터 시작된 '권역별 지역어 조사'가 지역 방언을 정밀하게 조사·수집하여 다음 세대를 위한 자료로 구축하는 보존 노력의 대표적 사례라면, 국립국어원과 지방자치단체 등에서 개최하는 각종 지역 언어문화 행사나 사투리 상품 아이디어 공모전 등은 지역 방언의 문화적, 경제적 가치를 실생활 속에서 확인함으로써 지역 방언의 사용을 활성화하려는 노력의 일환이다.

최근에는 지역 방언이 좀 더 다양한 매체와 방식으로 우리의 일상에 복귀하는 모습을 보이기도 한다. 시나 소설 등의 문학 작품에서 지역 방언을 사용하는 것이 비교적 전통적인 모습이라면, 지역 방언 사용자가 주요 인물로 등장하는 영화나 드라마의 인기와 흥행은 지역 방언의 또 다른 가능성을 생각해 보게 한다. 지역 방언이 서적이나 박물관에서나 볼 수 있는 박제된 언어가 아니라 실생활에서 사용하는 살아있는 언어가 될 수 있는 가능성은 결국 사람들이 방언에 어떤 가치를 부여하고 방언을 어떻게 사용하느냐에 달려 있을 것이다.

3. 한국어의 사회적 변이

3.1. 계층에 따른 한국어의 변이

방언 분화의 사회적 요인 중에서 가장 먼저, 그리고 가장 많은 관심을 받은 것은 사회 계층(social stratification) 또는 사회 계급(social class)이다. 지역 방언 분화의 핵심 요인이 서로 멀리 떨어져 있거나 높은 산, 큰 강 등이 장애물이 되면서 언어적 교류가 단절되는 것에 있다면, 사회 방언 분화의 결정적 요인은 어느 사회에나 존재하는 사회 계층의 차이가 서로 다른 계층 간에 거리감과 소통의 장애를 발생시키는 것에 있다. 사회 계층의 양상은 각 사회마다 다른 모습을 보이며, 그에 따른 계층 방언의 양상도 다양한 모습으로 나타난다.

'카스트'라는 엄격한 계급 체계를 가진 인도에서는 계급 방언간의 차이가 지역 방언간의 차이보다 현저한 것이 당연하겠지만, 형식적 민주주의를 제도화한 영미권의 사회에서도 서로 다른 계층 사이에 적지 않은 방언적 차이를 찾아볼 수 있다. 앞서 언급한 뉴욕에서의 계층별 /r/ 발음의 차이 외에도 하류층으로 갈수록 "I don't make no money no more."과 같이 비문인 다중부정문의 실현 비율이나 "She like him."과 같이 3인칭 단수 주어 뒤에 오는 현재형 동사에 's'가 탈락하는 비율이 높아지는 것 등이 그 대표적인 예다. 일반적으로 사회 계층이 높을수록 표준형을 더 많이 사용하고 사회 계층이 낮아질수록 비표준형을 더 많이 사용하는 경향이 나타난다.

한국에서도 과거 엄격한 신분 계급이 있던 시절에는 계급 방언이라고 할 만한 사례가 있었을 것으로 추정된다. 과거 궁중에서만 사용되던 '수라(밥)', '용안(왕의 얼굴)', '어하다(입다)', '납시다(나오시다)' 등이 계급 방언의 전형적인 예로 제시되기도 하지만, 이것들은 궁중 내 거주하는 특정 계급만이 사용했다기보다는 궁중이라는 특정한 상황에서 여러 계급이 함께 사용했다는 점에서 상황 변이어적인 측면이 더 크다. 반면에 경북 안동 지역에 남아 있는 친족 명칭의 차이는 과거 양반과 상민 간의 계급 방언적 차이를 잘 보여 준다.

〈표3-3〉 경북 안동 지역에 남아 있는 계급 방언의 흔적

친족 명칭 (표준어)	양반 계급 (반촌) 후손	상민 계급 (민촌) 후손
할아버지	큰아베	할베
할머니	큰어메	할메
아버지	아베	아부지
어머니	어메	어무이
큰아버지	맏아베	큰아부지
큰어머니	맏어메	맏어머니

(방언연구회 편 2001)

과거와 같은 신분 제도가 사라진 오늘날에는 위와 같이 분명한 계급 방언의 차이가 거의 나타나지 않는다. 물론 현대 한국에도 재산, 직업, 학력 등의 경제적, 사회적 요인들로 인한 계층적 차이가 존재하겠지만, 이를 반영하는 계층 의식의 분화는 서구에 비해 뚜렷하지 않기 때문인지 주목할 만한 계층 방언의 사례는 찾아보기 쉽지 않으며, 이에 대한 연구도 매우 적은 형편이다.

한국어의 사회 계층별 언어 특성을 조사한 연구(이주행 2007)에 따르면, '가려고'가 [갈려고/갈려구]로, '배부르다'가 [배불르다]로, '모

르지'가 [몰르지]로 발음되는 이른바 'ㄹ'음 첨가 현상이나 '꽃이'를 [꼬치]가 아닌 [꼬시]로, '끝을'을 [끄틀]이 아닌 [끄슬]로 발음하는 연음 법칙 위반 현상, 그리고 '손잡이'를 [손재비]로, '창피하다'를 [챙피하다]로 발음하는 움라우트 현상이 상류 계층보다 중·하류 계층에서 더 많이 나타난다고 한다. 또한 상류 계층으로 갈수록 표준어와 외래어 및 외국어의 사용 비율이 높아지고 문장의 평균 길이가 길어지는 반면에, 하류 계층으로 갈수록 비표준어, 간투사, 비속어 등의 사용 비율이 높아지고 비문법적 문장을 구사하거나 맥락에 어긋나는 발화를 하는 경우가 더 많다고 한다.

   하지만 위와 같은 조사 결과가 한국어의 계층 방언적 특성으로 확정되기 위해서는 한국어의 계층 방언 조사를 위한 계층 분류가 타당했는지, 음성, 음운, 어휘, 문장, 담화 단위에서 조사 대상이 되었던 변항(variable)들은 적절하게 선정된 것인지, 그리고 각 변항에서 다양한 변이형(variant)으로 실현되는 데에 결정적 역할을 한 매개변수(parameter)가 정말 사회 계층이었는지, 혹시 연령이나 성별 등과 같은 다른 매개변수의 영향이 더 컸던 것은 아닌지 등에 대해 좀 더 면밀하게 검토해 볼 필요가 있다.

3.2. 연령에 따른 한국어의 변이

   사회 방언 분화의 중요한 요인 중의 또 하나는 연령(age)이다. 연령이 방언을 분화시키는 사회적 요인이 된다는 인식은 사회 방언의 조사와 연구가 본격적으로 시작되기 전부터 존재했던 것으로 보인다. 이미 오래 전부터 지역 방언을 조사하고 연구하는 과정에서 피조사자의 연령대를 노년층으로 한정하고자 노력했던 것은 그러한 인식을 간접적으로 보여주는 것이기 때문이다. 연령이라는 사회적 요인으로 인해 발생하는 언어적 차이는 크게 두 가지, 즉 연령 단계(age-grading)에 의한 언어 차이와 연령차(age difference) 또는 세대차(generation difference)에 의한 언어 차이로 나눌 수 있다.

먼저 연령 단계에 의한 언어 차이는 연령대 또는 발달 단계가 유년기, 청소년기, 청년기, 중년기, 노년기 등으로 변화함에 따라 언어 사용 양상도 그에 걸맞게 달라지는 것을 의미한다. 다음은 영어권에서 연령별 비표준형 사용 비율의 차이를 조사한 연구 결과를 도표화한 것인데, 연령 단계에 의한 언어 차이의 가장 대표적 현상이라 할 만하다.

(Downes 1984: 191)

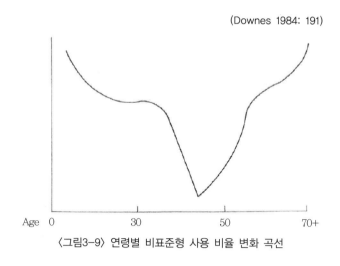

〈그림3-9〉 연령별 비표준형 사용 비율 변화 곡선

위의 도표는 또래 집단과의 소통과 유대를 중시하는 청소년기까지는 비표준형의 사용 비율이 높다가 성인이 되어 직장 등의 사회생활이 본격화되면서 비표준형을 덜 사용하게 되고, 사회적 지위가 높아지는 중년기 초반까지 지속적으로 감소하다가 은퇴 등으로 사회생활이 감소하는 중년기 후반부터는 다시 청소년기 때처럼 비표준형을 많이 사용하게 되는 현상을 잘 보여주고 있다. 한국어에서도 연령 단계에 의한 언어 차이의 사례를 적지 않게 찾아 볼 수 있다. 한국의 청소년들도 사회 활동이 활발한 청장년층에 비해 속어, 비어, 은어 등의 비표준형을 더 많이 사용하는 경향이 있는 것으로 보인다.

한국어에서는 비표준형의 사용 외에도 연령 단계에 따라 달라지는 언어 모습이 호칭 사용에서도 나타난다. 어릴 때는 '아빠'라고 하다가 성인이 되어서는 '아버지'라고 하는 것이 그 대표적인 예이다. 또한 상대 높임 종결 어미의 사용에서도 발견할 수 있는데, '하게체'는 청년기까지는 거의 사용하지 않다가 중년기를 지나면서, 특히 노년기에 들면서 자주 사용하는 경향이 있다.

다음으로 연령차 또는 세대차에 의한 언어 차이는 어떤 연령대에 어울리는 언어 사용 양상의 차이가 아니라 이전 세대에서는 발견할 수 없었던 언어 사용 양상이 후속 세대에서 새롭게 나타나고 그것이 시간이 흐르면서 자연스러운 언어 변화로 이어지게 될 때 이전 세대와 후속 세대 간에 나타나는 언어 차이를 의미한다. 이러한 언어 차이는 중년층 이후의 세대에서는 대체로 젊은 시절에 익힌 언어 습관을 나이가 들어서도 계속 유지하는 경향이 있는 반면에 청년층 이전의 세대에서는 언어 사용의 개신(innovation)이 많고 이를 적극적으로 수용하기 때문에 발생하는 경우가 많다. 다음은 충주 지역의 방언 화자가 연령층별로 소리의 음장(길고 짧음)을 변별하는 정도를 도표화한 것이다.

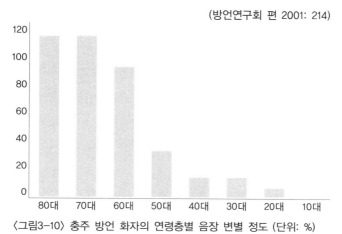

〈그림3-10〉 충주 방언 화자의 연령층별 음장 변별 정도 (단위: %)

위의 그림을 보면 충주 방언 화자에게 음장은 60세를 기점으로 변별적 기능에서 뚜렷한 차이를 보이고 있는데, 이러한 세대 간 차이는 향후 음장이 완전히 사라지는 언어 변화를 예측하게 한다. 사실 음장과 관련한 세대 간 언어 차이는 충주 방언 화자에게만 나타나는 현상이 아니라 이미 전국화된 것으로 보이며, 좀 더 시간이 흐르면 음장의 변별적 기능이 한국어 화자에게서 완전히 사라지는 언어 변화를 예견하게 한다.

이외에도 한국어에서 나타나는 연령차 또는 세대차에 의한 언어 차이의 예는 다양하다. 음운적인 측면에서는 단모음 /ㅚ/ 와 /ㅟ/의 이중모음화 정도, 단모음 /ㅔ/와 /ㅐ/의 변별 정도가 음장의 변별 정도와 매우 유사한 양상으로 나타나고 있으며, 어두 자음의 경음화 현상이나 앞서 계층 방언 논의에서 언급했던 '꽃이'를 [꼬치]가 아닌 [꼬시]로 발음하는 연음 법칙 위반 현상 등도 그 좋은 예라고 할 수 있다.

어휘적인 측면에서는 사회 구조와 세상 문물의 변화가 세대 간 언어 차이의 직접적 원인이 되고 있다. 핵가족화를 넘어 1인 가정이 급증하는 오늘날에는 사촌 이상은 만날 기회도 거의 없어서 그 호칭을 사용할 기회 역시 매우 드물다. 부모 세대에서는 '마루'에서 놀고 '부엌'에서 요리를 했지만, 자녀 세대에서는 '거실'에서 놀고 '주방'에서 요리를 한다. 노년층 세대는 한자어나 일본어 어휘에 익숙하지만, 청년층 이하 세대가 즐겨 사용하는 영어 어휘들은 사용은 물론 이해하기조차 어렵다.

혹자는 이른바 '청소년 언어'도 연령차 또는 세대차에 의한 언어 차이의 대표적 예라고 보고, 이것이 한국어를 긍정적이기보다는 부정적인 방향으로 변화하는 요인이 되고 있다고 지적한다. 최근에는 청소년들이 사용하는 신조어, 인터넷 용어 등이 세대 간 소통을 단절시키는 외계어일 뿐만 아니라 한국어의 고유한 구조와 아름다움을 파괴하고 있다는 우려의 목소리도 나오고 있다.

하지만 위와 같은 우려를 받고 있는 청소년 언어가 과연 한국어의 변화까지 가져올 수 있는 연령차 또는 세대차에 의한 언어 차이의 모습인지는 의심스럽다. 오히려 일종의 유행처럼 청소년 시기에나 즐기다가 성인이 되면서 점차 사용하지 않게 되는 연령 단계에 의한 언어 차이의 성격이 더 강한 듯하다. 사실 대부분의 청소년 언어는 성인이 되고 사회생활이 본격화되면서 자연스럽게 사라지는 모습을 보이기 때문이다.

3.3. 성별에 따른 한국어의 변이

방언 분화의 사회적 요인 중에서 '연령'에 못지않게 많은 주목을 받은 것이 성별(gender/sex)인데, 바로 이 성별에서 오는 차이로 인해 분화되는 사회 방언을 성별 방언(genderlect/sex dialect)이라고 한다. 대부분의 언어 공동체에서 일반적으로 나타나는 연령에 의한 언어 차이와 달리 성별에 의한 언어 차이는 해당 언어 공동체에서 남녀의 지위와 역할이 어떤 모습인가에 따라 매우 크고 뚜렷할 수도 있고 아주 미미하여 잘 드러나지 않을 수도 있다. 일반적으로 남녀 관계가 불평등하고 역할 구분이 엄격할수록 성별에 의한 차이가 뚜렷하게 드러난다.

성별 방언은 여성이나 남성에 대해 특유하게 사용하는 대상 성별 방언(objective genderlect)과 여성과 남성이 특유한 방식으로 발화하는 발화 성별 방언(utterable genderlect)으로 나눌 수 있다. 이때 여성만 사용하거나 여성에 대해서만 사용하는 말을 여성어라고 하고, 남성만 사용하거나 남성에 대해서만 사용하는 말을 남성어라고 한다. 먼저 대상 성별 방언은 발화의 대상이나 내용에 성별적 의미 자질이 부여된 것으로 대부분 어휘 측면에서 나타나는데, 한국어의 대상 성별 방언에 속하는 여성어와 남성어의 유형과 예를 살펴보면 다음과 같다.

〈표3-4〉 한국어의 대상 성별 방언의 세 가지 유형

유형	여성어	남성어
성별 지칭 방언	아내, 미녀 등	남편, 미남 등
성별 관련 방언	시집가다, 치마 등	장가들다, 넥타이 등
성별 묘사 방언	여자답다, 정숙하다 등	남자답다, 호탕하다 등

다음으로 발화 성별 방언은 발화의 주체인 화자의 성별이 언어 차이의 요인이 되는 것으로 음운, 형태·통사, 어휘, 화용 등의 다양한 측면에서 나타난다. 기존 연구들에 따르면, 한국어의 발화 성별 방언

에서 나타나는 대표적인 음운적 특성은 여성어는 주로 상승조를 보이는 반면에 남성어는 주로 하강조를 보인다는 것이며, 대표적인 형태·통사적 특성은 여성어는 '해요체' 종결 어미를 압도적으로 많이 사용하는 것에 비해 남성어는 '하십시오체' 종결 어미도 사용한다는 점이라고 한다. 하지만 최근에는 해요체 종결 어미의 사용이 화자의 성별과 상관없이 급속도로 확산되면서 종결 어미 사용과 관련한 성별 간의 언어 차이가 급감하는 모습이 나타나기도 한다.

또한 어휘적 측면에서 나타나는 발화 성별 방언의 특성은 한국어만이 아닌 대부분의 언어들에서 공통적이고 일반적으로 발견할 수 있는 것이다. 여성어가 남성어에 비해 상대적으로 감성 표현 어휘나 공감 표현 어휘가 많다는 점과 여성이 남성에 비해 표준어를 사용하는 비율이 더 높다는 점 등은 익히 알려진 사실이다. 최근에는 화용적 측면에서 나타나는 발화 성별 방언에 대한 조사와 연구도 활성화되고 있는데, 주요 연구 결과를 비교해 보면 다음과 같다.

〈표3-5〉 화용적 측면에서의 발화 성별 방언 비교

기준	여성어	남성어
대화 성격	협동적	경쟁적
대화 주도권 장악 의지	적음	많음
맞장구나 칭찬	많음	적음
표현 방식	간접적, 애매함	직접적, 단정적

특히 화용적 측면에서의 발화 성별 방언의 특성에 대한 연구는 여성과 남성의 대화에서 발생하는 상호 몰이해나 오해의 근원을 파악하고 해결 방안을 모색하는 데 큰 도움을 줄 수 있다는 점에서 학문적 의미와 더불어 실용적 가치도 높게 평가받고 있다.

◦ 토 론 거 리 ◦

① 젊은 세대에게 지역 방언은 이미 고유한 발음과 억양 등의 운율적 특징과 이해 가능할 정도의 차이를 보이는 어미 등의 형태적 특징 정도로만 유지되고 있다. 이러한 상황에 비추어 볼 때, 지역 방언의 미래 모습은 어떠할지 예측해 보자.

② 지역 방언의 존재 가치를 인정하는 것과 지역 방언의 보전과 활성화를 위해 교육 등의 적극적인 노력을 하는 것은 별개의 문제일 수 있다. 현재의 시점에 지역 방언과 관련하여 취해야 할 정책 방향에 대해 토론해 보자.

③ 기존 연구에 따르면, 한국어에서는 연령 방언이나 성별 방언에 비해 계층 방언의 형성이 매우 미약한 편이라고 한다. 계층 방언이라고 할 수 있는 한국어의 예를 찾아보고, 앞으로 계층 방언이 많아질 가능성이 있을지 논의해 보자.

④ 청소년들이 사용하는 신조어, 인터넷 용어 등을 가리키는 이른바 '청소년 언어'에서 나타나는 긍정적 측면과 부정적 측면은 무엇이며, 그것이 한국어의 변이 또는 변화에 어떤 영향을 미칠지 토론해 보자.

⑤ 이성 간의 원활한 의사소통과 상호 이해를 위해 화용적 측면에서의 발화 성별 방언의 특성을 교육하고 학습하는 것이 필요할까? 교육이 필요하다면 어떤 방식으로 이루어져야 할지 토론해 보자.

더 읽을거리

방언학의 주요 개념과 한국어 방언의 지역별 주요 특성에 대해서는 방언연구회 편(2001)을, 방언학의 일반 이론과 주요 논의를 살펴볼 수 있는 개론서로는 Chambers & Trudgill(1980), 이익섭(2006), 정승철(2013) 등을 들 수 있다. 또한 사회 방언에 대한 선구적 논의는 Labov(1972)에서, 한국어의 사회 방언에 대한 개괄적 논의는 이주행(2007)에서 찾아볼 수 있다. 그밖에 한국어의 다양한 언어 지도의 모습은 이익섭 외(2008)을 참고할 만하다.

제4장 통사론(Ⅰ) – 문장의 구성

▶ 이 장에서 다루는 문제
· 우리가 하는 말은 어떠한 단위로 나눌 수 있을까?
· 문장은 어떠한 방식으로 구성되는가?
· 문장을 이루는 요소들은 어떠한 것이 있을까?
· 문장은 어떠한 방식으로 확대되는가?

　우리는 주로 문장 단위로 다른 사람과 의사소통을 한다. 사람들은 문장을 통해서 자신의 생각이나 느낌, 주장 등을 표현하게 되므로 문장의 구조를 아는 것은 언어와 언어를 사용하는 사람들을 이해하는 데 매우 중요하다. 문장의 구조를 연구하는 학문 분야를 통사론이라고 하는데 이 장에서는 통사론의 내용 중 문장이 어떠한 요소로 구성되는가, 문장을 구성하는 요소를 문법적 기능에 따라 나눈 문장 성분에는 어떠한 것이 있는가, 그리고 문장의 짜임에 대하여 다룬다.

　문장은 언어의 가장 핵심적인 단위로서 단어, 어절, 구, 절 등의 크고 작은 문법 단위들로 이루어진다. 문장을 이루는 요소들을 문장 성분이라고 하는데 문장 성분은 그 필수성의 정도에 따라 주성분, 부속 성분, 독립 성분 등으로 나눌 수 있다. 문장은 그 짜임에 따라 홑문장과 겹문장으로 나뉘며 겹문장에는 안은문장과 이어진문장의 두 가지 유형이 있다. 문장은 안은문장과 이어진문장에 의하여 확대된다. 문장 성분이나 문장의 짜임에 대하여 알아야 글을 올바로 쓸 수 있고 남의 글을 제대로 분석할 수가 있다는 점에서 통사론에 대한 지식은 작문이나 독서와도 관련이 있다.

1. 문장의 구성 요소

1.1. 문장을 이루는 요소

문장은 생각이나 감정을 완결된 내용으로 표현하는 최소의 언어 형식이다. 문장은 의미상으로는 완결된 내용을 나타내며 구성상으로는 주어와 서술어를 갖추고 있는 것을 기본으로 한다. 문장은 형식상으로 문장이 끝났음을 나타내는 표지가 있다. 문장이 끝났음을 나타내는 표지로는 종결 어미가 있으며 이에 더하여 입말에서는 문말 억양이, 글말에서는 문장 부호가 문장이 종결되었음을 드러낸다. 그러나 '불이야!', '도둑이야!', '정말?' 등과 같이 주어와 서술어가 완전하게 갖추어지지 않은 것들도 문장이라고 하는데 이는 주어진 상황이나 문맥 등에서 주어나 서술어를 추측할 수 있기 때문이다.

문장을 이루는 요소에는 단어, 어절, 구, 절 등과 같은 문법 단위들이 있다.

1.1.1. 단어

단어(單語)는 최소의 자립 형식(minimal free form)이다. 한국어에서 조사는 자립 형식이 아니지만 단어로 간주한다.

  (1) 강아지가 학교 운동장에서 뛰어다닌다.

위의 문장에서 단어는 '강아지, 가, 학교, 운동장, 에서, 뛰어다닌다' 등 6개가 된다.

1.1.2. 어절

어절(語節)은 문장을 구성하는 기본적인 단위로서 띄어쓰기 단위와 대체적으로 일치한다. 조사와 어미와 같은 문법적인 요소는 앞에 오는 단어와 결합하여 어절을 이룬다. 위의 문장은 '강아지가, 학교, 운동장에서, 뛰어다닌다' 네 개의 어절로 구성되어 있다.

──── 〈깊이 알기〉 어절의 문제 ════

문장을 이루는 언어 단위 중 어절은 몇 가지 문제를 가지고 있다. 조사와 어미는 단어와 결합하여 어절을 이룬다고 하지만 조사와 어미의 결합 단위는 단어가 아니라 단어보다 더 큰 단위인 구나 절이라는 것을 쉽게 알 수 있다.

(예) 가. <u>저 사람</u>이 우리 형입니다.
　　 나. 나로서는 <u>그런 말을</u> 하기 어려웠다.

(가)에서 조사 '이'는 '사람'에 붙은 것이 아니라 '저 사람'이라는 구에 결합된 것이다. (나)에서 어미 '-기'는 동사 '하-'에 결합된 것이라기보다 '그런 말을 하-'라는 절에 붙은 것이다. 이러한 이유를 들어 어절이라는 단위가 문법 설명을 하는 데에 필요하지 않다는 의견도 있다. 그러나 다음과 같이 어순이 바뀌는 현상을 설명할 때는 어절이 유용한 단위가 된다.

(예) 가. 철수는 어제 도서관에서 열심히 공부를 했다.
　　 나. 어제 철수는 도서관에서 열심히 공부를 했다.
　　 다. 철수는 도서관에서 어제 열심히 공부를 했다.
　　 라. 철수는 어제 도서관에서 공부를 열심히 했다.

1.1.3. 구

두 개 이상의 어절이 모여 하나의 단어와 동등한 기능을 하는 단위를 구(句, phrase)라 한다. 구를 이루는 요소들은 절과 달리 주어와 서술어의 관계를 맺지 않는다.

'저 하늘이 매우 높다'라는 문장은 먼저 '저 하늘이'와 '매우 높다'의 두 부분으로 나눌 수 있는데 이를 각각 주어부(主語部)와 서술부(敍述部)라 한다. 이때 '저 하늘이'와, '매우 높다'는 두 개 이상의 어절로 이루어져 있고 이를 이루는 요소들이 주어와 서술어의 관계를 맺고 있지 않으므로 '구'라 할 수 있다. 이들 구를 이루는 '저', '하늘이', '매우', '높다'는 어절이 된다.

> (2) 저 두 아이가 새 놀이터에서 아주 잘 놀고 있다.
>   ①   ②   ③   ④

위의 예에서 ①은 관형사구, ②는 명사구, ③은 부사구, ④는 동사구가 된다.

1.1.4. 절

절(節, clause)은 두 개 이상의 어절이 모여 하나의 문법 단위를 이룬다는 점에서 구와 비슷하지만, 절을 이루는 요소들이 주어와 서술어 관계를 갖고 있다는 점에서는 구와 구별된다. 또한, 절은 문장이 끝났음을 나타내는 표지가 없이 더 큰 문장의 일부분으로 쓰인다는 점에서 문장과 구별된다.

> (3) 가. 나는 네가 노력하고 있음을 알고 있다.
>   나. 새벽이 되니 닭이 우는 소리가 들렸다.
>   다. 나는 목이 터지게 그 이름을 불렀다.
>   라. 동생이 자기도 나와 함께 집에 가겠다고 한다.
>   마. 영수는 키가 크다.

(3가)의 밑줄 친 부분은 명사절, (3나)는 관형절, (3다)는 부사절, (3라)는 인용절, (3마)는 서술절의 예이다. 위의 예에서 명사절은 명사형 어미 '-(으)ㅁ'이 결합되어 이루어졌고 관형절은 관형사형 어미 '-는'이, 부사절은 부사형 어미 '-게'가, 인용절은 종결 어미에 인용격 조사 '고'가 결합되어 만들어졌다. 그러나 서술절은 다른 절과 달리 절 표지가 없는 것이 특징이다.

1.2. 기본 문형

문장이란 우리가 우리의 생각이나 느낌을 완결된 내용으로 표현하는 최소의 언어 형식이다. 표현하려고 하는 내용을 문장의 형식으로 나타낼 때는 '주어'나 '서술어' 등과 같이 반드시 있어야 할 성분을 갖추는 것이 일반적이다.

하나의 문장은 길고 짧음에 상관없이 기본적인 골격을 갖추고 있어야 한다. 국어 문장은 다음의 세 가지 골격을 가지고 있다.

〈표4-1〉 문장의 기본 골격

기본 골격	용례
무엇이 어찌한다	아이가 웃는다.
무엇이 어떠하다	꽃이 아름답다.
무엇이 무엇이다	철수가 중학생이다.

위의 세 가지 기본 골격은 서술어의 성질에 따라 나눈 것으로 '어찌한다'는 동사, '어떠하다'는 형용사, '무엇이다'는 '체언+서술격 조사'에 해당된다.

이러한 기본 골격을 바탕으로 한국어의 기본 문형은 크게 다음의 다섯 가지로 설정할 수 있다.

(4) 가. 주어+서술어

　　　(예. 아이가 웃는다./꽃이 아름답다./철수가 중학생이다.)

　　나. 주어+부사어+서술어

　　　(예. 철수는 영희와 결혼했다./지호는 군대에 갔다.)

　　다. 주어+보어+서술어

　　　(예. 수진이는 선생님이 되었다./나는 천재가 아니다.)

　　라. 주어+목적어+서술어

　　　(예. 민지는 차를 마셨다.)

　　마. 주어+목적어+부사어+서술어

　　　(예. 형이 선물을 나에게 주었다./그 사람은 친구의 딸을
　　　며느리로 삼았다.)

위에서 제시한 다섯 가지 기본 문형은 서술어와, 서술어가 요구하
는 필수적인 성분들로 이루어져 있다. 부사어는 수의 성분이지만 서
술어에 따라 이를 필수적으로 요구하기도 하여 기본 문형에 포함하
였다.

1.3. 문장 성분의 개념

문장 안에서 일정한 문법적 기능을 하는 각 부분들을 문장 성분이
라고 한다.

문장 성분의 종류에는 주성분(主成分), 부속 성분(附屬成分), 독립 성
분(獨立成分)이 있다. 주성분은 문장의 골격을 이루는 데 없어서는 안
되는 필수적인 성분으로 주어, 서술어, 목적어, 보어가 있다. 부속 성
분은 주로 주성분의 내용을 수식하는 수의적인 성분으로 관형어와 부
사어가 이에 해당된다. 독립 성분은 다른 문장 성분과 직접적으로 관
련이 없는 성분으로 독립어가 있다.

▌생각 넓히기 ▌

문장 성분과 품사의 관계

문장 성분은 품사와 밀접한 관련이 있다. 품사는 단어를 몇 가지 기준에 따라 나눈 것이고 문장 성분은 문장을 이루는 요소를 기능에 따라 분류한 것이다. 그러므로 품사는 단어 단위만을 가리키지만 문장 성분에는 단어뿐 아니라 단어보다 더 큰 단위인 구나 절까지 포함되어 있다. 품사 중 명사, 대명사, 수사 등 체언은 주어나 목적어뿐 아니라 조사와의 결합을 통하여 보어, 부사어, 관형어, 서술어, 독립어 등 모든 문장 성분으로 쓰일 수 있으며 동사, 형용사 등 용언도 활용, 즉 어미와의 결합을 통하여 모든 문장 성분으로 쓰일 수 있다.

관형사와 관형어, 부사와 부사어는 특히 혼동하기 쉽다. '예쁜, 아름다운' 등은 형용사가 관형사형 어미와 결합하여 문장 성분으로는 관형어로 쓰인 것이지만 품사로는 형용사이다. '먹게, 공부하게'는 동사에 부사형 어미가 결합된 형태로 부사어이지만 품사는 동사이다.

2. 문장의 성분

2.1. 주성분

2.1.1. 주어

문장에서 동작 또는 상태나 성질의 주체를 나타내는 주어(主語, subject)는 체언 혹은 체언 역할을 하는 구나 절에 주격 조사 '이/가', '께서', '에서' 등이 붙어 나타난다.

> (5) 가. <u>하늘이</u> 푸르다.
> 나. <u>할아버지께서</u> 책을 읽으신다.
> 다. <u>정부에서</u> 출산 장려 대책을 마련하여 발표했다.
> 라. <u>지구가 돈다는 것이</u> 과학적으로 증명되었다.
> 마. <u>나의 고등학교 은사님께서</u> 전화를 하셨다.

(5가)의 밑줄 친 부분은 체언 '하늘'에 주격 조사 '이'가 붙어 주어가 되었고 (5나)의 밑줄 친 부분은 체언 '할아버지'에 '께서'가 붙어서 주어가 되었다. (5다)의 '정부에서'는 단체를 나타내는 명사에 '에서'가 결합되어 주어를 이룬 경우이다. (5라, 마)의 밑줄 친 부분과 같이 체언의 역할을 하는 구나 절에 조사가 붙어 주어가 되기도 한다.

      (6) 가. <u>민수∅</u> 벌써 집에 갔어.
         나. <u>영희도</u> 집에 갔어.
         다. <u>선생님께서도</u> 조금 전에 퇴근하셨다.
         라. <u>정부에서는</u> 부동산 대책을 마련 중이다.

(6가)와 같이 주격 조사는 생략될 수도 있고 (6나)에서처럼 주격 조사 생략 후 보조사가 붙을 수도 있다. (6다, 라)의 밑줄 친 부분에서 보듯이 '께서'나 '에서'는 생략되지 않고 보조사가 붙기도 한다.

한국어의 주어는 다음과 같은 특성을 가지고 있다.

첫째, 주어 자리에 오는 명사가 존대의 대상이면 서술어인 용언에 선어말 어미 '-시-'가 결합된다. 존대의 대상이 되는 명사가 주어가 아닌 목적어 등의 성분에 올 때는 선어말 어미 '-시-'가 결합되지 않는다.

      (7) 가. 할머니께서 나를 {사랑하신다/*사랑한다}.
         나. 나는 할머니를 {사랑한다/*사랑하신다}.

둘째, 주어는 재귀 대명사 '자기'와 특정한 관계를 맺는다. 재귀 대명사 '자기'는 주어가 3인칭일 때만 가능하다.

(8) 가. *나 $_i$ 는 자기 $_i$ 방으로 들어갔다.

나. 민수 $_i$ 는 자기 $_i$ 방으로 들어갔다.

셋째, 한국어에는 주어가 두 번 이상 나타나는 문장들이 있는데 이를 이중 주어 구문이라고도 한다. 학교 문법에서는 이를 서술절을 가진 안은문장으로 처리한다. 이러한 문장의 주어에 오는 명사들은 소유 관계이거나 수나 양을 나타내는 관계, 혹은 상위 유형과 하위 유형의 관계 등을 가진다.

(9) 가. <u>수영이가 얼굴이</u> 작다.

나. <u>학생이 두 명이</u> 왔다.

다. <u>해가 지는 해가</u> 아름답다.

넷째, 한국어에는 주어가 생략되는 경우가 많다.

(10) 민지: 영희가 오늘 모임에 오겠지?

수미: Ø 나한테 오겠다고 했어. Ø 꼭 올 거야.

한국어의 주어는 위의 대화에서처럼 말하는 이와 듣는 이가 문장의 주어가 무엇인지 알고 있을 때 생략될 수 있다.

───〈깊이 알기〉 주어와 주제어 ═══

한국어에는 주어, 서술어, 목적어, 보어 등과 같은 문장 성분만으로 설명할 수 없는 구문들이 있다.

(예) 나는 짜장면이다.

앞의 문장은 중국집에서 점심 메뉴를 고를 때 흔히 할 수 있는 말이다. 이때 '나는'은 주어라고 할 수 없다. '나는 학생이다'라는 문장에서 '학생'은 주어 '나'의 속성의 일부를 이루지만 '나는 짜장면이다'라는 문장에서는 '나'의 속성과 '짜장면'은 아무런 관련이 없기 때문이다. 이러한 문장에서 '나는'은 주제어(topic)라고 하고 주제어가 아닌 나머지를 평언(comment)이라고 한다.

2.1.2. 목적어

목적어(目的語, object)는 서술어의 동작의 대상이 되는 문장 성분이다. 목적어는 체언이나 체언 자리에 올 수 있는 구, 절에 목적격 조사 '을/를'이 붙어 성립한다. 목적격 조사는 생략되기도 하고 보조사가 붙어 목적어를 나타내기도 한다.

> (11) 가. 민지는 <u>그림을</u> 그렸다.
> 나. 민지는 <u>자신의 얼굴을</u> 그렸다.
> 다. 민지는 <u>공원에서 산책하기를</u> 즐긴다.
> 라. <u>밥Ø</u> 먹고 다시 하자.
> 마. <u>밥은</u> 먹고 다니니?

(11가–다)의 밑줄 친 부분에서처럼 목적어는 체언이나 체언 역할을 하는 구나 절에 목적격 조사 '을/를'이 붙어 이루어진다. (11라)에서처럼 목적격 조사는 생략될 수 있고 (11마)와 같이 생략된 후 보조사가 붙을 수 있다.

한국어의 목적어는 다음과 같은 특성이 있다.

첫째, 목적어는 주어처럼 한 문장에 두 번 이상 나타날 수 있다. 이를 이중 목적어 구문이라고 한다.

(12) 가. 철수가 <u>영희를 손을</u> 잡았다.
　　나. 철수가 <u>꽃을 두 송이를</u> 샀다.
　　다. 철수가 <u>운동장을 두 시간을</u> 뛰었다.

　목적어 자리에 오는 두 체언의 관계는 '영희'에게 속해 있는 신체의 한 부분인 '손'과 같이 소유 관계이거나 '두 송이를', '두 시간을' 등의 수량이나 시간을 나타내는 경우로 한정된다.

　둘째, 목적격 조사는 처소, 동반, 수를 나타내는 말에 붙기도 하는데 이를 다 목적어로 볼 수 있을지 의문이다.

(13) 가. 지유는 <u>학교를</u> 갔다.
　　나. 민지는 <u>철수를</u> 만났다.
　　다. 수영이는 이곳에 <u>세 번을</u> 다녀갔다.

　(13가)의 '학교를'은 '학교에'가 가능하고 (13나)의 '철수를'은 '철수와'로 교체할 수 있다. (13다)의 '세 번을'은 생략이 가능하기 때문에 수의적인 성분이다. 이러한 이유로 (13가-다)의 밑줄 친 부분은 목적어로 보지 않기도 한다.

2.1.3. 서술어

　서술어(敍述語, predicate)는 주어를 풀이하는 말로 동사나 형용사, 체언이나 체언 자리에 올 수 있는 구, 절에 서술격 조사 '이다'가 붙어서 이루어진다.

(14) 가. 민지가 <u>달린다</u>.

　　 나. 산이 <u>높다</u>.

　　 다. 수영이는 <u>대학생이다</u>.

　　 라. 명수가 <u>나의 동생이다</u>.

　　 마. 내 소원은 <u>우리나라가 통일이 되는 것이다</u>.

개념 정리　서술어의 자릿수

　서술어에 따라 필수적으로 요구하는 문장 성분의 수가 다른데 이를 서술어의 자릿수라 한다. 서술어가 주어 하나만을 요구하면 한 자리 서술어, 주어 이외에 목적어나 보어, 혹은 부사어 중 한 성분을 더 요구하면 두 자리 서술어, 주어, 목적어, 부사어를 모두 요구하면 세 자리 서술어이다.

　한국어는 다른 언어에 비해서 서술어의 중요성이 큰 언어이다. 문장 성분 중 주성분은 서술어와의 관계로 규정된다. 즉 주어, 목적어, 보어, 필수적 부사어 등은 서술어가 요구하는 것이라고 보는 것이다. 서술어의 자릿수를 기준으로 서술어를 분류하는 것은 한국어의 이러한 특성 때문이다.

　(예) 가. 물이 끓는다. (한 자리 동사)

　　　 나. 하늘이 푸르다. (한 자리 형용사)

　　　 다. 민지가 밥을 먹는다. (두 자리 동사)

　　　 라. 민지가 수영이에게 책을 주었다. (세 자리 동사)

　서술어는 하나의 용언으로 이루어질 수도 있지만 두 개 이상의 용언으로 구성되기도 한다.

(15) 가. 민수는 숙제를 <u>하고 있다</u>.

　　 나. 나는 용돈을 벌써 다 <u>써 버렸다</u>.

(15가)와 (15나)의 밑줄 친 부분은 본용언과 보조 용언으로 이루어

진 서술어이다. '-고 있다'나 '-어 버리다'와 같은 보조 용언 구성은 문장에서 어휘적 의미가 아닌 문법적인 의미를 더하는 역할을 하며 문장에서의 실질적인 서술어는 본용언이라고 할 수 있다.

개념 정리　선택 제약(selectional restriction)

　서술어로 쓰인 용언이 특정한 종류의 체언만을 요구하는 성질을 가지는 경우가 있다. 이러한 용언과 체언 사이의 관계를 선택 제약 관계라 한다. 문장의 서술어가 요구하는 자릿수를 다 채우더라도 선택 제약을 어기는 문장은 어색하거나 비문이 된다.

　(예) 가. *바위가 물을 마신다.
　　　 나. *철수가 책상을 마신다.

　'마시다'라는 동사는 주어로 유정물을 요구하며 목적어로는 액체나 기체 등 마실 수 있는 물질을 요구하는 특성을 가지고 있다. (가, 나)는 선택 제약을 어긴 문장이다. (가)는 주어가 되는 명사가 무정물이 되었기 때문에 비문이 되었고 (나)는 목적어 자리에 마실 수 없는 물질이 왔으므로 비문이 된 것이다.

2.1.4. 보어

보어(補語)는 '되다', '아니다'와 같은 서술어가 요구하는 두 개의 성분 중 주어 이외에 필수적으로 나오는 성분을 말한다. 보어는 체언에 보격 조사 '이/가'가 붙거나 보조사가 붙어 이루어진다.

　　(16) 가. 민수가 <u>학생이</u> 아니다.
　　　　 나. 민수가 <u>교사가</u> 되었다.

(16가, 나)의 주어는 '민수가'이다. '학생이'와 '교사가'는 서술어의 의미를 보충해 주는 보어이다.

=== 〈깊이 알기〉 보어의 확대 가능성 ===

현행 학교 문법에서는 보어를 '되다', '아니다' 구문에서 필수적으로 나오는 주어 이외의 문장 성분으로 보고 있다. 그러나 학교 문법에서 말하는 보어의 형식과는 차이가 있지만 주어나 목적어 이외에 문장에서 요구하는 필수적 성분은 여러 가지가 있다.

> (예) 가. 나는 <u>비오는 날씨가</u> 싫다.
> 나. 수지는 <u>대학교에</u> 다닌다.
> 다. 이 향기는 <u>장미꽃 향과</u> 비슷하다.
> 라. 나는 <u>영희에게</u> 편지를 보냈다.

위의 밑줄 친 부분은 생략될 수 없는 문장의 필수적 성분이다. 학교 문법에서 (나-라)는 필수적 부사어로 분류하고 있지만 (가)의 경우는 보격 조사와 같은 형태를 취하고 있으므로 부사어로 보기 어렵다. (가)와 같은 심리 형용사 중 주어 이외에 다른 문장 성분을 필수적으로 요구하는 경우에는 이를 보어로 보아야 할 가능성이 있다. (☞이 장의 2.2.1의 '깊이 알기-필수적 부사어의 문제' 참고)

2.2. 부속 성분

2.2.1. 부사어

부사어(副詞語)는 주로 서술어를 수식하는 성분이다. 그러나 때로는 관형어나 다른 부사어를 꾸미기도 한다. 부사어 없이도 문장이 성립되므로 부사어는 수의적인 성분이다. 부사어는 다음과 같은 형태로 성립한다.

> (17) 가. 나는 <u>빨리</u> 걸었다.
> 나. 태극기가 <u>바람에</u> 휘날린다.
> 다. 우리는 <u>밤이 새도록</u> 이야기를 나누었다.

부사어는 (17가)의 밑줄 친 부분처럼 부사 단독으로 성립하기도 하고 (17나, 다)의 밑줄 친 부분과 같이 체언에 부사격 조사가 붙거나 부사형 어미가 결합된 절이 부사어가 되기도 한다.

> (18) 가. 하늘이 <u>매우</u> 푸르다.
> 나. 이 옷은 <u>아주</u> 새 것이다.
> 다. 세월이 <u>무척</u> 빨리 간다.

(18가)의 '매우'는 서술어인 '푸르다'를 꾸며 주고 (18나)에서 부사어 '아주'는 관형어 '새'를 수식하기도 하며 (18다)의 부사어 '무척'은 같은 부사어인 '빨리'를 수식한다. 이러한 부사어들은 모두 특정한 성분을 수식하는 것으로 성분 부사어이다. 이와 달리 문장 전체를 꾸며 주는 문장 부사어도 있다.

> (19) 가. <u>만약</u> 눈이 많이 오면 집에 있어야지.
> 나. <u>과연</u> 그 사람은 훌륭한 사람이구나.
> 다. <u>확실하게</u> 이번 일은 뭔가 잘못되었어.

위의 예에서 '만약, 과연, 확실하게' 등과 같은 문장 부사어는 뒤에 오는 문장 전체를 꾸며 준다. 이러한 부사어들은 말하는 사람의 심리적 태도를 나타내는 것들이 주를 이룬다.

══ 〈깊이 알기〉 필수적 부사어의 문제 ══════════════

　부사어는 다른 성분을 수식하는 것이 주 기능이므로 수의적인 성분이지만 서술어가 되는 용언의 성질에 따라 필수적으로 나오는 경우가 있다. 이를 필수적 부사어라 한다.

　(예) 가. 내 나이는 <u>그와</u> 같다.
　　　 나. 나는 교과서를 <u>책장에</u> 두었다.
　　　 다. 나는 <u>영희에게</u> 선물을 주었다.
　　　 라. 민수는 영희를 <u>며느리로</u> 삼았다.

(가)에서 '같다'는 주어 이외에 비교 대상이 되는 성분을 필수적으로 요구하며 이러한 용언에는 '다르다, 비슷하다, 닮다' 등이 있다. (나)와 같이 장소를 나타내는 부사어를 필수적으로 요구하는 용언에는 '넣다, 두다, 던지다, 다가서다' 등이 있다. (다)는 소위 수여 동사라 하는 것으로 '체언+에' 또는 '체언+에게'로 된 부사어를 필수적으로 요구한다. 이러한 동사에는 '주다, 보내다' 등이 있다. (라)의 '삼다'는 목적어 이외에 '체언+로'를 요구하며 '여기다' 등이 이와 비슷한 성질을 가지고 있다. 학자에 따라 필수적 부사어를 보어로 보기도 한다. (☞이 장의 2.1.4의 '깊이 알기-보어의 확대 가능성' 참고)

2.2.2. 관형어

관형어(冠形語)는 체언 앞에서 그 체언의 뜻을 꾸며 주는 문장 성분이다.

(20) 가. 아버지께서는 시골에 <u>새</u> 집을 지으셨다.
　　나. 이 분이 <u>나의</u> 형님이시다.
　　다. <u>내 친구인</u> 민지는 이번에 대학원에 진학하였다.
　　라. 나는 <u>따뜻한</u> 밥을 맛있게 먹었다.
　　마. <u>철수Ø</u> 동생이 바로 영희야.

(20가, 나)의 밑줄 친 부분처럼 관형어는 관형사 단독으로 이루어지거나 체언에 관형격 조사가 붙어 성립되기도 한다. (20다)에서처럼 체언에 서술격 조사 '이다'가 붙은 다음, 이에 다시 관형사형 어미가 결합되어 성립될 수 있고, (20라)와 같이 동사나 형용사에 관형사형 어미가 붙어 되기도 한다. (20마)의 밑줄 친 부분은 관형격 조사 '의'가 생략되어 '체언+체언'으로 쓰인 경우이다.

(21) 가. 아버지께서는 시골에 <u>새</u> 집을 지으셨다.

　　나. 아버지께서는 시골에 Ø 집을 지으셨다.

　　다. *아버지께서는 시골에 <u>새</u> 지으셨다.

위의 예에서처럼 관형어는 다른 문장 성분들과 달리 체언 없이 자립할 수 없으며 관형어가 없어도 문장이 성립하므로 관형어는 수의적 성분이다.

그러나 체언 중 의존 명사의 경우는 혼자서 자립할 수 없기 때문에 관형어가 반드시 필요하다. '것'이나 '바'와 같은 의존 명사는 앞에서 꾸며 주는 관형어가 반드시 있어야 한다.

(22) 가. 너는 <u>웃는</u> <u>것</u>이 예쁘다.

　　가′. *너는 Ø <u>것</u>이 예쁘다.

　　나. 각자 <u>맡은</u> <u>바</u> 책임을 다하는 것이 중요하다.

　　나′. *각자 Ø <u>바</u> 책임을 다하는 것이 중요하다.

관형어는 겹쳐서 나타날 수 있는데 이때 지시 관형어, 수 관형어, 성상 관형어의 순으로 나타난다.

(23) <u>저 두 새</u> 집이 보이지?

2.3. 독립 성분–독립어

독립어(獨立語)는 문장의 어느 성분과도 직접적인 관련을 맺지 않는 성분이다. 독립어도 엄연히 문장 안의 다른 성분과 어울려 하나의 문장을 이루는 것이기는 하지만, 특정 성분과 구조적인 상관관계가 없기 때문에 독립어라고 한다.

(24) 가. <u>아이고</u>, 이게 얼마 만이니?
나. <u>민수야</u>, 이리 좀 오렴.
다. <u>청춘!</u> 이는 듣기만 하여도 가슴이 설레는 말이다.

(24가, 나)에서와 같이 독립어는 감탄사가 그대로 되기도 하고 체언에 호격 조사가 붙어 이루어지기도 한다. (24다)에서처럼 호격 조사 없이 독립어가 될 수 있으며 제시어도 독립어가 될 수 있다.

독립어가 문장의 다른 성분과 직접적인 관련을 맺고 있지는 않지만 다음의 (25)에서와 같이 호격어의 경우 뒤에 오는 문장의 종결 어미와 호응하는 경우가 있다.

(25) 가. 철수야, 이리 좀 오렴
나. *철수야, 이리 좀 오세요.

┃ 생각 넓히기 ┃

독립어와 소형문

학자에 따라 문장 성분에서 독립어를 없애고 이들을 소형문으로 보는 시각도 있다. 소형문(小型文, minor sentence)이란 주어와 서술어를 완전하게 갖추지 못한 문장을 말한다.

(예) 가. 도둑이야!
나. 불이야!

위의 예들은 주어 없이도 문장 성립이 가능하다. 주어가 생략된 것이 아니므로 주어를 복원하면 어색한 문장이 된다. 이러한 문장을 소형문이라고 한다. 일부의 학자들은 독립어를 이러한 소형문으로 보고 문장 성분에서 제외시키기도 한다.

3. 문장의 짜임새

사건이나 상태는 문장으로 표현되는데 사건이나 상태의 주체인 주어와 동작이나 상태를 풀이하는 서술어를 기본 골격으로 한다. 문장은 이러한 주어와 서술어의 관계가 몇 번 나타나느냐에 따라 나누어진다. 주어와 서술어의 관계가 한 번 나타나는 문장을 홑문장이라 하고 두 번 이상 나타나면 겹문장이 된다.

겹문장은 홑문장이 이어지거나 하나의 문장이 다른 문장 속에 안겨 여러 겹으로 된 문장을 말한다. 홑문장이 다른 문장 속의 한 성분이 되는 것을 안은문장이라고 하고 홑문장이 대등하게 혹은 종속적으로 이어지는 것을 이어진문장이라고 한다. 이같이 홑문장들이 모여 더 큰 겹문장이 되는 과정을 문장의 확대라고 한다.

> (26) 가. 봄이 온다.   나. 꽃이 핀다.
> 　　안은문장　　→ 꽃이 피는 봄이 온다.
> 　　이어진문장 → 봄이 오니 꽃이 핀다.

3.1. 안은문장

한 문장이 그 속에 다른 홑문장을 한 성분으로 안아서 겹문장을 이룰 때 이를 안은문장이라 하고, 큰 문장 안에 한 성분으로 안겨 있는 문장을 안긴문장이라고 한다. 안긴문장은 하나의 '절'이 되는데 이는 '명사절, 관형절, 부사절, 서술절, 인용절' 다섯 가지로 나뉜다.

3.1.1. 명사절

명사절은 명사형 어미 '-(으)ㅁ'과 '-기'가 붙어서 명사의 자리에 쓰일 수 있는 절을 말한다. 명사형 어미가 결합되어 만들어진 명사절은 격조사가 붙어서 문장에서 주어, 목적어, 부사어 등 다양한 기능을 한다.

> (27) 가. <u>좋은 친구를 만들기</u>가 쉽지 않다.
> 나. 나는 <u>네가 많이 노력하고 있음</u>을 잘 알고 있다.
> 다. 모든 것은 <u>생각하기</u>에 달려 있다.
> 라. 내 취미는 <u>맛있는 음식 먹기</u>이다.

(27가)는 명사절이 주어로 쓰인 예이고 (27나)는 목적어, (27다)는 부사어, (27라)는 서술어로 쓰인 예이다.

──── 〈깊이 알기〉 관형사형 어미에 '것'이 붙은 절은 명사절인가? 관형절인가? ────

명사형 어미 '-(으)ㅁ'과 '-기'로 이루어진 절 이외에 관형사형 어미와 의존 명사 '것'이 결합된 절을 명사절로 보기도 한다.

(예) 가. <u>좋은 친구를 만드는 것</u>은 쉽지 않다.
　　나. 나는 <u>네가 노력하고 있다는 것</u>을 알고 있다.
　　다. 내 취미는 <u>맛있는 것을 먹는 것</u>이다.

위의 예에서 밑줄 친 부분은 관형사형 어미 '-(으)ㄴ/는'과 의존 명사 '것'이 결합되어 만들어진 것이다. 최근에 명사형 어미 '-(으)ㅁ'과 '-기'로 이루어진 명사절보다 관형사형 어미에 의존 명사 '것'이 결합된 형태가 더 많이 쓰이지만, 관형사형 어미에 '것'이 결합한 절에 명사형 어미 '-(으)ㅁ'과 '-기'가 붙은 명사절과 동일한 지위를 주기는 어렵다. '관형사형 어미+의존 명사 것' 구성을 명사절로 본다면 관형사형 어미에 의존 명사 '바, 데, 수' 등이 결합된 구성도 명사절로 보아야 하는 경우가 생긴다. 현대 국어에서 '관형사형 어미+의존 명사 것' 구성이 점차 쓰임이 확대되고 있는 것이 사실이지만 이러한 이유를 두고 볼 때 아직은 명사형 어미로 이루어진 명사절과 동등한 지위를 주기는 힘들다고 할 수 있다. 그러므로 '관형사형 어미+의존 명사 것' 구성은 다른 의존 명사 구성과 같이 관형절과 의존 명사의 결합으로 보는 것이 더 나을 것이다.

3.1.2. 관형절

관형절은 관형사형 어미 '-(으)ㄴ', '-는', '-(으)ㄹ', '-던'이 붙어서 관형사의 자리에 쓰일 수 있는 절이다.

(28) 가. 형이 <u>내가 읽은</u> 책을 가져갔다.
  나. 형이 <u>내가 읽는</u> 책을 가져갔다.
  다. 형이 <u>내가 읽을</u> 책을 가져갔다.
  라. 형이 <u>내가 읽던</u> 책을 가져갔다.

이때 안은문장의 성분이 남고 안긴문장의 성분이 생략된다. 주어뿐 아니라 목적어, 부사어 등도 마찬가지로 안은문장과 안긴문장의 성분이 동일하면 생략된다.

(29) 가. 형이 책을 가져갔다.
  나. 내가 책을 읽는다.
    → 형이 [내가 **책을** 읽는] 책을 가져갔다.

이와 같이 수식을 받는 명사가 관형절의 한 성분이 되는 관형절을 관계 관형절이라 한다.

다음과 같은 관형절은 수식을 받는 명사가 관형절의 한 성분이 아니기 때문에 관형절의 성분이 완전하게 나타난다.

(30) 가. <u>강도가 빈 집에 침입한</u> 사건이 발생했다.
  가'. [?]∅ 사건이 발생했다.
  나. <u>민수가 한국에 돌아왔다는</u> 소문을 들었다.
  나'. [?]∅ 소문을 들었다.

(30가, 나)의 밑줄 친 부분은 각각 '사건'과 '소문'을 수식하는 관형절이다. 이 관형절들은 문장의 필수적인 성분이 다 나타난다는 점에서 관계 관형절과 다르다. 이러한 관형절을 동격 관형절이라고 한다.

(31) 가. 강도가 빈 집에 침입했다.
    나. 사건이 발생했다.
      → 강도가 빈 집에 침입한 사건이 발생했다.

동격 관형절은 (30가)와 같이 종결 어미가 없이 관형사형 어미가 붙은 짧은 관형절과 (30나)처럼 종결 어미가 나온 다음 관형사형 어미가 붙은 긴 관형절이 있다.

명사 중에는 동격 관형절의 수식을 받을 수 있는 명사들이 있다.

〈표4-2〉 동격 관형절의 수식을 받을 수 있는 명사

짧은 관형절의 꾸밈을 받는 말	기억, 사건, 경험, 용기 등
긴 관형절의 꾸밈의 받는 말	소문, 낭설, 보도, 정보, 명령, 독촉, 고백, 인상, 제안, 질문 등
두루 쓰이며 꾸밈을 받는 말	사실, 목적, 약점, 결심, 욕심 등

이와 달리 관계 관형절은 제약 없이 모든 명사 앞에서 쓰일 수 있다.

3.1.3. 부사절

부사절은 절 전체가 부사어로서 서술어를 수식하는 기능을 한다.

(32) 가.　비가 <u>소리도 없이</u> 내린다.

　　 가′.　비가 Ø 내린다.

　　 나.　우리들은 <u>밤이 새도록</u> 토론을 하였다.

　　 나′.　우리들은 Ø 토론을 하였다.

　　 다.　땅이 <u>비가 와서</u> 질다.

　　 다′.　땅이 Ø 질다.

'소리도 없-', '밤이 새-', '비가 오-'라는 홑문장이 '-이', '-도록', '-어서' 등의 어미가 붙어 부사절이 되었다. 밑줄 친 부사절은 문장의 서술어를 수식하는데 생략이 되어도 문장의 골격을 이루는 데는 지장이 없다.

════〈깊이 알기〉 부사절과 종속절, 인용절의 경계 문제 ════

　부사절을 규정하기는 쉽지 않다. 이는 이어진문장과 밀접하게 관련이 있기 때문이다. 학교 문법에서는 다음의 밑줄 친 부분을 부사절로 보고 있다.(서울대 국어 교육 연구소『문법』2002: 163)

(예) 가.　그들은 <u>우리가 입은 것과 똑같이</u> 입고 있다.
　　 나.　그는 <u>아는 것도 없이</u> 잘난 척을 한다.
　　 다.　그곳은 <u>그림이 아름답게</u> 장식되었다.
　　 라.　철수는 <u>발에 땀이 나도록</u> 뛰었다.
　　 마.　길이 <u>비가 와서</u> 질다.

　위의 부사절들은 대부분 성분 부사어의 자리에서 뒤에 오는 서술어를 수식하는 경우이다. 그러나 '비가 와서, 길이 질다'와 같은 문장은 이어진문장으로 본다. 안긴문장의 하나인 인용절도 부사절의 일종으로 보기도 한다. 이렇게 부사절은 안긴문장 안에서도 그 경계가 모호하며 이어진문장과도 겹치는 부분이 있다.

3.1.4. 서술절

절 전체가 서술어의 기능을 하는 것을 서술절이라고 한다. 서술절을 안은 문장은 주어가 두 개 있는 것처럼 보인다.

(33) 민지가 <u>얼굴이 둥글다</u>.

밑줄 친 서술절은 앞에 있는 주어를 풀이하는 기능을 한다. 위의 예에서 '얼굴이'의 서술어는 '둥글다'이며 '민지가'의 서술어는 '얼굴이 둥글다'이다. 서술절은 다른 안긴문장과 달리 서술절임을 나타내는 표지가 없다.

한편 일반적으로 안은문장의 요소는 안긴문장 안으로는 자리 옮김을 할 수 없는 데 반하여 서술절은 문장의 전체 주어가 서술절 안으로 자리 옮김을 할 수 있다.

(34) 얼굴이 민지가 둥글다.

이외에도 조사 '이/가'와 결합한 성분이 세 번 이상 나타날 경우 서술절이 계속해서 중첩된다고 봐야 하는 문제가 발생한다.

3.1.5. 인용절

다른 사람의 말을 인용한 것이 절의 형식으로 안길 때 이를 인용절이라 한다.

(35) 가. 수지가 나에게 <u>"나도 네가 좋아."</u>라고 말했다.
　　나. 수지가 나에게 <u>자기도 내가 좋다</u>고 말했다.

(35가)는 남의 말을 직접적으로 인용한 것이며 (35나)는 말하는 사람의 표현으로 바꾸어 간접적으로 인용한 것이다. (35가)와 같은 것을 직접 인용절, (35나)의 경우를 간접 인용절이라고 한다. 직접 인용절은 인용격 조사 '라고'가 붙고 간접 인용절에는 '고'가 붙는다. 인용절은 문장에서의 기능을 고려할 때 부사절로 볼 수 있다. 그래서 인용 부사절이라고도 한다.

(36) 가. 형사가 민수가 범인이라고 말했다.
　　　나. 형사가 민수가 범인이 아니라고 말했다.

(36가, 나)는 간접 인용절로서 인용격 조사 '고'가 결합되었다. 서술격 조사 '이다'나 형용사 '아니다'로 끝난 문장은 '이다고', '아니다고'가 아니라 '이라고', '아니라고'가 된다.

간접 인용절에서는 문장의 종류에 따라 종결 어미가 달라진다.

〈표4-3〉 문장의 종류에 따른 간접 인용절의 종결 어미

	'-다+고'
평서문 감탄문	· 수영이가 "달이 밝다."라고 말했다. → 수영이가 달이 밝다고 말했다. · 수영이가 "달이 밝구나."라고 말했다. → 수영이가 달이 밝다고 말했다.
	'-냐+고'
의문문	· 수영이는 나에게 "언제 집에 가니?"라고 물었다. → 수영이는 나에게 언제 집에 가냐고 물었다.
	'-라+고'
명령문	· 수영이는 나에게 "집에 가라!"라고 말했다. → 수영이는 나에게 집에 가라고 말했다.
	'-자+고'
청유문	· 수영이는 나에게 "집에 가자."라고 말했다. → 수영이는 나에게 집에 가자고 말했다.

3.2. 이어진문장

두 개 이상의 홑문장이 연결 어미에 의해 결합된 문장을 이어진문장이라고 한다. 다음의 두 문장은 연결 어미에 의해 여러 가지의 겹문장을 만들 수 있다. 이어진문장에는 두 개의 홑문장이 의미적으로 대등하게 이어진 문장도 있고 두 문장이 종속적으로 이어진 문장도 있다.

(37) 가. 산이 높다.　　나. 물이 맑다.
　　→ 산이 높<u>고</u> 물이 맑다.
　　→ 산이 높<u>으며</u> 물이 맑다.
　　→ 산이 높<u>은데</u> 물이 맑다.
　　→ 산이 높<u>으니까</u> 물이 맑다.
　　→ 산이 높<u>아서</u> 물이 맑다.

3.2.1. 대등적으로 이어진문장

의미 관계가 대등한 두 홑문장이 이어진 문장을 대등적으로 이어진 문장이라고 한다. 두 홑문장은 의미적으로 대등하기 때문에 두 홑문장의 순서를 바꾸어도 의미의 변화가 없다.

(38) 가. 산이 높고 물이 맑다.
　　나. 물이 맑고 산이 높다.

대등적으로 이어진문장에서 앞 절은 뒤 절과 '나열, 대조' 등의 의미 관계를 맺는다.

〈표4-4〉 대등적으로 이어진문장의 의미관계

	'-고', '-으며'
나열	· 산이 높고 물이 맑다. · 산이 높으며 물이 맑다.
	'-지만', '-으나'
대조	· 산이 높지만 나무가 많지 않다. · 산이 높으나 나무가 많지 않다.

3.2.2. 종속적으로 이어진문장

앞 절과 뒤 절의 의미가 독립적이지 못하고 종속적인 문장을 종속적으로 이어진문장이라고 한다. 앞 절이 뒤 절에 대하여 '이유, 의도, 목적, 배경, 조건' 등의 여러 가지 의미 관계를 가지며 이에 따라 다양한 종속적 연결 어미가 사용된다. 종속적인 연결 어미는 '-어서, -려고, -는데, -(으)면, -(으)니까' 등등 그 수가 대등적 연결 어미에 비하여 월등히 많다.

> (39) 가. 비가 와서 길이 질다.
> 나. 민지를 만나려고 도서관으로 갔다.
> 다. 집에 가는데 누군가 뒤에서 불렀다.
> 라. 지하철이 빨리 왔으면 지각하지 않았을 텐데.
> 마. 아침에 일찍 나가야 하니까 일찍 자야겠다.

종속적으로 이어진문장은 다음과 같은 특징을 갖는다.

첫째, 종속적으로 이어진문장은 연결 어미에 의하여 이끌리는 앞 절이 뒤 절 속으로 자리 옮김을 할 수 있다.

> (40) 가. 비가 와서 길이 질다.
> 가'. 길이 비가 와서 질다.

나. <u>민지를 만나려고</u> 도서관으로 갔다.
나'. 도서관으로 <u>민지를 만나려고</u> 갔다.

둘째, 종속적으로 이어진문장은 연결 어미가 지닌 각각의 특수한 의미 때문에 쓰임에 제약이 따른다.

(41) 가. *현관문을 나섰자 비가 왔다.
나. *내가 시험공부를 하느라고 영희가 밤을 샜다.

종속적인 연결 어미 '–자'는 어떠한 일이 끝나고 동시에 다른 일이 연달아 일어날 때 쓰이는 어미이기 때문에 (41가)에서 보듯이 시제를 나타내는 어미가 나타나지 못한다. 이는 '–자'로 연결된 앞뒤의 절이 거의 동시에 일어나기 때문이다. (41나)의 경우도 앞 절의 사건과 뒤 절의 사건이 겹쳐 일어나므로 시제를 나타내는 어미와 결합하지 않는다. '–느라고'는 앞 절과 뒤 절의 주어가 같아야 하는 제약도 가지고 있다.

셋째, 종속적으로 이어진문장은 뒤 절의 문장 유형에 제약이 있는 경우가 있다.

(42) 가. 날씨가 {좋아서/좋으니까} 기분이 좋다.
나. 날씨가 {좋으니까/*좋아서} 소풍을 가자.
다. 날씨가 안 {좋으니까/*좋아서} 어서 집에 가라.

이유나 원인을 나타내는 '–니까'와 '–어서'는 뒤 절에 평서문이 올 때는 별다른 제약이 나타나지 않는다. 하지만 '–니까'와 달리 '–어서'는 뒤 절에 명령문이나 청유문이 올 수 없다.

===== 〈깊이 알기〉 겹문장의 동일 성분 생략 =====

　한 문장이 절의 형태로 다른 문장 속에 안기는 안은문장이나 두 문장이 연결어미로 인하여 결합되는 이어진문장에서 두 문장의 성분이 동일할 때 둘 중 하나의 성분이 생략되거나 다른 말로 바뀌는 경우가 있다.

　(예) 가. 나는 집에 가기가 싫다.
　　　　 나. 나무꾼은 산신령에게 자기 도끼를 찾아 달라고 말했다.
　　　　 다. 아버지는 내 생일에 자전거를 사 주실 것을 약속했다.
　　　　 라. 철수는 성실하니까 성공할 것이다.

　(가)는 명사절을 안은문장인데 '집에 가기'의 주어인 '나'는 안은문장의 주어인 '나'와 동일한 성분이기 때문에 생략되었다. (나)에서는 '나무꾼의 도끼'에서 '나무꾼의'가 안은문장의 주어와 동일하기 때문에 '자기'로 바뀌었으며 (다)에서는 안긴문장의 주어가 안은문장의 주어인 '아버지'와 동일하기 때문에 생략되었다. 안은문장에서 동일한 성분이 생략되거나 다른 말로 바뀔 때에는 언제나 안긴문장의 성분이 생략되거나 바뀐다. (라)와 같은 이어진문장에서도 앞 절과 뒤 절의 성분이 동일하면 둘 중 하나가 생략되거나 다른 말로 바뀐다.

◆ 토 론 거 리 ◆

① 다음의 밑줄 친 부분이 필수적 부사어인지 수의적 부사어인지 토론해 보자.
　또 이를 보어로 볼 수 있는지도 이야기해 보자.
　(예) 가. 철수는 <u>운동장에서</u> 뛰었다.
　　　　 나. 아이가 <u>학교에서</u> 돌아왔다.
　　　　 다. 먼지가 <u>옷에</u> 묻었다.
　　　　 라. 진달래는 <u>이른 봄에</u> 핀다.
　　　　 마. 민지는 <u>요란한 소리에</u> 잠이 깼다.
② 다음 문장의 밑줄 친 부분이 어떤 문장 성분인지 이야기해 보자.
　(예) 가. <u>나의</u> 살던 고향은 꽃 피는 산골
　　　　 나. 물이 <u>얼음으로</u> 되었다.
　　　　 다. 밥이 <u>잘</u> 되었다.
　　　　 라. <u>학교</u> 운동장에서 만나자.
　　　　 마. 철수가 <u>영희를</u> 손을 잡았다.
　　　　 바. <u>혼자서</u> 집에 가는데 뒤에서 <u>누군가</u> 내 이름을 불렀다.

③ 영어, 중국어 등 다른 언어와 비교해서 생각해 볼 수 있는 한국어의 주어의 특징은 어떤 것이 있는지 찾아보자.

④ 문장 성분과 품사의 공통점과 차이점을 이야기해 보자. 특히 부사와 부사어, 관형사와 관형어는 어떠한 점이 같고 어떠한 점에서 다른가?

⑤ 다음의 밑줄 친 부분을 부사절로 볼 수 있는지, 아니면 종속적으로 이어진문장으로 볼 수 있는지 토론해 보자.

(예) 가. 우리는 밤이 늦도록 이야기를 나누었다.

　　 나. 차가 지나가게 길을 비켜라.

　　 다. 난 네가 나를 믿어 주면 좋겠어.

　　 라. 하늘을 보니 곧 비가 쏟아지려고 한다.

⑥ 다음의 두 문장의 의미 차이를 말해 보고 이러한 의미의 차이가 어떤 요소에서 기인하는지 토론해 보자.

(예) 가. 그가 탈옥했다는 사실이 전해졌다.

　　 나. 그가 탈옥한 사실이 전해졌다.

. . . . . .
더 읽을거리

　문장 성분과 관련해서는 이홍식(2000), 최호철(1995), 최형강(2004), 양명희(2006), 김봉모(1992), 김선효(2002) 등을 읽어 볼 필요가 있다. 이중 주어 구문과 이중 목적어 구문의 문제는 양정석(1987)에 잘 정리되어 있다. 이어진문장의 통사적 논의에 대한 것은 이은경(1998)을 참조하고, 종속적으로 이어진문장과 부사절의 논쟁사에 대하여 더 공부하고 싶으면 이익섭(2003)을 읽어 볼 것을 권한다. 서술절의 문제는 남기심(1986), 임동훈(1997)을 비교하여 살펴볼 수 있다. 인용절에 관한 것은 이필영(1992), 안명철(1998)을 참조할 수 있다.

제5장 형태론

형태론(形態論, morphology)은 단어가 어떤 구조로 되어 있는지 단어의 하위 부류들은 어떤 것들이 있는지 등 단어와 관련한 언어학적 사실들에 대하여 연구하는 언어학의 하위 분야이다. 형태론은 형태소부터 단어까지의 언어 단위를 다루는데, 형태소(形態素, morpheme)의 이형태(異形態, allomorph) 생성과 관련해서는 음운론 연구와 맞닿아 있으며 단어는 문장을 이루는 기본적인 단위이므로 통사론과 겹치는 부분이 있다. 조사와 어미는 형태론적 단위이면서 그 기능이 단어보다 큰 단위에 미치기 때문에 통사론에서도 다루게 된다. 언어 단위 중 음소는 의미를 지니지 않지만 형태소, 단어, 문장 등은 의미를 지닌 단위이다. 의미를 지닌 언어 단위를 '문법 단위(grammatical unit)'라 한다. 형태론과 통사론에서는 문법 단위를 주로 다루게 된다.

한국어는 어휘적인 요소에 문법적인 기능을 하는 형식적 요소가 첨가되는 교착어(혹은 첨가어)이기 때문에 특히 형태론의 비중이 큰 언어이다. 문장의 구성을 다루는 통사론 연구는 형태론적 지식을 기반으로 하고 있으며 한글 맞춤법, 표준어 규정, 외래어 표기법, 로마자 표기법 등 어문 규정도 형태론 연구의 결과에 힘입은 바가 크다.

1. 단어의 갈래—품사

1.1. 품사의 개념

단어는 문장을 이루는 가장 기본적인 문법 단위이다. 대부분의 언어는 수십만 개에 이르는 단어를 가지고 있다. 우리들은 이 수십만 개의 단어로 문장을 만들어 의사소통을 하게 된다. 단어가 문장을 이루는 단위라는 측면에서 볼 때 단어들은 기능적인 공통점을 가지고 있는 몇 가지의 부류로 나눌 수 있다. 이렇게 단어를 문법적 성질에 따라 몇 갈래로 나누어 놓은 것을 품사(品詞, parts of speech)라 한다.(☞단어에 대한 자세한 정의는 제4장 1절 '문장의 구성 요소' 참고)

단어를 품사로 분류하게 되면 여러 가지 쓸모가 있다. 첫째로, 단어가 문장에서 쓰일 때 나타나는 여러 가지 문법적인 특징은 품사에 따라 공통적으로 설명할 수 있는 것들이 많다. 예를 들어 명사는 관형어의 수식을 받을 수 있으며 조사와 결합하여 문장의 여러 성분으로 사용되는 성질을 가지고 있고, 동사와 형용사는 어미와 결합하여 활용을 하며 문장에서 주로 서술어의 역할을 한다. 둘째, 언어 사전을 만들 때나 사전의 정보를 이용할 때 품사는 매우 중요한 정보가 된다. 셋째, 맞춤법과 같은 실용적인 어문 규정을 기술할 때도 품사는 중요한 용어로 사용된다. 넷째, 품사는 언어 교육에서 중요한 개념으로 쓰인다. 국어교육뿐 아니라 외국어로서의 한국어교육에서 명사나 동사 등 대부분의 언어에 있는 품사 부류는 교육을 할 때 매우 유용하게 사용하는 개념이 된다. 명사, 동사 이외에 한국어에 특징적으로 존재하는 다른 품사들도 학습자에게 문법 용어로 사용할 수 있다.

1.2. 품사 분류의 기준

품사 분류의 기준으로는 일반적으로 기능(機能, function, 또는 직능), 형식(形式, form, 또는 형태), 의미(意味, meaning)의 셋을 든다. 주로 의미는 보조적인 기준이고, 기능과 형식이 주된 기준이 된다.

품사 분류를 할 때 가장 먼저 '형식'을 보게 되는데 이는 단어가 활용을 하는지의 여부가 중요한 기준이 된다. 한국어에는 동사나 형용사와 같이 어미가 결합되어 형태가 변화하는, 즉 활용을 하는 부류가 있고 부사, 관형사 등과 같이 형태 변화를 하지 않는 부류가 있다. 명사, 대명사, 수사 등은 조사가 결합되기는 하지만 형태가 변화하지 않는 부류로 본다.

'기능'이란 한 단어가 문장 안에서 다른 단어와 맺는 관계를 말한다. 한국어의 품사 분류에서 '기능'은 가장 중요한 기준이 된다.

> (1) 가. 이 나무는 매우 <u>높다</u>.
>   나. 이 나무의 <u>높이</u>가 궁금하다.

(1가)의 밑줄 친 부분인 '높다'와 (1나)의 '높이'는 의미는 비슷하나 문장에서의 기능이 다르다. (1가)의 '높다'는 문장에서 풀이하는 자리에 쓰였고 (1나)의 '높이'는 문장에서 주어의 기능을 한다. (1가) '높다'는 '푸르다, 아름답다, 멋있다…' 등과 바꾸어 쓸 수 있고 (1나)의 '높이'는 '부피, 이름, 종류…' 등과 바꾸어 쓸 수 있다. 품사 분류에서는 이렇게 문장에서의 기능이 중요한 기준이 된다.

품사를 분류할 때 마지막으로 보는 것이 의미이다. 품사 분류의 기준인 의미는 단어가 가지는 개별적인 의미가 아니라 단어들이 공통적으로 가지는 추상적인 의미를 말한다. 예를 들면 '사물의 이름을 가리

키는' 단어 부류라든지 '주체의 동작을 나타내는' 단어 분류라든지 하
는 것 등이다.

1.3. 한국어의 품사 체계

한국어의 단어를 나눌 때 품사 분류의 기준 중 '형식'이라는 기준
을 먼저 적용하여 활용을 하는가 그렇지 않은가에 따라 가변어와 불
변어로 나눌 수 있다. 한국어의 단어 중 동사와 형용사는 활용을 하
므로 가변어(可變語)로 분류되며 이외에 나머지 단어들은 불변어(不變
語)가 된다. 동사와 형용사는 활용을 하는 단어 부류로 용언(用言)이
라고 한다.

형식으로 분류한 다음에는 단어가 문장에서 다른 문장 성분들과
어떠한 관계를 맺는지에 따라 나누는데 주로 주어나 목적어 자리에
오는 명사, 대명사, 수사는 체언(體言)으로 묶는다. 문장에서 다른
문장 성분들을 수식하는 기능을 하는 부사와 관형사는 수식언(修飾
言)으로 분류한다. 문장 안에서 체언에 붙어 다른 문장 성분들과의
관계를 나타내는 조사는 관계언(關係言)이라 한다. 마지막으로 다른
문장 성분들과 별다른 관계를 맺지 않는 감탄사는 독립언(獨立言)으
로 분류한다.

형식과 기능에 따라 체언, 용언, 수식언, 관계언, 독립언의 다섯 으
로 나눈 다음 용언과 체언은 의미나 형식에 따라 다시 분류될 수 있
다. 용언은 동작을 나타내는 동사(動詞, verb)와 상태를 나타내는 형
용사(形容詞, adjective)의 두 가지로 나눈다. 동사와 형용사는 의미뿐
아니라 활용을 할 때 결합하는 어미에도 차이를 보인다. 동사는 현재
평서형 어미 '-(느)ㄴ다'와 결합이 가능하며 형용사는 '-(느)ㄴ다'와
결합하지 못하고 현재 평서형 어미 '-다'와 결합한다. 체언은 사물의

이름을 가리키는 명사(名詞, noun), 사물의 이름을 대신하는 대명사(代名詞, pronoun), 사물의 수량이나 순서를 나타내는 수사(數詞, numeral)의 셋으로 가른다.

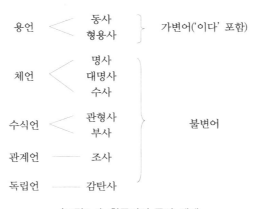

〈그림5-1〉 한국어의 품사 체계

===〈깊이 알기〉 한국어의 품사의 개수===

　　현재 학교 문법에서는 한국어의 품사를 9개로 분류한다. 그러나 학자에 따라 한국어의 품사를 적게는 5개로 나누기도 하고 많게는 10개 이상으로 분류하기도 한다. 품사 분류의 기준 중 의미는 주관적인 측면이 있으므로 이를 제외하면 명사, 동사, 부사, 관형사, 감탄사의 다섯 가지로 볼 수 있다. 이때 조사를 단어로 인정하면 6품사가 된다.

　　그밖에 접속사를 인정하기도 하며 서술격 조사 '이다'와 형용사 '아니다'를 묶어 지정사라는 독립된 품사로 보기도 한다. '있다', '없다'는 형용사나 동사와 활용의 측면에서 다르기 때문에 이 둘을 묶어 존재사로 보는 학자도 있다.

1.4. 한국어의 품사 각론

1.4.1. 체언

체언에는 명사, 대명사, 수사가 있다. 체언은 조사와의 결합이 가능하며 대체로 관형어의 수식을 받을 수 있다. 체언이라는 이름은 문장에서 몸과 같은 역할을 하는 주어나 목적어의 자리에 주로 쓰인다는 뜻이다.

|명사|

명사(名詞, noun)는 사물의 이름을 가리키는 단어 부류이다. 명사는 관형어의 수식을 받을 수 있으며 조사와 결합하는 특징을 지닌다. 명사는 대부분의 언어에 있는 품사 유형이며 '무엇이 어찌한다/어떠하다/무엇이다'의 '무엇'의 자리를 채울 수 있는 단어이다. 한국어의 단어 중 명사는 그 수가 많아 전체 어휘의 65% 내외를 차지한다. 명사를 비롯하여 각 품사별 어휘 분포를 대략적으로 보이면 다음과 같다.

〈표5-1〉『표준국어대사전』 표제어의 품사별 분포

품사	표제어 수	비율(%)
명사	336,118	65.59
대명사	463	0.09
수사	277	0.05
동사	68,442	13.36
형용사	17,390	3.39
부사	17,895	3.49
관형사	1,685	0.33
조사	357	0.07
감탄사	812	0.16
기타(어미, 접사, 어근, 무품사)	69,037	13.47
계	512,476	100

(유현경 · 남길임 2009: 58)

명사는 몇 가지로 하위분류될 수 있다. 먼저 사용 범위에 따라 보통
명사(普通名詞, common noun)와 고유 명사(固有名詞, proper noun)로
나눌 수 있다. 고유 명사는 사람이나 장소의 이름, 상표명, 회사나 단
체의 이름 등 다른 사물과 구별하기 위하여 특정한 대상에 붙여진 이
름이다. 세상에 단 하나뿐인 '해', '달'과 같은 것은 다른 것과 구별할
필요가 없으므로 고유 명사가 아닌 반면 사람의 이름은 동명이인이
있더라도 고유 명사에 속한다. 고유 명사는 특정한 대상에 붙여진 이
름이므로 지시 대상이 유일한 특성을 가진다. 그러므로 관형어의 수
식에서 제약을 가지고 있으며 복수를 나타내는 접미사 '-들'이나 조
사 '마다'와의 결합이 자유롭지 못하다.

> (2) 가. *모든 설악산이 아름답다.
> 　　나. *한 남대문이 불에 탔다.
> 　　다. *홍길동들이 내 친구이다.
> 　　라. *한강마다 물이 맑다.

우리말에서 명사의 하위 부류로 중요한 것은 자립 명사(自立名詞)와
의존 명사(依存名詞)의 분류이다. 한국어의 명사는 자립성의 여부에
따라 자립 명사와 의존 명사로 나눌 수 있는데 의존 명사는 형식 명사
(形式名詞)라 하기도 한다. '의존'은 문장에서 홀로 나타날 수 없음을
가리키며 '형식'이란 말은 실질적인 의미를 갖지 못한다는 것을 의미
한다.

의존 명사는 문장에서 반드시 관형어와 동반해서만 쓰일 수 있다.
의존 명사는 추상적이고 형식적인 의미를 가지고 있어 앞뒤에 오는
요소와 함께 문법적인 기능을 나타내는 데 관여하는 경우가 많다.

(3) 가. 나는 무슨 일이든지 잘할 수 있다.

　　나. 철수는 운동을 하루도 거르는 법이 없다.

　　다. 나는 내일 여행을 갈 것이다.

(3가)의 '-(으)ㄹ 수 있다'는 가능을 나타내고 (3나)의 '-는 법이 없다'는 습관을, (3다)의 '-(으)ㄹ 것이다'는 예정이나 의지를 나타낸다.

한국어에서 의존 명사의 중요한 의미 기능 중 하나는 단위를 나타내는 것이다. 이러한 기능을 하는 의존 명사를 단위성 의존 명사라 하는데 한국어에는 단위성 의존 명사가 상당히 발달해 있는 편이다.

(4) 가. 강아지 두 <u>마리</u>, 연필 한 <u>자루</u>, 사람 두 <u>명</u>

　　나. 밥 네 <u>공기</u>, 파 두 <u>뿌리</u>, 쌀 한 <u>말</u>

한국어에는 '사과 한 <u>개</u>, 사탕 두 <u>개</u>'의 '개'처럼 명사의 종류에 관계없이 사용할 수 있는 것이 있는가 하면 (4가)의 '마리, 자루, 명'과 같이 특정한 명사와 함께 쓰이는 것들이 있다. (4나)의 밑줄 친 '공기, 뿌리, 말'은 자립 명사가 의존 명사의 기능을 하는 경우이다.

═══〈깊이 알기〉 의존 명사의 의존성과 형식성 ═══════════════

의존 명사는 홀로 쓸 수 없고 관형어와 함께 나타나는 특성을 가지고 있지만 의존 형태소로 보지는 않는다. 다음과 같은 예문에서,

(예) 가. 가을에는 먹을 <u>것</u>이 많아요.

　　나. 가을에는 먹을 <u>음식</u>이 많아요.

의존 명사 '것'은 자립 명사 '음식'이 쓰이는 자리에 나타나기 때문에 자립성을 인정하여 준자립 형식으로 본다. 이러한 이유로 의존 명사는 띄어쓰기를 하는 것이다. 의존 명사 '것'은 의미가 비어 있지만 결국 '음식'과 같은 실질적인 의미를 가진 명사를 가리키기 때문에 형식 형태소보다는 실질 형태소에 가깝다.

|대명사|

대명사(代名詞, pronoun)는 '사물의 이름을 대신하는 말'이다. 대명사는 명사가 올 자리에 명사를 대신하여 나타난다.

> (5) 가. <u>민지</u>는 <u>도서관</u>에서 <u>공부</u>를 했니?
> 나. <u>너</u>는 <u>거기</u>에서 <u>무엇</u>을 했니?
> 다. <u>형</u>은 <u>운동장</u>에서 <u>달리기</u>를 했다.

명사인 '민지', '도서관', '공부'를 대신해서 '너', '거기', '무엇'이 나올 수 있다. 이러한 단어들을 대명사라 하는데 대명사는 '직시(直視, deixis)' 표현의 특성을 가진다.(☞제10장 4절 '직시' 참고) 명사인 '민지, 도서관, 공부' 등은 가리키는 대상이 명확하여 문장 외적인 영향을 받지 않는 데 비하여 대명사인 '너, 거기, 무엇'은 지시 대상이 발화의 맥락에 따라 달라진다. 이러한 특성을 직시라 한다. 예를 들어 (5나)의 '너, 거기, 무엇'은 (5가)와 다른 상황이 주어지면 (5다)와 같이 해석될 수도 있다.

대명사는 무엇을 대신하느냐에 따라 인칭 대명사(人稱代名詞, personal pronoun)와 지시 대명사(指示代名詞, demonstrative pronoun)로 나눌 수 있다.

> (6) 가. 나, 너, 자네, 당신, 그대, 우리, 저희, 너희
> 나. 이것, 그것, 저것, 여기, 거기, 저기

(6가)는 인칭 대명사의 예인데 이는 다시 1인칭, 2인칭, 3인칭 등으로 나눌 수 있고 단수형과 복수형으로 나누기도 한다. (6나)는 사람이

아니라 사물이나 장소의 이름을 대신하는 단어들로, 화자와 청자를 기준으로 멀고 가까운 정도에 따라 분류된다. 한국어는 다른 언어에 비하여 대명사가 발달하지 않은 편이다.

인칭 대명사와 지시 대명사 이외에 주로 '의문'과 관련된 대명사들이 있는데 '누구, 어디, 무엇' 등을 들 수 있다.

|수사|

수사(數詞, numeral)는 '사물의 수량이나 순서를 나타내는 말'이다.

> (7) 가. *그 하나에 의 둘을 더하면 저 셋이 된다.
>   나. 하나에 둘을 더하면 셋이다.
>   다. 이 가게는 매달 첫째, 셋째 일요일에 쉰다.

(7가)에서 보듯이 수사는 명사나 대명사와 같이 조사가 결합되지만 관형어의 수식에서는 제약을 가지는 특성을 보인다. (7나)의 '하나, 둘, 셋'은 수량을 가리키고 (7다)의 '첫째, 셋째'는 순서를 가리킨다. '하나, 둘, 셋'과 같은 수사를 양수사(量數詞, cardinal)라 하며 '첫째, 둘째, 셋째' 등의 순서를 나타내는 수사를 서수사(序數詞, ordinal)라 한다. 양수사와 서수사는 고유어 계열과 한자어 계열의 두 가지가 있다.

> (8) 가. 하나, 둘, 셋, 넷, 다섯…/첫째, 둘째, 셋째, 넷째…
>   나. 일(一), 이(二), 삼(三), 사(四), 오(五)…/제일(第一), 제이
>   (第二), 제삼(第三), 제사(第四)…

고유어계 수사와 한자어계 수사는 서로 바꾸어 쓸 수 있는 경우도 있고 그렇지 않은 경우도 있다. 물건을 셀 때는 일반적으로 고유어계의 수사를 사용하며 수 단위가 커지면 한자어계 수사를 쓰는 경향이 있다.

〈깊이 알기〉 수 관형사와 수사의 구별

수사와 수 관형사는 혼동하는 경우가 많다. 수사 '하나, 둘, 셋, 넷'에 대응되는 수 관형사는 '한, 두, 세, 네'로 형태가 다르지만 '다섯'부터는 수사와 수 관형사의 형태가 같다. 수사는 체언의 일종으로 조사와의 결합을 통하여 문장에서 주어나 목적어, 부사어 등으로 쓰이지만 수 관형사는 조사와 결합할 수 없으며 의존 명사 앞에서 수식하는 기능을 하기 때문에 의미나 형태가 비슷하다고 해서 같은 품사로 볼 수는 없다.

1.4.2. 용언

용언(用言)은 활용을 하는 가변어이다. 동사와 형용사는 문장에서 어미와 결합해서 나타나며 부사의 수식을 받는다. 용언은 명사와 함께 문장을 구성하는 핵심적인 요소이다. 용언은 주로 서술어의 자리에 쓰인다. 용언에는 어미가 결합하여 시제, 높임법, 문장의 유형 등의 문법적 의미를 나타내게 된다.

(9) 가. 준수는 과자를 먹었다. (과거)
　　나. 할아버지께서는 키가 크시다. (높임)
　　다. 너 언제 나가니? (의문문)

용언에는 동사와 형용사 이외에 소위 서술격 조사라고 하는 '이다'를 포함할 수 있다.

|동사|

동사(動詞, verb)는 사물의 동작을 나타내는 말이다. 그러나 사물의 동작을 나타낸다고 해서 모두 동사가 되는 것은 아니다.

> (10) 가. 영희와 철수는 크게 <u>싸웠다</u>.
>   나. 영희와 철수의 <u>싸움</u>은 그리 오래가지 않았다.
>   다. 민지는 수학을 열심히 <u>공부했다</u>.
>   라. 민지는 수학 <u>공부</u>를 좋아한다.

(10가)와 (10다)의 밑줄 친 부분인 '싸우다'와 '공부하다'는 동사이지만 비슷한 의미의 '싸움'이나 '공부'는 명사이다. '싸우다, 공부하다'는 어미와 결합이 가능하고 부사어의 수식을 받지만 '싸움, 공부'는 관형어의 수식을 받으며 조사와 결합하여 나타난다.

동사는 주로 사물의 행위나 동작을 나타내고 형용사는 상태를 나타낸다는 점에서 의미적으로 구별되지만 동사가 항상 행위나 동작을 나타내는 것은 아니다.

> (11) 가. 온종일 이삿짐을 나르느라 <u>지쳤다</u>.
>   나. 어제 보니 어머니가 많이 <u>늙으셨다</u>.

위의 예에서 '지치다', '늙다'는 주어의 상태를 나타내고 있지만 품사로 볼 때는 동사이다. 이는 한국어에서 의미만으로 동사와 형용사를 구별할 수 없음을 보여준다. '지치다'와 '늙다'를 동사로 분류하는 이유는 종결 어미 '-(느)ㄴ다'와 결합이 가능하기 때문이다.

동사는 목적어를 취할 수 있느냐의 여부에 따라 자동사와 타동사로 분류하기도 한다.

|형용사|

형용사(形容詞, adjective)는 사물의 상태나 속성을 나타내는 말이다.

> (12) 가. 사슴은 매우 <u>빠르다</u>.
> 나. 이 노래의 <u>빠르기</u>는 보통이다.
> 다. *우리 <u>빠르자</u>.
> 라. *다음부터는 꼭 <u>빨라라</u>.

(12가)의 '빠르다'는 부사어의 수식을 받을 수 있고 어미와 결합이 가능하므로 용언이지만 (12나)의 '빠르기'는 관형어의 수식을 받고 조사와 결합하므로 명사이다. '빠르다'는 '-(느)ㄴ다'와 결합이 불가능하므로 형용사이다. 형용사는 (12가)에서처럼 어간에 종결 어미 '-다'가 결합되어 현재의 상태를 나타낼 수 있다. (12다)와 (12라)에서처럼 형용사는 명령형 어미나 청유형 어미가 결합되지 않는 특성을 지니고 있다.

|'이다'|

'이다'는 학교 문법에서 서술격 조사(敍述格助詞)로 보아 격조사의 일종으로 분류하고 있으나 어미와 결합하여 활용을 하기 때문에 가변어로 분류할 수 있다.

> (13) 나는 학생<u>이다</u>.

'이다'는 위의 예에서와 같이 문장에서 서술어로 기능하므로 동사와 형용사와 비슷한 속성이 있다.

==〈깊이 알기〉'이다'의 범주 문제 ==

현행 학교 문법에서는 '이다'를 서술격 조사로 보아 조사의 일종으로 보고 있으나 '이다'는 활용을 하기 때문에 다른 조사와 매우 다른 특성을 가지고 있다. 이러한 이유로 대부분의 학자들은 '이다'를 동사나 형용사와 같은 용언의 일종으로 보고 있다. '이다'는 활용이 형용사와 같고 반의 관계에 있는 '아니다'가 형용사이기 때문에 형용사로 보기도 한다. 그러나 '이다'의 어간인 '이-'가 생략이 가능한 점이나 다른 용언과 달리 선행 명사에 의존적인 성격을 지닌 것 등은 '이다'를 독립적인 용언으로 보기 어렵게 한다. 또한 일부의 학자들은 '이다'를 '-답-'과 같은 접미사의 일종으로 보기도 한다. '이다'가 영어의 'be' 동사 등과 같은 계사(繫辭, copula)의 성격을 가진 것으로 보고 '아니다'와 함께 지정사라는 별개의 범주로 분류하는 학자들도 있다. '이다'는 한국어의 품사 중 어느 부류에 넣어도 논란이 많아 앞으로도 그 범주에 대한 깊이 있는 논의가 필요한 단어라고 할 수 있다.

1.4.3. 수식언

|부사|

부사(副詞, adverb)는 용언이나 다른 말 앞에서 그 말의 뜻을 분명하게 해 주거나 강조해 주는 말이다.

(14) 가. 말이 <u>빨리</u> 달린다.
　　　나. 민지는 노래를 <u>아주</u> 잘 부른다.
　　　다. 우리 집 <u>바로</u> 옆이 영수네 집이다.
　　　라. <u>과연</u> 너는 똑똑하구나.
　　　마. 어제는 날씨가 맑았다. <u>그러나</u> 바람이 불어 추웠다.

(14가)의 '빨리'는 뒤에 오는 동사를 수식하여 한정하고 (14나)의 '아주'는 뒤에 오는 '잘'을 강조하며 (14다)의 '바로'는 뒤에 오는 '옆'을 꾸며 주며 (14라)의 '과연'은 문장 전체를 수식한다. (14가-다)의

밑줄 친 부분과 같이 다른 문장 성분을 수식하는 부사를 '성분 부사'
라 하며 (14라)의 '과연'처럼 문장 전체를 수식하는 부사를 '문장 부
사'라 한다. 문장 부사에는 (14마)의 '그러나'와 같이 문장과 문장을
이어 주는 접속 부사도 있다.

|관형사|

관형사(冠形詞)는 체언 앞에서 그 체언의 뜻을 분명하게 한정해 주
는 말이다.

> (15) 가. 어머니께서 <u>새</u> 옷을 사오셨다.
> 　　　나. 어제 나는 소설책 <u>두</u> 권을 읽었다.
> 　　　다. <u>이</u> 연필은 누구 것이냐?
> 　　　라. <u>저 두 새</u> 집이 누구네 집이냐?

관형사는 (15)의 밑줄 친 '새, 두, 이'와 같이 체언 앞에서 뒤에 오
는 체언의 뜻을 한정해 준다. (15가)의 '새'와 같이 수식을 받는 명사
의 성질이나 상태를 제한하는 부류를 성상 관형사라 하고 (15나)의
'두'처럼 단위성 의존 명사 앞에서 사물의 수량을 나타내는 단어를 수
관형사, (15다)의 '이'는 문장 밖에 있는 사물을 지시하는 기능을 가지
고 있어 지시 관형사라 한다. (15라)에서처럼 성상 관형사, 수 관형
사, 지시 관형사는 문장에 함께 나타날 때 '지시-수-성상'의 순으로
배열된다.

1.4.4. 관계언

|조사|

조사(助詞)는 체언 등 자립성이 있는 말에 붙어 다른 말과의 관계를 나타내는 말이다.

> (16) 가. 민지가 서점에서 책을 샀다.
> 나. 어제는 바람도 불었다.
> 다. 빨리만 해 주세요.
> 라. 영희와 철수는 학교에 갔다.

(16가)의 밑줄 친 '가', '에서', '을'은 체언에 붙어서 그 체언으로 하여금 문장에서 주어, 부사어, 목적어라는 관계임을 나타내주는 기능을 한다. (16나)의 '는', '도', (16다)의 '만'은 체언이나 부사에 붙어 의미를 더하는 역할을 한다. (16가)와 같은 조사를 격조사, (16나, 다)와 같은 조사를 보조사라 한다. 한국어의 조사에는 격조사와 보조사 이외에 (16라)의 '와'와 같이 단어와 단어를 이어주는 접속 조사가 있다.

1.4.5. 독립언

|감탄사|

감탄사(感歎詞)는 화자가 자신의 느낌이나 의지를 직접적으로 표현하는 말이다. 감탄사는 부사나 관형사 등의 수식언의 꾸밈을 받지 않으며 어미나 조사가 결합되지 않고 문장의 다른 성분들과 직접적인 관계를 맺지 않는다.

(17) 가. <u>아</u>! 달이 밝구나.

　　나. <u>아이고</u>, 다리가 아프다.

　　다. <u>응</u>, 나도 그랬어.

　　라. <u>어</u>, 여기가 어디더라?

　(17가, 나)의 '아!, 아이고'는 화자의 느낌을 나타내고 (17다)의 '응'은 상대방의 묻는 말에 대하여 화자의 의지를 드러내는 것이며 (17라)의 '어'는 말을 고르는 기능을 하고 있다.

2. 단어와 형태소

2.1. 형태소의 개념

　형태소(形態素, morpheme)는 의미를 가진 최소의 단위로 정의된다. 단어는 하나의 형태소로 이루어지거나 두 개 이상의 형태소가 모여 이루어지기도 한다. 형태소의 정의에서 말하는 '의미'는 어휘적인 의미뿐 아니라 조사와 어미 등에서 볼 수 있는 문법적인 의미도 포함된다. 형태소의 정의에서 '최소의 단위'라는 말은 더 이상 분석하면 그 의미를 잃어버린다는 뜻이다.

　　(18) 가을 하늘이 높푸르다.

　이 문장은 먼저 '가을 하늘이'와 '높푸르다'로 나눌 수 있고 '가을 하늘이'는 '가을'과 '하늘이'로 나누어진다. '가을'은 나누면 그 의미를 잃어버리기 때문에 하나의 형태소이다. '하늘이'는 '하늘'과 '이'로 나누어진다. '하늘'은 더 이상 나눌 수 없으므로 하나의 형태소이고 '이'

는 문장에서 주어를 나타내는 의미를 가진 형태소로 볼 수 있다. '높
푸르다'는 '높-'과 '푸르-', '-다'의 세 개의 형태소로 이루어진 단어
이다. 이들은 각각의 의미를 지니고 있으며 더 나누면 뜻을 잃어버린
다. 예를 들어 '푸르-'를 나눈 '푸-'와 '-르-'는 의미를 가질 수 없기
때문에 형태소가 될 수 없다.

===〈깊이 알기〉 형태소 분석 원리 ===

　우리가 실제 사용하는 한국어는 단어 이상의 단위로 인지하기 때문에 형태소는
단어를 분석하여 확인된다. 단어를 형태소 단위로 분석할 때는 주로 계열 관계(系
列關係, paradigmatic relation)와 통합 관계(統合關係, syntagmatic relation)를 이
용한다. 계열 관계란 어떠한 언어 단위가 다른 언어 단위로 대치될 수 있는 관계
를 말하며 보통은 같은 성질을 가진 말들이 계열 관계를 이룬다. 통합 관계는 언
어 단위가 서로 결합되는 관계를 말한다. 예를 들어 '하늘이 푸르다'는 '하늘' 대신
에 '강, 바다, 풀…' 등으로 바꾸어 쓸 수 있으므로 '하늘, 강, 바다, 풀…' 등은 계
열 관계를 이루는 말들이다. '하늘'은 조사 '이'와 결합하는데 이를 통합 관계라 한
다. 형태소는 이러한 계열 관계와 통합 관계를 따져서 분석하게 된다.

　(예) 하늘이 높았다.
　　'하늘'+'이' '높-'+-았-'+'-다'

　위의 예에서 '이' 대신에 '은', '만', '도' 등이 대치될 수 있으므로 '하늘'과 '이'는
각각의 형태소로 분석된다. '높았다'에서 '-았-' 대신에 선어말 어미 '-겠-'이 결
합하여 '높겠다'가 가능하고 '-다' 대신 어말 어미 '-어'가 결합하여 '높았어, 높겠
어'가 가능하므로 '높-'과 '-았-', '-다'는 각각 별개의 형태소로 분석이 가능하다.

2.2. 형태소, 이형태, 기본 형태

　형태소는 모습이 일정하지 않은 경우가 있다. 위의 예 (18)에서 '하
늘이'의 '이'는 받침이 있는 말에 결합되는 요소이며 받침이 없는 말
에는 '가'가 붙는다.

(19) 가. 하늘이, 구름이, 바람이, 봄이
     나. 바다가, 미소가, 소리가, 새가

'하늘이'의 '이'와 '바다가'의 '가'는 결합되는 형태소의 조건에 따라
달리 나타나지만 그 의미는 둘 다 동일하게 문장의 주어를 표시하는
것이다. 이때의 '이'와 '가'는 형태(形態, morph)라 하고 형태소의 교
체형들을 그 형태소의 '이형태(異形態, allomorph)'라 한다. 이형태는
음운론적 환경에 따라 교체되는 경우와, 음운론적인 조건으로 설명할
수 없는 경우가 있다. 전자를 음운론적으로 조건지어진 이형태라 하
고 후자를 형태론적으로 조건지어진 이형태라 한다. 앞에서 예로 든
'이'와 '가'는 음운론적으로 조건지어진 이형태이다. 형태론적으로(혹
은 형태·어휘론적으로) 조건지어진 이형태는 명령형의 '-여라'를 들
수 있다.

(20) 살아라, 먹어라, 하여라

위의 예에서 '-아라', '-어라', '-여라'는 해라체의 명령형 어미로
그 의미가 같다. 어미 '-아라'는 앞에 오는 동사 어간의 마지막 음절
의 모음이 'ㅏ, ㅗ'일 때 결합되며 '-어라'는 동사 어간의 마지막 음절
의 모음이 'ㅏ, ㅗ' 이외의 것일 때 결합되는 어미이다. '-아라'와 '-
어라'는 교체의 조건을 음운론적으로 설명할 수 있으므로 음운론적으
로 조건지어진 이형태라 한다. 반면 '-여라'는 동사 '하-'에 결합되는
것으로 이는 음운론적으로 조건지을 수 없기 때문에 이를 형태론적으
로 조건지어진 이형태라고 한다.
어떤 형태가 한 형태소의 이형태가 되기 위해서는 '의미'와 '분포'라

는 두 가지 조건을 충족시켜야 한다. 즉 이형태들의 의미가 같아야 하며 그 분포가 상보적이어야 한다. 상보적 분포(相補的分布, comple-mentary distribution)란 하나의 형태가 나타나는 조건에서 다른 형태가 나타날 수 없는 것을 말한다. 예를 들어 다음의 예에서와 같이 조사 '이'가 나오는 환경에서 조사 '가'가 나오지 않고 반대로 조사 '가'가 출현하는 환경에서 조사 '이'가 나오지 않는 것이다.

> (21) 가. *하늘가, *구름가, *바람가, *봄가
> 나. *바다이, *미소이, *소리이, *새이

'하늘이'의 '이'와 '바다가'의 '가'가 같은 형태소가 될 수 있는 것은 '이'와 '가'의 의미가 같고 두 형태가 상보적인 분포를 이루기 때문이다.

하나의 형태소를 이루는 이형태 중 대표가 되는 형태를 '기본 형태 (基本形態, basic allomorph)'라 하는데 기본 형태는 이형태 생성을 설명하기 쉬운 형태를 택하는 것이 일반적이다.

형태소 '값'은 다음과 같은 조건에서 세 가지 형태로 나타난다. 형태는 기호 / /를, 형태소는 기호 { }를 사용하여 표시한다.

> (22) 가. 값+이 /값/
> 나. 값+도 /갑/
> 다. 값+만 /감/

(22가)와 같이 '값'은 모음으로 시작되는 조사가 결합될 때는 /값/으로, 비음이 아닌 자음으로 시작되는 조사가 결합될 때는 /갑/으로, 비음으로 시작되는 조사와 결합될 때는 /감/으로 실현된다. 이중에서

/값/을 기본 형태로 설정하면 (22나, 다)의 이형태 생성을 설명하기 쉽다. 기본 형태 /값/이 뒤에 결합되는 조사에 따라 여러 이형태로 변동되는 것은 연음화나 절음화, 비음화 등의 변동 규칙으로 설명할 수 있다.

기본 형태로 설정된 /값/은 {값}과 같이 표시할 수 있다. {값}은 이형태나 형태로서의 /값/이 아니라 /값/, /갑/, /감/을 모두 포함하는 대표형이 된다. 기본 형태는 이형태 중 가장 분포가 넓은 것을 택하기도 한다. '-어라, -아라, -여라' 중 /-어라/가 가장 분포가 넓으므로 기본형으로 설정할 수 있다.

┃ 생각 넓히기 ┃

기본 형태와 한글 맞춤법의 표기

형태소, 이형태, 형태는 글말이 아니라 입말을 기본 자료로 한 개념이다. 그러나 한국어에서 기본 형태가 한글 맞춤법에 반영되어 있는 경우가 많기 때문에 형태소의 개념이 글말을 기본으로 한 것처럼 생각하기 쉽다.

훈민정음이 만들어진 15세기의 표기는 소리나는 대로 적는 것이었기 때문에 기본 형태를 밝혀 적지 않는 경우가 많았다. 1933년 '한글 마춤법 통일안'에서 기본 형태를 적는 형태주의 원칙을 채택하면서 현재의 한글 맞춤법과 같이 기본 형태를 밝혀 적게 되었다. '값'에 조사가 붙은 것을 소리 나는 대로 적게 되면 '갑씨, 갑또, 감만'으로 적어야 하지만 기본 형태를 밝히어 적게 되면 '값이, 값도, 값만'으로 표기하게 된다. 한글 맞춤법을 정할 때 형태주의를 선택한 것은 기본 형태를 고정시키게 되면 읽을 때 의미 파악이 훨씬 더 수월하여 가독성이 높아지기 때문이다.

2.3. 형태소의 유형

형태소는 자립성의 여부와, 의미의 허실(虛實)에 따라 그 유형을 나눌 수 있다. 자립성이 있는 형태소들은 다른 형태소와 결합하지 않고도 문장에 홀로 나타날 수 있는데 이를 자립 형태소(自立形態素, free morpheme)라 한다. 다른 형태소와 결합하지 않고는 문장에 나타날 수 없는 것들을 의존 형태소(依存形態素, bound morpheme)라 한다. '가을, 하늘, 이, 높, 푸르, 다' 중에서 자립 형태소는 '가을'과 '하늘'이며 '이, 높, 푸르, 다'는 의존 형태소에 해당한다. 의존 형태소는 '-'와 같은 붙임줄을 붙여서 표시한다.

> (23) 자립 형태소: 가을, 하늘
>
>   의존 형태소: -이, 높-, 푸르-, -다

의존 형태소 중 조사는 단어로 보아 붙임줄을 붙이지 않기도 한다.

===== 〈깊이 알기〉 조사와 단어의 정의를 보는 관점에 따른 문법 체계의 유형 =====

한국어의 조사는 학교 문법에서 단어로 본다. 의존 형태소인 조사를 단어로 보는 것은 최소의 자립 형식이라는 단어의 정의에 맞지 않는다고 할 수 있다. 같은 의존 형태소이지만 어미는 단어로 보지 않는다. 한국어의 여러 문법 체계는 조사와 어미를 단어로 보는 관점에 따라 다음의 세 가지 유형으로 나눈다.

● 제1유형 분석적 체계: 조사와 어미를 모두 단어로 보는 문법 체계이다. 대표적인 학자로 주시경이 있다.
  (예) 그 꽃이 붉다.(단어 5개: 그, 꽃, 이, 붉, 다)

● 제2유형 절충적 체계: 조사는 단어로 보고 어미는 단어로 보지 않는 문법 체계이며 대표적인 학자로 최현배를 들 수 있다.
  (예) 그 꽃이 붉다.(단어 4개: 그, 꽃, 이, 붉다)

● 제3유형 종합적 체계: 조사와 어미 모두를 단어로 보지 않는 체계이다. 대표적인 학자로는 정열모가 있다.
  (예) 그 꽃이 붉다.(단어 3개: 그, 꽃이, 붉다)

의미의 허실에 따라 형태소를 나누어 보면 '가을', '하늘'처럼 실질적인 의미를 가진 것과 '-이', '-다'와 같이 형식적인 문법적인 관계를 표시하는 것들이 있다. 실질적 의미를 가진 형태소들을 실질 형태소(實質形態派, full morpheme), 말과 말 사이의 형식적인 관계를 나타내는 형태소들을 형식 형태소(形式形態素, empty morpheme)라 한다.

> (24) 실질 형태소: 가을, 하늘, 높-, 푸르-
>   형식 형태소: -이, -다

실질 형태소에는 '가을, 하늘' 등 자립 형태소뿐 아니라 의존 형태소인 '높-, 푸르-' 등의 용언이 포함될 수 있다. 실질 형태소는 어휘 형태소(語彙形態素, lexical morpheme), 형식 형태소는 문법 형태소(文法形態素, grammatical morpheme)라 부르기도 한다.

개념 정리　영형태(零形態, zero morph)

　대부분의 형태소는 의미(내용)와 형식(형태)을 가지고 있는데 영형태(소)는 의미는 있으나 형식 즉 형태가 없는 형태(소)이다. 예를 들어 '집게, 먹이' 등은 동사 '집-', '먹-'에 각각 파생 접사 '-게', '-이'가 붙어 명사로 파생된 것이다. 그러나 명사 '띠'는 동사 '띠-'와 동일한 형태이다. 이때 '띠-'에 형태가 없는 파생 접사가 붙어서 명사 '띠'가 되었다고 볼 수 있는데 이러한 것을 영형태(소)라 한다.
　(예) 띠-(동)+∅ → 띠(명), 빗-(동)+∅ → 빗(명)

2.4. 한국어 형태소의 특징

한국어의 단어는 의미를 가진 최소의 단위인 형태소로 이루어진다.

다시 말해서 형태소들의 배합으로 단어가 만들어진다. 형태소의 특징과 유형은 언어마다 다르다. 다른 언어에 비하여 한국어의 형태소는 다음과 같은 몇 가지 특징을 가지고 있다.

첫째, 이형태가 발달해 있다. 특히 문법적 의미를 나타내는 형식 형태소들은 여러 개의 이형태를 가지는 경우가 많다. 다음의 예에서 보듯이 조사와 어미와 같은 형식 형태소는 여러 이형태가 하나의 형태소를 이루는데 그 조건을 명시하기가 매우 어렵다.

> (25) 가. 형<u>이</u>/언니<u>가</u>
>   나. 톱<u>으로</u>/도끼<u>로</u>/칼<u>로</u>
>   다. 먹<u>어서</u>/좋<u>아서</u>/하<u>여서</u>

위의 (25가)에서 이형태 /이/와 /가/는 선행 명사가 받침이 있느냐와 없느냐에 따라 결합되는데 예 (25나)의 /로/와 /으로/는 받침의 유무만으로 그 교체를 설명할 수 없다. 받침 중 'ㄹ'에는 /으로/가 아니라 /로/가 결합된다. (25다)는 결합되는 용언의 어간의 마지막 음절의 모음에 따라 /-어서/와 /-아서/가 나타나는데 동사 '하-'의 경우에는 /-아서/가 아니라 /-여서/가 결합된다.

둘째, 형식적인 의미를 가진 문법 형태소가 많다. 한국어는 언어 유형론적으로 교착어에 속한다. 교착어는 실질적인 의미를 가진 실질 형태소에 형식 형태소가 붙어 여러 가지 문법적인 기능을 나타내는 것을 특징으로 하는데 한국어도 문법적인 기능을 담당하는 어미와 조사가 발달되어 있는 언어이다.

셋째, 한국어의 형태소 중 의존 형태소에는 용언의 어간, 조사, 어미, 접사 등이 있는데 이러한 형태소들은 결합 방향에 따라 몇 가지 유형이 있다.

(26) 가. 먹-, 가-, 예쁘-, 좋-

　　　　풋-, 맨-, 들-, 헛-, 싯-

　　나. -다, -은, -음, -기, -둥이

　　다. -시-, -었-, -겠-, -뜨리-, -답-

(26가)는 형태소에 따라 반드시 뒤에 어떤 요소가 와야 하는 부류이며 (26나)는 앞에 다른 형태소가 와야 하는 부류이다. (26다)는 앞뒤에 다른 형태소들의 결합을 필요로 한다.

┃ 생각 넓히기 ┃

조사의 의존 형태소 문제

의존 형태소는 의존성의 방향에 따라 앞이나 뒤에 붙임줄을 표시하게 된다. 조사는 의존 형태소이지만 학교 문법에서는 이를 단어로 보기 때문에 붙임줄을 붙이지 않는다. 예를 들어 목적격 조사 '를'은 의존 형태소로 보아 붙임줄을 붙이면 '-를'과 같이 된다.

3. 단어의 짜임새

3.1. 단어의 구성 요소

단어를 구성하는 형태소들은 크게 두 가지로 나눌 수 있다. 단어의 구성에서 어휘적인 의미를 가진 실질 형태소들은 어근(語根, root)이라 하고 문법적인 의미를 가진 형식 형태소들은 접사(接辭, affix)라 한다. 한국어의 접사는 위치에 따라 어근 앞에 오는 접두사(接頭辭, prefix)와, 어근 뒤에 오는 접미사(接尾辭, suffix)의 두 가지로 나뉜다.

(27) 가. 맨손, 풋사과, 헛일, 덧신
     나. 시퍼렇다, 뒤끓다, 헛돌다, 덧붙이다

(27가)의 '맨-', '풋-', '헛-', '덧-'은 명사에 붙은 접두사이고 '시
-', '뒤-', '헛-', '덧-'은 동사나 형용사에 붙은 접두사이다. '맨-',
'풋-'과 '시-', '뒤-'는 각각 명사와 형용사, 동사에만 결합하는 접두
사이지만 '헛-', '덧-' 등은 명사와 동사에 모두 붙을 수 있다. 접두사
는 위의 예에서와 같이 의미를 더하는 것이 대부분이다.

(28) 가. 눈치, 잎사귀, 밀치-, 깨뜨리-, 높다랗-
     나. 먹이, 덮개, 크기
     다. 공부하-, 슬기롭-, 자랑스럽-
     라. 철렁거리-, 반듯하-
     마. 선생님, 먹히-, 살리-

예 (28가)의 밑줄 친 부분의 접미사는 주로 의미를 더하는 것이다.
접미사는 의미를 더하기도 하지만 어근의 품사를 바꾸는 등 문법적
인 기능을 하는 것이 많다. (28나)는 동사나 형용사의 어간에 밑줄
친 부분의 접미사가 결합되어 명사가 된 것이고 (28다)는 명사에 접
미사가 붙어서 동사나 형용사가 된 것들이다. (28라)는 '철렁', '반듯'
과 같은 어근에 접미사가 결합되어 동사나 형용사가 만들어졌다. (28
마)의 경우는 품사를 바꾸지는 않지만 접미사가 결합되어 문장의 구
조를 바꾸는 것이다. 예를 들어 '선생님'은 접미사 '-님'이 결합되어
뒤에 주체 높임 선어말 어미인 '-시-'와 호응하여 문장의 구조에 영
향을 미친다.

개념 정리　어근(語根), 어간(語幹), 접사(接辭)

● 어근(語根, root): 복합어를 이루는 요소 중 실질 형태소를 어근이라고 한
다. 단어 형성 요소 중 형식 형태소는 파생 접사이다. 어근과 파생 접사는 단어
형성론(조어)의 개념이다.

● 어간(語幹, stem)과 어미(語尾, ending): 동사와 형용사 등 용언이 활용
할 때 어미가 붙는 중심적인 요소를 말한다. 어간은 어휘적 의미를 가지고 있기
때문에 실질 형태소이며 어미는 문법적인 기능을 가진 형식 형태소이다. 어간
과 어미는 활용론의 개념이다.

● 접사(接辭, affix): 접사는 파생어를 이루는 요소 중 형식 형태소를 말한
다. 접사에는 결합되는 위치에 따라 접두사(接頭辭, prefix)와 접미사(接尾辭,
suffix)가 있다. 접사라고 할 때 보통은 파생 접사를 가리키지만 어미, 즉 굴절
접사를 합하여 접사로 통칭하기도 한다.

예를 들어 '뒤집히-'는 단어 형성의 측면에서 보면 접두사인 '뒤-'와 어근인
'집-', 접미사 '-히-'로 이루어져 있지만 활용론에서 보면 '뒤집히-' 전체가
어간이 된다. 어간인 '뒤집히-'는 어미와 결합하여 '뒤집히고, 뒤집히니, 뒤집
힙니다…' 등으로 활용한다.

3.2. 단어의 유형

단어는 하나의 형태소로 이루어질 수도 있고 두 개 이상의 형태소
로 구성되기도 한다. 단어가 곧 형태소인 단어들은 그 짜임새가 단일
하다고 하여 단일어(單一語, simple word)라 한다. 두 개 이상의 형태
소로 이루어져 그 짜임새가 복합적인 단어들은 복합어(複合語, com-
pound word)라고 한다.

(29) 가. 바다, 아주, 예쁘-, 먹-.

　　 나. 맨손, 풋사과, 먹이, 드높-

　　 다. 논밭, 첫사랑, 오가-

　(29가)는 단일어의 예이고 (29나, 다)는 복합어의 예이다. (29나)는 어근에 접사가 결합된 단어들이고 (29다)는 어근과 어근이 결합된 단어들이다. (29나)와 같은 짜임새로 구성된 단어들을 파생어(派生語, derived word)라 하고 (29다)와 같은 부류들은 합성어(合成語, complex word)라 한다. (29가)는 분석하면 의미를 잃어버리기 때문에 형태소가 곧 단어인 단일어의 예들이고 복합어의 예인 (29나)에서는 '손', '사과', '먹-', '높-' 등의 어근에 접사 '맨-, 풋-, -이, 드-' 등이 결합되어 한 단어를 구성하였다. 짜임새에 따라 단어를 분류한 것을 정리하면 다음과 같다.

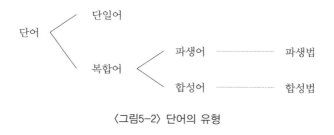

〈그림5-2〉 단어의 유형

3.3. 직접구성성분

　문장이나 절, 구, 단어와 같은 언어 단위는 더 작은 단위로 나눌 수 있다. 어떤 언어 단위를 나눌 때 일차적으로 분석되어 나오는 성분을 직접구성성분(直接構成成分, immediate constituent)이라 하고 이러한 분석을 직접구성성분 분석(immediate constituent cut, IC cut)이라 한다.

'비웃음'과 '코웃음'은 겉으로 보기에는 비슷하지만 '비웃음'은 동사 '비웃-'에 파생 접사 '-음'이 결합되어 만들어졌기 때문에 '비웃-'과 '-음'으로 직접구성성분 분석을 할 수 있으나 '코웃음'은 '코웃-'이라는 단어가 없으므로 '코'와 '웃음'이 직접구성성분이 된다. 그러므로 '비웃음'은 파생어이며 '코웃음'은 합성어로 볼 수 있다.

(30)

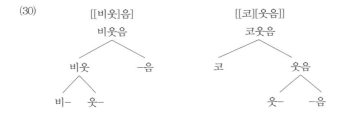

┃ 생각 넓히기 ┃

문장 단위에서의 직접구성성분 분석

직접구성성분 분석은 언어의 구조를 파악하는 데 매우 유용하다.

(예) [철수는 [[영희를] [사랑한다]]].

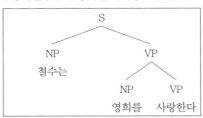

'철수는 영희를 사랑한다'는 문장은 '철수는'과 '영희를 사랑한다'의 두 성분으로 나눌 수 있다. '영희를 사랑한다'는 구는 다시 '영희를'과 '사랑한다'로 분석된다. 이때 '철수는 영희를 사랑한다'의 직접구성성분은 '철수는'과 '영희를 사랑한다'이며 '영희를 사랑한다'의 직접구성성분은 '영희를'과 '사랑한다'가 된다. 이렇게 언어 단위를 나누는 것을 직접구성성분 분석이라 한다. 직접구성성분 분석은 문장이나 단어 등의 구조를 파악하는 데 매우 유용하다.

3.4. 단어 형성법

한 언어의 어휘부를 구성하는 단어들은 새로 만들어지기도 하고 없어지기도 한다. 숫자 백(百)을 뜻하는 '온'이나 천(千)을 뜻하는 '즈믄'은 현재 거의 사용되지 않아 옛말이 되었다. 이렇게 사라지는 단어가 있는 반면에 새로 태어나는 단어들도 많이 있다. 새로운 사물이나 개념이 생기거나 들어오게 되면 이를 담을 형식이 필요하게 된다. 새로 생기는 단어를 신어(新語)라고 하는데 신어는 이미 그 언어의 어휘부에 존재하는 어근이나 접사를 활용하여 만들어지는 것이 일반적이다. 단어가 어근과 어근을 결합하여 만들어지면 합성법이라 하고 어근에 접사가 더해져 만들어지면 파생법이라 한다.

3.4.1. 파생법

파생법에 의하여 만들어진 단어를 파생어라 한다. 파생어는 어근에 접두사나 접미사가 붙어 이루어진다.

> (31) 가. 맨눈, 맨다리, 맨땅, 맨손, 맨주먹, 맨발
>   나. 오줌싸개, 코흘리개, 날개, 덮개, 지우개

(31가)는 어근에 접두사 '맨-'이 붙어 이루어진 파생어이다. 접두사 '맨-'은 뒤에 오는 어근에 따라 '아무것도 쓰지 않은, 아무것도 신지 않은, 아무것도 가지지 않은' 등의 뜻으로 쓰인다. (31나)는 어근에 접미사 '-개'가 결합된 파생어의 예인데 어근의 종류나 의미에 따라 사람을 의미하기도 하고 도구를 뜻하기도 한다. 이렇듯 접사는 어근에 따라 의미가 달라지기도 하고 결합되는 어근이 제한되는 특성을 지니고 있다.

(32) 가. *맨코, *맨눈썹, *맨볼, *맨종아리
　　　나. *집개(→집게), *먼지떨개(→먼지떨이), *옷걸개(→옷걸이)

(32)에서처럼 접두사 '맨-'이나 접미사 '-개'는 모든 어근과 결합할 수 있는 것이 아니라 제한적인 어근하고만 결합하는 경향이 있다.

────〈깊이 알기〉 접두사와 관형사의 구별 ════════

접두사와 관형사는 잘 구별되지 않는 경우가 많다. 관형사는 뒤에 오는 체언에 별다른 제약이 없는 반면 접두사는 결합되는 어근에 제약이 많다. 접두사는 결합되는 어근에 따라 의미가 달라지는 반면 관형사는 의미가 일정한 것이 특징이다.

　(예) 가. 맨 구석, 맨 꼭대기, 맨 가장자리…
　　　 나. 옛 친구, 옛 모습, 옛 추억, 옛 자취…

관형사 '맨'이나 '옛' 등은 의미적인 충돌만 없으면 뒤에 오는 체언에 제약이 없다. 그러나 접두사는 결합되는 어근이 몇 개로 제약적이다. 관형사는 한 단어이므로 띄어쓰기를 하지만 접두사는 단어를 구성하는 내부적인 요소이므로 붙여 쓴다.

════════════════════════

3.4.2. 합성법

실질 형태소인 어근과 어근의 결합으로 이루어지는 합성법에 의하여 만들어진 단어가 합성어이다. 합성어는 직접구성성분이 둘 다 어근 즉 실질 형태소인 단어이다.

(33) 가. 논밭, 강산, 마소
　　　나. 봄비, 보리밥, 산나물

(33가, 나)는 직접구성성분 분석을 했을 때 분석된 직접구성성분이 둘 다 어근이기 때문에 합성어로 볼 수 있다. 어근 간의 의미적 관계

로 보았을 때 (33가)는 두 어근의 관계가 대등적이므로 대등 합성어
이며 (33나)는 두 어근의 관계가 종속적이므로 종속 합성어에 속한
다. 이밖에도 합성어는 합성어 형성의 절차가 한국어의 정상적인 단
어 배열법을 따르고 있는지의 여부에 따라 통사적 합성어와 비통사적
합성어로 나눌 수 있다.

      (34) 가. 큰형, 먹고살다, 집안
          나. 덮밥, 오가다, 부슬비

  (34가)는 '큰 형', '먹고 살다', '집 안' 등의 구 구성과 배열이 같으
므로 통사적 합성어이다. (34나)는 일반적인 구 구성과 배열이 다르
므로 비통사적 합성어로 볼 수 있다.

3.5. 신어의 형성

  '도우미'라는 단어는 1993년 대전 엑스포에서 처음 쓴 말이다. 처음
에 '도우미'라는 단어는 대전 엑스포 행사에서 행사 안내나 진행을 맡
은 자원 봉사자를 이르는 말이었지만 현재는 그 빈도가 높아지면서
그 의미가 확장되었다. 새로운 말의 탄생과 정착이 '도우미'처럼 순조
로운 것만은 아니다. 한 해 동안 수없이 많은 단어가 만들어지지만
그 중 살아남는 말들은 몇 개 되지 않는다.
  인터넷 상의 '홈페이지'를 '누리집'이라는 말로 순화하기도 하는데
'누리'는 '세상'을 예스럽게 이르는 말이며 '집'은 현대 국어에서도 쓰
는 말이다. 그러므로 '누리집'은 세상이라는 뜻의 '누리'와 '집'을 결합
하여 만든 합성어이다. '네티즌'이라는 말은 '누리집'의 '누리'에 사람
을 나타낼 때 쓰는 접미사 '-꾼'을 결합하여 파생어 '누리꾼'으로 대

체할 수 있다. '누리집'과 '누리꾼'은 국어사전에 표제어로 올라 있을 정도로 정착된 말이다. 국립국어원에서는 웹서핑의 순화어로 '누리검색'을, 유비쿼터스의 순화어로는 '두루누리'를 제안하기도 하였다. 신어의 형성은 합성법이나 파생법의 조어법을 통하여 이루어지는데 이때의 재료는 주로 어휘부에 존재하는 어근과 접사가 된다. 신어 형성 과정에서 옛말이 다시 살아나기도 하고 새로운 어근이나 접사가 만들어지기도 한다. '노래방'이라는 단어도 비교적 최근에 만들어진 신어 중 하나이다. '노래방'은 처음에는 '노래'와 '방(房)'이라는 두 어근이 결합된 합성어였을 것이다. 그러나 최근에 '빨래방', '피시방' 등이 생기면서 '-방'이 접미사가 되어가는 과정에 있다. 즉 '방'이라는 원래의 의미와 멀어지면서 '작은 업소나 가게'의 의미를 지니게 되었다.

> (35) 가. 완소(완전 소중), 깜놀(깜짝 놀라다), 지못미(지켜주지 못
>   해서 미안해)
>   나. 아점(아침+점심), 거렁뱅이(거지+비렁뱅이)

신어의 특징 중 하나는 '준말'이나 '줄어든 말'이 많다는 것이다. 특히 최근에는 (35가)의 예처럼 구 단위나 문장 단위의 말이 줄어들어 새로운 단어를 형성하는 경우가 많아졌다. 이러한 준말이나 줄어든 말은 파생법이나 합성법으로 설명하기 어렵다. 신어 중에는 (35나)의 예처럼 혼성(混成, blending)의 방식으로 형성된 것들도 많다. 혼성은 두 단어의 일부를 결합하여 새 단어를 만들어 내는 조어 방식으로 브런치(brunch←breakfast+lunch), 스모그(smog←smoke+fog) 등이 그 예이다. 이러한 방식으로 이루어진 말을 혼성어(blend)라 한다.

◦ 토 론 거 리 ◦

① 다음의 단어들은 하나의 형태가 두 개 이상의 품사의 기능을 하는 경우이다. 용례를 분석하여 이를 어떤 품사로 분류하면 좋을지에 대하여 이야기해 보자.

(예) 오늘, 만일, 학문적, 가까이, 언제, 하나, 이전

② 다음의 문장을 형태소 단위로 나누어 보고 분석의 어려움이 있다면 어떤 것인지 이야기해 보자.

(예) 가. 그는 바닷가에서 나고 자라 어부가 되었다.

나. 그들은 동그란 테이블에 둘러앉아 카드놀이를 즐겼다.

다. 나는 쓰던 작품을 일단락 지었으므로 하루쯤 쉬기로 했다.

③ 다음의 예를 직접구성성분으로 분석해 보자.

(예) 가. 국어국문학과, 콩나물국밥, 휘날리다, 휘말리다, 비논리적, 비생산적, 오르내리다, 돌아가다, 걸음걸이

나. 하얀 예쁜 꽃이 피었다.

다. 저 귀여운 아이가 웃는다.

라. 너마저도 그렇게 생각하는구나.

④ 다음의 단어들이 단일어인지, 합성어인지 파생어인지 아니면 새로운 유형의 단어 형성인지 토론해 보자.

(예) 노래방, 늦더위, 갖신, 풋내기, 도우미, 눈썹, 지붕, 생고기, 고기잡이, 줌마테이너, 정말로

· · · · · ·
더 읽을거리

남기심 외(2006)에서 한국어의 9품사에 어미를 더하여 품사 각론에 대하여 상세하게 베풀어 놓았다. 한국어 품사에 관하여 국립국어원에서 간행한 『새국어생활』에 2001년도 가을부터 명사를 시작으로 2003년도까지 게재한 대명사, 동사, 형용사에 대한 품사 특집도 참고할 만하다. 형태소의 개념과 분석에 관해서 남기심(1983), 고영근(1992) 등을 읽어 볼 것을 권한다. 단어의 정의와 관련하여 조사와 어미를 어떻게 볼 것인가의 문제는 전통문법적 시각으로 서술한 이희승(1975)에서 잘 정리하였고 최근의 학계의 의견에 대한 것은 한정한(2011)을 보기를 권한다. 단어의 구조에 관해서는 최형용(1999)에서 잘 정리해 놓았으니 참조할 일이다.

제6장 음운론 ●━━━━━━

음운론은 언어음에 대한 과학적 분석과 기술을 목표로 하는 언어학의 하위 분야이다. 음운론은 음성학과 음운론의 두 하위 영역으로 구분할 수 있다. 인간의 발성기관을 통해 만들어지는 언어음 하나하나의 생리적, 물리적 특성을 밝히는 것을 목적으로 하는 하위 분야를 음성학이라고 하는데, 한국어의 음성적 특징에 대한 연구는 한국어를 학습하는 외국인에게 한국어를 가르칠 때, 혹은 언어 장애를 가진 이들을 치료할 때 등에 기여할 수 있다.

언어음이 지니고 있는 기능을 바탕으로 개별 언어의 언어음 사이의 관계, 각 언어음의 특성, 언어음의 내부 구조, 언어음의 결합 방식, 언어음의 결합에서 일어나는 다양한 변동과 변이를 다루는 하위 분야가 음운론이다. 이러한 음운론적 연구에서는 특히 언어음의 교체에 대한 연구가 중요한 부분을 차지한다.

결합 환경에 따른 언어음의 교체는 이형태를 만들어 내기 때문에 형태론과 연계되며, 또한 이러한 교체가 단어 형성 과정에서도 일어나기 때문에 단어 형성론과도 밀접한 관련을 가진다.

이러한 이론 언어학적 연구 이외에도, 음성 언어를 문자 언어로 옮기는 규칙을 정할 때에도 음운론은 큰 몫을 한다. 현대 한국어의 맞춤법은 '소리 나는 대로 적되 어법에 맞게 적는' 것을 원칙으로 하고 있는데, 이때의 '어법에 맞게'라는 규정은 형태음소적 원리에 의한 표기를 원칙으로 하는 것을 뜻한다. 이는 단어나 형태소의 이형태 중에서 하나를 대표형으로 정해 표기를 고정하는 방식을 가리키는 것으로 음운론적 분석이 그 바탕이 된다.

1. 음성학과 음운론

1.1. 음성과 음운

일반적으로 인간의 말소리를 음성(音聲, speech sound)이라고 한다. 그런데 이 음성이라는 용어는 언어학의 영역에서는 일상언어와 조금 다른 의미로 사용된다. 조음기관을 통해서 만들어지는 말소리를 가리키는 용어로 사용되기도 하지만, 다른 한편으로는 음운(音韻, phoneme)과 구분되는 특징을 지닌 구체적 발성 단위를 가리키는 데에도 쓰이는 것이다.

음성의 생리적, 물리적 성질을 연구하는 영역을 음성학(音聲學, phonetics)이라고 하는데, 음성학도 다시 몇 개의 하위 분야로 나뉜다. 음성을 만들어 내는 조음기관의 움직임에 초점을 맞추는 분야를 조음음성학(調音音聲學, articulatory phonetics)이라 하고, 음파로서의 말소리를 물리학적으로 연구하는 분야를 음향음성학(音響音聲學, acoustic phonetics)이라 한다. 또 청자의 귀로 들어간 음파가 인식되는 과정을 생리학적으로 연구하는 분야를 청취음성학(聽取音聲學, auditory phonetics)이라 한다.

음운이라는 개념은 기본적으로 개별 언어를 전제로 한다. 즉 음성

중에서 특정한 언어(한국어, 영어, 중국어, 일본어 등)를 사용하는 사람들이 서로 다른 소리라고 인식하는 것을 음운이라고 하고, 음운에 대한 연구를 음운론(音韻論, phonology)이라 한다. 음운론은 개별 언어의 화자들이 인식하는 음운의 목록을 확인하고, 음운 사이의 관계를 분석하며, 음운이 다른 음운과 결합하는 방식과 결합할 때에 일어나는 소리의 변동 등을 다룬다.

1.2. 조음기관

조음기관이란 음성을 만들어 내는 인체의 각 기관들을 가리킨다. 〈그림6-1〉이 그것을 간략히 보인 것이다. 이 중에서 아래턱에 붙어 있는 기관을 아랫조음기관, 그 이외의 부분을 윗조음기관이라고 한다. 이들 윗조음기관과 아랫조음기관이 함께 음성을 만들어 낸다. 그런데 음성을 만들어 내는 과정에서 작용하는 조음기관은 단계별로 다르다.

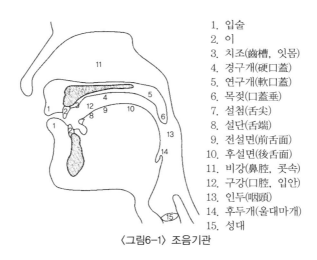

1. 입술
2. 이
3. 치조(齒槽, 잇몸)
4. 경구개(硬口蓋)
5. 연구개(軟口蓋)
6. 목젖(口蓋垂)
7. 설첨(舌尖)
8. 설단(舌端)
9. 전설면(前舌面)
10. 후설면(後舌面)
11. 비강(鼻腔, 콧속)
12. 구강(口腔, 입안)
13. 인두(咽頭)
14. 후두개(울대마개)
15. 성대

〈그림6-1〉 조음기관

1.2.1. 발동부

말소리를 내기 위해서는 공기의 흐름이 필요하다. 인체에서의 공기의 흐름은 내쉬는 숨과 들이쉬는 숨이 있다. 한국어의 발음에 사용되는 것은 내쉬는 숨이지만, 언어에 따라서는 들이쉬는 숨을 이용해서 말소리를 발음하는 경우도 있다. 숨을 내쉬고 들이쉬는 것은 허파의 작용이다. 즉 발성의 첫 단계인 것이다. 허파와 기관지를 거쳐 숨을 내쉬게 되는데, 이를 발동부라고 한다.

1.2.2. 발성부

공기의 흐름만으로는 말소리가 되지 못한다. 공기의 흐름을 막아서 장애가 가해질 때에 비로소 음성이 만들어지는 것이다. 처음 이 역할을 하는 부분이 성대이다. 성대는 좁혀져서 기류를 막으면 성대가 떨리게 되고, 그때 나는 소리를 유성음이라고 한다. 성대가 좁혀지지 않으면 기류가 그대로 성문을 통해 흘러나가게 된다. 이때는 성대가 떨리지 않는다. 이런 음을 무성음이라고 한다.

1.2.3. 조음부

조음부란 소리를 고르는 역할을 하는 조음기관을 가리킨다. 이 조음기관에는 앞에서 설명한 대로 아래턱 부분에 있는 것과 위턱 부분에 있는 것이 있다. 전자를 아랫조음기관이라 하고, 후자를 윗조음기관이라고 하기도 하는데, 아랫조음기관은 상대적으로 자유로이 움직일 수 있지만, 윗조음기관은 움직이지 못한다. 성대를 통해 흘러나온 공기를 조절하여 사람이 구분할 수 있는 음을 만드는 역할을 담당하는 부분이다. 아랫조음기관으로는 혀와 아랫입술이 대표적이고, 이와 잇몸, 입천장 등은 윗조음기관에 속한다.

1.3. 언어음의 생성과 분류

언어음은 성대를 통해 흘러나온 공기를 어떻게 조음기관에서 조절하는가에 따라서 몇 가지 유형으로 나눌 수 있다.

일반적으로 모음을 발음할 때는 성대를 통해 흘러나온 공기를 이용해 입술의 모양과 혀의 위치를 조정하여 다양한 모음을 만들어 낸다(그러나 입술과 혀가 공기의 흐름을 막지는 않는다). 따라서 모음은 입술의 모양과 혀의 위치를 기준으로 유형을 나누는 것이 일반적이다.

이에 비해서 자음을 발음할 때에는 조음에 참여하는 윗조음기관과 아랫조음기관이 완전히 폐쇄되거나 아주 가까워져서 소리를 만들어 낸다. 이러한 자음의 생성 방식은 아주 다양하다. 윗조음기관과 아랫조음기관이 서로 마주 붙었다가 떨어지면서 나는 소리도 있고(파열음), 윗조음기관과 아랫조음기관이 아주 가까워지기는 하지만 완전히 붙지 않은 상태를 유지하면서 그 사이로 공기를 흘려 내보내 소리를 내는 것도 있으며(마찰음), 윗조음기관과 아랫조음기관이 서로 마주 붙었다가 떨어지기는 하되 완전히 멀어지지 않고 아주 좁은 간격을 유지하면서 내는 소리도 있다(파찰음). 이 이외에 입으로 공기를 내보내지 않고 코로 내보내면서 공명을 통해 소리를 내는 경우도 있고(비음), 혀의 양 옆 혹은 혀의 위로 공기를 흘려 내보내면서 내는 경우도 있다(유음). 따라서 자음은 모음과 달리 음을 만들어 내는 방식과 위치에 따라서 분류하는 것이 일반적이다.

┃ 생각 넓히기 ┃

발성에 있어서의 들숨과 날숨

한국어를 비롯한 대부분의 언어에서는 언어음을 발성할 때에 날숨을 이용한다. 즉 숨을 내쉬면서 소리를 내는 것이다. 그러나 아프리카의 일부 언어는 언어음의 발성에 들숨을 이용하는 경우가 있다.

정확히는 숨을 들이쉬면서 발음하는 것이 아니라 윗조음기관과 아랫조음기관을 붙였다가 떼면서 공기를 들이마셔 소리를 내는 것이다. 이러한 방식으로 소리를 내면 대부분 혀를 차는 것과 같은 소리가 난다고 해서 혀차는 소리(click sound)라고도 한다. 이러한 음을 사용하는 언어로는 아프리칸 어인 부쉬맨어(Bushman language)와 꽁옹어(Xóõ)가 대표적이다. 혀차는 소리는 유튜브에서도 확인할 수 있다.

· https://www.youtube.com/watch?v=31zzMb3U0iY
(Xhosa Lesson 2. How to say "click" sounds.)

· https://www.youtube.com/watch?v=c246fZ-7z1w
("Click Language" and the San Bushmen People)

2. 음운 체계

2.1. 음운과 변이음

조음기관을 통해서 만들어지는 언어음은 다양하다. 어떤 언어음은 여러 언어에서 공통적으로 쓰이지만, 특정 언어에서만 쓰이는 언어음도 적지 않다. 한편 사람은 어떤 언어를 모어로 배우는가에 따라서 언어음을 구별하는 능력이 달라지게 된다. 이는 모어로 배우는 언어에서 어떤 음들이 쓰이는지에 따라서 결정된다.

조음기관을 통해 발성되는 언어음 중에서 개별 언어의 화자가 서로 다른 음이라고 인식하는 언어음이 그 언어의 음운이 된다. 따라서 언어별로 존재하는 음운의 목록이 달라지게 된다. 이러한 음운의 특성을 바탕으로 여러 개의 음성이 한 음운으로서의 자격을 가지는가를 검증하게 된다. 예를 들어 '달[月]'과 '탈[假面]'은 그 첫소리 'ㄷ'와 'ㅌ'에 의해 의미가 구분되며 이 때 /ㄷ/와 /ㅌ/는 한국어의 음운이 되는 것이다. 같은 자리에 /ㅋ, ㄴ, ㅁ, ㅂ/가 와서 만들어지는 '칼, 날, 말, 발' 등도 한국어의 독립적 단어가 되므로 /ㅋ, ㄴ, ㅁ, ㅂ/도 한국어의 음운으로서의 자격을 가진다. 이렇게 하나의 음성에 의해 의미가 구분되는 단어의 쌍을 '최소 대립쌍'(最小對立雙, minimal pair)이라 하는데 한 언어의 음운을 판별하는 중요한 방법으로 활용된다.

　한편, 한 언어의 화자가 발성하는 언어음 중에는 서로 비슷하면서도 음성적 특징이나 분포가 다른 음들이 존재한다. 이렇게 음성적으로 유사하면서 분포가 다른 언어음들을 해당 음운의 변이음이라고 한다. 변이음끼리는 단어나 형태소 안에서의 분포가 달라진다. 같은 환경에서 나타나는 경우가 없는 것이다. 예를 들어 '바보'라는 단어 속에는 2개의 'ㅂ'이 들어 있다. 한국인은 이 두 소리를 같은 소리로 인식하지만, 실제로 앞의 'ㅂ'은 성대가 울리지 않는 무성음(無聲音, voiceless sound)이고 뒤의 'ㅂ'은 성대가 울리는 유성음(有聲音, voiced sound)이다. 한국어에서는 유성자음은 모음이나 유성음 사이에서만 나타나고, 무성자음은 그 이외의 위치에서만 나타난다. 이렇게 변이음들이 같은 위치에 나타나지 않는 것을 '상보적 분포'(相補的分布, complementary distribution)를 보인다고 하고 음운을 확인하는 또 하나의 기준이 된다.

개념 정리 변이음, 음운, 이형태, 형태소

> 변이음(變異音, allophone) --- 음운(音韻, phoneme)
> 이형태(異形態, allomorph) --- 형태소(形態素, morpheme)
>
> 음운과 형태소는 구체적인 실체가 아니라 화자의 머릿속에 존재하는 추상적인 요소이다. 다시 말해서 실제 발화에서 실현되는 것은 변이음과 이형태이다. 음운은 변이음들의 집합으로, 형태소는 이형태의 집합으로 정의될 수 있는데 이들의 분포는 상보적이라는 공통점을 갖는다. 음운은 의미를 변별하는 단위이며 형태소는 의미를 가지는 최소의 단위인데 음운 자체는 의미를 갖지 않기 때문에 음운은 언어 단위이기는 하지만 문법 단위로 볼 수 없다. 그러므로 형태소는 가장 작은 문법 단위가 된다. 한 형태소의 이형태들은 음성적인 유사성을 가질 수도 있고 그렇지 않을 수도 있지만 한 음운의 변이음들은 음성적인 유사성을 가진다.

===== ⟨깊이 알기⟩ 문자, 음성, 음운, 형태음소의 표기 =====

 음운론에서는 문자, 음성, 음운을 나타낼 때에 정해진 기호를 사용한다. 문자는 ' '를 이용해서 나타내고, 그것이 음성적으로 발음된 것은 [ ]를 이용하며, 음운을 표시할 때에는 / /를 이용한다. 생성음운론에서는 형태음소를 인정하지 않으므로 정해진 기호가 없는데, 구조주의 음운론에서는 영문자 대문자를 이용한다. 예를 들어 '낟, 낫, 낮, 낯, 낱'을 적을 때에 naT처럼 적어서 말음이 원래 [t]가 아님을 나타내는 것이다. 이는 라틴 문자를 사용하는 언어에 대한 규정이어서 한국어의 경우 발음기호와 어떻게 구분할 것인가 하는 문제가 남아 있다.

2.2. 음운 체계와 음운 구조

 언어음 중에서 조음방법이나 조음위치가 같은 것들은 비슷한 특징을 지니게 된다. 언어음의 변동이나 교체에서 동일한 방식을 보이는 음들이 이러한 경우에 해당한다고 할 수 있다. 이는 이들이 해당 언어 안에서 다른 음운과 맺는 관계가 유사하기 때문이다. 이렇게 언어음들이 다른 음과 맺는 관계를 음운 구조라 하며 그러한 구조의 총체를 음운 체계라 한다.

음운 이론에 따라서 음운 구조를 기술하는 방법이 달라지기도 하는데, 구조주의 음운론에서는 주로 음운 사이의 대립 관계를 통해서 음운 구조를 기술하는 반면, 생성음운론에서는 변별적 자질을 이용해서 음운 사이의 관계를 기술한다.(☞구조주의 음운론에서의 대립 관계를 통한 음운 구조 기술 방법에 대해서는 2.3.의 개념 정리 참고)

┃ 생각 넓히기 ┃

외래어 표기법과 음운 체계

음운은 개별 언어에 따라 다르기 때문에 외국어가 우리말에 들어와 쓰일 때의 표기 방법을 정한 외래어 표기법은 외국어의 음운 체계와 한국어의 음운 체계를 함께 고려해야 하는 경우가 있다. 예를 들어 한국어에는 순치음이 존재하지 않는다. 영어의 /f/, /v/와 같은 음을 한글로 적을 때에 /f/는 'ㅍ'으로, /v/는 'ㅂ'으로 적게 되는 것이다. 또 영어의 /p/와 /b/도 각각 'ㅍ'과 'ㅂ'으로 적게 되는데, 이 때 /p/와 /f/는 'ㅍ'으로, /b/와 /v/를 'ㅂ'으로 적게 되어 원래의 발음과 거리가 생기게 된다. 이러한 원어의 발음과의 괴리를 어떻게 다룰 것인가가 외래어 표기법에서 가장 어려운 문제 중 하나이다.

2.3. 자음 체계

한국어의 자음은 각 자음이 발음되는 조음방법과 조음위치에 따라 구분할 수 있다. 자음은 조음방법에 따라 크게 장애음과 공명음으로 나눌 수 있고, 장애음은 다시 파열음, 마찰음, 파찰음으로, 공명음은 비음과 유음으로 나눌 수 있다. 이러한 자음들을 조음방법과 조음위치에 따라 정리해 보이면 〈표6-1〉과 같다.

〈표6-1〉 한국어의 자음 체계

			양순음	치조음	경구개음	연구개음	성문음
파열음	평 음		ㅂ	ㄷ		ㄱ	
	경 음		ㅃ	ㄸ		ㄲ	
	유기음		ㅍ	ㅌ		ㅋ	
비음			ㅁ	ㄴ		ㅇ	
마찰음	평 음			ㅅ			ㅎ
	경 음			ㅆ			
파찰음	평 음				ㅈ		
	경 음				ㅉ		
	유기음				ㅊ		
유음				ㄹ			

　장애음이란 성대를 통해 나온 공기의 흐름에 일정한 방식으로 흐름에 장애를 주어 소리를 고르는 방식으로 만들어지므로 붙인 명칭이다. 이 중 파열음은 윗조음기관과 아랫조음기관이 서로 마주 붙었다가 떨어지면서 일어나는 공기의 급격한 흐름을 통해 만들어지며, 마찰음은 윗조음기관과 아랫조음기관 사이의 좁은 틈으로 공기가 흐르면서 나는 소리이다. 파찰음은 파열음과 마찰음을 만들어 내는 조음 방법이 거의 동시에 일어나서 만들어지는 음이라고 할 수 있다.

　공명음은 성대를 통해 흘러나온 공기가 구강(口腔, oral cavity) 혹은 비강(鼻腔, nasal cavity) 안에서 울리면서 나는 소리이다. 구강에서 울리는 소리는 공기가 혀의 옆 혹은 위로 흐르면서 소리를 내게 되므로 유음(流音, liquid)이라 하고, 구강 쪽의 조음기관을 막은 상태에서 공기를 코로 보내어 울리게 하여 내는 소리를 비음(鼻音, nasal sound)이라고 한다.

▌생각 넓히기 ▌

성문음 ㅎ의 특성

'ㅎ'(한국어의 음소 /h/)는 음성적으로 다른 자음과 다른 특성을 지니고 있다. 'ㅎ' 다음에 어떤 모음이 오는가에 따라서 조음위치가 바뀌는 것이다. 'ㅜ'([u])나 반모음 [w] 앞에서는 양순마찰음 [ɸ]으로 발음되고, 'ㅣ'([i]) 앞에서는 구개마찰음 [ç]으로 발음되며, 'ㅡ' 앞에서는 후두마찰음 [X]로 발음되는 것이다. 또 모음 사이에서는 약화되기 쉬운 특성을 가지고 있다. '은행, 전화'를 [으냉, 저나]로 발음하는 경우 등이 그 예이다.

개념 정리 상관과 상관속

구조주의 음운론에서는 생성음운론과 달리 음운 사이의 관계를 대립으로 이해한다. 예를 들어 한국어의 자음 'ㅂ-ㅃ-ㅍ', 'ㄷ-ㄸ-ㅌ', 'ㄱ-ㄲ-ㅋ'가 평음, 경음, 유기음의 세 계열의 음운이 대립을 이루는 것으로 보는 것이다. 이들은 경음성(硬音性) 및 유기성(有氣性) 유무에 의해 구분되는 것이어서 유무대립을 이룬다고 하고, 같은 자질에 의한 대립을 보이는 쌍이 둘 이상 존재하므로 비례대립을 이룬다고 한다. 이렇게 유무대립과 비례대립에 의해 이루어지는 자음의 쌍을 상관이라고 하고, 상관을 이루는 쌍이 여럿 있는 경우를 상관속이라고 한다. 또 세 종류의 음운이 상관쌍을 이루므로 한국어의 이러한 자음 사이의 관계를 삼지적 상관속(三枝的相關束)이라고 한다.

유성자음과 무성자음의 대립은 없고, 무성 폐쇄 자음이 삼지적 상관속을 이루는 경우는 드물어서 외국인들이 한국어의 자음을 습득하는 데에 어려움을 느끼는 요소의 하나가 된다.

2.4. 모음 체계

모음은 각 모음이 지니고 있는 음운론적 구조에 따라서 단모음과 중모음으로 구분한다. 단모음은 한 개의 음운이므로 발음할 때 입술의 모양이나 혀의 위치가 바뀌지 않는다. 이에 비해서 중모음은 둘 이상의 음운으로 이루어진 것이어서 입술의 모양이나 혀의 위치가 바뀐다. 현대 한국어의 중모음은 이중모음만 존재한다.

2.4.1. 단모음과 단모음 체계

한국어의 단모음은 혀의 위치와 입술의 모양에 따라 분류한다. 그 기준은 다음과 같다. 혀가 평상시의 위치(말을 하지 않고 숨을 쉴 때의 위치)보다 앞에서 발음하는 모음을 전설모음이라 하고, 뒤에서 발음하는 것을 후설모음이라 한다. 또 혀가 평상시의 위치보다 위로 올라가는지 내려가는지에 따라서 고모음, 중모음, 저모음으로 분류한다. 또 입술의 모양이 평평한 경우를 평순모음, 둥근 경우를 원순모음이라 한다. 일반적으로 현대 한국어의 단모음을 10개로 본다. 이들 10개의 모음을 앞에서 이야기한 분류 방식에 따라 나누어 보면 〈표 6-2〉와 같다.

〈표6-2〉 한국어의 단모음 체계

	전설모음(front vowel)		후설모음(back vowel)	
	평순모음	원순모음	평순모음	원순모음
고모음(high vowel)	ㅣ	ㅟ	ㅡ	ㅜ
중모음(mid vowel)	ㅔ	ㅚ	ㅓ	ㅗ
저모음(low vowel)	ㅐ		ㅏ	

▌생각 넓히기 ▌

한국어 단모음의 표준 발음과 실제 발음

현대 한국어가 10개의 단모음을 가지고 있다고 이야기하지만 실제로 20~30대의 한국인은 이들 모음을 모두 단모음으로 발음하지는 않는 경우가 많다. 전설 원순 모음 'ㅟ'와 'ㅚ'는 표준 발음으로는 [ü], [ö]로 발음하는 것이 원칙이지만, 실제로는 [wi], [wɛ]와 같이 이중모음으로 발음하는 것이다. 또 'ㅔ'와 'ㅐ'를 구분하지 못하는 이들도 적지 않다. 따라서 실제 발음을 바탕으로 하면 현대 한국어의 모음은 최소 7개에서 최대 10개라고 이야기할 수 있다.

2.4.2. 이중모음 체계

한국어의 이중모음은 반모음이 음절핵이 되는 모음의 앞에 오는 상향성 이중모음과 음절핵이 되는 모음의 뒤에 오는 하향성 이중모음이 있다. 한국어의 상향성 이중모음으로는 y계 이중모음과 w계 이중모음이 있다. 하향성 이중모음은 y계 이중모음 'ㅢ(iy)'만 존재한다.

▌ 생각 넓히기 ▐

반모음과 반자음

현대 한국어의 상향성 이중모음을 이루는 반모음 중에서 y에 대해서는 음운론적인 해석에 견해의 차이가 있다. 반모음이 아니라 반자음으로 보는 것이 낫지 않은가 하는 것이다. '되어~되여'의 교체를 모음의 연결을 피하기 위해 y를 삽입한 것으로 설명하는 경우가 그러한 예이다. 그러나 음성적으로 y는 모음에 가깝기 때문에 일반적인 견해는 아니라고 할 수 있다.

2.5. 운소 체계

운소란 분절음(分節音, segment)이 아닌 고저, 강약, 장단 등 운율적 요소가 분절음처럼 단어 혹은 형태소의 의미를 구분하는 데에 관여하는 요소를 가리킨다. 현대 한국어의 중앙어에서는 장단만 그러한 기능을 가진다. '밤[夜]/밤[栗]', '눈[目]/눈[雪]' 등이 그 예이다. 또 현대 한국어에서 단어 혹은 형태소의 의미 변별에 관여하는 장단은 제1음절에서만 실현된다. 원래 음장(音長, length)을 가지고 있는 단어도 합성어 혹은 파생어가 되어 2음절 이하에 위치하게 되면 음장이 실현되지 않는다. 즉 단음절 '밤[栗], 눈[雪]'은 [밤:], [눈:]으로 발음되지만, '군밤, 첫눈'처럼 접두사가 붙어 파생어가 되면 그냥 [군밤], [천눈]으로 발음된다. 음장이 실현되지 않는 것이다.

한편 고저는 소리의 높낮이로 단어의 뜻을 구분한다. 고저 운소는 다시 성조와 악센트로 구분하는데, 성조와 악센트의 구분은 한 단어 안에서 고조의 실현이 자유로운가 그렇지 않은가를 기준으로 삼는다. 즉 고조가 몇 개 이상 연속해서 실현되지 못한다든가, 한 번 저조가 실현되면 다시 고조가 실현될 수 없다든가 하는 제약이 있는 경우는 악센트로, 그렇지 않은 경우는 성조로 구분하는 것이다. 중국어가 성조 언어의 대표적인 예이고, 일본어가 고저 악센트 언어의 대표적인 예이다.

음운론적으로 의미의 변별을 가져오는 요소로서의 운소 이외에, 문장 단위에 얹히는 억양(抑揚, intonation)이 있다. 한국어는 특히 이 억양에 의해서 문장의 종류가 구분되는 경우가 적지 않다. 즉 '집에 가'라는 동일한 요소로 구성된 문장이 억양에 따라서 평서문, 의문문, 명령문 등으로 해석될 수 있는 것이다.

3. 음운론적 자질

언어음은 여러 가지 특징을 지니고 있다. 이러한 언어음의 특징을 유형별로 나누고, 그러한 특징을 지니게 되는 까닭과 각각의 특징이 구체적으로 어떻게 언어음의 인식이나 변이에 관여하는가를 설명하는 데에 사용되는 개념이 자질(資質, feature)이다. 형태론이나 통사론에서 사용하는 문법적 자질이나 의미론에서 사용하는 의미자질과 구분하기 위해서, 음운론적 자질이라는 용어를 사용하기도 한다.

음운론적 자질에는 조음방법이나 조음위치 등의 조음음성학적인 것이 많지만 경우에 따라서는 언어음의 물리적 특성을 바탕으로 한 음향음성학적 자질이 음운 현상을 기술하는 데에 유용한 경우도 있다.

3.1. 변별적 자질

어떤 언어음을 다른 언어음과 구분되게 하는 음성적 특징은 언어에 따라서 다르다. 예를 들어 한국어의 '바보'라는 단어에 나타나는 'ㅂ'은 각각 [p], [b]로 소리나는 것이지만, 한국 사람은 그것을 구분하지 못한다. '유성성[±voiced]'이라는 음운론적 자질은 한국어를 모어로 하는 사람들이 소리의 차이를 인식하고 단어의 의미를 구분하는 데에 관여하지 않기 때문에 비관여적이라고 한다. 이에 비해서 '달, 딸, 탈'이라는 단어에서 나타나는 'ㄷ, ㄸ, ㅌ'의 [t], [t'], [tʰ]라는 소리는 한국인이라면 분명히 다른 소리로 인식하고, '달, 딸, 탈'처럼 그 소리들이 포함된 언어 구성의 의미 차이를 구분한다. [t]와 [tʰ]는 '유기성[±aspiration]'의 차이에 따라서, [t]와 [t']는 '경음성[±glotalization]'의 차이에 의해서 구분하는 것이다. 이렇게 언어음이 지니고 있는 여러 가지 음성적 특징 중에서 개별 언어의 화자가 별개의 소리로 인식하는 데에 관여하는 자질을 '변별적 자질'(distinctive feature)이라고 한다.

이와는 달리 앞에서 비관여적이라고 했던 '유성성'이라는 자질은 한국어에서는 언어음의 차이를 가져오지 못하는 비변별적 자질이 되는데, 이를 '잉여 자질(剩餘資質, redundant feature)'이라고도 한다.

개념 정리 '변별'과 '대립'

변별이라는 용어와 대립이라는 용어는 일반적으로는 전혀 다른 의미로 쓰이지만, 음운론에서는 서로 상통해 쓰일 수 있다. 예를 들어서 /t(ㄷ)/, /tʰ(ㅌ)/는 한국어에서는 변별적 언어음이라고도 할 수 있고 대립적 언어음이라고도 할 수 있는 것이다.

3.2. 대분류 자질

언어음은 그것이 지니고 있는 음성적 특징에 따라서 크게 몇 가지 부류로 나눌 수 있다. 생성음운론에서는 SPE(*Sound Pattern of English*) 이래 언어음을 모음(vowel), 자음(consonant), 활음(glide), 유음(liquid) 으로 구분했는데, 이 4가지 유형의 음성을 구분하는 데에 이용되는 자질을 대분류 자질(major feature) 혹은 주요 분류 자질이라고 한다. [±모음성(vocalic)], [±자음성(consonantal)]이라는 두 자질이 이들을 분류하는 데에 활용된다. 모음은 [+vocalic, −consonantal]로 구성 되고, 자음은 [−vocalic, +consonantal]로 구성되며, 활음은 [−vocalic, −consonantal], 유음은 [+vocalic, +consonantal]로 구성된다.

═══〈깊이 알기〉'성절성' 자질에 대하여 ═══

언어에 따라서는 대분류 자질로 '모음성' 대신에 '성절성(成節性), [±syllabic]' 자 질을 포함하기도 한다. '성절성'이란 간단히 말해서 음절을 이루는 기능을 가지는 가의 여부를 가리킨다. 한국어에서는 모음 이외의 언어음이 음절을 이루지 못하 지만 영어 등에서는 'm, n, l, ng' 등의 공명성 자음이 음절을 이루는 경우도 있 다. 예를 들어 영어의 button, jungle은 각각 그 발음이 [bʌtn], [ʤʌŋgl]로 두 번 째 음절에는 모음이 없다. 'tn'의 'n', 'gl'의 'l'이 음절을 이룰 수 있기 때문이다. 그런데 한국인은 이 두 단어의 발음을 한글로 적을 때 각각 '버튼, 정글'로 적게 된다. 한국어의 자음 /ㄴ, ㄹ/은 음절을 이루지 못하기 때문에 모음 /ㅡ/를 삽입 하는 것이다. 이렇게 공명성 자음이 음절을 이루는 기능을 가지는지 그렇지 않은 지를 구분하기 위하여 도입하는 자질이 '성절성'이다.

3.3. 자음 분류 자질

자음 분류 자질은 크게 조음위치 자질과 조음방법 자질의 두 가지 로 나눌 수 있다.

3.3.1. 조음위치 자질

한국어 자음은 크게 구강음, 비음, 유음의 세 부류로 나뉘는데, 구강음과 비음의 조음위치는 '양순, 치조, 경구개, 연구개, 성문'의 다섯 가지로 구분할 수 있다. 그런데 성문음에 해당하는 /ㅎ[h]/는 일반적으로 그 다음에 오는 모음에 따라 발음되는 위치가 바뀐다. 따라서 한국어 자음의 조음위치는 '양순, 치조, 경구개, 연구개'의 네 가지가 된다. 이러한 네 가지 조음위치를 구분하는 데에 필요한 자질이 '전방성(前方性)[±anterior]'과 '설정성(舌頂性)[±coronal]'이다. 전방성이란 조음위치가 치조 및 그 앞인 경우를 가리키며, 설정성이란 혀가 숨을 쉴 때의 혀의 위치보다 위로 올라가는 경우를 가리킨다. 이 두 자질을 이용해서 각 조음위치의 자음을 표시해 보면 다음 〈표6-3〉과 같다.

〈표6-3〉 순수자음의 전방성과 설정성 자질 분류

	양순음	치조음	경구개음	연구개음
전방성	+	+	−	−
설정성	−	+	+	−

═══〈깊이 알기〉'변음성' 자질에 대하여 ═══

한국어 자음의 분류에 사용되는 자질로 앞에서 설명한 것 이외에 '변음성(邊音性, [±grave]' 자질을 이용하는 경우도 있다. 한국어에서 [+변음성] 자음은 양순음과 연구개음을 가리킨다. '변음성'이라는 이름은 이들 두 부류의 음을 발음할 때 구강의 양 끝에서 음의 장애가 일어나고, 그 결과 성대를 통해 나온 공기가 상대적으로 긴 공간을 이동하게 되기 때문에 음향적으로 무거운(진폭이 큰) 특성을 지니게 되기 때문에 붙은 것이다. 이 '변음성' 자질은 특히 한국어에서 양순음 계열의 자음과 연구개음 계열의 교체를 설명하는 데에 유용하다. 이병근(1976)에서 '새우'의 방언형 '새갱이, 새뱅이'에 나타나는 'ㅂ'과 'ㄱ'의 교체를 설명하는 데에 이 변음성 자질을 이용한 것이 한 예가 된다.

3.3.2. 조음방법 자질

조음방법 자질은 성대를 통해 흘러나온 공기에 어떤 방식으로 장애를 가하는가에 따라 음운론적 특성이 달라지는 자음의 속성과 관련된 것이다.

'공명성[±sonorant]'은 성대의 울림과 조음기관 안에서의 공기의 울림을 가져오는가 그렇지 않은가에 따라서 구분하는 것이며 자음을 장애음과 공명음(비음, 유음)으로 구분하는 기준이 된다.

장애음인 파열음, 마찰음, 파찰음을 구분하는 데에는 '지속성[±continuant]'과 '소음성[±strident]'이라는 자질이 이용된다. 마찰음은 발음할 때에 공기의 흐름을 막지 않고 계속 흘려 내보내기 때문에 [+지속성]을 가지게 되고, 파열음, 파찰음은 공기의 흐름이 중단되기 때문에 [−지속성] 자질을 가지게 된다. '소음성'이란 좁은 틈으로 공기가 흘러 나가면서 소리가 날카로워지는 것을 가리키는데, [−지속성] 자질을 공유하는 파열음과 파찰음을 구분하는 데에 필요한 자질이다.

마지막으로 한국어의 자음 중 평음, 경음, 유기음을 구분하는 데에 필요한 자질이 '긴장성[±tense]'와 '유기성[±aspirate]' 자질이다. 경음은 [+긴장성]을 가지며 유기음은 [+유기성] 자질을 지닌다.

3.4. 모음 분류 자질

모음 분류 자질은 모음을 구분하는 기준과 밀접한 관계를 가진다. 혀의 위치와 관련해서는 '후설성[±back]', '고설성[±high]', '저설성[±low]'이 있고 입술의 모양과 관련해서는 '원순성[±round]' 자질이 있다.

후설성을 가지는 모음은 'ㅡ, ㅓ, ㅏ, ㅜ, ㅗ'이고 고설성을 가지는 모음은 'ㅣ, ㅟ, ㅡ, ㅜ', 저설성을 가지는 모음은 'ㅐ, ㅏ'이며 원순성을 가지는 모음은 'ㅟ, ㅚ, ㅜ, ㅗ'이다.

　이를 바탕으로 현대 한국어 모음의 자질을 표로 제시하면 다음 〈표6-4〉와 같다.

〈표6-4〉 한국어 단모음의 자질

	ㅣ	ㅔ	ㅐ	ㅟ	ㅚ	ㅡ	ㅓ	ㅏ	ㅜ	ㅗ
후설성	−	−	−	−	−	+	+	+	+	+
고설성	+	−	−	+	−	+	−	−	+	−
저설성	−	−	+	−	−	−	−	+	−	−
원순성	−	−	−	+	+	−	−	−	+	+

　한편 반모음은 모음과 음성적 특성이 유사하기 때문에 모음의 분류에 활용되는 자질을 그대로 적용할 수 있다. 반모음이 지니고 있는 자질을 표로 나타내면 다음 〈표6-5〉와 같다.

〈표6-5〉 한국어 반모음의 자질

	자음성	모음성	고설성	저설성	후설성	원순성
y	−	−	+	−	−	−
w	−	−	+	−	+	+

4. 음운 과정과 음운 현상

4.1. 기저형과 표면형

　생성문법에서는 통사부에서 만들어진 문장이 음운부를 거쳐 소리로 발성되는 것으로 본다. 통사부의 출력이 음운부의 입력이 될 때,

각 문장을 이루는 단어 및 형태소는 어휘부에 저장된 형태로 통사부에서 만들어진 문장의 각 위치에 삽입되는데(어휘삽입규칙), 이렇게 어휘부에 저장된 단어 및 형태소가 지니고 있는 형태를 기저형이라고 한다. 각 단어 및 형태소의 기저형이 음운부를 거치면서 우리가 귀로 듣는 음성형으로 발화되는 모습, 즉 표면형으로 바뀌게 된다. 이렇게 음운부는 기저형에서 표면형에 이르는 과정을 담당하는 영역인데, 기저형이 음성형으로 바뀌는 중에는 여러가지 음의 변동이 일어난다. 생성음운론에서는 기저형에서 음성형의 도출에 이르기까지의 과정을 통틀어 음운 과정이라고 한다. 이 음운 과정을 거치면서 기저형이 표면형으로 바뀌게 되는 것이다.

==== 〈깊이 알기〉 기저형의 설정 원리 ====

　음운론에서의 기저형은 형태론에서의 기본 형태와 밀접한 관련을 가지고 있다. 기본 형태란 이형태 중 대표가 되는 형태를 가리키는데, 이형태를 설명하기 쉬운 형태를 택하는 것이 일반적이다. 음운론에서의 기저형의 설정시 표면형을 도출하기 쉬운 것을 기저형으로 삼는 것과 마찬가지이다. 초창기의 생성음운론에서는 실제 음성적으로 실현되지 않는 형태를 기저형으로 삼기도 했는데, 이를 추상적 기저형이라고 하였다.

4.2. 음운 과정과 음운 규칙

　음운 과정은 음운의 대치, 탈락, 첨가, 축약 등 언어음의 변동을 일으키는 규칙, 즉 음운 규칙이 적용되는 과정이다. 이러한 음운의 대치, 탈락, 첨가, 축약 등을 가리켜 음운 현상이라 하고, 이러한 음운 현상을 형식적으로 표현하는 것이 음운 규칙이다. 따라서 음운 과정은 음운 현상을 가져오는 음운 규칙의 집합체라고 할 수 있다.

　대치는 한 음운이 다른 음운으로 바뀌는 것을, 탈락은 한 음운이 없어지는 현상을, 첨가는 새로운 음운이 추가되는 것을, 축약은 두 음운이 합해서 제삼의 음운으로 바뀌는 현상을 가리킨다.

대치의 가장 일반적인 예로는 자음 동화를 들 수 있다. 한국인이라면 '사각+모자'는 반드시 [사강모자]로 발음하는데, 'ㄱ'이 'ㅇ[ŋ]'으로 대치된 것이다. 물론 이러한 대치는 한국어에서는 비자음 앞에 순수 자음이 올 수 없다는 제약(制約, constraint)이 있기 때문에 발생하는 것인데, 음운의 결합에 가해지는 제약이라고 해서 음운연결제약(音韻連結制約, phonotactic constraint)라고 부르기도 한다.

탈락의 예로는 용언 어간말의 'ㄹ'이 'ㄴ' 앞에서 탈락하는 것이 대표적이다. 즉 '(밭을) 갈-'의 'ㄹ'이 관형형 어미 '-는' 앞에서 탈락하는 것이다. 통시적으로는 체언의 'ㄹ'도 'ㄴ' 앞에서 탈락하는 변화를 겪었지만(소나무, 따님), 현대 한국어에서 새로 만들어진 합성어에서는 탈락하지 않는다(별님, 달님).

4.3. 음성적 변이와 음운 교체

음운 과정을 이루는 음의 변동 중에는 해당 언어의 화자들이 서로 다른 음이라고 인식하는 음 사이의 변동과 해당 언어의 화자들이 서로 다른 음이라고 인식하지 못하는 음 사이의 변동 두 가지가 있다.

해당 언어의 화자가 서로 다른 음이라고 인식하는 음 사이의 변동을 음운 교체라 하며 서로 다른 음이라고 인식하지 못하는 음 사이의 변동을 음성적 변이라 한다. 음운 교체는 결국 음운 사이의 교체를 가리키는 것이고 음성적 변이는 변이음의 교체를 가리키는 것이다.

개념 정리 음운 규칙과 자연 부류

　음운 규칙은 앞에서 설명한 변별적 자질을 이용해서 기술하게 된다. '밥+물 → [밤물], 맏+며느리 → [만며느리], 사각+모자 → [사강모자]' 등에서 나타나는 음운 현상을 일반적으로 자음 동화라고 하는데, /ㅂ~ㅁ, ㄷ~ㄴ, ㄱ~ㅇ/의 교체는 이들 자음이 지니고 있는 자질 부류로 묶을 수 있다. 즉 /ㅂ, ㄷ, ㄱ/는 모두 순수자음(장애음)이며 /ㅁ, ㄴ, ㅇ/은 모두 비자음(비음)이다. 따라서 예의 음운 현상은 순수자음이 비자음 앞에서 비자음으로 바뀌는 현상이라고 설명할 수 있는 것이다. 이때 동화를 가져오는 원인과 결과는 모두 [+nasal]이라는 자질로 설명할 수 있다. 한편 /ㅂ~ㅁ, ㄷ~ㄴ, ㄱ~ㅇ/은 각각의 쌍이 모두 같은 조음위치에서 발음된다. 이렇게 어떤 음운 현상에서 동일한 자질을 공유하는 부류를 자연 부류(natural class)라고 한다.

4.4. 음운 규칙의 두 유형

　기저형이 표면형으로 도출되는 과정에서 나타나는 언어음의 변동에 관여하는 일련의 규칙을 음운 규칙이라 한다. 이들 음운 규칙에는 음운 현상이 일어날 수 있는 조건이 갖추어지면 필수적으로 일어나는 것과 음운 현상이 일어날 수 있는 조건이 갖추어졌더라도 그러한 음운 현상이 일어나기도 하고 그렇지 않은 경우도 있는 두 가지 유형이 있다. 전자를 필수적 음운 현상이라고 하고 후자를 수의적 음운 현상이라고 한다.

===== 〈깊이 알기〉 비음절화를 통해서 본 음운 규칙의 수의성과 필수성 =====

　음운 규칙에는 필수적인 것이 있는가 하면 수의적인 것도 있다. 현대 한국어의 원순성 반모음화 중에는 '보+아서 → 보아서~봐:서'와 같이 반모음화가 일어나기도 하고 일어나지 않기도 하는 경우가 있는가 하면, '배우+어서 → 배워서'와 같이 반드시 일어나는 경우가 있는 것이 그 한 예다. 어떤 음운 현상이 필수적인 것인지 수의적인 것인지를 결정하는 것은 일반적으로 해당 언어에서 어떤 음운의 배열을 허용하지 않는 경우(음운연결제약)를 반영한 것이 대부분이지만, 교착어라는 한국어의 특성상 통시적 변화의 결과가 고착되어 일어나는 것도 있다. 예로 든 현대 한국어에서의 반모음화나 모음 탈락과 같은 비음절화(非音節化)는 통시적 변화의 결과에서 온 음운 규칙의 필수성을 보여주는 좋은 예가 된다.

4.5. 음운 현상과 형태론적 교체

음운 현상은 어떤 단어 혹은 형태소의 모습을 바꾸어 놓는다. 이렇게 하나의 형태소가 여러 모습을 가지게 되는 것을 형태소의 교체라한다. 이러한 형태소의 교체에는 자동적 교체와 비자동적 교체가 있는데, 자동적 교체는 교체를 가져오는 음운 현상이 해당 언어의 음운구조상 반드시 필요할 때에 일어나고 비자동적 교체는 해당 언어의음운 구조상 반드시 필요한 것이 아닌 데에도 교체가 일어나는 것을가리킨다. 이른바 불규칙 활용이라고 지칭하는 음운 현상은 비자동적교체의 대표적인 예라고 할 수 있다.

개념 정리   불규칙 교체와 비자동적 교체

음운 현상을 통해 일어나는 교체 중에서 불규칙 교체와 비자동적 교체를 혼동하는 경우가 많다. 그러나 불규칙 교체와 비자동적 교체는 전혀 다른 개념이다.

불규칙 교체는 해당 언어의 일반적 교체와는 다른 양상을 보이는 것을 가리킨다. 앞에서 이야기한 불규칙 활용의 경우가 그 대표적인 예이다. '굽다'라는 동일한 어간형을 가진 두 동사 '(등이) 굽-(曲)'과 '(고기를) 굽-'의 활용이 좋은 예다. '(등이) 굽-(曲)'은 '굽고, 굽으니, 굽어'와 같이 활용하는데 비해 '(고기를) 굽-'이라는 동사는 '굽고, 구우니, 구워'로 활용한다. 몇몇 용언의 활용형에서 'ㅂ'이 반모음이 되는 현상을 보이는 것인데, 이는 역사적으로 순경음비읍(ㅸ)을 어말음으로 가지고 있었던 용언류에서만 나타난다.

비자동적 교체는 교체가 일어나지 않은 형태가 해당 언어에서 허용되는데도 일어나는 것을 가리킨다. 현대 한국어에서 용언 어간 말음이 'ㄴ, ㅁ'일 때에 자음으로 시작되는 어미와 결합하는 경우에 어미의 첫소리는 경음이 된다. 즉 '(신을) 신-' '(머리를) 감-'은 어미 '-고, -다'와 결합하면 [신꼬, 감꼬], [신따, 감따]로 발음된다. 그러나 현대 한국어에서 명사 '신(履)' '감(柿)'은 자음으로 시작되는 조사 '과'와 결합할 때 [신과, 감과]로 발음된다. 어간말음 'ㄴ, ㅁ' 다음에 평음이 올 수 있고 경음으로 발음될 어떤 이유도 없기 때문이다. 따라서 용언의 활용에서 나타나는 어미 첫소리의 경음화는 비자동적 교체가 된다. 그러나 예로 든 용언 활용에서 [신꼬, 감꼬], [신따, 감따]로 발음되는 것은 언제나 그렇게 발음되기 때문에 규칙적 교체이다. 즉 비자동적 교체이지만 규칙적 교체인 것이다.

◈ 토 론 거 리 ◈

① 출신 지역이 다른 학생들의 단모음 체계가 어떻게 다른지를 비교해 보고 어떤 과정을 거쳐서 방언마다 다른 단모음 체계를 가지게 되었는지를 이야기해 보자.

② 한국 사람은 영어의 'thank you'를 '땡큐'라고도 하고 '쌩큐'라고도 한다. 이렇게 발음되는 까닭을 영어의 음운 체계와 한국어의 음운 체계에 비추어 생각해 보자.

③ 맞춤법의 불규칙 활용에 대한 기술 중에서 자동적 교체에 속하는 것과 비자동적 교체에 속하는 것을 구분해 보자.

④ 한국어의 모음 중에서 외국인들이 발음하기 어려워하는 모음이 학습자의 모어에 따라 어떻게 달라지는지를 알아 보자.

더 읽을거리

음성학의 기초를 익히기 위해 Ladefoged(2005)를, 한국어 음성학에 대해서는 이호영(1996), 신지영(2011)을 참고할 수 있다. 한국어의 발음에 대해서는 이진호(2012), 배주채(2013)을, 음성의 전사에 사용되는 국제음성부호에 대해서는 유필재(2005)를 참고할 수 있다. 음운론의 기초는 Hayes(2009)가 도움이 되며 한국어 음운론은 강옥미(2011), 구현옥(2012), 배주채(2011), 백두현·이미향·안미애(2003), 이기문·김진우·이상억(2000), 최명옥(2004), 허웅(1985) 등의 개설서가 도움이 된다. 정연찬(1997)은 생성음운론 이전의 구조음운론을 이해하는 데에 도움이 된다.

특별히 음향음성학에 관심이 있는 경우 박한상 역(2006)과 Ladefoged(2003)을 참고할 수 있다. 최신 생성음운론 이론을 접하고 싶다면 허용·김선정 역(2005)를 참고할 수 있으며, 최적성이론에 대해서는 Kager(1999)가 참고된다.

한국어의 음운 현상에 대한 연구로는 이병근(1979)를, 방언에서의 음운 현상에 대한 연구로는 이승재(2004)가 도움이 되며, 한국어의 형태음운론적 연구로는 송철의(2008)을 참조할 수 있다. 이 이외에 음운론에 대한 주요 논문 모음으로 이병근·송철의 편(1998)을 참조할 수 있다.

제7장 통사론(Ⅱ) – 문법 범주

▸ 이 장에서 다루는 문제

· 한국어에서 문법 범주로 드러나는 문법적인 관념은 어떠한 것들이 있을까?
· 한국어의 문법 범주를 실현하는 수단은 어떤 것들이 있으며, 그것들은 어떠한 특성을 갖는 것일까?
· 한국어의 문법 범주를 통해서, 말하는 사람의 어떠한 태도나 생각이 드러나게 되는 것일까?

우리가 어떤 생각을 문장으로 표현하고자 할 때, 문장의 내용을 구성하는 명제 외에, 말하는 사람이 그 문장의 명제가 가진 사실이나 개연성 따위에 대해 어떤 태도를 지니는가가 함께 드러난다. 뿐만 아니라, 말을 나누고 있는 상대방에 대한 높임의 대우 방식 역시 다양한 방식으로 표현된다. 이러한 말하는 사람의 태도를 표현하는 문법 형식과 그들이 모여서 이루는 여러 의미들을 문법 범주라고 부른다.

이 장에서는 한국어의 문법 범주에는 어떤 것들이 있으며, 이들의 표현 방법과 특성은 무엇인지를 살펴보기로 한다.

한국어의 주요한 문법 범주로는 피동과 사동, 높임법, 시제, 부정, 서법 등이 있는데, 이를 표현하는 수단은 굴절 접사인 어미나 보조 동사들로 이들의 형태와 기능에 대한 것은 형태론에서도 매우 중요하게 다루어진다. 그러므로 문법 범주는 단지 통사론에서만이 아니라 형태론과도 매우 밀접한 관련성을 지닌다.

1. 문법 범주의 정의와 표지

1.1. 문법 범주의 정의

어떤 문법적 관념(뜻)을 나타내기 위해서 형태론적, 통사론적인 층위의 여러 가지의 다양한 문법 형식들이 하나의 계열(체계)을 이루면서 문장에 쓰여 특별한 의미를 구분하는 데에 쓰일 때, 이것을 '문법 범주'(grammatical category)라고 부른다. '범주'라는 말은 대체로 어떤 대상을 특성에 따라서 구분했을 때 갈라진 하나하나의 부분을 가리킨다.

예컨대, 단어들을 일정한 문법적 특성에 따라 갈라낸 품사들, 즉 '체언, 용언, 수식언' 또는 '명사, 동사, 형용사, 관형사, 부사' 따위가 그러한 범주의 한 갈래이기도 하며, 체언을 다시 단수형과 복수형으로 구분하는 것도 하나의 범주로 삼아 '수'(數, number)라고 부를 수 있는 것이다. 영어에서는 book과 books, child와 children에서 보는 바와 같이 단수와 복수가 형태적으로 구별되므로 영어에는 '수'라는 문법 범주가 있다고 말할 수 있지만, 한국어에서는 '사람'이라고 할 때 한 사람을 가리킬 수도 있고 여러 사람을 가리킬 수도 있으므로, 한국어에는 '수'라는 문법 범주가 없다고 하게 된다.

다시 말해서 문법 범주란 여러 다른 형태에 의해서 실현되는 문법적 관념을 언중이 하나의 뜻의 묶음으로서 인식하고 있음을 나타내고자 하는 개념이다. 대표적인 문법 범주로는 '성'(性 gender), '수'(數, number), '격'(格, case), '인칭'(人稱, person)을 비롯하여, '시제'(時制, tense) 또는 '시상'(時相, tense-aspect), '피동'(被動, passive)이나 '사동'(使動, causative)과 같은 '태'(態, voice), '서법'(敍法, mood) 그리고 '비교'(比較, comparison) 등이 언어학에서 자주 다루어진다.

이론적으로는 모든 언어에 문법 범주가 동일하게 설정될 수 있겠지만 실제로 실현되는 문법 범주의 유형이나 구분, 실현 방식은 언어에 따라 상당히 다르다.

1.2. 한국어의 문법 범주와 그 표현 수단

많은 언어들에서 문법 범주는 대체로 특정한 형태를 통해서 실현되기 때문에, 어떤 언어에 어느 문법 범주가 있다고 하는 것은 그러한 문법 범주를 실현시키기 위한 수단으로서 형태, 즉 굴절 접사가 쓰이고 있음을 뜻한다.(☞접사에 대해서는 제5장 3.4절 '단어 형성법' 참고)

한국어의 통사론적 연구에서 대체적으로 공통적으로 언급되는 문법 범주는, 아래의 예에서와 같이, 굴절 접사 즉 어미의 위치나 기능에 따라서 기술되는 것이 일반적이다.

> (1) 가. 친구가 온다 – 아버지 친구가 오신다 (주체 높임법)
>   나. 먹습니다 – 먹으오 – 먹네 – 먹는다 (상대 높임법)
>   다. 친구에게 주다 – 선생님께 드리다 (객체 높임법)
> (2) 가. 앉습니다 – 앉습니까 – 앉읍시다 – 앉으십시오 (서법, 의향법)
>   나. 눈이 온다 – 눈이 오는군 – 눈이 오네 (양태법)
> (3) 가. 비가 온다 – 비가 오겠다 (추측법)
>   나. 밥을 먹는다 – 밥을 먹었다 (시제법)

한편, 한국어의 문법 범주는 굴절 접사가 아니라, 부사나 보조 용언 등의 다른 수단에 의해서 표현되기도 한다.

(4) 가. 먹다 − 먹<u>게 하</u>다 (사동법)

　　 나. 접다 − 접<u>어지</u>다 (피동법)

(5) 가. 가다 − {<u>안 / 못</u>} 가다 (부정법)

　　 나. 가다 − 가<u>지</u> {<u>아니하다</u> / <u>않다</u> / <u>못하다</u>} (부정법)

이와 같이 한국어의 문법 범주는 단순히 어떤 특별한 어미 즉 굴절 접사로만이 아니라, 부사와 같은 어휘 구성이나 보조 동사와 같은 통사적 구성 등 다양한 방식에 의해서 실현된다.

2. 사동과 피동의 문법 범주: 사동법과 피동법

2.1. 사동과 피동

문장의 서술어(특히 동사)에 의해서 주어와 다른 체언으로 표시되는 행위 참여자 사이의 관계를 나타내는 것을 '태'(態, voice)라고 부른다. 한국어에서는 주로 능동태, 사동태, 피동태의 구별이 사용된다.

사동(使動)은 남으로 하여금 어떤 동작이나 행위를 하게 하는 것이며 이러한 사동의 표현법을 사동법(使動法)이라 한다. 반면, 어떤 동작이나 행위를 남이 시켜서가 아니라 자기 스스로(자발적으로) 행하는 것을 주동(主動)이라 하여 대립적으로 구별한다.

(6) 가. 언니가 동생을 <u>울리다</u>. (사동문)

　　 나. 동생이 <u>울다</u>. (주동문)

(6가)와 (6나)의 동생은 모두 우는 행위를 하고 있지만, (6가)는 '언니'를 주어로 한 사동문으로 구성되어, 동생이 우는 것은 언니가 시키

거나 강제로 울도록 한 것임에 비해, (6나)에서는 동생이 주어가 되어 우는 행위가 누군가의 강제에 의한 것이 아니라 동생 스스로 한 것임을 나타내는 주동문을 이루고 있다.

한편, 피동(被動)은 어떤 행위나 동작이, 주어로 나타나는 인물이나 사물이 제 힘으로 하는 행위가 아니라, 남의 힘으로 이루어지는 행위임을 나타내는 것이며, 이러한 피동의 표현법을 피동법(被動法)이라 한다. 반면, 남의 동작이나 행위를 입어서 되는 것이 아니라 자신의 힘으로 행하는 행위나 동작을 능동(能動)이라 하여 대립적으로 구별한다.

> (7) 가. 강도가 경찰관에게 잡히다. (피동문)
>   나. 경찰관이 강도를 잡다. (능동문)

(7가)와 (7나)의 '강도'는 모두 스스로의 힘으로 잡힌 것이 아니라 경찰관의 행위의 결과로 말미암는다. 이를 (7가)에서는 '강도'를 주어로 한 피동문 형식을 통해서 강도가 경찰관의 힘에 의존하여 잡히는 행위를 나타내는 데 비해, (7나)에서는 경찰관을 주어로 함으로써 그 '잡는' 행위가 다른 사람의 힘에 의해서가 아니라 경찰관 스스로의 힘에 의한 것임을 나타내는 능동문을 이루고 있다.

2.2. 사동과 피동의 표현 수단

한국어의 사동법과 피동법은 공통적으로 대체로 세 가지의 방법, 즉 사동사나 피동사를 이용하는 방법과, 보조 동사 구문을 사용하는 방법, 그리고 사동과 피동의 의미를 드러내는 특별한 어휘적 수단에 의해서 표현된다.

(8) 가. 후배에게 가방을 <u>들리다</u>. (사동사)

나. 후배에게 가방을 <u>들게 하다</u>. (사동의 보조 동사 '하다')

다. 결혼하다 - <u>결혼시키다</u>. (특별한 어휘적 수단)

(9) 가. 강도가 경찰에 <u>잡히다</u>. (피동사)

나. 글이 잘 <u>써지다</u>. (피동의 보조 동사 '지다')

다. 거부하다 - { <u>거부되다 / 거부당하다</u> } (특별한 어휘적 수단)

한국어의 사동사나 피동사는 그 수효가 매우 적을 뿐 아니라, 일상적으로 매우 자주 쓰이는 동사인 '가다, 닮다, 돕다, 뛰다, 만나다, 밀다, 바라다, 받다, 배우다, 보내다, 살피다, 쉬다, 슬퍼하다, 얻다, 오다, 좋아하다, 주다, 참다, 치다' 따위와 같이 아예 대응하는 사동사나 피동사가 없는 일도 있다. 바로 이러한 체계상의 빈틈을 채우는 수단이 바로 '(-어) 하다'나 '(-어)지다'와 같은 보조 동사에 의한 사동과 피동인 셈이다.(보조 동사 '지다'는 지금의 맞춤법에 따르면 앞말에 붙여 쓰도록 되어 있다.)

(8)에서와 같은 사동을 일정한 문법적 형식의 테두리를 정하여 논의하지 않고 의미적인 영역, 즉 사동과 유사한 의미까지 넓히게 되면 아래와 같은 것들도 과연 이러한 문법 범주에 포함해야 할 것인가 하는 문제에 부닥치게 된다.

(10) 후배에게 가방을 <u>들{ 게/도록 } { 만들다/말하다/명령하다/…}</u>.

따라서 일반적으로 (8가, 나)와 (9가, 나)의 두 가지 형식을 중심으로 문법을 기술하는 경향이 있다.

===== 〈깊이 알기〉 사동문의 중의성 : 직접 사동과 간접 사동 =====

다음 문장들의 (ㄱ, ㄴ)에 보인 두 가지 형식의 사동문은 과연 같은 의미인가 생각해 보자.

(예) 가. 형이 아우에게 옷을 {ㄱ.입혔다 / ㄴ.입게 했다}.
    나. 엄마가 아이에게 밥을 {ㄱ.먹이고 / ㄴ.먹게 하고} 나왔다.
    다. 선생님이 학생들에게 책을 {ㄱ.읽혔다 / ㄴ.읽게 했다}.

위의 세 예문에서는 두 가지의 사동문이 거의 같은 뜻으로 이해되기도 하지만, 곰곰이 생각해 보면 (ㄱ)과 (ㄴ) 모두 형이 직접 옷을 들고 아우에게 옷을 입혔다는 뜻(직접 사동)과, 형이 말로만 명령해서 아우가 제 옷을 스스로 입도록 했다는 뜻(간접 사동)으로도 해석되어, 의미적인 중의성(重義性, ambiguity)을 보인다.

3. 높임의 문법 범주: 높임법

3.1. 세 가지 높임법과 표현 수단

높임법(존대법)은 말하는 사람이 어떤 대상에 대한 높임의 태도를 문법적으로 표현하는 것인데, 이때 높임의 대상은 문장 안에 나타난 대상일 수도 있고, 문장에는 나타나지 않은 상대방일 수도 있다.

(11) 가. <u>선생님</u>이 앉으<u>시</u>다.
    나. 선생님이 앉다.
(12) 가. 철수가 앉<u>습니다</u>, 어머니.
    나. 철수가 앉<u>는다</u>, 친구야.

(11)에서는 어미 '-시-'를 써서 그 문장의 주어(주체)인 '선생님'을 높이고 있는데, 이 문장에서 어미 '-시-'가 없어지면 높임이 사라지게 된다. 이것을 주체 높임(주체 존대)이라고 한다. 한편, (12)의 어미

'–습니다'는 '철수'와는 상관없이, 말을 듣고 있는 상대방을 아주 높이는 뜻을 담고 있다. 이것을 상대 높임(상대 존대)이라고 한다.

이와 같이, 한국어의 높임을 나타낼 때는 주로 서술어에 포함된 어미를 사용한다는 점에서는 공통되지만, 주체 높임법은 선어말 어미(안맺음씨끝)에 의해서 표현되고, 상대 높임법은 종결 어미(맺음씨끝)에 의해서 표현된다.

그런데 아래에서는 어미가 아닌 문법적 수단에 의해 높임법이 표현되고 있다.

(13) 가. 형님이 {ㄱ.앉다 / ㄴ.자다}.
     나. 형님께서 {ㄱ.앉으시다 / ㄴ.주무시다}.

(13나)에서는 주격 조사 '께서'와 특별한 형태의 용언이 사용되어 주체 높임의 뜻을 나타내고 있다. 이와 같이, 주체 높임법을 구성하는 문법적 수단은 매우 다양하다.

한편, (14나)에서는 (13)과 비슷하게 조사와 특별한 용언에 의해서 높임의 태도가 드러나는데, 그 대상은 다르다.

(14) 가. 아우가 형님에게 {ㄱ.묻다 / ㄴ.주다}.
     나. 아우가 형님께 {ㄱ.여쭈다 / ㄴ.드리다}.

(14나)의 조사 '께'와 용언 '여쭈다, 드리다'는 모두 그 문장의 주어가 아니라, '형님'을 높이는 뜻을 나타낸다. 이를 객체 높임(객체 존대)이라 부른다.

3.2. 주체 높임법

주체 높임법(주체 존대법)은 서술어(풀이말)에 포함된 어미 '-시-'를 쓰거나 쓰지 않음으로써, 그 문장의 주어(주체)로 나타난 사람을 높이거나 높이지 않는 태도를 보일 때 쓰인다.

(15) 가. 선생님은 키가 {ㄱ.크시다 / ㄴ.크다}.
　　　나. 아버님께서 회사에 {ㄱ.가셨다 / ㄴ.*갔다}.
　　　다. 저분이 대통령{ㄱ.이시다 / ㄴ.이다}.
　　　라. 선배가 {ㄱ.주신 / ㄴ.준} 책.

(15)의 문장들을 보면, 모두 서술어 앞에 주어가 분명하게 나타나 있는데, 어미 '-시-'가 쓰인 (ㄱ)에서는, 말하는 사람이 주어인 '선생님, 아버님, 저분, 선배'들을 높이는 태도를 드러내고 있다. 어미 '-시-'가 쓰이지 않은 (ㄴ)에서는 이와 달리 주어들에 대해 높이는 태도를 드러내지 않고 있다.

또한 (15나)에서처럼 주체 높임의 대상인 주어에는 특별한 주격 조사가 쓰여서 주체 높임을 나타내는 일을 도와주기도 하는데, 이 조사가 꼭 쓰여야 하는 것은 아니다. 그렇지만 높임의 뜻을 가진 주격 조사가 나타나면 서술어에 어미 '-시-'가 꼭 쓰여야만 한다.

3.3. 상대 높임법

우리가 말을 할 때에는 누군가 그 말을 듣는 상대방을 전제하게 되는데, 그 듣는 상대방에 대해서 말씨를 높여 말할지 낮추어 말할지를 정하는 문법적인 수단을 상대 높임법(상대 존대법 또는 들을이 높임법)이라고 한다. 한국어에서는 상대에 대한 높임의 체계가 상당히 복잡하게 이루어져 있고, 그 표현 수단 또한 다양하다.

> (16) 가. 아버지, 어디에 가<u>십니까</u>?(-ㅂ니까)
> 　　나. 형, 어디에 가<u>요</u>?(-아요)
> 　　다. 자네, 어디에 가<u>나</u>?(-나)
> 　　라. 친구야, 어디에 가<u>니</u>?(-니)
> (17) 가. {주여/부처님}, 제 잘못을 비<u>옵나이다</u>.(-옵-+-나이다)
> 　　나. 제가 잘못했<u>사오</u>니, 부디 용서해 주시<u>옵소서</u>.
> 　　　　(-사오-, -옵-+-소서)
> (18) 제가<u>요</u>, 어렵지만<u>요</u> 꼭 하겠습니다<u>요</u>.(요)

(16)과 (17)에서 보는 바와 같이, 국어의 종결법(또는 마침법)에는 말하는 사람의 의도나 의향이 나타나는데, 말을 듣는 사람에 대한 높임을 어떻게 나타낼 것인가 하는 것 역시 말하는 사람의 의도에 속하므로, '-ㅂ니까, -아요, -나, -니, -나이다, -소서' 따위와 같은 종결법(마침법)의 어미로써 이를 나타내는 것은 매우 자연스러운 현상이다. 한편 (17)의 '-옵-, -사오-'와 같은 선어말 어미나 (18)의 '요'와 같은 조사의 형식으로도 상대 높임의 뜻이 표현되기도 한다. 뿐만 아니라, 상대에 대한 높임은 종결법(마침법)에만 나타나는 것이 아니라, (17나)의 '했사오니'에서와 같이, 여러 활용법(예를 들어 이음법, 이름법, 매김법 등)에서도 선어말 어미 '-사오-' 따위를 통하여 표현될 수 있다.

3.4. 객체 높임법

> (19) 가. 아이를 <u>데리</u>고 가다.
> 　　나. 할머니를 <u>모시</u>고 가다. (데리다 → 모시다)

(20) 가. 친구를 <u>만나</u>다.

　　　나. 선생님을 {<u>뵙다/만나 뵙</u>다}. (만나다 → 뵙다/만나 뵙다)

(21) 가. 동생에게 선물을 <u>주</u>다.

　　　나. 어르신들에게 선물을 <u>드리</u>다. (주다 → 드리다)

　(19~21)의 (나)에 쓰인 '모시다, 뵙다/만나 뵙다, 드리다' 들은 각각 그 앞에 높임의 대상이 나타났을 때 '데리다, 만나다, 주다'를 대신하여 쓰이는 것이 자연스러운 것들이다. 이때 높임의 대상이 된 말은 각각 '할머니, 선생님, 어르신들'로서 이들은 문장의 목적어(19, 20)이거나 부사어(21)로 나타나 있다. 이와 같이, 문장의 주체나 말 듣는 상대방이 아니라, 목적어나 부사어로 나타난 대상을 높이는 문법적 수단을 '객체 높임법'(객체 존대법)이라 부른다. 즉, 객체 높임법은 문장의 서술어가 나타내는 어떤 행동이 미치는 상대방(이를 '객체'라 부른다)을 높이기 위한 것이라고 할 수 있는데, 현대 한국어에서는 아주 적은 수의 낱말에 의해서만 실현이 된다. 또한 이때 높임의 대상이 되는 사람은 반드시 그 문장의 주어(주체)보다도 높임을 받아야 하는 사람이어야 한다.

개념 정리　높임법의 명칭

　'높임법'은, 학자에 따라서는 존대법(尊待法), 경어법(敬語法), 대우법(待遇法) 등과 같이 다르게 부르기도 한다. 한국어의 높임의 등급을 어떻게 나누고 체계화하느냐 하는 실제적인 기술 내용에서는 적지 않은 차이가 보이기도 하지만, 문장에 나타나는 범주로서의 높임법은, 대상에 대한 높임과 낮춤을 모두 포함하는 것이므로, 용어는 비록 달리 쓰이더라도 실제로 기술되는 내용에는 큰 차이가 없다.

---

4. 시제와 시간 관련 범주

4.1. 시간과 관련된 문법 범주들

우리가 말을 할 때에 문장에 서술되는 어떤 상황이나 사건이 시간에서 차지하는 위치(시점), 또는 문장 속에 나타나는 행위나 사건들 간의 시간적 선후 관계를 일정한 문법적 표지로써 표현하는 체계를 '시제'(또는 때매김 tense)라 한다.

일반적으로 우리는 자연적인 시간을 과거, 현재, 미래의 셋으로 나누어서 인식하는데, 이러한 시간에 대한 인식이 그대로 언어의 문법에 반영되는 것은 아니다. 언어에 따라서는 세 시간이 모두 표시되기도 하지만, 〈현재:과거〉, 〈과거:비과거〉와 같이 둘로 나누는 언어가 있기도 하다.

한국어에서도 시간과 관련한 일반적인 인식은 쉽게 발견할 수 있다.

(22) 밥을 먹다.
(23) 가. 밥을 먹었다.
    나. 밥을 먹는다.
    다. 밥을 먹겠다.

(22)와 (23)을 관찰하면, 한국어에서는 과거, 현재, 미래의 세 가지 시간 표지가 있으며, 세 개의 시제로 이루어지는 문법 범주가 있는 것으로 생각할 수 있다.

한편, 문장에 나타나는 행위나 사건이 일어난 시점을 가리키는 것이 아니라, 행위나 사건이 이루어지는 양상, 즉 그 일이 다 이루어졌는지 혹은 덜 이루어졌는지, 지금 이루어지는 중인지 따위를 나타내는 일이 있는데 이것을 '상'(aspect)이라고 한다.

(24) 그 사람이 {ㄱ.<u>왔다</u> / ㄴ.<u>왔었다</u> / ㄷ.<u>오고 있다</u> / ㄹ.<u>와 있다</u>}.
(25) 그 사람이 {ㄱ.<u>오기 시작했다</u> / ㄴ.<u>오는 중이다</u>. ㄷ.<u>왔다</u>}.

모두 '오다'라는 용언이 나타내는 하나의 행위이지만 (24)와 (25)에서와 같이, 그 행위가 이루어지는 전 과정 중의 어느 측면을 두드러지게 표현하느냐에 따라서, 각기 다른 시간적 속성을 드러낸다. 이를 흔히, 완료상(완결상), 진행상, 결과지속상 따위로 이름지어 부른다.

시간과 관련된 또 하나의 범주는 아래와 같이, 문장의 내용(이를 명제라고도 한다)의 사실성 등에 대한 말하는 사람의 태도가 일정한 문법 표지로써 표현되는 경우인데, 한국어에서는 흔히 확실법, 회상법(또는 보고법), 추측법(추량법) 등이 뚜렷하게 드러난다.

(26) 비가 {ㄱ.<u>온다</u> / ㄴ.<u>오더라</u> / ㄷ.<u>오겠다</u>}.
(27) 비가 {ㄱ.<u>오겠다</u> / ㄴ.<u>오리라</u> / ㄷ.<u>올 것이다</u>}.

(26)에서는 각각 '비가 오다'라는 사실(명제 내용)에 대해 시간적 측면에서의 사실성에 관한 의미적 차이를 볼 수 있다. (26ㄱ)은 그 사실이 현실적으로 이루어졌음(확실함)을 드러내며, (26ㄴ)은 그 사실을 자신이 과거에 분명히 보았음을 회상하며 말하고 있으며, (26ㄷ)에서는 그 사실이 아직 이루어지지 않았지만 앞으로 이루어질 것이라는 추측을 말하고 있다. (27)에서는 추측을 나타내는 다양한 문법 표지를 보여 주고 있다.

이와 같이, 한국어에서는 문장에서 이야기되는 사건이 있었던 시간의 위치나, 그 내용의 사실성 등에 대해서, 다양하게 구별하여 표현할 수 있는 형태(표지)들이 모여서, 하나의 시간적 범주를 이루고 있음을 알 수 있다.

4.2. 시간과 관련된 범주의 표현 수단

한국어에서는, 시제나 상 등과 같이 시간과 관련한 여러 범주들을 주로 용언의 활용으로써 나타낸다. 아래 (28)에서는 시간과 관련된 범주 표지들로서의 선어말 어미들(예문의 밑줄 친 부분)과 그로 인해서 일어나는 의미적인 차이를 알 수 있다.

(28) 가. 비가 왔다.　　(오-<u>앞</u>-다)
　　 나. 비가 왔었다.　(오-<u>앞었</u>-다)
　　 다. 비가 오더라.　(오-<u>더</u>-라)
　　 라. 비가 온다.　　(오-<u>ㄴ</u>-다)
　　 마. 비가 오겠다.　(오-<u>겠</u>-다)

시간적 의미는 관형사형 어미로써도 표시된다. 다음의 (29)에 나타난 어미들이 시간적으로 드러내는 의미가 무엇인지는, 앞의 (28)과 (29)를 비교해 보면 쉽게 이해할 수 있다.

(29) 가. 비가 온 시간.　(오-<u>ㄴ</u>)
　　 나. 비가 오던 시간.　(오-<u>던</u>)
　　 다. 비가 오는 시간.　(오-<u>는</u>)
　　 라. 비가 올 시간.　(오-<u>ㄹ</u>)

(28, 29)에서는 모두 말하는 지금(즉 현재)을 기준으로 하여, '비가 오는 사건'이 그 앞에 이루어졌는지, 같은 시간에 이루어지는지, 혹은 나중에 이루어지는지를 나타나고 있는 것이다.

=== 〈깊이 알기〉 형용사의 시간 표시 ===

　앞의 (29)의 문장들에는 서술어로 쓰인 동사 '오다'에 관형사형 어미들이 쓰이고 있는데, 서술어 자리에 형용사가 나타날 경우에는 이들 시간 표지의 관형사형 어미들이 어떠한 시간적인 뜻을 드러내는지 (29가, 나)와 아래의 예문을 비교해서 생각해 보자.

　(예) 가. 얼굴이 예쁜 아이. (예쁘-ㄴ)
　　　 나. 얼굴이 예쁘던 아이. (예쁘-던)

4.3. 문장에 나타나는 시제 범주의 특징

4.3.1. 과거 시제와 다른 상의 겹침

　문장의 시제를 나타내는 대표적인 형태소인 선어말 어미 '-었-'은 행위나 사건의 시간적인 위치가 과거임을 나타내는 것을 기본적인 기능으로 삼고 있다.

　　(30) 가. 개가 시끄럽게 짖었다.
　　　　 나. 어릴 때는 키가 작았다.
　　　　 다. 그 날은 일요일이었다.

　한편으로, '-었-'이 그 문장의 행위나 사건이 완료되었음, 즉 완료 상을 나타내는 일이 있다.

　　(31) 가. 학교에 가다가 돌아왔다.
　　　　 나. 학교에 갔다가 돌아왔다.

　(31나)에 쓰인 '-었-'은 '학교에 가'는 행위가 끝나서 완료되었음을

나타낸다. 당연히 그 행위는 과거(즉 말하는 지금의 이전)에 이루어졌음을 내포하고 있다.

이와는 달리, (32)에서는 행위가 이루어진 것은 과거의 시점이지만, 말하는 지금 현재에도 그 행위의 결과가 지속되고 있어, 과거의 시제와 지속상이 겹쳐 나타나는 특징을 보인다.

> (32) 가. 지금은 손에 가방을 들었다.
>   나. 오늘은 양복을 입었다.
>   다. 이번 일에 성패가 걸렸다.

(32)처럼 지속상의 뜻을 가질 때는, 다음과 같이 지속의 상을 표현하는 '(-고) 있다', '(-어) 있다'와 같은 보조 동사 구문으로 바꾸어 쓸 수 있다.

> (33) 가. 지금은 손에 가방을 들고 있다.
>   나. 오늘은 양복을 입고 있다.
>   다. 이번 일에 성패가 걸려 있다.

4.3.2. 과거 시제와 단절상

한국어에서 과거의 시제를 나타내는 것으로 일컬어지는 '-었-'과 '-었었-'의 차이에 주목해 보자.

> (34) 오늘 아침에 친구가 {ㄱ.왔다 / ㄴ.왔었다}.
> (35) 선생님이 상석에 {ㄱ.앉았다 / ㄴ.앉았었다}.

(34, 35)의 (ㄱ)을 비교해 보면, (ㄱ)에서는 그 행위의 결과가 과거에 이루어졌음을 나타내는 동시에, 그 결과가 지금까지 지속될 수도 있음을 알 수 있다. (36)과 (37)처럼 문장을 확대해 보면, 과거의 시점에 이루어진 어떤 결과가 발화시(말하고 있는 지금)까지 지속된다는 뜻이 더욱 분명해진다.

> (36) 오늘 아침에 친구가 <u>왔</u>는데, 아직도 여기 있다.
> (37) 며칠 전에 꽃이 <u>피었</u>는데, 여전히 지지 않는다.

그에 비해서 (38, 39)의 (ㄴ)에는 공통적으로 그 행위의 결과가, 발화시에는 더 이상 지속되고 있지 않음을 나타낸다는 특징을 보여 주는데, 이를 '단절상'이라 부른다. 즉 어떤 상황이 과거에 단절되어 이제는 새로운 상황이 벌어져 있음을 뜻하는 것이다.

> (38) 오늘 아침에 친구가 <u>왔었</u>는데,
>   {ㄱ. *아직도 여기 있다 / ㄴ. 지금은 어디에 있는지 모르겠다}.
> (39) 며칠 전에 꽃이 <u>피었었</u>는데,
>   {ㄱ. *내내 피어 있다 / ㄴ. 지금은 꽃이 다 져 버렸다}.

그러므로 이와 같은 단절상의 '-었었-'이 문장에 쓰였을 때는, 대개 그 뒤에는 다른 상황으로 변화했음을 뜻하는 일이 많다.

어린 아이들의 말이나 일상적인 대화 속에서는 과거 시제 형태인 '-었-'을 여러 차례 되풀이해서 더 먼 과거임을 나타내려고 하는 일도 종종 있어, 앞에서 살펴본 '단절상'과는 구별할 필요가 있다.

> (40) 옛날 옛날 어떤 할아버지가 <u>살았었었</u>는데, ….

4.3.3. 미래 시제와 추측법

미래의 시간을 나타내는 형태소로 일컬어지는 선어말 어미 '-겠-'
은, 말하는 시점(발화 시점, 또는 현재 시점)에는 그 문장의 행위나 사
건이 아직 시작되거나 이루어지지 않았음을 나타내는 기능을 한다.

> (41) 가. 나는 내일 가겠다.
> 　　　나. 내일은 비가 오겠다.

(41)에서와 같이, 말하는 시점에는 어떤 일이 일어나지 않은 것을
우리는 일반적으로 '미래'를 나타낸다고 여기는데, 언어학적으로는
'미정(未定)' 또는 '미연(未然)'이라고도 이른다. 그런데 (41)의 두 문
장에서 선어말 어미 '-겠-'은 단지 문장 명제의 시간성(즉 미래, 미정)
만을 나타내는 것이 아니라, 문장의 주어에 따라서 뜻이 달라지기도
한다.

한편 선어말 어미 '-겠-'은, (42)에서와 같이, 미래를 나타내는 문
장이 아닌 경우에도 쓰여, 오히려 그 명제 사실에 대한 추측이나 말
하는 사람의 의도 등 다양한 뜻을 드러낸다.

> (42) 가. 요즘 모내기에 바쁘겠다.
> 　　　나. 어젯밤에 도착했겠다.
> 　　　다. 내가 꼭 하겠다.

뿐만 아니라, 문장에 선어말 어미 '-겠-'이 쓰이지 않더라도, 시간
을 나타내는 부사나 부사어가 문장에 나타남으로써 미래의 뜻을 나타
내는 일도 있다.

(43) 가. 그 사람 <u>내일</u> 온다.
　　　나. <u>올 가을에</u> 결혼한다.
　　　다. <u>다음 주는</u> 좀 바쁘다.

　이와 같은 사실을 토대로 어미 '-겠-'을 미래 시제 표지로 보기보다는, 어떤 사실에 대한 추측이나 의도 따위를 나타내는 것으로 보려는 견해도 있다.

━━━⟨깊이 알기⟩ 완곡적 어법에 쓰이는 어미 '-겠-'━━━

　어미 '-겠-'이 미래의 시제 표지나 사실에 대한 추측, 의도와는 상관없이 쓰이는 일이 더러 있다. "네, 잘 알겠습니다."와 같은 대답이 그러한 예이다.
　우리의 일상적인 언어생활에서 관찰되는 어미 '-겠-'의 이러한 용법을 더 찾아보고, 그것이 어떠한 뜻을 드러내고 있는지 생각해 보자.

4.3.4. 현재 시제의 표지

　흔히 현재의 일을 표현하는 동사의 활용형인 '먹는다, 앉는다, 간다, 계신다'의 '-는/ㄴ-'을 현재 시간을 나타내는 형태소로 분석하기도 한다. 그리하여 (44)에서처럼, '-었-, -는-, -겠-'의 세 형태소가 각각 '과거, 현재, 미래'의 시제 범주를 구성하는 것처럼 생각된다.

(44) 가. 아이가 과자를 먹<u>는</u>{다/구나/군요}.
　　　나. 아이가 과자를 먹<u>었</u>{다/구나/군요}.
　　　다. 아이가 과자를 먹<u>겠</u>{다/구나/군요}.

　그런데 다음의 (45)에서는 함께 쓰일 수 없을 것 같은 '과거'와 '미래' 시제 범주의 형태소들이 한 문장에서 함께 쓰이고 있다.

(45) 아이가 과자를 먹었겠{다/구나/군요}.

또한 '-는-'이 현재를 나타내는 시제 형태소라고 한다면, 당연히 현재의 시간을 나타내는 다음의 문장에도 나타나야 함에도 불구하고 여기에는 나타나지 않는다.

(46) 가. 아이가 과자를 {먹습니다/먹어요}.
    나. 아이가 과자를 {*먹<u>는</u>습니다/*먹<u>는</u>어요}.

이와 같은 사실로 보아서, 한국어에서 '-는-'은 현재 시제를 나타내는 형태소라기보다는 '-는다'라는 하나의 종결 어미로 보는 것이 타당한 것으로 생각된다.

(47) 가. 아이가 과자를 먹○{는다/는구나/는구려}.
    나. 아이가 과자를 먹<u>었</u>{다/구나/구려}.
    다. 철수가 사과를 먹<u>겠</u>{다/구나/구려}.

결국 한국어에서는 현재의 시제를 나타내는 특별한 형태소가 있는 것이 아니라, '-었-'이나 '-었었-' 등의 형태소가 나타나지 않으면 현재의 시제를 나타내게 되는 것이다.

4.3.5. 시제와 기준 시점

문장의 시제, 즉 문장의 행위나 사건이 이루어진 시간이 과거인지 아닌지를 판단할 때에 기준이 되는 시점을 '기준 시점'(基準時點)이라고 한다. 기준 시점은 화자가 말하고 있는 시점, 즉 발화 시점(發話時

點)을 기준으로 하는 경우와, 과거의 어떤 특정한 사건이 일어난 시점, 즉 사건 시점(事件時點)을 기준으로 하는 두 가지 경우가 있다.

(48)의 문장에서는, 화자가 말하는 시간, 즉 발화 시점을 기준 시점으로 해서, 그 행위가 이루어진 시간이 그 이전(즉 과거)인지 아닌지가 표현되고 있다.

> (48) 가. 지금 뭘 하세요?
>   나. 응, 공부해.

이와 같이, 발화 시점을 기준 시점으로 하여 결정되는 시제를 '절대 시제'라고 부른다.

그런데 항상 발화 시점이 기준 시점이 되는 것은 아니다.

> (49) 가. 잘 자는 아이를 깨웠다.
>   나. 선물로 줄 물건을 샀다.
>   다. 나를 사랑하는 사람이 곧 나타나겠지.

(49)의 문장들에는 각각 두 가지의 시간 표지 형태소들이 쓰였는데, 앞의 관형사절에 나타난 시간 표지 형태소들이 나타내는 시간은, 뒤에 따라오는 절의 사건이 이루어지는 그 시점, 즉 사건 시점을 기준으로 하여 정해진다. 이와 같이, 사건 시점을 기준으로 해서 결정되는 시제를 '상대 시제'라 부른다.

5. 부정의 문법 범주 : 부정법

5.1. 부정법의 정의

모든 문장은 긍정문이거나 부정문이다. 대부분의 언어에서는 일반적으로 긍정문을 부정문으로 바꾸는 문법적인 표지들이 존재하며, 이와 같은 문법적 표지들이 구성하는 범주를 '부정법'(否定法)이라 부른다.

> (50) 바람이 강하게 {ㄱ.분다 / ㄴ.안 분다}.
> (51) 오늘은 날이 {ㄴ.춥다 / ㄴ.안 춥다}.
> (52) 그의 말은 {ㄱ.거짓말이다 / ㄴ.거짓말이 아니다}.

(50-52)의 (ㄱ)은 모두 긍정문이며, (ㄴ)는 모두 부정문이다. 이와 같이, 부정문은 긍정문을 바탕으로 하여 특별한 문법 표지들이 더 붙음으로써 이루어지게 된다.

5.2. 부정법의 표현 수단

앞서 본 바와 같이, 한국어에서는 주로 부정을 나타내는 부사 '아니(안)'를 용언 앞에 쓰거나, '이다' 대신에 그 부정의 뜻을 나타내는 '아니다'를 써서 부정문을 만들 수 있다.

한편 (53, 54)의 (ㄷ)처럼, 보조 용언 구성 '-지 않다'나 '-지 아니하다'를 써서도 부정문이 만들어진다.

> (53) 바람이 강하게 {ㄱ.분다 / ㄴ.안 분다 / ㄷ.불지 않는다}.
> (54) 오늘은 날이 {ㄱ.춥다 / ㄴ.안 춥다 / ㄷ.춥지 않다}.

학자들에 따라서는 (ㄴ)을 짧은 부정문, (ㄷ)을 긴 부정문으로 구별하기도 하며, 이 두 부정문의 뜻이 같은지 다른지에 대해서도 많은 연구가 이루어져 있다. 대체로 (ㄴ)의 짧은 부정문은 제약이 많아서 부정의 부사를 붙여서 부정문을 만들 수 없는 일이 많지만, 긴 부정문의 경우에는 그러한 제약이 없는 것으로 알려져 있다.

> (55) 가. 하늘이 안 {*새파랗다 / *아름답다}.
> 나. 열심히 안 {*공부한다 / *조사한다}.

이와 같은 제약이 어떤 까닭으로 생기는지는 아직 분명하게 밝혀져 있지 않다. 다만, '빗나가다, 설익다, 얄밉다, 억세다, 휘감다'와 같은 접두사로 생긴 파생어나, '공부하다, 과분하다, 기웃거리다, 깜박이다, 노하다, 슬기롭다, 약하다, 정답다, 정성스럽다'처럼 접미사로 생긴 파생어, '값싸다, 굶주리다, 앞서다, 오가다, 이름나다'와 같은 합성어들은 긴 부정문은 만들 수 있지만, 짧은 부정문을 만들 수 없다. 그러나 아직 짧은 부정문을 만들 수 없는 말들 속에 숨어 있는 규칙이나 공통성은 분명히 밝혀져 있지 않다.

부정문을 만드는 부사로는 '안(아니)' 말고도 '못'이 쓰인다. 이때에는 단순한 부정의 뜻만이 아니라, 행동을 하는 사람의 의지와는 관계없이 능력이나 그 밖의 다른 원인 때문에 그 행위가 일어나지 않는다는 것을 나타낸다. 또한 서술어가 동사일 때에만 부정문을 만들 수 있어 제약이 많다.

> (56) 집에 {ㄱ.갔다 / ㄴ.안 갔다 / ㄷ.못 갔다}.
> (57) 키가 {ㄱ.크다 / ㄴ.안 크다 / ㄷ.*못 크다}.

부사 '못'을 쓰는 짧은 부정문 외에도, 보조 용언 구성 '–지 못하다'
나 '–지 말다'에 의한 긴 부정문이 만들어질 수 있다.

> (58) 집에 {ㄱ.갔다 / ㄴ.못 갔다 / ㄷ.가지 못했다}.
> (59) 가. 키가 {ㄱ.안 크다 / ㄴ.*못 크다}.
>   나. 키가 {ㄱ.*못 크다 / ㄴ.크지 못하다}.
> (60) 거짓말하지 {ㄱ.*않아라 / ㄴ.말아라}.
> (61) 걱정하지 {ㄱ.*않읍시다 / ㄴ.맙시다}.

(59ㄴ)의 '크지 못하다'는 동사에 쓰였을 때와는 달리, 어떤 기대나
예상에 미치지 못한다는 뜻을 나타내는 특징이 있다.

한편, 부정 부사나 부정의 보조 용언 이외에, '없다, 모르다' 등과
같이 특별한 단어에 의해서 부정문이 형성되는 일도 있다.

> (62) 오늘은 약속이 {ㄱ.*있지 않다 / ㄴ.없다}.
> (63) 그 사람의 주소를 {ㄱ.*알지 않는다 / ㄴ.모른다}.

또한 오랜 한문 사용의 영향으로 말미암아 부정의 의미를 담은 중
국어 단어 '불(不), 부(不), 비(非)' 따위들이 적지 않게 한국어에도 섞
여 쓰이고 있는데, 이를 한국어의 부정법에 포함할지는 학자들의 관
점에 따라서 다르다.

5.3. 문장에 나타나는 부정법의 특징

5.3.1. 부정문의 해석

부정법 역시 피동법, 사동법 등과 같이 적어도 두 가지 이상의 문법

적 형식으로 표현되는 문법 범주이기 때문에, 이들 형식들의 의미가
같은지 다른지가 문제가 된다.

> (64) 비가 {ㄱ.<u>안</u> 왔다 / ㄴ.오<u>지 않았다</u>}.
> (65) 회사에 {ㄱ.<u>못</u> 갔다 / ㄴ.가<u>지 못했다</u>}.

(64, 65)의 (ㄱ)과 (ㄴ)은 각각 같은 뜻으로 해석되는 듯이 여겨진다.
그런데 (66)는 (67)에서와 같이 여러 가지의 뜻으로 해석될 수 있다.

> (66) 나는 버스를 {ㄱ.<u>안</u> 탔다 / ㄴ.타<u>지 않았다</u>}.
> (67) 가. 버스를 탄 것이 내가 아니라 다른 사람이다.
> 　　 나. 내가 탄 것은 버스가 아니라 택시였다.
> 　　 다. 나는 버스를 탄 것이 아니라 세우기만 했다.

이와 같은 여러 가지 해석의 가능성은 (66)의 문장을 다음과 같이
확대해 보면 더욱 분명히 드러난다.

> (68) 가. 나는 버스를 {ㄱ.<u>안</u> 타고 / ㄴ.타<u>지 않고</u>}, 형이 탔다.
> 　　 나. 나는 버스를 {ㄱ.<u>안</u> 타고 / ㄴ.타<u>지 않고</u>}, 택시를 탔다.
> 　　 다. 나는 버스를 {ㄱ.<u>안</u> 타고 / ㄴ.타<u>지 않고</u>}, 세우기만 했다.

5.3.2. 부정의 범위와 초점

이와 같이 문장의 구성 성분에 따라서 부정문의 의미는 여러 가지
로 달라지게 되는데, 이때 부정의 대상이 되는 성분을 부정의 초점이
라고 부른다. 또는 부정의 초점이 되는 성분이 부정의 범위에 포함되
었다고 표현하기도 한다. 주로 수량을 나타내는 말이나 부사어가 부

정문에 포함될 때 이러한 현상이 자주 관찰된다.

> (69) 손님이 다 {ㄱ. <u>안</u> 왔다 / ㄴ. 오<u>지 않았다</u>}.
> (70) 손님이 다 {ㄱ. <u>안</u> 오고 / ㄴ. 오<u>지 않고</u>}, 몇몇만 왔다.
> (71) 손님이 다 {ㄱ. <u>안</u> 오고 / ㄴ. 오<u>지 않고</u>}, 나 혼자만 왔다.

(69)의 문장은 '다'가 부정의 대상이 될 때와 부정의 대상이 아닐 때의 뜻이 매우 다르게 해석되어, (70)은 '다'가 부정의 대상이 된 경우의 해석이며, (71)은 '다'가 부정의 대상이 되지 않는 경우의 해석이다.

6. 문장의 종결법

한국어의 문장은 보통 서술어에 문장을 끝맺는 어미가 붙음으로써 끝난다. 이렇게 문장을 끝맺는 어미를 종결 어미라고 부르는데 어떤 종결 어미가 붙는가에 따라서 말하는 사람의 태도가 매우 다양하게 표현된다. 이러한 말하는 사람의 태도를 나타내는 표지들이 이루는 체계를 문장 종결법이라 부른다.

> (72) 함께 {ㄱ. <u>갑니다</u>/ㄴ. <u>갑니까</u>/ㄷ. <u>가십시오</u>/ㄹ. <u>갑시다</u>}.

(72)의 문장 종결 어미 '-ㅂ니다, -ㅂ니까, -십시오, -ㅂ시다'는 모두 듣는 사람에 대해서 무엇인가(대답이나 행동)를 요구하는지 요구하지 않는지에 따라서 각기 다른 태도를 나타낸다. 이와 같이 평서문(서술월), 의문문(물음월), 명령문(시킴월), 청유문(함께함월)과 같은 범주를 형성하는 것을 '의향법'이라고 부르기도 한다.

| 생각 넓히기 |

의향법과 그 갈래

'의향법'이라는 말은, 말을 주고받는 과정에서 들을이(청자)에 대해서 말할이 (화자)가 가지는 태도를 나타내는 문법 범주를 가리키기도 하면서, 한편으로는 문장을 끝내는 용언(풀이씨)의 활용(끝바꿈) 중 종결법(마침법)을 가리키는 말로도 쓰인다. 그 까닭에 관해서는 아래의 글이 참고가 된다.

가. '의향법'은 말할이가 들을이에게 어떠한 요구가 있는지 없는지를 나타내는, 풀이씨의 끝바꿈법의 한 범주이다. 그리고 '들을이높임법'은 말할이가 들을이를 어느 정도 대우하느냐(높이느냐)를 나타내는, 역시 풀이씨의 끝바꿈법의 한 범주이다. 그러므로 이 두 범주는 말할이의 들을이에 대한 태도를 나타내는 점으로 공통성이 있다.

그리고 이 두 범주를 나타내는 씨끝은 따로 뗄 수가 없게 되어 있다. 곧 대부분의 의향법 씨끝은 의향을 나타냄과 동시에 들을이에 대한 대우 (높임)의 정도를 나타내게 되어 있고, (중략) 그러므로 의향법과 들을이 높임법은 한 데 어울러 풀이할 수밖에 없도록 되어 있다.

의향법은 말할이가 들을이에 대해서 어떠한 요구가 있느냐 없느냐에 따라 크게 두 가지로 나뉜다. 들을이에 대해서 아무런 요구가 없이 자기가 말하려는 바를 말해(베풀어) 버리는 데 그치는 방법을 '서술법'(베풂법)이라 한다.

들을이에 대한 요구가 있는 방법도 다시 두 가지로 나뉜다. 하나는 대답을 해 주기를 요구하는 방법이고, 다른 하나는 어떤 일을 하기를 요구하는 방법인데, 대답을 요구하는 방법을 '물음법'이라 한다.

들을이에 대해서 어떠한 일을 하기를 요구하는 방법도 다시 두 가지로 나뉜다. 하나는 들을이만이 어떠한 일을 하기를 요구하는 방법이고, 다른 하나는 들을이에게 자기와 함께 어떠한 일을 하기를 요구하는 방법이다. 앞의 방법을 '시킴법'이라 하고, 뒤의 방법을 '함께법'(꾀임법)이라 한다. (허웅 1999:521-522)

● 토 론 거 리 ●

① 본문의 예문 (28), (29)의 각 문장들에 드러나는 시간의 의미가 각각 어떤 차이가 나는지 토론해 보자.

② 본문의 예문 (32)와 같이 '-었-'이 쓰인 문장이 "완결된 행위의 결과가 지속되는 상태"를 나타낸다고 생각되는 예를 더 찾아보고, 왜 그런지를 생각해 보자.

③ 본문의 예문 (41)의 선어말 어미 '-겠-'이 드러내는 두 가지의 뜻의 차이에 대해서 상세히 살펴보도록 하자.

④ 높임법의 실제 쓰임에서 발견되는 다음과 같은 예들은 문법적으로는 모순되어 보이는데도 자주 쓰인다. 어떠한 현상인지, 또 어떻게 설명할 수 있는지 토론해 보자.

  (1) 가. 어허, 이 몸이 해 보시겠다니까.
      나. 나는 이렇게 생각한다, 이겁니다.
  (2) 가. 이봐, 가던 길 가시라 이 말이야!
      나. 이거 한번 잡숴 봐.
      다. 엄마, 이것 좀 읽어 봐.

  (1가)에서는 말하는 사람 자신에 대해서 '-시-'를 쓰고 있으며, (1나)에서는 '-ㄴ다'와 '-ㅂ니다'와 같은 높임의 등급이 다른 어미가 함께 나타나 모순처럼 보인다. (2)에서는 상대방에 대해 '-시-'(2가), '잡수다'와 같은 높임말을 쓰거나 (2다)처럼 부모에게 낮춤의 어미 '-아'가 쓰였다.

∴ ∴ ∴ ∴ ∴ ∴
더 읽을거리

  사동과 피동에 관련해서는 고정의(1998), 남기심·고영근(1993), 이상억(1999), 양동휘(1979) 등을 읽어 볼 필요가 있다. 높임법에 대한 전반적 논의는 최현배(1937/1971), 성기철(1985), 이정복(2006), 이희승(1968), 임홍빈(1990)를 참고할 만하다.

  시제에 관해서는 남기심(1996), 양동휘(1978), 고영근(2007), 문법상에서의 '-었었-'의 기능에 대해서는 남기심(1996), 고영근·구본관(2008), 문숙영(2009)에서 다양한 견해가 제시되어 있다.

  문장의 종결법에 관해서는 고영근·구본관(2008), 부정법은 김동식(1981, 1990), 이경우(1983), 임홍빈(1978) 등이 참고가 된다.

제8장 어휘론 ●────────

　어휘론(語彙論)은 어휘 자체와 그 기능을 연구하는 분야이다. 단어의 의미, 어원적 의미, 조어 규칙을 다루며, 단어 간의 의미 관계, 파생, 사회적 사용에도 관심을 둔다. 그간 어휘와 관계되는 연구들은 인접 부문에서 주로 다루어져 왔다. 단어 형성은 형태론에서, 어휘 간 의미 관계는 의미론에서, 기능 어휘의 통합적 관계는 통사론에서, 맥락에서의 담화 표지의 역할은 담화론의 영역에서 각각 다루어져 왔다. 이런 이유로 많은 개론서에서도 어휘론의 영역은 따로 독립적인 영역으로 다루지 않기도 한다.

　언어 연구에서의 어휘론의 위상은 어떠할까? 일찍이 할리데이(Halliday 1961)가 '언어학의 이론은 문법 이론과 어휘 이론, 그리고 이 둘을 연관시키는 방법을 제공해야 하는 것'이라고 말했듯이, 어휘 부문은 문법 부문과 더불어 언어 체계의 주요 부문을 이루고 있다. 언어 습득의 측면에서도 어휘의 비중은 매우 높다.

　최근 컴퓨터를 활용한 대규모 어휘 자료 처리가 가능해지면서 언어 연구에서 어휘 연구의 비중은 더욱 높아지고 있다. 실제 자료를 바탕으로 하는 어휘의 계량적인 분석은 언어 학습, 사전 편찬 등에 활발히 활용됨으로써 이론과 응용을 연계하는 고리가 된다는 점에서 언어

연구에 새로운 시사점을 던져 주고 있다. 또, 문학 텍스트 연구나 문화 연구에 어휘 연구를 접목시킴으로써 텍스트에 나타난 어휘의 맥락 분석을 통한 개념어의 연구도 활발히 진행되고 있다. 어휘가 어학과 문학을 연계하는 고리로 활용되고 있는 것이다.

1. 어휘란

1.1. 어휘의 특성

어휘는 그 규모를 산정하기가 쉽지 않은 영역이다. 어휘를 담고 있는 사전을 살펴보면, 사전에 따라 실려 있는 어휘 규모의 차이도 상당하고 유사한 규모의 사전이라 할지라도 어휘의 목록이 동일하지 않으며 편차 또한 크다. 음운이나 문법이 해당 항목의 한정성이 있는데에 반해, 어휘는 개방 집합이기 때문이다. 어휘는 규칙에 있어서도 음운이나 문법처럼 엄격하지 않다. 따라서 언어 간 비교를 할 때 음운이나 문법에 비해 어휘는 그 보편성이나 규칙성을 찾기 어렵다.

또한, 어휘는 상대적으로 생성, 변화, 사멸의 과정이 빈번하고 빠른 속도로 나타나는 특성을 가진다. 따라서 모국어 화자도 평생에 걸쳐 어휘를 학습하게 된다. 또 어휘는 지역이나 사회, 시대적 영향으로 변이형이 존재하기도 하므로, 개별 화자의 어휘력이 동일하지 않아 어휘 사용의 양과 질에 많은 편차를 보이게 된다.

한편, 어휘는 언어 습득에서도 중요한 의미를 가진다. 어린아이들이 언어를 배울 때 어휘를 가장 먼저 습득하게 되며, 성인에 이르러서도 어휘 습득은 지속된다. 음운과 문법 지식은 일정 시기에 완성되지만, 새로운 어휘에 관해서는 끊임없이 학습하게 되는 것이다. 어휘 지식은 언어생활에 아주 중요한 역할을 담당한다고 볼 수 있다. 문법 지식이 다소 부족해도 어휘력이 풍부하면 문장의 의미를 이해할 수 있는데 이는 독해력의 기본을 이루는 지식이 어휘 지식이기 때문이다. 어휘를 습득한다는 것은 개념을 습득하는 것이므로 어휘는 곧 개인의 인지 능력을 구성하는 핵심 요소가 된다.

그렇다면 한국어 어휘의 특성은 어떠할까? 우리말은 다른 언어에 비해 어휘의 규모가 큰 것으로 알려져 있다. 이는 우리말이 접두사나 접미사에 의한 어휘의 팽창이 활발하다는 교착어적(첨가어적) 특성이 두드러지며, 역사적으로 한자어와 외래어의 유입으로 인해 다양한 유의어가 발달되었기 때문이라 볼 수 있다. 또한 다양하고 섬세한 어감을 표현하고자 하는 색채어나 감각어, 의성어, 의태어의 발달 역시 어휘의 규모를 늘리는 역할을 했다.

1.2. 어휘소와 어휘

어휘소(語彙素, lexeme)란 의미를 가진 언어의 기본 단위이다. 어휘소는 단어뿐만 아니라 접사, 어근, 관용어를 모두 포함한다. 이들은 사전에 올림말이 된다는 점에서 등재소(登載素)라는 이름으로 불리기도 한다. 예를 들면 사전에는 '과일'과 같은 단일어뿐만이 아니라, '풋과일', '책상-다리'와 같은 복합어, '풋-', '-쟁이'와 같은 접사, '미역국을 먹다(관용구)', '삼고초려(사자성어)', '닭 잡아먹고 오리발 내민다(속담)'와 같은 관용적 표현이 모두 등재어가 되는데, 이들은 모두 어휘소라고 할 수 있다. 흔히 구 단위나 문장 단위의 관용 표현은 사전에서 핵심 단어 아래에 부표제어로 올라 있는 경우가 많다.

════〈깊이 알기〉어휘소의 다양한 정의 ═══════════

　어휘소(lexeme)는 변이 어휘소(allolexeme)을 가지게 되는데, 변이 어휘소 중에서 사전에 올림말로 오르게 되는 것을 대표 어휘소(headword)라고 한다. 예를 들면 '먹다'라는 용언은 '먹으니', '먹어서', '먹고', '먹어라'와 같이 다양한 활용형이 있지만, 이때 '먹다'는 대표 어휘소로 사전에 오르게 되고, 나머지는 변이 어휘소들로 사전에 오르지 않는다.

　학자에 따라 어휘소를 정의하는 시각은 다르다. 단어 이하의 단위만을 일컫는 의미로 쓰이기도 하고, 단어보다 큰 단위인 구와 절을 포함한 보다 확장된 것으로 해석되기도 한다. 후자의 경우에는 어휘소를 새로운 언어의 학습이나 언어 간에 번역의 '자연 단위'로 인식하는 것으로, 어휘 단위(lexical unit) 혹은 어휘 항목(lexical item, lexical entry)이라는 용어를 사용하기도 한다. 아래는 후자의 견해를 나타내는 서술들이다.

　"어휘부에는 단어만 등재되는 것은 아니다. 무의미한 철자, 형태소, 형태소 복합체, 단어, 특정 구나 문장, 용언의 활용형 등도 등재소의 후보가 될 수 있다." (채현식 1994)
　"어휘 항목은 단어, 접사, 다단어, 연어, 상투 표현, 관용어, 속담, 담화표지 등을 포함하고 있다."(Lewis 1997)

　어휘소의 집합을 어휘(語彙, vocabulary)라고 한다. 또한 이러한 어휘가 저장되어 있는 곳을 어휘집(lexicon)이라고 하는데, 어휘집은 한 언어의 어휘 창고, 어휘 집합을 말한다. 우리 머릿속에 어휘가 어떻게 존재하는지를 알기 어려우나, 어휘집에는 단어는 물론이고 형태소나 합성어, 관용 표현, 때로는 연어까지도 포함되어 있는 것으로 알려져 있다.

개념 정리　단어, 어휘소, 어휘

　흔히 '어휘소'와 '어휘'에 대한 구분을 명확하게 하지 않고 사용하거나, '단어'를 대신하는 말로 혼용하여 쓰기도 한다. 이는 어휘 중 가장 많은 비중을 차지하는 것이 단어이기 때문일 것이다. 하지만 이들은 개념적으로 다음과 같이 구분해야 한다.

- 단어: 어휘소의 한 종류.
- 어휘소: 하나의 의미로 해석 되는 언어의 단위.
- 어휘: 어휘소가 모여 이룬 어휘소의 집합.
- 어휘집: 어휘가 저장되어 있는 곳. 어휘 집합.

아래는 '어휘'라는 용어를 혼용하는 사례를 보인 것이다. 이때 '어휘'라는 말의 사용은 단어와 혼용된 사례이다.(김광해 1999:312 재인용)

(예) 가. <u>어휘</u> 하나하나를 열심히 공부해야 한다.
　　나. 이미 알고 있는 <u>어휘</u>를 바탕으로 모르는 어휘의 의미를 추리해 내거나…….
　　다. 개별 <u>어휘</u>의 문맥적, 관용적, 비유적 의미

1.3. 어휘 지식

어휘 능력(lexical competence)이란 어휘를 이해하고 구사하는 데 관련된 일체의 능력을 말하며 어휘 지식이라고도 불린다. 어휘 능력이 풍부하다는 것은 개인의 인지적 능력과 연계되는 개념 지식이 풍부하다는 것을 의미한다. 어휘력은 기본적인 사고 활동이나 학술 활동에 반드시 필요한 능력으로, 개별 단어의 의미는 물론 그것을 문장 속에서 운용하는 지식까지 모두 여기에 포함된다.

하나의 어휘소를 안다는 것은 해당 어휘소에 대한 깊이 있는 지식을 의미하는 것으로, 예를 들어 한 단어를 안다는 것은 형식에 대한 지식(단어의 음과 단어의 철자, 단어의 형태와 조어법), 의미에 대한 지식(단어의 의미, 단어의 개념 및 연상적 의미), 문법에 대한 지식(단어의 문법적 기능), 용법에 대한 지식(연어 관계에 대한 지식, 사용 제약, 빈도 등) 모두를 안다는 것을 의미한다. 따라서 어휘 지식은 이러한 개별 어휘소에 대한 지식과 더불어 어휘 체계에 대한 지식 모두를 아는 것을 의미하며, 언어 내적 지식과 더불어 언어의 외적 지식까지 아는

것을 포함한다.

어휘 지식은 양적 지식과 질적 지식을 모두 포함하는 개념으로 양적 지식은 주로 어휘량으로 산정한다. 모국어 습득 연구에서는 아동기에 약 5천 단어족, 20세 정도에 2만 개의 단어족을 알고 있다고 본다. 연령, 성별, 계층에 따른 어휘량 차이가 있을 수 있으며, 이에 대한 연구도 활발하다.

개념 정리 단어족

단어족(單語族, word family)이란 개념은 한 단어의 굴절형이나 파생어를 포함해서 하나의 단위로 산정할 때 사용하는 개념이다.

예를 들면 '길다'를 알면 '길고, 길어…' 등과 '길이'를 알 수 있고, '친절'을 알면 '불친절', '친절하다' 등을 알 수 있다고 보아 이를 하나의 단어족으로 보는 방식이다. 파생의 기본이 되는 단어를 알고 있다면 이미 알고 있는 단어의 파생어는 학습 부담이 크지 않기 때문에 흔히 언어 교육에서는 단어족의 개념으로 어휘를 산정한다.

또 어휘의 질적 지식은 이해 어휘와 표현 어휘로 구분되기도 한다. 이해 어휘(수동적 어휘)란 사용하지는 못하지만 말을 듣거나 글을 읽을 때 이해할 수 있는 어휘를 말하며, 표현 어휘(능동적 어휘)란 말하거나 글을 쓸 때 쉽게 발화하고 사용할 수 있는 어휘를 말한다. 흔히 언어 사용자는 이해 어휘가 표현 어휘보다 그 수가 많다.(☞제 13장 2.2절 '어휘교육' 참고)

2. 어휘의 체계 및 사용 양상

2.1. 어휘의 체계

한국어의 어휘는 다양한 관점에서 분류될 수 있다. 먼저 어종에 따라 순수 우리말인 고유어와 차용어인 한자어, 외래어로 분류할 수 있다. 또한 품사에 따른 분류가 가능하다. 또한 어휘는 어휘들 사이의 의미적 관련성을 가진 조직 체계인 어휘장으로 묶어 분류할 수도 있는데, 아래와 같이 어휘는 다양한 관계에 따라 묶음(또는 군집)으로 나눌 수 있다.(☞어휘의 의미 관계와 의미장에 대해서는 제9장 2절 '의미의 관계와 의미장' 참고)

- 의미 관계에 의한 어휘장: 어휘들 사이에 의미적 관련성을 가진 조직 체계의 묶음이다.

  (1) 신체 어휘장: 귀, 눈, 눈썹, 다리, 등, 머리, 목, 몸, 무릎, 발 등
      계절 어휘장: 봄, 여름, 가을, 겨울, 초여름, 늦가을 등

- 통합 관계에 의한 어휘장: 어휘들이 어떤 어휘와 함께 사용되는지에 대한 것으로 연어적 성격을 뜻한다.

  (2) 부리다: 객기, 농간, 교태, 응석, 허세, 텃세, 행패 등
      떨다: 오두방정, 흉물, 맨망, 궁상, 청승, 내숭, 허풍 등

- 상하 관계에 의한 어휘장: 계층적 구조로 이해되며, 대개 하나의 의미장을 구성할 수 있다.

(3) 가구: 옷장, 침대, 의자, 화장대 등
감기: 독감, 목감기, 코감기 등
교통기관: 기차, 지하철, 버스, 자동차 등

■ 연상장: 떠오르는 생각을 구체적인 말로 표현하려는 과정에서 등장하는 어휘들도 하나의 장을 이룬다. 일종의 민속학적 분류와 관련된다.

(4) 생일: 케이크, 선물, 미역국, 파티, 촛불, 축하, 친구, 노래, 초, 카드 등

■ 어휘 형성에서의 어휘장; 합성어와 파생어의 형성에서 어휘장이 이루어진다.

(5) 헛소문, 헛소리, 헛기침, 헛고생, 헛손질, 헛걸음, 헛발질

어휘 전체를 체계화하여 몇 가지 기준에 따라 구분할 수도 있다. 어휘를 내용상으로 분류하여 관련어를 표시한 사전을 시소러스(thesaurus)라고 하는데, 기계 검색의 분야에서는 관련어를 표시한 어휘 관련표를 시소러스라고 하는 경우도 많다.

═══〈깊이 알기〉어휘 분류의 원리 ═══════════════════════

어휘 분류란 일정한 언어 체계에 속하는 단어의 집합을 일정한 원리에 따라 동질적인 집합으로 나누는 것으로(田島 1993), 그 목적에 따라 다음과 같이 나누어 볼 수 있다(국립국어원 1993).

- 기초 어휘 조사 및 기술을 위한 목적
- 방언 조사 및 기술을 위한 목적
- 특정 분야 어휘의 조사 및 기술을 위한 목적
- 작문 및 표현적 요구에 의한 어휘 검색 목적
- 어휘 및 언어 교육을 위한 목적
- 정보 검색을 위한 목적
  (도서 분류 및 기타의 정보 검색을 위한 분류 체계)
- 기계 번역을 위한 목적
- 사전 편찬을 위한 목적

시소러스는 어휘의 정리 및 사전 편찬, 어휘 교육 등에 활용될 수 있다. 어휘 간의 관계 표는 어휘 지도로 나타내어 관계를 명확히 드러낼 수도 있다.

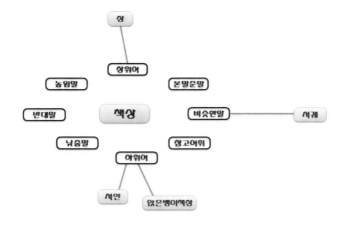

〈그림8-1〉『개방형 한국어 지식 대사전』의 '책상' 지도 모형

2.2. 어휘의 사용 양상

2.2.1. 시대에 따른 변천: 구어와 신어

어휘는 사용자나 사용 환경에 따라 다양한 유형으로 나타난다. 먼

저 시간의 흐름에 따라 사멸어(死滅語)와 구어(舊語), 그리고 신어(新語)로 구분할 수 있다.

먼저 사멸어는 고어(古語)라고도 하며 옛날에 사용하여 현대에서는 더 이상 사용되지 않는 말로 '즈믄, 가람, 뫼' 등이 있다. 역사적으로 보면 많은 고유어가 한자어의 유입으로 사멸되어 현대 국어에서는 더 이상 쓰이지 않게 되었다. 구어는 사멸되었다고 보기는 어려우나, 규범이 바뀌거나 새로운 말로 대체되어 잘 쓰이지 않는 말을 가리킬 때 사용한다. 이들은 사용 효과의 변천에 의한 변이형들이라고 하겠다. 신어는 새로운 사물이나 개념이 등장했을 때 새로 등장하는 어휘로 새롭게 만들어진 신조어와 차용어가 있다. 새로운 사물이나 개념이 도입되어 사용되는 말은 주로 전문 용어이며, 비판, 풍자, 유희, 신선감의 의도를 가지고 새롭게 생겨나거나 기존 어휘에 새로운 의미가 부가되는 신어로 만들어지는 유행어가 있다.

개념 정리   유행어의 다양한 유형

유행어는 신어에만 나타나는 것이 아니라, 은어와 속어, 비어, 통신 언어, 풍자적인 이야기에서도 찾아볼 수 있다.

- 신어: 종전에 사용하던 어휘를 시대적인 배경에 따라, 사회적 현상에 따라 새로운 내용과 의미로 확대하여 나타내기도 하고 새롭게 만들기도 한다. 주로 어떠한 사건을 계기로 생겨난다.
   (예) 엄친아, 엄친딸….
- 은어: 특정한 사회집단 구성원들끼리 특정한 뜻을 숨겨 붙인 말로 비통용성이 없어지고 대중들에게 널리 쓰이면 유행어가 된다. 돌출 욕구로 발생하며 삶의 활력소가 되기도 한다.
   (예) 삥땅(수입금 유용), 말뚝(장기복무자)….

● 속어: 장난기 어린 표현, 신기한 표현, 반항적인 표현, 구체성을 강하게
드러내는 사실적인 표현을 하고 싶을 때 사용된다. 일종의 유희 욕구에서 비롯
된 말놀이이다. (예) 대가리, 주둥아리
   ● 욕설: 비속어로 주로 청소년들이 시선을 자신에게 집중시키고 같은 또래끼
리의 친밀감과 연대감을 드러내기 위해 많이 쓰이며 일정 시기가 지나면 사용
이 줄어드는 경향이 있다. (예) 새끼, 놈
   ● 통신어: 주로 인터넷 상에서 사용하는 말로, 줄임말, 숫자를 이용한 말이
많으며, 대중들에게 공감과 호감을 얻어 사용한다.
      (예) 냉무, OTL ….

2.2.2. 공간에 따른 변이형: 지역 방언

어휘는 사용 지역에 따른 변이형을 가지기도 하는데 이를 지역 방
언이라고 한다. 지역 방언에는 한국 내의 방언권에 따른 어휘 변이형
으로 북한 지역의 평안 방언, 함경 방언, 황해 방언과 남한 지역의 경
기 방언, 충청 방언, 강원 방언, 경상 방언, 전라 방언, 제주 방언으로
크게 구분된다.(☞지역 방언에 대해서는 제3장의 2절 '한국어의 지역적 분
화' 참고)

국외 지역의 한국어 변이형도 있는데, 재일 동포의 한국어, 재미
동포의 한국어, 재중 동포의 한국어 등이 그것이다. 재외 동포들의
지역별 변이형은 지역적 구역과 시대적 변천이 더해져 사용되는 변이
형의 특성을 함께 가지게 된다.

2.2.3. 사용 집단에 따른 변이형

어휘는 특정 사용자 집단에 따라 변이형을 가지기도 한다. 특정한
계층과 집단 내에서 소통되는 말로는 은어, 계층어/계급어, 전문어,
연령어, 남성어/여성어 등이 있다.(☞사회 방언에 대해서는 제3장 3절

'한국어의 사회적 변이' 참고)

　은어는 기본적으로 비밀 또는 위장의 의도로 시작하며, 전혀 다른 어휘를 사용하기도 하고 혹은 기존의 어휘를 사용하되 해당 집단만의 의미를 얹어 사용하기도 한다. 범죄 집단의 말이나 특수 직업(심마니, 은행원 등)의 말 등에서 많이 사용되는 것으로 알려져 있다. 보통 은어가 폐쇄 집단을 넘어 알려지면 더 이상 사용하지 않거나 바꾸는 것이 은어 사용의 목적에 부합하지만, 때로는 대중에게 은어가 알려지면서 유행어로서의 기능을 획득하기도 한다.

　　　⑹ 샘, 걍, 솔까말, 지못미, 잉여 등

　계층어는 사회의 계층을 상류, 중류, 하류 등과 같이 구분했을 때, 특정 계층에서 주로 사용하는 어휘를 말한다. 계층을 구분하는 것은 계급, 직업군, 학력 등의 요소가 될 수도 있고 사는 지역과 같은 요소가 변인이 될 수도 있다.

　전문어는 특정 분야의 전문가들에 의해 사용되는 말로 학술 영역에서 많이 사용된다. 일반적으로 전문어는 전문가 집단 간의 어휘로 제한되나, 최근 행정 업무에 사용되는 전문어는 일상생활과 연계된다는 점에서 '공공 언어'로 구분되어 국가 주도의 표준화 작업의 대상이 되기도 한다. 또한 일상생활에서의 사용 요구도가 높아지는 의학 용어나 법률 용어 등도 전문어가 일상어로 확대되는 영역이다. 전문 용어는 은어와는 달리 폐쇄성이 없고 분야별 어휘가 공개되며, 차용어가 많아 신어로서의 특성도 가지게 된다.

  (7) 법률: 고의, 과실, 방조, 각하, 고발, 고소, 금고, 기각 등
      경제: 재화, 가계, 자유재, 경제재, 특화, 분업 등

연령어는 어린아이나 노인들과 같은 특정 나이의 사람들이 즐겨 쓰는 표현을 말하는데, 유아어, 청소년어, 성인어, 노인어 등이 있다. 유아어는 유아인 청자가 알아듣기 쉽게 하는 어휘로 일정 시기가 지나면 더 이상 사용하지 않게 된다.

  (8) 멍멍이-개, 맘마-밥, 맴매-체벌, 까까-과자

청소년어는 청소년 시기의 연령층이 주로 사용하는 말들로, 동일 연령 집단 간의 은어나 비속어, 유행어일 가능성이 많다.

  (9) 냉무(내용 無), 깜놀(깜짝 놀라다)

성별어는 남성이나 여성만이 주로 사용하는 단어나 특유의 말투를 말한다. 특정 성별 화자들의 말하는 태도·억양, 또는 발성·발음의 특징 등도 포함되는데, 일반적으로 남녀의 언어 차이는 세계의 모든 언어에 다소 인정되어 있다. 다만 체계적으로 존재하는지 여부에는 차이가 있다. 한국어에서는 여성들이 '요기, 고기, 조기' 등의 지시사를 즐겨 쓰거나, 일부 감탄사('어머나', '어쩜')를 사용하고 있지만, 이는 경향성의 문제이지 여성어로서의 범주가 형성된 것은 아닌 것으로 본다.(☞성별어에 대해서는 제3장 3.3절 '성별에 따른 한국어의 변이' 참고)

2.2.4. 사용 맥락에 따른 변이형

어휘는 사용 맥락에 따라 변이형을 가지기도 한다. 먼저 화청자 관계, 발화 환경에 따라 높임말과 낮춤말의 변이형이 존재한다. 높임말과 낮춤말은 화자와 청자 간의 연령, 지위, 친소 관계에 따라 선택된다. 흔히 '낮춤말(낮잡아)–평말–높임말(점잖게)'의 삼원적 대립을 보이는 것이 일반적이나, '평말과 낮춤말' 혹은 '평말과 높임말'의 이원적 대립을 보이는 것도 많다. 한자어와 고유어의 대립에서 한자어가 높임말이 되는 경우가 많으며, 평말과 겸양어가 짝을 이루기도 한다.

(10) 가. 이빨–이–치아 (낮잡아–평말–점잖게)
　　　　처먹다–먹다–잡수시다 (낮춤말–평말–높임말)
　　 나. 자다– 주무시다 (평말–높임말)
　　　　주다 – 드리다 (평말–높임말)
　　 다. 노인– 늙은이 (평말–낮잡아)
　　 라. 나–저, 우리–저희 (평말–겸양어)

텍스트의 유형에 따라 변이형을 갖기도 하는데, 구어체는 일상 대화에서 자주 쓰이는 말이며, 문어체는 문장에서 주로 쓰이는 말이다. 구어체는 축약형과 탈락형으로 나타나는 경우가 많다. 일부 어휘는 구어에서만 혹은 문어에서만 나타나기도 하지만, 대부분의 어휘는 특정 텍스트에서 더 적절하게 인식되어 많이 나타나는 경향성을 보인다.(☞상황 변이형에 대해서는 제2장 2.3절 '말투와 상황 변이어(사용역)' 참고)

(11) 무지/되게 – 매우 (구어체–문어체)

2.2.5. 발화 의도에 따른 변이형

특정한 발화 장면에서 화자의 발화 의도에 따라 어휘 변이형이 나타나기도 한다. 속어는 주로 가까운 사람들 간의 관계에서 친밀감을 드러내기 위해 사용되는 말로 사실적이거나 재미있는 표현, 솔직한 표현을 하고 싶을 때 주로 사용한다. '쪽팔리다, 지랄하다, 골 때리다' 등의 다소 천박하고 속된 느낌의 어휘들이 해당된다고 볼 수 있다. 속어는 특정 의도를 드러내므로 특정 시기에 유행어로 활발히 사용되었다가 사멸되기도 한다.

언어 사용에서 죽음, 병, 성, 배설물 등과 같은 부정적 어휘를 회피하고자 하는 경향이 있는데, 이렇게 피하고자 하는 어휘를 '금기어'라 하고, 이러한 금기어를 대체해서 사용하는 말을 '완곡어'라고 한다. 완곡어는 시대의 흐름에 따라 점차 다른 표현으로 더욱 완곡하게 변화하기도 한다.

> (12) 가. 변소-뒷간, 화장실/죽다-돌아가다, 영면하다/마마-손님
> 나. 식모-가정부-파출부-가사 도우미-친족명(이모, 고모)

또한 어휘에 따라 화자의 의도가 담기기도 하는데, 사전에는 이들을 화용 정보로 제시하고 있다. 많이 사용되는 화용 정보로는 '강조하여, 경멸하는, 나쁜 감정을 가지고, 완곡하게, 놀림조로, 놀리거나 무시하는, 비꼬는, 조롱하는, 낮잡아(얕잡아), 귀엽게, 친근하게, 정답게, 겸손하게, 점잖은, 점잖지 못한' 등이 나타난다.

2.2.6. 언어 정책에 따른 변이형

국가의 언어 정책에 따른 어휘 변이형으로는 표준어, 순화어 등이 있다. 흔히 독자적인 정서법을 가지고 있는 나라에서는 표준어 제도를 가지고 있는데, 표준어는 보통 정치, 경제, 문화의 중심 지역을 기준으로 한다. 국어의 경우 표준어는 성문화된 규범 원칙을 가지고 있으나, 시대의 흐름에 따른 국민 언어생활의 변화에 따라 표준어를 복수로 허용하거나 변경하기도 한다. 표준어는 지역 방언에 대비되는 말이다.

순화어는 언어의 불순한 요소를 없애고 깨끗하고 바르게 다듬은 말이라고 규정된다. 지나치게 어려운 말이나 비규범적인 말, 외래어 등을 알기 쉽고 규범적인 상태로 또는 고유어로 순화한 말을 이른다. '다듬은말' 또는 '쉬운말'로 불리기도 한다.

　　　(13) 일본어 순화어
　　　　　가꾸목-각목, 다반사-예삿일, 구루마-수레 등

실제 언어생활에서 일반 대중들은 정확한 표준어나 순화어를 모른 채 현실적으로 소통되는 다양한 어휘들을 사용하기도 한다. 언어 정책에 의한 규범어는 궁극적으로 언어의 소통성을 높이기 위한 노력의 하나라고 할 수 있다.(☞언어정책에 대해서는 제2장 2절과 3절 참고)

3. 어휘의 차용 및 변천

3.1. 어휘 차용

우리말을 어휘소의 생성 기원에 따라 구분하면 크게 고유어와 차용어로 구분된다. 고유어는 중심 어휘군이고, 한자어와 외래어는 보조 어휘군에 속한다. 차용어를 다시 한자어와 외래어로 나누는 이유는 한자어가 외래어와 달리 음운 체계에 동화되어 완벽한 한국 한자음으로 읽히고 이질적 느낌 없이 자유롭게 결합하여 일반 대중들에게 한자어가 더 이상 차용어의 느낌을 주지 않기 때문이다. 이밖에 고유어와 차용어가 복합어를 이룬 혼종어도 존재한다.

〈표8-1〉『표준국어대사전』의 어종별 비율

구분	표준국어대사전(국립국어연구원 1999)
고유어	131,971(25.9%)
한자어	297,916**(58.5%)**
외래어	23,361(4.7%) 55,523 (10.9%, 혼종어)
합계	508,771(100%)

(이관규: 2004:447)

　고유어는 차용어와 상대되는 개념으로 우리가 옛날부터 사용해 온 순수한 우리말이다. 차용 시기가 오래 된 '성냥, 대롱, 숭늉, 동냥, 차례' 등은 차용어이나 고유어처럼 인식되기도 한다. 우리말의 기초 어휘의 대부분은 고유어이며, 특히 생활의 기본이 되는 어휘는 대부분 고유어에 속한다. 아울러 문법 기능을 담당하는 어휘 역시 거의 전적으로 고유어이다. 이런 의미에서 고유어는 어휘 목록의 비중에 비해 사용 빈도는 매우 높다.

　고유어는 자음 교체나 모음 교체 현상이 있으며, 의성어와 의태어를 통해 미묘한 감각적인 차이를 나타낼 수 있다. 또한 형태적 유연성이 높다.

(14) 가. 구깃구깃-꾸깃꾸깃, 감감하다-깜깜하다-캄캄하다
　　나. 까르르, 빙그레, 방긋, 싱글벙글, 허허, 활짝, 히죽 웃다
　　다. 먹다: 먹히다, 먹이다, 먹이, 먹보, 먹성, 먹거리
　　　　자다: 재우다, 잠, 잠보, 잠꼬대, 잠꾸러기, 늦잠, 낮잠

　한자어는 아래의 예처럼 한자로 표기할 수 있는 단어를 말한다. 한자란 중국에서 기원한 문자의 명칭이다.

(15) 漢字 – 한자(漢字)

　한자어는 주로 한문 문장의 일부가 한국어 단어 체계 안으로 들어온 것이며, 한문은 한자를 사용하여 표현한 문장이다. 현대 국어에서 사용되는 한자어에는 기원에 따라 중국에서 기원한 것(예. 공부(工夫), 당신(當身)….), 일본에서 기원한 것(예. 엽서(葉書), 추월(追越)….), 한국에서 자생적으로 생겨난 것(예. 전답(田畓), 대지(大地)….)이 있다. 또한 아래와 같이 동일 어휘 항목에 대해 한자권 언어 간에 차이를 보이는 경우도 많다.

〈표8-2〉 동일 어휘 항목에 대한 한자권 언어 간의 차이

어휘 항목	한국 한자어	일본 한자어	중국 한자어
감기	感氣	風邪	感冒
공부	工夫	勉强	學習(学习)
남편	男便	夫	丈夫, 愛人
내일	來日	明日	明天
물건	物件	物	東西(东西)
상대방	相對方	相手	對方(对方)
언어	言語	言語	語言(语言)
역	驛	駅	車站(车站)
조심	操心	注意	小心
화장실	化粧室	化粧室	洗手間

한자어는 그 자체로는 대부분 명사로 사용되나, 다른 품사로 쓰이는 경우도 있다.

> (16) 가. 명사: 선생, 학생, 학교, 교실
> 　　　나. 수사: 일, 이, 삼
> 　　　다. 대명사: 당신
> 　　　라. 부사: 과연

한자어는 주로 두 음절로 된 것이 많으며, 명사로 사용되는 것이 많다. 한자어에 파생접미사 '-하다'가 붙으면 동사나 형용사가 되는데, '-하다'가 결합했을 때 상태성 명사이면 형용사가 되고 동작성 명사이면 동사가 된다. 한자어 어근은 생산성이 높은 편이며, 하나의 한자가 여러 용법에 쓰이기도 하고 접사로 어휘 형성에 참여하기도 한다.

> (17) 가. 어근: 천국, 천지, 천하……
> 　　　나. 어근 및 접사: 한국인(접미사), 인간(어근)
> 　　　다. 접사: 비인간, 가건물, 미성년, 호경기

외래어 차용어들은 몽골계, 범어계처럼 이른 시기에 들어와 우리말의 음으로 읽히게 된 것들과 상대적으로 늦게 차용된 서구에서 들어온 프랑스, 러시아, 일본어, 영어계 외래어가 있다. 외래어란 국어에 본래부터 있던 어휘가 아니라 외국어에서 들어온 말이다. 학자에 따라 외래어는 같은 의미를 가진 한국어 단어가 존재하지 않는 경우로만 좁혀 보기도 하지만, 아직 한국어에 동화되는 과정 중에 있는 외국어라도 실제 언어생활에서 높은 빈도로 사용된다면 외래어의 범위

에 폭넓게 포함하는 경우도 있다. 이렇듯 외래어는 개념적으로는 외
국어와 구분되기도 하지만, 실제 외래어의 목록은 명확히 제시되지는
않는다. 국제 간 교류가 증진되면서 현대 한국어의 외래어 비중은 점
차 높아지고 있는 추세이다. 외래어는 한국어에 유입되면서 형태 전
용을 거치거나 의미 전용을 거치기도 한다.

- ○ 외래어의 형태 전용
  - 대치: foul → 파울
  - 첨가: strike → 스트라이크
  - 생략(탈락): notebook → 노트

- ○ 외래어의 의미 전용
  - 의미 대치: overeat 오바이트
    (영어에서 '과식하다'다는 의미에서 한국어에서는 '토하다'라
    는 의미로 대치되어 사용된다.)
  - 의미 확대: apartment 아파트
    (영어에서는 '월세 아파트'만을 의미하나 한국어에서는 월세
    아파트뿐만 아니라 모든 아파트를 아우른 개념으로 사용된다.)
  - 의미 축소: cake 케이크
    (영어에서는 빵과 과자를 케이크라고 하는 반면 한국어에서는
    생일 케이크와 같이 기념이나 행사용의 케이크를 일컫는다.)
  - 의미 상승: maker 메이커
    (제조업자/제조업체를 의미하는 메이커가 한국에서는 고급 제
    조업체/제품을 뜻하기도 한다.)
  - 의미 타락: madam 마담
    (귀부인을 의미하는 마담은 한국어에서 주로 유흥업 여주인을
    칭할 때 사용된다.)

한편 고유어와 차용어의 일부가 새로운 복합어를 형성하기도 하는데, 고유어와 차용어의 혼종으로는 고유어+한자어, 고유어+외래어, 고유어+한자어+외래어의 유형이 있으며, 차용어 간의 혼종으로는 '스키장'이나 '고속버스'처럼 한자어와 외래어가 복합어를 만들기도 한다.

3.2. 어휘 변천

어휘는 음운이나 문법에 비해 시대에 따라 가장 빠르게 변천되는 모습을 보인다. 더 이상 사용되지 않고 소멸되는 어휘도 있지만 대부분의 어휘는 유사한 의미의 새로운 어휘의 유입으로 대체되는 경우가 많다.

역사적으로는 한자어의 유입으로 많은 고유어가 사멸되고 한자어나 외래어로 대체되었으나, 사멸되지 않은 채 새로 유입된 한자어나 외래어와 유의 관계를 이룬 경우도 많다. 새로운 어휘의 유입이나 생성은 필연적으로 어휘의 팽창을 가져오게 되는데, 이는 문명의 발달과 더불어 일어나는 현상이다. 어휘 팽창의 주된 원인은 산업 사회, 정보화 사회로 넘어가면서 새로운 사물이나 개념이 등장하게 되어 어휘가 기하급수적으로 증가하게 되는 데에 있다. 아울러 차별화된 표현을 하고자 하는 언중의 요구도 어휘 팽창의 원인이 된다. 국제화가 진행되어 외국어 습득이 일반화되면서 언어 간 새로운 차용어가 급증한 것도 어휘 팽창의 또 다른 원인이 될 수 있다.

4. 어휘 선정

4.1. 기초 어휘

『표준국어대사전』에 올라 있는 표제어는 약 50만 개가 넘으며,

2016년에 웹 사전으로 공개된 『개방형 한국어 지식 대사전』의 표제어는 100만에 이른다. 하지만 일반 언중이 이들 모두를 알기란 어렵다. 그렇다면 수많은 어휘 중에서도 일상생활에서 고빈도로 사용되는 주요 어휘들을 한정할 수 있을까? 최근 발달한 말뭉치에 기반한 어휘 연구의 결과에 의하면 실제 일상생활에서의 언어 사용에서 언중은 고빈도의 일부 어휘를 반복적으로 사용하고 있음을 확인할 수 있다.

기초 어휘란 일상적 언어생활에서 생존에 필요한 기초적인 어휘를 이르는 말이다. 일반적으로 약 2,000개 정도의 고빈도 어휘가 모국어 화자의 일상생활에서 주로 사용된다고 알려져 있다. 기본적인 2,000개의 어휘는 필수 어휘라고 불리기도 한다. 언어마다 다소의 차이가 존재하지만 기본적인 2천 개의 어휘는 일반적인 대부분의 텍스트에서 80-90% 정도를 차지한다고 알려져 있다.

〈표8-3〉 영어의 어휘력을 구성하는 어휘의 양

유형	어휘 수	출현 빈도	텍스트 점유율	교수·학습 참고 사항
고빈도어	2,000	모든 텍스트에서 자주 등장	모든 유형의 텍스트 전체 어휘의 87%	필수 어휘
학술용어	800	대부분의 학술적 텍스트에서 자주 등장	학술 텍스트 전체 어휘의 8%	고등교육에 필요한 필수 어휘
전문용어	주제별 1,000~2,000	전문적 텍스트에서 경우에 따라 자주 등장	전문적 텍스트 전체 어휘의 3%	특정 교과 학습에 포함되는 어휘
저빈도어	약 12만 3천	자주 등장하지 않음	모든 유형의 텍스트의 2% 이상	교수를 위한 시간 할애의 필요성이 적음

(Nation 1990)

4.2. 기본 어휘 선정

기초 어휘와 유사한 개념으로 기본 어휘가 있는데, 이는 특정 목적을 위해 의도적으로 선정된 어휘로 정의된다. 교육용 기본 어휘, 한국어교육용 기본 어휘처럼 목적에 따라 구체화된 이름을 가지기도 한다. 기본 어휘는 사용 빈도나 사용 범위 등을 구체적이고 객관적인 자료를 바탕으로 선정한 것으로 언어 교육 등에 활용된다. 언어 교육에서는 학습해야 할 어휘를 한정하거나, 우선 학습할 어휘를 정하거나, 또는 교수 활동에서 어휘를 통제해야 하는 등의 경우에 있어 어휘의 선정은 중요한 연구 영역이다.

기본 어휘를 선정하는 방법은 크게 주관적 방법과 객관적 방법, 그리고 절충적 방법이 있다.

주관적 방법이란 어휘론이나 어휘 교육론의 전문가가 직관적으로 어휘를 평정하여 선정하는 방법으로 교사나 어휘 전문가의 경험과 직관에 기대어 이루어진다. 이는 오랜 경험과 전문성을 바탕으로 하므로 기초 어휘가 누락되지 않는 장점이 있으나, 전문가 간의 직관과 경험에는 차이가 존재할 수 있어 객관성과 타당성이 결여되어 있다는 지적을 받을 수 있다.

객관적 방법이란 빈도 산출 등의 계량적 방법에 기초한 연구로 개별 어휘소의 사용 빈도나 하나의 어휘소가 출현하는 텍스트의 수를 통해 어휘의 사용 범위를 분석하는 방법이다. 개별 어휘소가 얼마나 많이 사용되는가 하는 빈도 분석과 어휘소가 사용되는 문맥이 얼마나 다양한가를 살피는 어휘 범위 분석, 어떤 어휘소가 한 코퍼스 안에서 일정한 빈도수를 유지하는 것을 측정하는 사용분포(spread frequency) 분석이 기본이 된다. 교육용 어휘 선정에는 이밖에도 학습 용이성, 이용

가능성, 교수 용이성 등의 요소를 부가할 수 있다. 아울러 언어 내 난이도나 특별 언어권 화자에 따른 언어 간 난이도 결과 역시 교육용 어휘 선정에 영향을 미친다. 객관적 분석은 빈도 순위와 교수에서 필요로 하는 중요 어휘가 서로 일치하지 않을 수 있어, 반드시 포함되어야 할 중요 단어가 누락될 수 있다는 단점이 있다.

최근에는 절충적 방법이 선택되는데, 앞의 두 가지 방법의 장점을 취하고자 하는 방법이다. 우선 빈도를 기반으로 한 객관적인 방법을 적용한 뒤, 선정된 목록에 대한 한국어 학습자와 교사의 어휘 친숙도 조사, 전문가 어휘 평정의 과정을 거친다. 이는 전문가의 경험적 직관에 의한 주관적인 방법을 혼합하는 방법이라 할 수 있다.

어휘 선정 연구에서 사용하는 용어 중 타입(type, 어휘 종류)과 토큰(token, 총어수)이라는 것이 있는데, 타입이란 어휘의 종류를 말하며 토큰이란 전체 텍스트에서 사용된 어휘의 총수를 의미한다. 일반적으로 한 텍스트에서 실질 어휘와 형식 어휘를 비교해 보면 형식 어휘의 경우에는 상대적으로 타입의 수에 비해 토큰의 수가 많음을 확인할 수 있다. 언어 학습의 측면에서 보면 타입의 수가 높을수록 어휘 학습 부담량은 많아진다고 할 수 있다.

=====〈깊이 알기〉 말뭉치 언어학 =====

언어 연구의 대상이 되는 전자 형태의 텍스트 집합을 말뭉치(또는 코퍼스, corpus)라고 한다. 말뭉치 자료는 문법, 의미, 어휘의 이론 언어학의 연구나 자연언어 처리나 사전, 번역 등의 응용언어학적 연구에 큰 기여를 하고 있다. 최근에 활발하게 이루어지고 있는 어휘의 양적 연구는 말뭉치 언어학의 발달과 무관하지 않다.

5. 어휘 통합 관계

함께 나타나는 단어 간의 긴밀한 의미 관계에 따라 구 단위 이상이 하나의 의미 단위로 해석되는 경우, 이를 통합 관계를 이룬다고 한다.(☞통합 관계에 대응되는 계열 관계에 대해서는 제9장 2절 '의미의 관계와 의미장' 참고)

한 언어에서 많은 어휘들은 이렇듯 관례적으로 사용되는 패턴이 있는데, 이런 고정적인 표현은 모국어나 외국어 습득 시 혹은 성인의 언어 생산에 주요 역할을 한다. 통합 관계에 있는 어휘 관계 유형에는 아래와 같은 것들이 있다.

- 연어: 배짱을 부리다, 방정을 떨다…
- 상투 표현: 코가 삐뚤어지게 술을 마시다 …
- 속담: 원숭이도 나무에서 떨어질 때가 있다…
- 관용구: 미역국을 먹다, 파리를 날리다…
- 굳어진 구: −에 대하여, −임에도 불구하고…

5.1. 연어

연어(連語, collocation)란 '구성 요소 간의 긴밀한 결합관계 또는 공기 관계'를 말한다. 공기하는 요소들은 상대적으로 고빈도 공기 관계를 가지며 두 요소는 선택어와 피선택어의 관계에 있다. 아래의 예에서 보듯, '머리'와 '감다'의 의미는 원래의 의미 그대로 투명성을 가진다. 이는 '미역국을 먹다(시험에 떨어지다)'와 같이 원래 단어 의미의 투명성을 잃는 관용 표현과 구분되는 점이다. 대부분의 모국어 화자들은 많은 연어를 기억하고 있으며, 복잡한 생각이 간단한 어휘적 연

어로 실현되므로 연어를 통해 더 빠르고 효율적으로 의사소통할 수
있다. 같은 의미를 공유하는 용언들이 함께 나타나는 명사에 따라 연
어 관계를 달리하기도 한다.

> (18) 가. 머리를 감다 / 빨래를 빨다 / 손을 씻다 [씻다]
>   나. 피아노를 치다 / 바이올린을 켜다 / 하프를 타다 [연주하다]

특히 우리말의 의성어, 의태어는 함께 나타나는 주어나 술어와 긴
밀한 공기 관계를 가지며 연어 관계를 나타낸다.

> (19) 가. 개가 멍멍 짖는다.
>   나. 종이 땡땡 울린다.
>   다. 아기가 아장아장 걷는다.

5.2. 관용구

관용구는 '숙어', '익은말' 혹은 '관용 표현'으로 불리기도 한다. 관
용구는 두 개 이상의 단어들이 결합되어 하나의 의미 단위처럼 사용
되는 말로, 한 개의 어휘소와 동일한 가치를 가지게 된다.

> (20) 가. 미역국을 먹다 (=시험에 떨어지다)
>   나. 비행기를 태우다 (=칭찬하다)

하지만 관용구와 일상 표현은 비록 같은 의미를 가진 단어 단위의
어휘소가 있더라도 동일한 의미를 가진다고 보기는 어려운 경우가 많
다. 관용구는 화자가 특별한 의도를 가지고 사용하는 경우에만 허용

되므로, 주로 친근한 관계이거나 비격식적인 발화 환경에서 사용된다. 같은 의미라고 해서 아래 (21나)와 같이 표현하면 상대에게 실례가 되기 때문이다.

> (21) 가. 야, 너 또 미역국 먹은 거냐? (친구 관계에서)
> 　　나. 따님이 대학 입시에서 <u>미역국을 먹었다면서요?</u>

또한 관용구는 한국인의 관습과 가치관을 담고 있어 문화적 속성이 강한 어휘로 성별, 계층, 계급 등에 대한 가치가 드러나는 경우가 많다.

5.3. 속담

속담이란 예로부터 민간에 전하여 오는 쉬운 격언이나 잠언을 말한다. 생활 속에서 터득한 지혜가 관용적인 문장으로 사용되는 것이며 이로 인해 교훈성을 지닌다. 구체적인 사실에 빗대어 교훈적인 개념을 전달하며, 역사적 배경을 가지고 있다. 관습에 의해 고정적인 표현 형식을 가지고 있으나 활용 등에서 약간의 변이형을 가지기도 한다. 이런 의미에서 속담을 통해 문화를 알 수 있다.

> (22) 가는 날이 장날, 등잔 밑이 어둡다

속담이 전달하려는 의미는 속담을 구성하는 개별 단어의 의미의 합으로는 파악되기 어려우며, 전체의 의미를 파악해야만 전달하려는 의미를 파악할 수 있는 특성이 있다. 말하고자 하는 내용을 직접 전달하지 않고 비유적으로 전달하며, 대조적 절을 나열하여 표현 효과를 높이기도 한다. 이런 이유로 주로 구어에서 높은 빈도로 사용된다.

또한 속담에서 주목했던 동식물이나 충, 효, 교우 관계, 남녀 차별, 가치 등의 측면을 살펴보면 한국인의 사고에 내재한 전통적 가치를 짐작할 수 있다.

6. 어휘와 사전 편찬

6.1. 사전의 개념

사전(辭典)은 어떤 범위 안에서 쓰이는 낱말을 모아서 일정한 순서로 배열하여 싣고 그 각각의 발음, 의미, 어원, 용법 따위를 해설한 책으로 말광, 사림(辭林), 사서(辭書)라고도 불렸다. 이에 반해 사전(事典)은 한국 민속 사전, 관혼상제 사전, 백과사전, 인명사전 등과 같이 여러 가지 사항을 모아 일정한 순서로 배열하고 그 각각에 해설을 붙인 책을 말한다. 사전(事典)은 대중성이 높은 반면, 사전(辭典)은 어휘 사전으로 전문성이 높다고 할 수 있다.

사전(辭典) 기술에서 구체적인 표제어의 기술은 다음과 같은 요소를 포함하게 된다. 먼저, 개별 어휘 항목(표제어)의 음운 형태가 표시된다. 사전에서는 이를 표시하기 위해 발음의 기준, 표시할 기호, 표시의 범위, 표시의 방식, 표시의 위치 등을 고려한다. 둘째, 표제어가 속하는 문법 범주 및 다른 범주와의 공기 제약에 따르는 하위 범주 구분이 표시된다. 사전에서는 표제어의 구조 표시 방법, 형태 변화 제시 범위, 문법 범주 구분 방법, 결합 관계(문형, 연어 등) 제시 여부와 이들을 제시하는 방법, 제시 범위를 고려하게 된다. 셋째, 표제어의 의미가 정의된다. 사전에서는 뜻풀이 제시의 원칙, 뜻풀이 사용 어휘의 한정, 동음어와 다의어의 구분 기준, 다의 항목의 구분 기준

등을 고려하게 된다. 넷째, 사전에서는 표제어의 의미 이해를 돕기 위해 용례를 제공하기도 한다. 따라서 용례의 개념 및 범위, 용례의 유형, 용례의 길이, 용례의 수, 용례 제시의 목적에 따른 방법 등을 결정하는 것도 중요한 작업이 된다. 아울러 사전에서는 표제어의 어원이나 관련어, 화용 정보 등을 제시하여, 해당 표제어의 이해를 돕는다.

〈표8-4〉『개방형 한국어 지식 대사전』의 미시 구조

구분	정보 영역	정보 항목	세부 사항
표제어	형태 정보	품사	
		발음	음성
		활용 정보	체언의 곡용 정보 용언의 활용 정보
	의미 정보	관련어	비슷한 말, 반대말, 상위어, 하위어 본말/준말, 높임말, 낮춤말, 참고 어휘
		문형	필수 조사 제시
		뜻풀이	화용 정보 포함
		용례	구, 문장
부표제어	형태 정보	관용구, 속담	
	의미 정보	뜻풀이	

6.2. 사전의 유형

사전은 규모에 따라 대사전(30만), 중사전(20만) 소사전(5만)으로 구분되는데, 과거 일반인이 즐겨 사용하는 종이 사전은 소사전에 머무는 경우가 대부분이며, 대사전이나 중사전 규모의 종이 사전은 국가나 기관에 의해 편찬되는 경우가 많다. 사전을 구현 매체에 따라 종이 사전과 웹 사전, 전자사전, 모바일 사전 등으로 구분할 수도 있다. 최근에는 전자사전의 사용이 활발해지면서 규모의 제약이 줄고 있다.

보급되는 국어사전의 대부분은 현대 국어를 대상으로 하는 공시적 사전이나, 전문가들이 주로 사용하는 어휘 역사 사전, 고어사전, 17세기 국어사전 등과 같은 통시적 사전도 존재한다.

사전은 표제어에 따라 독해용 사전으로 활용되는 이해 사전과 작문에 주로 활용되는 표현 사전으로 구분된다. 이해 사전은 주로 자모순으로 배열되며, 이에 반해 표현 사전은 개념에 따라 혹은 상황에 따라 어휘를 모아서 제시하는 분류 사전이다. 언어 교육용 사전은 크게 단일 언어 사전(국어사전)과 대역사전으로 나뉜다. 단일 언어 사전은 다시 사용자의 목적에 따라 한국인 대상의 국어사전(모국어 지향)과 외국인을 대상으로 하는 한국어 사전(목표어 지향)으로 나뉠 수 있다. 대역사전은 대역의 수준에 따라 반(semi)이중 언어 사전과 이중 언어 사전으로 나뉘며, '한영사전', '영한사전'과 같이 출발이 되는 표제어의 언어의 방향이 다른 사전으로 구성된다.

이밖에 특수 목적을 가진 사전으로 유의어 사전, 반의어 사전, 관용어 사전, 속담 사전, 비속어 사전, 용례 사전, 발음 사전, 문형 사전, 품사 사전, 파생어 사전, 어미·조사 사전류와 방언사전, 어원사전, 발음 사전, 신어사전, 외래어 사전, 관련어 사전 등이 있다.

6.3. 사전의 활용

사전 활용의 효용성에 대한 논의는 다양하다. 모국어 화자가 사전을 찾는 이유 중의 하나는 사전을 통해 모르는 단어의 의미를 배우거나, 혼동되는 어휘의 의미를 확인하기 위해서다. 뜻풀이를 통해 의미를 찾고 예문을 통해 파악한 의미를 명확하게 하는 것이다. 국어사전의 경우, 한자어를 확인하거나 전문 용어에 대한 지식을 얻기 위해 사용되기도 한다. 또한 규범의 확인을 위해 사용하기도 한다. 적절한 사용 기술이 동반된 사전 사용은 일상생활에서의 독해력 향상에 큰 도움을 준다고 알려져 있다. 또한 사전을 통해 사용역(적절성)에 대한 정보도 확인할 수 있으며, 연어나 문법 정보를 참고하여 쓰기 활동에서 도움을 받을 수도 있다. 용례는 쓰기에서 가장 적극적으로 활용하는 정보이며, 사용자들은 문형 정보 자체보다는 용례를 통해 문형을 파악하여 도움을 얻게 된다.

최근 사전은 지면이 제한된 종이 사전이 아닌 용례 제시에 제약이 없는 웹 사전이나 전자 사전의 형태를 띠고 있다. 따라서 코퍼스(범용 코퍼스, 병렬 코퍼스)의 실제 자료와 연계된 사전의 사용은 정보의 제공에 제약이 없으며, 언어 학습에도 큰 도움을 준다. 사전 사용의 성패는 역시 찾고자 하는 정보의 유형별로 사용 방법을 학습하는 것이 가장 중요하다고 하겠다.

• 토 론 거 리 •

① 어휘집을 이루는 어휘 항목에 속하는 요소에는 어떤 것들이 있을까? 구체적인 예시를 통해 어휘 항목을 찾아보자.
② 기초 어휘나 기본 어휘를 선정하는 다양한 방법들을 비교해 보고, 어휘 선정 절차에서 고려해야 할 점에 대해 논의해 보자.
③ 사전의 구체적인 활용 방안을 통해 사전의 효용성에 대해 논의해 보자.

더 읽을거리

  어휘 선정에 대한 논의는 영어, 일어, 프랑스어 등 각 언어권별로 활발히 이루어져 왔다. 국어에서는 기초 어휘에 대한 연구와 국어교육이나 한국어교육에서의 활용과 관련된 기본 어휘 연구가 많이 이루어졌다. 임지룡(1991), 서상규(2002), 김광해(2003), 임칠성(2003), 강현화(2014)등을 참고할 수 있다.

  한국어 전체의 어휘 의미망에 대한 연구는 국어정보학의 발달과 더불어 최근 활발히 연구되고 있다. 이에 대해서는 한정한(2008), 옥철영(2008), 이기황·이재윤(2010), 강범모(2010), 윤애선(2012) 등을 참고할 수 있다.

제9장 의미론 ●━━━━━━━━━━

　　언어는 일반적으로 의사소통의 수단이라고 정의되는데, 의사소통은 달리 말해 의미 전달이라고 할 수 있다. 의미가 언어로만 전달되거나 파악되는 것은 아니며 인간의 다양한 행위나 사회 현상 등에도 '의미'가 있을 수 있다. 의미론은 그러한 행위나 현상의 의미가 아니라 형태소나 단어, 구나 문장 등과 같이 다양한 언어 형식을 통해 전달되거나 파악되는 '의미'를 탐구한다. 그런데 단어나 문장의 의미는 그것을 실제 사용하는 발화 맥락과 무관하게 파악될 수는 없다. 이 장에서는 개별 어휘에 담긴 지식에서 문장 층위에 이르기까지 언어 형식들의 배열을 통해 기호화되는 지식을 탐구하는 것으로서 의미론을 다룬다.

　　언어에 대한 탐구는 언어 형식과 그것들 사이의 형식적 통합 관계에 대한 것과, 언어 형식이 담고 있는 의미와 그것들 사이의 의미적 관계에 대한 것으로 양분할 수 있다. 의미론은 언어 형식들 사이의 관계에 대한 것이 아니라 그 언어 형식이 나타내고 있는 개념 혹은 의미에 대한 탐구이다. 그래서 의미론은 의미를 가진 최소 단위인 형태소나 단어와 같은 언어 단위들의 의미적 특성과 관계에 대한 어휘 의미론과, 그 이상의 구성 단위가 갖는 의미 특성과 관계에 대한 문장의미론의 두 분야로 나눌 수 있다. 그런데 개별 형태소나 단어가 나타내는 의미는 그것이 사용된 문장에서 파악될 수밖에 없는 것이어서 그 경계가 불분명하다. 의미론은 언어 형식의 단위에 따라 형태론, 어휘론, 통사론과의 밀접한 관계가 있으며, 언어 표현의 의미가 그 탐구 대상이라는 점에서 화용론과 같은데 이에 대해서는 10장에서 설명한다.

1. 언어와 의미

1.1. 의미의 층위

의미론의 연구 대상은 형식적으로 단어나 문장과 같은 언어 단위에 한정되지만, 의미의 개념은 단어와 문장을 해석하는 몇 가지 층위로 나누어 생각해 볼 수 있다. 아래의 평범한 한국어 문장을 살펴보면서 의미의 층위를 살펴보자.

　　　　(1) 오늘은 날씨가 덥다.

이 문장에는 '오늘', '날씨', '덥다', '은', '가' 5개의 단어가 있는데, 앞의 세 단어는 구체적인 의미를 가진 내용어(content word)이고, 뒤의 두 단어는 그것이 결합한 단어가 다른 말과 가지는 관계를 나타내는 기능어(function word)이다. 우리는 (1)의 내용어들이 무엇을 가리키는지를 파악할 수 있는데, 언어 표현이 무언가를 가리키는 것을 지시(reference)라고 하고, 그 표현이 지시하는 실체를 지시체(referent, 또는 지시물)라고 한다.

이와 같이 일반적인 의미에서 언어 표현 자체에서 파악되는, 즉 특
정한 맥락에 따라 다른 해석을 갖지 않는, 단어나 문장의 의미는 표
현 의미(expression meaning)라고 부르는 의미의 층위를 구성한다.
표현 의미의 층위는 의미론의 중심 주제를 이루는데, 단어나 문장의
표현 의미가 무엇인지를 결정하려면 그것이 사용된 구체적인 맥락으
로부터 추상화된 개념으로서의 의미를 밝혀야 한다.

그런데 (1)의 문장으로 표현되는 구체적인 의미는 그것이 실제 사
용된 발화 맥락에 의해서만 파악될 수 있는 측면이 있다. '오늘'은 위
문장이 발화된 날짜에 따라 '오늘'이 언제인지 파악되고, '덥다'로 표
현되는 온도의 정도는 계절이나 장소에 따라 다르게 파악된다. 이처
럼 언어 표현은 그것이 실제로 사용되는 맥락 속에서만 표현 의미가
가리키는 구체적인 지시체가 파악되는데, 발화에 참여하는 화자와 청
자, 발화의 시간과 장소 등의 맥락이 주어진 층위에서 표현 의미의
지시체로서의 발화 의미(utterance meaning)가 해석된다.

또한 문장 (1)의 실제 사용은 사회적 상호작용의 방식으로 이루어
져서, 표현 의미와 발화 의미만으로는 그 문장의 의사소통 상의 목적
이 달성되지 않는다. 우리는 어떤 행위를 성취하기 위해 발화를 하는
데, 진술, 의문, 요청, 약속, 거절, 경고 등의 다양한 행위는 우리가
발화를 통해 성취하려는 의사소통의 목적이 될 수 있다. (1)의 문장이
한여름 낮에 외출하는 청자에게 발화된 맥락에서는 '경고' 행위로 해
석될 수 있고, 초여름 강의실이라는 맥락에서는 청자에게 어떤 '요청'
을 하는 것으로 해석될 수 있다. 이러한 해석은 문장의 표현 의미와
발화 의미에서는 파악될 수 없는 것으로 의사소통적 의미(communicative
meaning)라고 한다.

1.2. 문장 의미와 합성성

문장의 의미를 파악한다는 것은 그 표현을 구성하는 단어의 의미를 안다는 것에서부터 출발한다. 우리의 정신에 그 언어의 단어와 그 의미들이 저장되어 있는 것을 '어휘부(lexicon, 또는 어휘집)'라 하고 어휘부에 저장된 의미를 '어휘적 의미(lexical meaning)'라고 한다. 문장의 의미는 그러한 어휘 의미를 포함한 언어 지식으로부터 도출되는데, 부분의 의미로부터 전체의 의미가 도출되는 과정을 '합성(composition)'이라고 한다.

그런데 문장의 의미 해석이 어휘 의미의 단순합성만으로는 가능하지 않다.

> (2) 밥이 어제는 맛있었어요.

문장 (2)에서 '맛있었어요'는 '과거' 사건을 나타내고, 청자가 '존대'의 대상임을 나타낸다고 할 수 있는데, 이러한 의미들까지 '맛있다'의 어휘 의미로 어휘부에 저장되어 있다고 보기는 어렵다. 또한 앞에서 '기능어'로 분류된 형태들은 그것이 어떤 어휘 의미를 가졌다고 기술하기 어려운 표현 의미가 있다. 이런 의미는 '문법적 의미(grammatical meaning)'라고 한다. (2)에서 '과거'의 의미는 '맛있었어요'에서의 '-었-'에 의해서, '존대'의 의미는 '-요'에 의해서 표현되고, 조사 '는'과 '이'는 '대조'와 '지정'(혹은 '주격'이라고 불리는)의 의미로 해석된다. 이처럼 문장 표현에서는 어휘적 의미뿐만 아니라 문법적 의미도 그 합성에 관계된다.

합성에는 일정한 규칙이 필요하다. (2)에서 '맛있었어요'의 의미는 바로 앞의 표현인 '어제는'과 먼저 합성하지 않고 그 앞의 '밥이'와 합성되어야 하는데, 이는 '맛있었어요'가 문장의 서술어이고 '밥이'가 문장의 주어라는 통사적 구조에 따른 결합 규칙이 있기 때문이다. (2)는 '밥이'와 '맛있었어요'의 의미 합성이 이루어진 후에, 다시 '어제는'과 '밥이 맛있었어요'의 의미 합성이 이루어진다고 하겠다.

이와 같이 문장 표현의 의미 해석은 통사적 규칙과 관계가 있는데, 문장은 언어의 통사적 규칙을 통해서 기본 표현으로부터 복합 표현을 형성하고, 복합 표현의 의미는 의미적 합성에 의해 결정된다. 문장과 같은 복합 표현이 합성의 과정에 의해 의미를 가진다는 것은 의미론의 기본적인 관점인데, 이를 합성성의 원리라고 부른다.

> (3) 합성성의 원리 : 복합 표현의 표현 의미는 그 성분의 어휘적 의미, 문법적 의미, 표현 전체의 통사적 구조로 결정된다.

> (4) 가. 경찰이 도둑을 붙잡았다.
>   나. 도둑이 경찰을 붙잡았다.
> (5) 가. 영이는 철수와 민수를 만났다.
>   나. [영이는 철수와] 민수를 만났다.
>   다. 영이는 [철수와 민수를] 만났다.

문장의 의미가 단순히 문장을 구성하는 단어들의 의미를 합한 것이라면 (4가)와 (4나)의 의미는 동일한 단어들 '경찰, 도둑, 붙잡-, 이, 을, -았-, -다'로 이루어진 것이므로 같아야 할 것이다. 그러나 (4가)에서는 '경찰'이 주어이고, (4나)에서는 '도둑'이 주어라는 문법적 의미가 다르다는 사실에서 두 문장의 의미는 정반대의 상황을 표현하고 있다. (5가)의 문장은 (5나)와 (5다)의 두 가지 의미를 가진 중의적인 것인데, '철수와'가 '영이는'과 묶이느냐 '민수를'과 묶이느냐에 따른 통사적 구조의 차이에 의해 그 표현 의미가 결정된다. 그래서 (3)의 합성성의 원리는 복합 표현의 의미가 그것을 구성하는 부분들의 의미와 그 부분들 사이의 통사적 관계에 의해서 파악될 수 있음을 말한다.

1.3. 의미의 유형

단어나 문장이 나타내는 의미의 실체가 무엇인지를 이해하기 위해 의미가 실제 의사소통에서 가지는 역할을 살펴보자.

(4) 아이가 개를 좋아했다.

이 문장을 발화하는 화자는 '아이', '개', '좋아하다'라는 각각의 단어로 어떤 지시체를 나타내며, 청자는 그 단어로 그것이 나타내는 지시체를 파악한다. 그런데 언어의 본질적 특성인 '자의성', 즉 언어 기호의 형식과 내용 사이에 필연적 관계가 없다는 것은 어떤 단어의 형식(소리나 문자)에 그 의미(내용)가 객관적으로 존재하는 실체가 아님을 말한다. 그래서 단어 '아이'의 의미는 화자와 청자의 정신에서 그 형식과 연결된 어떤 지식이라고 할 수 있는데, 이를 개념(concept)이라고 한다. 그리고 (4)에서 '개'가 어떤 특정한 개체를 의미하는지, 동물의 종류로서 개를 의미하는지는 다시 언어 외적인 맥락 정보가 필요하다. (4)의 문장은 '-었-'이 쓰여서 그 문장이 의미하는 것이 발화 시점보다 이전인 과거의 어떤 특정 사태를 의미하는 것으로 파악된다. 그래서 단어의 의미는, 더 정확히는 내용어(체언, 용언, 수식언)는 어떤 개체에 대한 정신적 지식으로 이루어진 개념이고, 문장 의미는 어떤 사태에 대한 정신적 지식으로 이루어진 개념이라고 하겠다. 단어의 의미가 언어 외적인 맥락 정보를 통해 결정되는 범주를 '외연 (denotation)'이라고 하는데, 단어의 외연은 실재하는 특정 지시체나 그러한 개체들의 집합으로서의 지시체나, 가상의 지시체들도 포함한 다. 언어 기호로서의 단어와 의미, 외연 사이의 관계는 아래와 같이 '기호 삼각형'으로 도식화해서 파악할 수 있다.

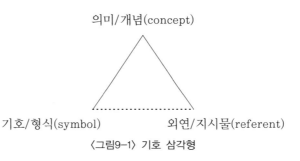

〈그림9-1〉 기호 삼각형

━━〈깊이 알기〉 언어 표현과 의미, 지시체의 관계 ━━━━━

　　의미의 실체가 무엇인지, 즉 의미의 의미가 무엇인지에 대한 탐구는 고대 그리스 철학으로부터 현재에 이르기까지 계속되었지만, 아직 명확히 정의되기 어려운 실정이다. 초기에는 언어 표현의 의미는 그것이 가리키는 지시체라고 보았다. 예를 들면 단어 '사람'의 의미를 그것이 가리키는 사람이라는 지시체라고 본 것이다. 그러나 '사랑, 평화, 인내'와 같은 추상명사나, 지시체를 상정하기 어려운 조사나 어미와 같은 기능어들의 존재는 언어 표현의 의미를 지시체로만 파악할 수는 없음을 보여준다. 〈그림 9-1〉의 기호 삼각형은 언어 표현의 의미를 객관적으로 존재하는 지시체가 아니라 언어 사용자의 정신에 있는 어떤 것(지식)이며 이를 매개로 지시체와 연결될 수 있는 것으로 표상하고 있다. 이러한 관점은 소쉬르에서 본격적으로 제시되었는데, 소쉬르는 언어 표현(기호)을 '시니피앙'(기표/능기)과 '시니피에'(기의/소기)의 결합으로 파악하였고, 이는 각기 '기호/형식'과 '의미/ 개념'에 대응한다.

언어 표현에서 파악될 수 있는 의미는 위에서 살펴본 개념적 의미(conceptual meaning)뿐만 아니라, 지시체에 대한 연상이나 반응 등에 의해 형성된 연상적 의미(associative meaning)가 있는데 대체적으로 다음과 같이 더 세분할 수 있다. 먼저, 주변적이고 가변적인 의미로서 내포적 의미를 들 수 있다. 한국어에서 '곰'이라는 단어는 '미련하다', '(행동이) 굼뜨다' 등의 의미를 연상할 수 있는데, 이러한 의미를 내포적 의미라고 할 수 있다. 둘째로, 사회적 의미는 언어가 사용되는 사회적 환경과 관련되는 의미를 말한다. 언어 표현을 통해서 화자의 출신 지역이나, 화자와 청자의 관계 등을 파악할 수 있는데, 이는 그 언어 표현의 사회적 의미이다. 셋째로, 정서적 의미는 언어 표현에서 파악되는 대화 상대에 대한 태도나 표현 내용에 대한 화자의 판단 등과 같이 언어 사용자의 정서가 반영된 의미이다. 예를 들어, '그가 사진을 찢었어'와 '그가 사진을 찢어 버렸어'는 개념적 의미는 동일하지만 문장 내용에 대한 화자의 태도가 다르다. 넷째로, 주제적 의미는 언어 표현에서 초점이나 강조 등을 통해 화자의 의도가 반영되어 나타나는 의미를 말한다. 예를 들어, '경찰이 범인을 잡았다'와 '범인이 경찰에게 잡혔다'는 각각의 문장을 통해 전달하려는 주제적 의미가 다르다고 할 수 있다.

▎생각 넓히기 ▎

'의미'의 의미와 유형

의미의 본질이 무엇인가, 즉 의미를 어떻게 정의할 것인가에 대해서는 여러 가지 학설이 있다. 언어 표현의 의미는 그것이 지시하는 지시물(referent)이라고 보는 지시설, 실제 세계에 존재하는 지시물이 아니라 우리의 마음이나 정신 속에 떠오르는 심리적 이미지로서의 개념이라고 보는 개념설, 그것이 사용되는 구체적인 맥락에서의 용법이라고 보는 용법설이 있다. 그 밖에도 행동설, 진리 조건설, 의의관계설 등이 있는데, 각각의 관점마다 장단점이 있으며, 앞으로도 다양한 정의가 제시될 수 있다.

관점에 따라 의미의 유형은 다양하게 분류될 수 있는데, 여기에서는 언어 표현으로 전달되는 의미의 측면에서 의미 유형들을 제시했다. Leech(1970)에서는 의미의 유형을 크게 개념적 의미, 연상적 의미, 주제적 의미 세 가지로 나누고, 연상적 의미는 다시 내포적 의미, 사회적 의미, 감정적 의미, 반사적 의미, 배열적 의미로 나눔으로써 일곱 가지 의미 유형을 제시하였다.

1.4. 중의성과 모호성

1.4.1. 중의성

언어 표현은 언제나 하나의 명확한 의미로 파악되지만은 않는데, 언어 표현이 둘 이상의 의미로 해석되는 현상을 중의성(ambiguity)이라고 한다. 중의성은 언어 내적 요인에 의해 발생하는 경우와 언어 외적인 요소, 즉 발화 맥락에 의한 경우로 나눌 수 있다.

어휘적 중의성은 어휘의 특성이라는 언어 내적 요인에 의해 발생한다. 하나의 단어는 하나의 의미를 가질 수도 있고, 여러 가지 의미를 가질 수도 있는데, 여러 가지 의미를 가진 다의어에 의해서 중의성이 발생한다.

(5) 가. 손이 크다.
　　나. 그는 믿음이 돈독하다.
　　다. 김 선생은 어디 사세요?
　　라. 코가 높다.

(5가)에서 '손'은 중심 의미로서의 구체물인 '손'인지, 주변 의미로서의 '손'인지가 명확하지 않고, (5나)에서 '믿음'은 일반적으로 '신의'

를 뜻하지만, 기독교에서는 '신앙심'을 뜻하며, (5다)에서 '선생'이라
는 어휘는 교사의 의미에서 일반인의 경칭으로서의 의미로 해석될 수
있으며, (5라)에서 '높다'는 기본 의미와 비유에 따른 이차적 의미 사
이에 중의성을 불러일으킨다.

> (6) 배에 문제가 생겼다.
> (7) 쌀 팔러 간다.

(6)과 같이 동음어에 의해 중의성이 발생할 수 있는데, 동음관계에
있는 '배'의 중의성으로 인해 질환이 생긴 것인지 고장이 난 것인지
중의성이 발생한다. (7)은 방언에 의한 중의성을 보여주는데, '팔다'
가 경상도 방언 화자에게는 '팔다'인지 '사다'인지 애매하며, 중앙 방
언의 화자에게는 '팔다'로만 해석된다.

이러한 어휘적 중의성은 일반적으로 그것이 쓰인 구체적인 맥락에
따른 언어 외적인 정보나 어휘의 형태 변화를 통해서 해소될 수 있다.

둘 이상의 어휘들로 구성된 문장에서는 구성 요소들 사이의 관계에
의해 '문장의 중의성'이 발생할 수 있다.

> (8) 가. 멋진 내 친구의 동생
>   나. 나는 형과 아우를 찾아 다녔다.
>   다. 엄마는 아빠보다 나를 더 사랑한다.
>   라. 학생이 다 출석하지 않았다.
> (9) 그녀는 구두를 신고 있다.
> (10) 그는 오늘 이발을 하였다.

(8)은 범주의 중의성을 보이는 예이다. (8가)는 피수식 성분이 '내

친구'와 '동생' 가운데 어느 것인지 수식의 범주가 불분명하며, (8나)에서는 청자가 주어의 범주가 개별적('나')인지 공동적('나와 형')인지 판단에 곤란을 느낀다. (8다)에서처럼 비교의 범주에 따라 중의성이 발생하거나, (8라)에서처럼 부정의 범주에 따른 중의성으로 '다'의 한정이 중의적인 경우도 들 수 있다. (9)는 동작과 지속의 중의성을 보이는데, 현재의 진행 상황이라는 신을 신는 동작과 신을 신은 상태의 지속이라는 중의적인 해석을 갖는다. (10)은 우리말에서 태(voice)가 불분명하여 행위의 주체가 뚜렷이 드러나지 않는 데에서 기인한 중의성인데, '그'가 이발사인지 고객인지 중의적이다. 이러한 문장의 중의성은 어순 교체나 어조, 쉼표의 사용을 통해 해소할 수 있다.

동일한 언어 표현이 발화 상황에 따라 여러 가지로 해석될 수가 있는데, 이를 '화용적 중의성'이라 한다.

(11) 비가 온다.

(11)은 단순히 사실을 전달하는 개념적 의미로 쓰일 수도 있지만, 집안에서 어머니가 아들에게 이야기하는 맥락에서 "창문을 닫으라"는 의미를 전달하기 위한 것으로 해석될 수도 있고, 외출하는 아들에게 "우산을 챙겨 가라"는 의미로 해석될 수도 있으며, 비가 와서 날씨가 추워지니 "난방을 해야 한다"는 의미 등과 같이, 여러 의미로 해석될 수 있다.

1.4.2. 모호성

중의성과 관련되면서 구별되는 개념으로서, 의미하는 바가 분명히 파악되지 않는 모호성(vagueness)이 있다. '모호성'은 명확히 구분되

지 않는 외재적 세계를 어떤 언어 기호로 나타냄으로써 기인하는 것
이다. 예컨대, '아름답다'와 '추하다'의 한계나, '높은 산'의 높음의 정
도는 모호성의 예가 된다.

> (12) 가. 여울-실개천-개울-시내-내-하천-강-대하
>   나. 철수의 그림
>   다. 영이는 과일을 좋아한다.
>   라. 그 학생은 어제 결석했다.

(12가)는 그 지시 대상의 경계를 명확하게 규정하기 어려운 지시적
모호성을 보여준다. (12나)와 같이 한국어에서 조사 '의'로 결합된 명
사구는 선행어와 후행어 사이의 의미 관계가 불확정적이어서 무엇을
뜻하는지 명확히 파악할 수 없는 모호성을 갖는다. (12다)에서 '과일'
은 포괄적인 범위를 갖는 표현이어서 과일의 구체적 범위가 결여된
모호성을 보인다. (12라)에서는 맥락이 주어지지 않는 한 '그 학생'이
누구인지, '어제'가 며칠인지 파악할 수 없는 모호성을 갖는다.

2. 의미의 관계와 의미장

2.1. 의미 관계

앞에서는 하나의 언어 표현에서 나타나는 의미 현상을 다루었는
데, 여기서는 둘 이상의 언어 표현이 관계가 있는 의미 현상에 대해
서도 살펴본다. 먼저 둘 이상의 언어 표현이 개념적으로 동일한 의
미를 가지는 것을 동의 관계(synonymy)나 유의 관계라고 하는데, 언
어 표현의 의미가 모든 측면에서 동일한 경우는 찾기 어렵다. 학자

에 따라서는 모든 맥락에서 완전히 동일한 의미로 파악되는 관계만을 동의 관계라고 하고, 개념적으로 동일한 부문도 있지만 그렇지 않는 부문도 있어서 의미가 비슷한 관계를 유의 관계라고 하여 두 가지를 구분하기도 한다. 그런데 의미가 모든 측면에서 완전히 동일한 경우는 거의 없으므로 유의 관계라는 용어를 사용하는 것이 일반적이다. 유의 관계에 있는 단어들은, 소리는 다르지만 의미가 비슷비슷한 단어들로서, 내포는 다르지만 외연이 일치하거나, 의미는 비슷하지만 지시 대상의 범위가 다르기도 하고 미묘한 느낌의 차이를 보이기도 한다.

> (13) 가. 고유어/한자어/외래어
> : 아내-처-와이프, 머리-모발-헤어
> 나. 높임 표현
> : 나-저-본인-이 사람, 이름-성명-존함-함자
> 다. 국어 순화 표현
> : 세모꼴-삼각형, 쪽-페이지

(13가)는 어원의 차이에 의한 유의어들의 예인데, '머리'를 자르러는 가지만 '헤어'를 자르러 가지는 않고, '머리'나 '헤어'를 손질하지만, '모발'을 손질하지는 않는 것 같다.

상하 관계(hyponymy)는 둘 이상의 단어가 의미적으로 서로 포함하고 포함되는 관계에 있는 것을 말한다. 단어가 지시하는 대상을 분류하게 되면 한 단어가 지시하는 범위가 다른 단어가 지시하는 범위보다 더 넓어서 의미상으로 둘 사이에 포함 관계가 성립할 수 있는데, 포함하는 단어를 상의어(上義語, 또는 상위어), 포함되는 단어를 하의어(下義語, 또는 하위어)라고 한다. 상하 관계를 형성하는 단어들은, 상의어일수록 일반적이고 포괄적인 의미를 지니며, 하의어일수록 개별적이고 한정적인 의미를 지녀서 계층적 관계를 보인다.

(14) 가.

　나. 나무: 소나무, 느티나무, 버드나무, 플라타너스…….
　다. 이동하다: 가다, 오다, 뛰다, 돌아다니다…….

　(14가)에서 '남자'는 '소년'의 상의어이고, '소년'은 '남자'의 하의어인데, '남자'는 다시 '사람'의 하의어이고, '사람'은 다시 '동물'의 하의어가 된다. (14나)에서 '나무'는 그 하의어인 '소나무'나 '느티나무'보다 의미가 일반적이고 포괄적이어서 지시의 범위로서 외연이 넓다. (14다)에서 '뛰다'는 '이동하다'보다 더 개별적이고 한정적인 의미를 가지므로 더 특정한 종류의 '이동하다'를 의미한다.
　단어들 사이에 서로 반대되거나 대립되는 의미를 가진 관계를 반의관계(antonymy)라고 하고, 반의 관계에 있는 단어를 반의어(antonym)라고 한다. 반의 관계는 두 단어가 공통적인 의미 요소가 있으면서 반대되는 개념을 지녀야 성립하는데 그 성립 조건을 아래와 같이 제시할 수 있다(심재기 1982:237-245).

　　(15) 반의 관계 성립 조건
　　　가. 동질성 조건: ㄱ. 동일 의미영역, ㄴ. 동일 어휘범주
　　　나. 이질성 조건: 대조적 배타성

예컨대 '남자'와 '여자'는 의미상 동일 영역에 속하고 '명사'라는 동일 어휘 범주에 속하면서 두 대상이 '성'의 측면에서 대조적 배타성을 가지기 때문에 반의 관계가 성립하는 것으로 파악할 수 있다. 반면에 '남자'와 '까투리'는 대조적 배타성이 있지만 동일 의미영역에 속하지 않기 때문에 반의 관계가 성립한다고 하기 어렵다. 또한 '살다'와 '죽음'은 동일 어휘범주에 속하지 않기 때문에 반의 관계라고 할 수 없다.

> (16) 반의 관계 유형
> 　　가. 상보 반의어: 남자-여자, 살다-죽다
> 　　나. 등급 반의어: 크다-작다, 부자-거지
> 　　다. 관계 반의어: 위-아래, 가다-오다, 시작-끝

상보 반의어는 두 단어가 상호 배타적으로 양분 관계에 있어서, 사람은 남자 아니면 여자 둘 중의 하나이고 생명체라면 살아 있거나 아니면 죽어 있을 수밖에 없어서, 동시에 참이 되거나 거짓이 될 수 없으며 정도 부사의 수식을 받을 수가 없다. 이에 비해 등급 반의어는 동시에 둘 다 참일 수는 없어도 둘 다 부정하는 것이 가능해서 '크지도 작지도 않'거나 '부자도 거지도 아니'거나 하는 중간 등급이 있을 수 있으며 정도 부사의 수식을 받을 수 있다. 관계 반의어는 '방향 반의어'라고도 하는데, 두 단어가 상대적 관계에 있으면서 의미상으로 대칭을 이룬다.

2.2. 의미장

언어에서 쓰이는 단어들의 집합을 어휘라고 할 때, 어휘를 분류하고 체계를 세우는 기준과 방법은 여러 가지가 있을 수 있다. 어휘는

단독으로는 아무런 의미도 부여받을 수 없고, 오직 어떤 전체라는 것을 전제로 했을 때 그 속에서 존재 가치를 인정받을 수 있다는 관점에서 의미를 기준으로 삼아 그 어휘와 의미적으로 밀접한 관계에 있는 어휘들의 집합을 어휘 의미에 초점을 맞춰 '의미장'(semantic field)이라고 한다(어휘의 형식을 강조하는 경우에는 '어휘장'(lexical field)이라고도 한다). 이는 의미 또는 어휘에 체계를 부여하는 방법 가운데 하나로 개별 어휘를 하나의 의미적 범주 안에서 속에 조직화시키고자 시도한 작업이다.

일반적으로 의미장이란 '하나의 상위어 아래 의미상 밀접하게 연관된 낱말들의 집단'을 말한다. 즉 개개의 낱말은 오직 그 낱말이 참여하고 있는 보다 큰 집합, 곧 전체 속에서 차지하는 상대적 영역으로 의미가 주어진다는 것이다. 예컨대, '동물'의 의미는 보다 상위의 개념인 '생물'이라는 영역 속에서 '식물'과 대립되는 자리를 차지할 때 비로소 확정되는 것과 같다. 그리고 '색채어'라는 상위어 아래에는 '빨강·주황·노랑·초록·파랑·남색·보라' 등이 모여 의미장을 이루게 되는 것이다. 이처럼 각 장 속에서 어휘소들은 상호 연관되며, 특정한 방법으로 서로서로를 정의하게 된다. 의미장을 분석하는 목적은 장에 속하는 모든 낱말들을 모으고, 장 속의 낱말의 상호 관계, 상하위어 관계 등을 규명하는 데에 있다.

어떤 언어의 모든 어휘가 장 속에 구조화될 수 있는가에 대해서는 논란이 되고 있지만, 의미장을 찾고 이를 유기적으로 분류하려는 노력은 끊임없이 이어지고 있다.

2.2.1. 의미장의 기본구조

의미장은 내용에 따라 흔히 체계형(paradigm, 또는 균형형)과 분류형(taxonomy)으로 구분되는데, 여기에 의미분야형이 추가되어 논의되고 있다.

> (17) 가. 체계형(균형형) : 남자, 여자, 소년, 소녀
> 　　 나. 분류형 : 쇠, 구리, 납, 금, 은 등등
> 　　 다. 의미분야형 : 주무르다, 만지다, 두드리다, 누르다,
> 　　　　　　　　　　　때리다 등

체계형은 병립 관계로서 구조의 긴밀도가 가장 높다. 이것은 남자, 여자, 소년, 소녀 등과 같은 대등 관계를 보인다. 이런 비교가 다른 종에서도 균형 있게 나타나 정연한 체계를 이루는 것이 특징이다. 예를 들면, 수탉, 암탉, 수평아리, 암평아리와 같은 것인데, 이것은 꿩을 가리키는 장끼, 까투리와도 균형을 이루나, 그 나머지 영역에서 불균형을 나타내어 의미장의 지배 영역을 시각적으로 보여 준다. 또한 의미장의 빈자리(lexical gap)도 즉시 파악할 수 있다.

(18) 사람	남자	여자	아이	소년	소녀
닭	수탉	암탉	병아리	수평아리	암평아리
꿩	장끼	까투리	X	X	X

(18)에서 보는 바와 같이, '아이'는 소년, 소녀, '병아리'는 수평아리, 암평아리로 유의미하게 분절되어 '사람', '닭', '꿩'과 체계를 이루지만, 꿩의 새끼에 해당하는 의미 영역은 그냥 꿩의 새끼이지 그것이 암컷이

든 수컷이든 의미가 없는, 이를테면 의미 분화가 이루어지지 않아 의
미장의 빈자리를 이루고 있는 것이다. 그리고 이러한 체계형은 서로
다른 언어에서 의미장이 어떻게 실현되고 있는지의 대조를 쉽게 할
수 있다.

분류형(taxonomy)은 단순한 횡적 대립 관계로서 문화적 속성과 특
수성을 반영하는 유형이다. 여기서는 어휘를 동물명, 식물명, 금속명
등과 같은 방식으로 나눈다. 그러나 여기서는 대립 관계가 다른 종과
균형있게 체계를 이루지 못하고 있어 구조의 긴밀도가 다소 느슨함을
알 수 있다. 즉 나무의 종류로서 소나무, 참나무, 느티나무, 은행나
무, 밤나무 등이 있지만, 이것은 나무의 종류로서 서로 대립할 뿐,
쇠, 구리, 납, 금, 은 등과 같은 다른 대상들과 유기적인 관계를 이루
지 못하고 있는 것이다.

그리고 같은 지시물에 대해서도 언어마다 분류가 다를 수 있는데,
'감자'의 경우 영어에서는 야채로 다루지만, 독일어에서는 주식이므
로 야채로 취급하지 않는다. 그리고 '토마토'의 경우처럼 야채인지 과
일인지 분류하기 어려운 경우도 있다.

또한 분류 유형도 민간의 자연발생적 민간 분류와 과학적 분류로
나뉘는데, 양자의 경우가 혼동을 일으키기도 한다. '고래'는 포유류
동물이지만, 중국어의 鯨과 독일어의 Walfisch에서 '魚-', '-fisch'
를 보면 전통적으로 '물고기'로 취급해온 것을 알 수 있다. 이 분류형
은 대개 어휘 분류집 또는 사전류에 적용되어 각 분야별로 수많은 사
전류가 편찬되어 활용되고 있다.

의미 분야형은 주로 서술어에 적용되는 것으로 체계화의 기준을 설
정하는 데 따라서 통합되기도 하고, 분리되기도 하는 의미 연관관계
를 말한다. 즉 주무르다, 만지다, 두드리다, 누르다, 때리다 등이 '접

촉'이라는 의미 자질을 기준으로 제시하면 서로 연관 관계를 가지게 되지만, '충격'을 기준으로 제시하면 무관해지는 것과 같다.

2.2.2. 의미장의 빈자리와 빈자리 채우기

의미장의 빈자리는 곧 어휘 체계의 빈자리를 나타낸다고 볼 수 있는데, 라틴어의 친척어장에서 한 예를 찾을 수 있다.

(19)	partruus	amita	matertera	avunculus
	(삼촌)	(고모)	(이모)	(외삼촌)
	patruelis	amitinus	consobrinus	–
	(사촌)	(고종사촌)	(이종사촌)	(외사촌)

어머니의 남자 형제 아들인 '외사촌'의 자리가 비어 있는데, 그 개념에 해당하는 'avunculifilius'(외삼촌 아들)로 빈자리를 표현할 수 있다. 이와 같이 빈자리란 체계 속에서 개념상으로는 존재해야할 어휘소가 실제로는 비어있는 것으로 규정된다.

한편 이 빈자리는 언어 내적인 구조의 문제이지만, 빈자리 가운데 어떤 것은 그에 대한 언어표현이 없음으로 해서 의사소통에 지장을 초래하기도 한다. 이 경우 언중들은 빈자리를 채우려는 노력을 하게 되는데, 이는 언어 사용과 관련한 화용론 상의 문제이다. 이렇게 '빈자리 채우기'를 시도할 경우 그 방법은 외래어를 차용하는 경우, 상위어·하위어로 채우는 경우, 그리고 통사 요소로 채우는 경우로 나눌 수 있다.

외래어로 빈자리를 채우는 경우는 가장 손쉽고 가장 흔한 방법이다. 곧 의미장에 빈자리가 나타날 경우 손쉽게 외래어를 빌려 채우려하는 것인데, 한자어 차용에서 그러한 경우를 쉽게 볼 수 있다. 우리

나라 색채어의 경우 무지개의 '빨강·주황·노랑·초록·파랑·남색·
보라' 가운데 '빨강·노랑·파랑'을 제외한 나머지는 차용어이다. 색
채어에서 한자어 계열의 색채어는 파생이 일어나지 않는데, 고유 색
채어는 서술어가 될 수 있는 형용사에 국한된다.

(20)

명사형	빨강	주황	노랑	초록	파랑	남색	보라
형용사형	빨갛다	–	노랗다	–	파랗다	–	–

  한국 고유 색채어는 위의 '빨강, 노랑, 파랑'과 '하양, 검정'이 합쳐
진 다섯 가지였다. 무지개떡의 다섯 가지 색깔이나 '오색 영롱한 무지
개'와 같은 표현에서 이를 확인할 수 있다. 최근에는 한자어보다는 영
어를 중심으로 한 인구어에서의 차용이 주를 이루고 있다.
  한편 계층 관계에 나타나는 빈자리는 상위어가 하위어를, 하위어가
상위어를 채워 주는 경우가 있다. 다음 예를 보자.

(21)

누이	크기
누이 (손아래) 누나 (손위)	크기(크다) *작기(작다)
('누이'의 하위어 전용)	('크기'의 상위어 전용)

  표에서 손아래를 나타내는 빈자리에 상위어인 '누이'를 대신 쓰는
경우와 이와는 반대로 하위어만 존재하고 상위어가 존재하지 않을 경
우 하위어를 전용하는 예가 바로 '빈자리 채우기'의 예가 된다.
  그리고 어휘 요소로써 빈자리를 채울 수 없을 때는 통사 요소에 의
한 방법을 쓰는 경우가 많다. 부정 표현은 대립 관계에서 빈자리가
생길 경우 통사 요소를 이용하여 빈자리를 채우는 대표적인 보기이

다. 한국어의 경우 '안', '못' 부정사나 '–지 않다' 등의 방법이 쓰인다.

(22)	있다	춥다	하다
	없다/있지 않다	덥다/안 춥다	안 하다/못 하다

대개의 대립어는 어휘 차원으로 존재하지만, 통사 차원의 대립어도 있을 수 있다. '있다'의 어휘 차원 대립어는 '없다'이고 통사 차원의 대립어는 '있지 않다'가 된다. 그러나 '하다'에 대한 어휘 차원의 대립어는 발견하기 어렵다. 이렇게 통사 요소로써 빈자리를 채우는 경우도 많은 것이다.

2.2.3. 의미장의 변화

의미장은 언어에 따라, 시대에 따라 그 내용이 달라지는 것을 볼 수 있다. 예컨대, 영어의 'brother'이 지니는 의미장은 한국어에서 '형', '오빠', '동생'으로 분화되어 있으며, 'sister'는 '언니', '누나', '여동생'으로 분화되어 있다. 반면에 영어의 'blue', 'green'은 한국어에서 '푸르다' 하나로 통합되어 있다. 이것은 언어에 따라 사물을 분절하여 인식하는 태도가 다르기 때문에 나타나는 현상이다.

이와 같이 언어에 따라 다르게 형성된 인지의 세계를 언어적 중간 세계로 보고, 언어가 다르면 그만큼 인간 의식의 세계가 다르다고 생각하는 것이 언어 상대주의(linguistic relativism)로 불리는 이른바 사피어–워프 가설이다. (☞제1장 1절 '생각 넓히기' 참고)

의미장의 내용이 변하는 것은 동일 언어 내부에서도 마찬가지이다. 예를 들면, 15세기 한국어에서 '젊다'와 '늙다'는 이원 대립 관계에 있었지만, 17세기 이후에는 여기에 '어리다'(幼)가 개입하여 삼원 대립 관계를 보인다.

(23)

15세기	17세기
졈다 / 늙다	〉 어리다 / 졈다 / 늙다

    또한 하나의 의미장의 변화는 직접, 간접으로 전체의 의미장에 영향을 미치게 된다. 곧 어휘 체계는 상호의존적이며 유기적으로 형성되어 있기 때문에, 한 낱말의 의미 변화는 인접하는 다른 낱말의 의미 변화를 가져오게 된다. 이처럼 각각의 의미장은 대외적으로는 더 큰 의미장의 구성 성분이 되어 전체로 통합되는 것이다.

3. 의미와 분석

    어휘의 기본 단위를 어휘소(lexeme)라고 할 때 어휘소의 의미는 그 자체가 의미의 최소 단위가 아니라 의미 성분(semantic component) 혹은 의미 자질(semantic feature)이라는 더 작은 단위로 분해될 수 있다. 물이 수소와 산소로 분석될 수 있는 것과 같이 어휘소의 의미도 몇 가지 미세한 의미소(sememe)에서 비롯되었다고 생각할 수 있는데, 이러한 접근법을 성분 분석(componential analysis)이라고 한다.

3.1. 성분 분석의 원리와 절차

    어휘소의 의미에 대한 성분 분석의 원리는 음소를 몇 개의 변별자질(distinct feature)로 분해하는 방식과 일치한다.

(24) 가. p, t, k

나. b, d, g

다. 변별 자질: 조음방법(무성/유성)

조음위치(두입술, 잇몸, 여린입천장)

조음방식 \ 조음위치	두입술	잇몸	여린입천장
무성	p	t	k
유성	b	d	g

(25) 가. 남성: 아버지, 아들, 조부, 형제

나. 여성: 어머니, 딸, 조모, 자매

다. 변별 자질: 성별(남성, 여성), 세대

성별 \ 세대	세대(-1)	세대(+1)	세대(-2)	세대(0)
남성	아버지	아들	조부	형제
여성	어머니	딸	조모	자매

(25)에서 보듯이 어휘간의 공통점과 차이점으로 비교하면 변별 자질을 추출할 수 있는데, (25가)의 단어들은 '남성'이라는 공통점을 가지고, '세대'에서 차이점을 보인다. (25나)에서는 '여성'이라는 공통점과 '세대'라는 차이점이 동일하게 나타난다. 그래서 (25)의 단어들은 '남성', '여성', '세대'라는 변별적 의미 성분을 설정할 수 있다.

3.2. 의미 관계의 성분 분석

성분 분석은 어휘소 자체의 의미 분석뿐만 아니라, 다양한 의미관계의 기술과 해명에 기여할 수 있는데, 몇 가지를 살펴보겠다. 첫째, 유의 관계에 있는 두 어휘소를 성분 분석으로 기술함으로써 동의어에 대한 순환적 정의를 극복할 수 있다.

(26) 가. 그는 {얼굴/안면}에 미소가 떠올랐다.

　　　나. 그 아이는 {얼굴/*안면}이 참 고왔다.

(26)에서 '얼굴'은 눈, 코, 입이 있는 머리의 앞면과 그 생김새라는 두 가지 의미 성분을 가진 것으로 해석될 수 있지만, '안면'은 머리의 앞면이라는 의미로만 해석된다. 그래서 '얼굴'과 '안면'은 머리의 앞면이라는 측면에서는 동의어이지만, 생김새라는 측면에서는 동의어가 될 수 없다.

둘째, 상하 관계에 있는 어휘소를 성분 분석으로 기술할 수 있다. 상하 관계에 있는 두 어휘소에서 의미 범위가 넓고 보다 일반적인 쪽을 상의어(hyperonym)라 하고, 의미 범위가 좁고 보다 특수한 쪽을 하의어(hyponym)라 하는데, 이는 상의어의 모든 성분은 하의어에 포함됨을 말한다.

(27) 가. 어린이: [+인간], [−성인]

　　　나. 소년: [+인간], [−성인], [+남성]

(27)에서 '소년'은 '어린이'의 의미성분을 모두 포함하고 있으면서 [+남성]이라는 성분을 더 가지고 있어서, '소년'은 '어린이'의 하의어이고, '어린이'는 '소년'의 상의어로 분류될 수 있다.

셋째, 반의 관계에 있는 어휘소를 성분 분석으로 기술할 수 있다. 반의어는 의미 성분에 있어서 공통성과 차이점을 모두 가지는데, 다수의 공통적인 의미 성분과 하나의 의미 성분이 맞선 것을 말한다. 그런데 상보 반의어는 성분을 분석할 수 있지만, 등급 반의어와 방향 반의어는 성분 분석으로 나타내기 어렵다.

> (28) 가. 상보 반의어: 살다/죽다: [+LIVE]/[-LIVE]
> 나. 등급 반의어: 크다/작다: [↑BIG]/[↓BIG]
> 다. 방향 반의어: 부모/자식: [→PARENT]/[←PARENT]

 넷째, 항진 관계를 성분 분석으로 기술할 수 있다. 항진 관계는 한 문장이 표현하는 명제가 언제나 참인 경우를 말하는데, 의미 성분 분석을 통해 이를 설명할 수 있다.

> (29) 가. 우리 아버지는 남성이다.
> 나. 우리 아버지는 성인이다.
> 다. 아버지 : [+남성/-여성], [+성인], [+어버이]

 (29)에서 볼 수 있듯이, 주어로 쓰인 '아버지'의 의미 성분은 (29다)와 같이 분석할 수 있는데, (29가)의 '남성이다'라는 서술어에 '아버지'의 의미 성분인 [남성]이 포함되어 있고, (29나)의 '성인이다'라는 서술어에 [성인]이라는 의미 성분이 있기 때문에 (29가)와 (29나)는 언제나 참인 명제인 항진명제가 된다는 것을 쉽게 설명할 수 있다.
 다섯째, 모순 관계를 성분 분석으로 기술할 수 있다. 모순 관계는 한 문장이 표현하는 명제가 필연적으로 거짓인 경우를 뜻하는데, 다음 문장이 모순 관계에 있음은 성분 분석으로 쉽게 파악할 수 있다.

> (30) 가. ?우리 어머니는 남성이다.
> 나. ?우리 어머니는 성인이 아니다.
> 다. 어머니 : [+여성/-남성], [+성인], [+어버이]

 (30가)는 주어로 쓰인 '어머니'의 의미 성분이 서술어 '남성이다'의 의미 성분과 충돌하고, (30나)는 '성인이 아니다'라는 표현이 '어머니'

의 [성인]이라는 의미 성분을 부정함으로써 모순 관계에 있다.

이상에서 살펴본 바와 같이, 성분 분석은 의미 관계의 기술과 해명에 쓰일 수 있는데, 반의 관계에서 볼 수 있듯이, 모든 의미 관계가 성분 분석으로 설명될 수는 없다.

3.3. 전제와 함의

의미론에서는 한 문장 안에서의 의미 관계나 의미 특성 외에 문장과 문장 사이의 의미 관계도 중요한 탐구 대상이다. 여기에서는 문장들 사이의 논리적 관계를 나타내는 전제와 함의에 대해서 살펴보는데, 문장은 그 자체로만 존재하기보다는 다양한 맥락에서 사용되고, 맥락을 통해 파악되는 의미와의 관계에서 올바르게 해석될 수 있기 때문이다.

전제(前提, presupposition)는 발화된 문장의 정보 안에 들어 있는 또 다른 정보가 발화 문장의 참, 거짓과 상관없이 항상 참인 것으로 존재하는 것을 말한다.

> (31) 가. 나는 작년에 본 영화를 기억하고 있다.
> 　　　나. 나는 작년에 영화를 보았다.
> 　　　다. 나는 작년에 본 영화를 기억하지 못한다.

(31가)의 문장에는 이미 (31나)의 정보가 '나는 작년에 (영화를) 본'이라는 관형절의 형식으로 포함되어 있고, 이는 (31다)의 경우에도 마찬가지이다. 즉 내가 영화를 기억하든 기억하지 못하든 '작년에 영화를 보았다'는 것은 항상 참인 것으로 파악된다. 이와 같이 (31가)가 참이든[=(31다)가 거짓이든], (31가)가 거짓이든[=(31다)가 참이든] (31

나)의 정보는 참인 것으로 해석될 때, (31가)와 (31다)는 (31나)를 전제한다고 한다. 그래서 전제는 한 문장이 참이거나 거짓이거나 항상 참인 것으로 파악되는 문장 사이의 관계를 말한다.

함의(含意, entailment)란 발화된 문장 안에 또 다른 정보가 들어가 있다는 것에서는 전제와 같으나, 전체 주문장이 부정되었을 때 내재된 정보가 참이거나 거짓일 수 있고, 내재된 문장이 거짓일 때는 주문장이 거짓이라는 점에서 전제와 차이가 난다.

> (32) 가. 경찰이 도둑을 잡았다.
> 　　　나. 도둑이 잡혔다.
> 　　　다. 경찰이 도둑을 잡지 못했다.

(32가)의 문장이 참일 때는 (32나) 문장도 당연히 참이 된다. 그러나 (32가)의 문장이 거짓일 때, 즉 (32다)와 같이 (32가)가 부정됐을 때, (32나)는 참일 수도 있고 거짓일 수도 있다. 그리고 (32나)가 거짓이면 (32가)는 거짓이 된다. 이처럼 전체 주문장을 부정했을 때 본래 포함되었던 정보가 더 이상 참이 되지 못하는 것을 바로 함의라고 한다.

개념 정리　전제와 함의의 관계

전제와 함의는 문장과 문장 사이의 논리적 관계를 파악하는 중요한 개념이지만 그 구별이 쉽지 않은 개념인데, 이를 문장 p와 q의 관계에 대한 진리표로 비교하면 다음과 같다.

전제 진리표			함의 진리표		
p		q	p		q
T	$\rightarrow$	T	T	$\rightarrow$	T
F	$\rightarrow$	T	F	$\rightarrow$	$T \vee F$
$T \vee F$	$\leftarrow$	T	$T \vee F$	$\leftarrow$	T
$?(T \vee F)$	$\leftarrow$	F	F	$\leftarrow$	F

위의 표에서 알 수 있듯이, 전제는 문장 p의 참, 거짓과 관계 없이 문장 q가 여전히 참인 관계이지만, 함의는 문장 p가 거짓이면 문장 q가 참일 수도 거짓일 수도 있는 관계이다. 또한 문장 q가 참이면 문장 p가 참일 수도 있고 거짓일 수도 있다는 것은 전제와 함의 둘다 같지만, 문장 q가 거짓이면 함의는 문장 p도 거짓이지만 전제는 문장 p의 참, 거짓을 따질 수 없는 경우가 된다.

4. 의미와 인지

4.1. 범주와 의미

최근의 인지과학(cognitive science, 또는 인지심리학)의 발전은 언어학, 특히 의미론 분야에 중요한 기여를 해 왔다. 인지과학은 인간의 마음이 어떻게 작용하는지, 인간의 마음이 어떻게 감각을 통해서 주변으로부터 정보를 획득하고, 지각되는 것을 인식하고 비교하고 분류하며 기억에 저장하는지와 관련된 정보 처리에 관심을 기울여왔다. 인지과학에서는 일반적으로 대상을 지각하여 분류하고 범주를 형성하는 정신적 활동을 '범주화'(categorization)라고 한다.

우리가 지각하거나 의식하는 대상을 범주화한다는 것은 그것을 어떤 종류의 것으로 분류하는 것을 뜻한다. 우리가 어떤 대상을 '개'로 범주화하는 것은 그것을 범주 '개'로 분류한다는 것이고, 그래서 범주 '개'는 우리가 개로 범주화하는 모든 대상들로 구성된다. 그 범주는 실제 세계의 개뿐만 아니라 허구 세계의 개도 포함한다. 실체는 동시에 각기 다른 범주에 속할 수도 있는데, '홍길동'은 '사람, 남자, 서자, 도둑' 등과 같이 여러 가지 범주에 속할 수 있다. 그리고 '홍길동'은 그 범주의 구성원(member)이 된다. '사람'과 같이 더 큰 일반적인 범주는 '남자'나 '여자'와 같은 더 작은 범주를 포함한다. 작은 범주는 더 큰 범주의 하위 범주(subcategory)이다. '남자'와 '여자'는 '사람'의 하위 범주이다. 더 작은 범주의 구성원은 더 큰 범주의 구성원이기도 하다. 범주의 구성원들은 대응되는 언어 표현의 지시적 의미이어서, 범주란 곧 단어의 모든 잠재적 지시물들의 집합이다.

범주화는 범주에 대한 정신적 표상(mental representation) 활동이라고 할 수 있고 범주는 그 구성원들에 대한 개념으로 표상된다. 가령, 범주 '개'는 언어 표현 '개'와 그 지시체인 개의 '개념'으로 우리의 정신 속에서 표상되는데, 우리가 지각한 어떤 동물을 우리의 정신 속에 있는 개의 개념과 비교해서 일치하면, 그 동물은 이제 개로 범주화되고 단어 '개'로 표현된다.

그런데 단어의 의미와 실제 범주로서의 개념이 항상 일치하지는 않는다. 단어 '개'의 의미는 개라는 범주를 정의하는 데에 충분할 수 있지만 개인적인 경험과 지식의 산물로서 특정인이 가지고 있는 '개'의 범주 개념보다 소략할 수 있다. 또한 개념이 있는 범주 모두에 대해서 그에 대응하는 단어가 존재하지 않을 수 있다. 예컨대 개, 소, 닭의 새끼는 하나의 개념적 범주이면서 '강아지', '송아지', '병아리'와 같이 하나의 단어로 존재하는 반면에, 꿩의 새끼는 하나의 개념적 범주가 될 수 있는데 하나의 단어로 존재하지 않는다. 그리고 전혀 어휘화되지 않는 개념과 범주들도 존재한다.

4.2. 원형 이론

범주에 관한 인지과학의 연구들은 범주의 구성원들 중에서 가장 좋은 실례(구성원)가 가장 먼저 떠오르고 덜 전형적인 경우들보다 일관되게 더 좋은 구성원으로 간주된다는 것을 밝혀냈다. 그런 중심적인 구성원을 '원형'(prototype)이라고 한다. 범주화와 원형에 대한 실험적 연구들을 통해서 다음과 같은 원형 이론이 제시되었다(임지룡 2010).

    (33) 가. 등급적 구조: 한 범주의 구성원들은 그 지위가 동등하지 않다.
        나. 원형은 가장 좋은 보기이다: 일관되게 그 범주의 가장 좋은
            보기로 간주된다.
        다. 필요조건의 집합이 없다: 범주 구성원 자격은 고정된 필요
            조건 집합의 문제가 아니다. 범주의 원형은 덜 전형적인 보
            기에 없는 특성으로 정의될 수 있다.
        라. 가족닮음: 범주 구성원들은 가족닮음으로 연결된다.
        마. 원형은 참조점이다: 원형은 범주화에 대한 참조점 역할을
            한다. 범주 구성원 자격은 원형과 유사성의 문제이다.
        바. 등급적 구성원 자격: 범주 구성원 자격은 정도의 문제이다.
        사. 불분명한 경계: 범주의 경계는 불분명하다.

  원형 이론에서는 범주 구성원들 사이에 등급적 구조가 있다고 하는
데, '새' 범주에 속하는 것들의 사례에서 쉽게 확인할 수 있다. 참새나
비둘기, 제비, 닭, 오리, 펭귄, 타조는 '새' 범주에 대한 판단 실험에
서 등급적 차이를 보이는데, 참새나 비둘기는 새 범주의 가장 좋은
보기로 간주되는 원형이 되고, 펭귄과 타조는 가장 낮은 등급으로 판
단된다.
  참새나 비둘기가 펭귄이나 타조와 함께 새 범주에 속한다는 사실에
서 '날 수 있다'는 것은 '새' 범주를 이루는 고정된 필요 조건이 아니
라 낮은 등급의 사례에는 없는 원형에 있는 특성으로 기술될 수가 있
다. 이와 같이 범주 구성원들은 일종의 가족닮음으로 서로 연결되며,
어떤 것이 그 범주의 구성원인지를 판단할 때 원형(구성원)은 일종의
참조점(혹은 기준점)의 역할을 하는 것이라고 하겠다.

　이러한 원형 이론을 '컵'과 같은 의미적 범주에 적용하면서, 범주 구성원 자격이 정도의 문제라는 개념을 채택하면, 어떤 사물을 지시하는 데에 단어 '컵'을 사용할 수 있다거나 사용할 수 없다고 말할 수 없으며 그것이 '컵'으로 잘 불리거나 거의 불리지 않는다고 말할 수 있을 뿐이다.

▎생각 넓히기 ▎

원형 이론과 의미 범주

　아래의 그림은 라보브(Labov, 1973)가 컵의 범주 판단 실험에 사용한 재료이고, 도표는 피험자들이 맥락에 따라서 각각의 대상에 대한 판단의 비율을 보여준다. 라보브는 그림에는 제시되지 않은 지름과 높이가 2.5의 비율을 가진 대상도 제시했다. 피험자들은 그림만을 보고서 판단하도록 했을 때와 그 안에 음식이 담겨 있는 경우를 상상하도록 했을 때에 그 범주를 다르게 분류하는 결과를 보였다.

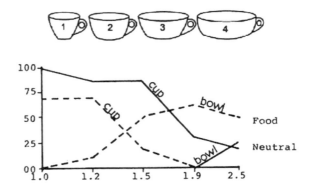

● 토 론 거 리 ●

① 범주로서의 개념과 언어 표현의 의미와의 관계에 대해 이야기해 보자.

　가. 우리는 범주와 관련된 지식을 어떻게 획득하는가?

　나. 우리가 어떤 대상을 범주화 하는 방법은 무엇인가?

　다. 범주 체계가 서로 다른 언어들은 그 화자들이 세계를 보는 방법을 결정하는가? 또는 그 반대로 세계가 특별한 구조를 가지고서 서로 다른 언어의 화자들이 갖고 있는 범주를 결정하는가?

② 성분 분석을 이용해 다음 단어들의 유의 관계를 설명해 보자.

　가. 밥, 끼니, 식사, 진지

　나. 줄이다, 덜다, 깎다

③ 다음 문장들의 각각의 진리값이 참인 경우와 거짓인 경우에, 두 문장의 논리적 관계가 전제인지 함의인지 설명해 보자.

　가. 철수의 애인이 학교에 왔다/철수에게 애인이 있다.

　나. 영수는 사과를 좋아한다/영수는 과일을 좋아한다.

· · · · · ·
더 읽을거리

　의미론에 대한 전반적 논의로는 김종택·남성우(1994), 고영근·남기심(1983), 이용주(1972), 윤평현(2008, 2013), 임지룡(2003)을 참고할 만하다.

　의미 범위와 의미 정보에 관련해서는 김준기(2010)를 살펴볼 수 있으며, 어휘 의미와 인지언어학에 대해서는 임지룡(2010), Geeraerts(2010)/임지룡·김동환 옮김(2013), Evans(2009)/임지룡·김동환 옮김(2012)에서 자세히 다루고 있다.

제10장 화용론

▶ **이 장에서 다루는 문제**

· 말을 하는 행위는 어떠한 행위인가?
· 대화를 나눌 때에 준수되는 규칙이 있는가?
· 언어 사용의 원리가 있는가?
· 하나의 언어 표현이 상황에 따라 다르게 해석되는 원리는 무엇인가?

    우리의 매일매일의 삶은 우리를 둘러싼 사람들과의 끊임없는 소통 속에서 이루어지는데, 대부분의 경우에 우리는 언어를 매개체로 소통을 한다. 그리고 언어를 사용할 때 아무렇게나 마음 내키는 대로 언어를 사용하지는 않는다. 우리는 우리의 언어 공동체에서 통용되거나 허용되는 방식으로 언어를 사용한다. 화용론은 사람들이 그들의 언어 공동체에서 언어를 어떻게 사용하는지 밝히고자 한다.

    언어 사용이라는 인간의 행위가 단지 언어의 의미만을 전달하는 행위인지 언어를 도구로 한 다른 어떤 행위인지, 그렇게 언어를 사용하는 행위는 어떻게 이루어질 수 있는지를 밝히는 것이 화용론의 중심 과제이다. 그래서 화용론에서는 인간이 언어를 사용하는 행위들의 유형과 성립 조건, 언어를 사용하는 행위들에 내재된 언어 사용의 원리와 규칙, 언어 사용 자체와 언어 외적 상황으로 구성된 발화 맥락이 언어 표현의 의미 해석에 대해서 갖는 상관관계에 대한 문제들을 주된 연구 대상으로 하고 있다.

    언어 표현의 의미 해석에 대한 탐구라는 측면에서 화용론은 의미론과 밀접한 관계에 있는데, 크게 세 가지 관점이 있다. 화용론이 의미론의 일부라고 보는 의미주의, 의미론을 화용론의 일부라고 보는 화용주의, 화용론과 의미론을 상호 보완적이지만 서로 독립적인 연구 분야로 보는 상보주의가 있다. 여기에서는 상보주의적 관점에서 화용론에 대해 살펴본다.

1. 언어행위

1.1. 언어와 행위

우리는 언어를 사용하여 의사소통을 한다. 그런데 우리의 의사소통 행위는 개념적 정보를 주고받기 위해 언어를 발화하는 행위일 수도 있지만, 다른 어떤 행위를 하는 것으로서의 행위일 수도 있다. 즉 언어를 표현하는 것이 참이나 거짓으로 판별되는 어떠한 개념적 정보를 표현하는 경우도 있지만, 문장의 의미를 참과 거짓으로만 파악해서는 일상 언어 생활에서 의사소통에 실패하는 경우도 있다. '지금 밖에 비가 온다'는 문장의 의미는 지금 밖에 비가 오면 참이고 비가 오지 않으면 거짓으로 판명되는 어떠한 사태에 대한 개념적 정보를 전달하는 것으로 파악될 수도 있지만, 그 문장이 발화된 맥락에 따라, 창문을 닫으라는 요청의 의미로 해석되거나 우산을 가지고 가야 한다는 충고의 의미로 해석되거나 그 밖의 다양한 의미로 해석될 수 있다.

영국의 철학자 오스틴(Austin, 1962)은, 언어 표현의 의미를 발화 상황이나 맥락과는 고립된 것으로서만 분석하는 기존의 의미 연구와 달리, 화자가 명제적 의미(즉, 개념적 정보)를 전달하는 것 이외에 다른 어떤 행위를 하는 것으로서 발화를 한다는 것에 주목하고, 발화를 통해 이루어지는 행위를 언어행위(speech act, 또는 화행)라고 하였다. 오스틴은 언어행위를, 참이나 거짓으로 판별할 수 있는 언어 표현의

개념적 정보를 전달하는 경우와, 언어 표현을 통해 화자의 어떠한 특
정한 의도를 수행하는 경우와, 그 결과로 어떠한 행위가 일어나는 경
우를 구별하였는데, 다음과 같이 세 가지로 분류하였다.

> (1) 언어행위의 종류
> 　가. 언표적 행위(locutionary act, 또는 발화 행위): 의미 있는
> 　　　언어 표현을 발화하는 행위
> 　나. 언표내적 행위(illocutionary act, 또는 발화 수반 행위):
> 　　　언표적 행위를 통해 화자가 의도한 행위
> 　다. 언향적 행위(perlocutionary act, 또는 발화 효과/영향 행
> 　　　위): 발화의 결과로 일어나는 행위

　학교에서 돌아온 자녀가 엄마에게 "엄마 나 배고파"라고 말하는 것
은 자신의 상태에 대한 개념적 정보를 전달하는 행위로 파악할 수 있
는데, 화자가 배가 고프면 그 발화는 참이지만 그렇지 않으면 거짓이
된다. 이와 같이 언어 표현의 의미가 언어 표현 자체에 의해서만 파
악될 수 있는 행위를 언표적 행위라고 한다. 그런데 이 발화는 일상
적인 상황에서 자녀가 엄마에게 '먹을 것을 달라'는 요청을 의미하는
행위로 해석될 수 있다. 이처럼 화자가 어떤 언어 표현의 발화로 청
자에게 어떠한 행위를 하는 것으로 파악되는 언어(발화)행위를 언표
내적 행위라고 한다. 이러한 화자의 언표내적 행위에 대해서 청자인
엄마는, 특별한 문제가 없다면, 요청에 대한 결과로서 먹을 것을 화
자에게 주는 행위를 하는데, 이를 언향적 행위라고 한다. 그래서 언
표내적 행위는 화자에 의해 의도되고 통제되지만, 발화의 결과로서
청자가 수행하는 언향적 행위는 화자에 의해 의도되거나 통제되지는
못한다.

1.2. 수행 발화와 적정 조건

앞에서 언급한 언표내적 행위는 화자가 청자에게 실제로 어떤 행위를 실행한 것과 같은 효과가 있는데, 이를 언표내적 효과(illocutionary force)라고 한다.

> (2) 가. 주말에 영화 보러 갈 것을 약속해.
> 　　나. 우리 대학에 합격하신 것을 축하합니다.
> 　　다. 본인은 이 두 사람이 부부가 되었음을 선언합니다.
> 　　라. 내일까지 대금을 지급해 주시기를 요청합니다.

위의 언어 표현들을 발화하는 것은 화자가 언표적 행위를 하는 것이지만, 또한 화자가 청자에게 '약속', '축하', '선언', '요청'과 같은 행위를 실행하는 언표내적 효과가 있다. 이러한 언표내적 효과는 모두 각각의 표현들에서 '약속하다, 축하하다, 선언하다, 요청하다'와 같은 주절의 동사에 의해 나온다. 이와 같이 언표내적 효과를 가진, 즉 어떤 행위를 수행하는 동사를 수행 동사(performative verb)라고 하며, 언표내적 효과를 가진 발화를 수행 발화 또는 수행문(performative sentence)이라고 한다. 그런데 다음과 같이 수행 동사가 쓰이지 않았지만 언표내적 효과를 가진 발화들이 있다.

> (3) 가. 조용히 해.
> 　　나. 앞으로는 엄마 말 잘 들을게.

(3)의 발화들은 '명령'과 '약속'이라는 행위를 나타내는 수행 동사가 쓰이지 않았지만 그러한 행위를 하는 수행 발화로 간주할 수 있다.

(2)와 같이 수행 동사가 쓰임으로써 언표내적 효과를 갖는 발화를 명시적 수행 발화(explicit performative utterance)라고 하고, (3)과 같이 수행 동사 없이 언표내적 효과를 갖는 발화를 비명시적(implicit) 수행 발화라고 한다.

어떤 문장이 참이 되기 위해서는 그 문장의 명제를 충족시키는 진리 조건이 있어야 하듯이, 어떤 문장의 발화가 언표내적 행위가 되기 위해서는 필수적으로 지켜져야 하는 조건을 생각할 수 있는데, 이를 적정 조건(felicity condition)이라고 한다. 서얼(Searle, 1969)은 오스틴의 논의를 발전시켜 아래와 같은 네 가지 조건을 적정 조건으로 제시하였다.

(4) 언어행위의 적정 조건
　　가. 명제 내용 조건(propositional content condition)
　　나. 준비 조건(preparatory condition)
　　다. 성실성 조건(sincerity condition)
　　라. 본질 조건(essential condition)

예를 들어, '요청'이라는 언표내적 행위가 성립하기 위한 적정 조건은 아래와 같이 제시될 수 있다.

(5) 요청 행위의 적정 조건
　　가. 명제 내용 조건: 청자가 앞으로 수행할 행위
　　나. 준비 조건:
　　　ㄱ. 화자는 청자가 그 행위를 할 수 있다고 믿는다.
　　　ㄴ. 청자가 화자의 요청 없이 그 행위를 할지는 불확실하다.
　　다. 성실 조건: 화자는 청자가 그 행위를 하기 원한다.

　　라. 본질 조건: 발화는 청자로 하여금 그 행위를 하게 하려는
　　　　시도로 간주된다.

(6) 가. 내일까지 대금을 지급해 주시기를 요청합니다.
　　나. 내 얘기 좀 제대로 들어 줘.

(6가)와 (6나)의 발화는 화자가 청자에게 무언가를 요청하는 행위로 파악되는데, 청자가 앞으로 수행할 행위인 [내일까지 대금을 지급한다]는 것과 [얘기를 제대로 듣는다]는 것이 (6가)와 (6나)의 명제 내용 조건이 된다. 화자는 그러한 의미(행위)를 청자가 할 수 있다고 믿지만 화자가 청자에게 말로 표현하지 않으면 그 행위를 할지는 불확실하다는 것이 (6가)와 (6나)로 요청하는 행위의 준비 조건이 된다. 만약 어떤 행위를 할 수 없는 대상에게, 가령 애완동물이나 무생물에 대해서 (6)과 같이 말하는 행위를 한다고 해서 그것이 요청으로 해석될 수는 없는 것이다. 그리고 화자는 청자가 그렇게 하기를 원해야 한다는 성실 조건과, 그래서 화자의 언어행위는 청자에게 자신이 원하는 행위를 하도록 하는 시도로 간주되어야 한다는 본질 조건이 성립할 때 화자의 발화는 요청이라는 언표내적 행위를 수행하는 것이 된다.

1.3. 언표내적 행위의 분류

서얼(Searle, 1969)은 오스틴의 언표내적 행위를 발전시켜 크게 다섯 가지 언어행위로 분류하였는데, 진술 행위, 지시 행위, 약속 행위, 표현 행위, 선언 행위가 그것이다.

1.3.1. 진술 행위

진술 행위는 현재 일어나고 있는 행동이나 상태를 언어로 나타내는 행위로서, 언어가 실제 세계를 반영하고 있으며 화자의 의도는 언어를 실제 세계에 맞추는 것이다. 진술, 단언, 보고가 여기에 속한다.

    (7) 가. 이번 학기 성적이 생각보다 잘 나왔어.
        나. 다인이가 그렇게 말한 것이 분명해.
        다. 과 학생회는 어제 총회에서 다 구성이 되었어요.

1.3.2. 지시 행위

지시 행위는 청자로 하여금 어떤 행동을 하게 하는 것인데, 실제 세계를 언어에 맞추는 것이다. 지시 행위의 언어 표현의 명제는 소망을 피력하거나 청자가 행할 미래의 행위를 나타낸다. 명령, 요청이 여기에 속한다.

    (8) 가. 빨리 일어나.
        나. 문 좀 닫아 줄 수 있겠니?

1.3.3. 약속 행위

약속 행위는 화자가 무엇인가를 하겠다고 약속하는 것이다. 지시 행위처럼 실제 세계를 언어에 맞추는 것이거나 의도를 표현하는 것인데, 지시 행위와 달리, 명제는 화자가 미래에 할 행위를 나타낸다. 약속, 협박, 제안이 여기에 속한다.

(9) 가. 내년에는 꼭 멋진 선물 해 줄게.

　　　나. 너 그렇게 놀다가는 졸업 못한다.

　　　다. 시간도 많은데 천천히 하자.

1.3.4. 표현 행위

표현 행위는 어떤 심리적 상태를 드러내는 것이다. 표현 행위는 언어로 표현되는 것과 실제 세계 사이에 일정한 관계가 없고 온갖 심리 상태가 표현될 수 있다. 명제는 화자나 청자의 동기를 나타낸다. 감사, 용서, 환영, 축하가 여기에 속한다.

(10) 가. 이렇게 내 옆에 있어 주어서 정말 고마워.

　　　나. 이제 그 일은 더 이상 마음에 담아 두지 않을게.

　　　다. 무사히 귀국하신 것을 환영합니다.

　　　라. 합격을 축하합니다.

1.3.5. 선언 행위

선언 행위는 세계에 무엇을 불러일으킨다는 것에 초점이 있다. 언어가 실세계를 반영하기도 하지만 실제 세계가 언어를 반영하기도 하여서 양쪽 방향에서 맞추기가 일어난다. 제도화된 사태에 변화를 즉각 가져오는 것으로, 언어 외적인 제도에 의존하므로 심리적 상태는 표현되지 않으며, 어떤 명제든지 나타날 수 있다. 전쟁 포고, 해고, 제명, 명명, 선고가 여기에 속한다.

(11) 가. 이제부터 우리는 범죄와의 전쟁을 선포합니다.

　　　나. 딴 일자리를 찾아보시오.

다. 넌 앞으로 이 모임에 나오지 마.

라. 우리 강아지 이름은 뽀삐가 좋겠어.

마. 이 사람은 정상을 참작하여 집행 유예 2년을 선고함.

▌ 생각 넓히기 ▌

언어 표현과 언어행위의 관계

여기에서 언어행위는 크게 언표적 행위, 언표내적 행위, 언향적 행위의 세 가지로 분류되고, 언표내적 행위는 다시 진술, 지시, 약속, 표현, 선언의 다섯 가지 행위로 분류되었다. 그런데 어떤 한 문장이 한 가지 언어행위만을 수행하는 것은 아니라는 사실에 유의할 필요가 있다. '달이 참 밝다'라는 문장을 발화하는 것은 언표적 행위를 수행한 것이면서, 동시에 맥락에 따라서는 진술 행위나 표현 행위와 같은 다양한 언표내적 행위를 수행하는 것으로 파악될 수 있다. 더 나아가서는 아래에 제시된 간접 언어행위의 측면에서는 지시 행위를 수행하는 것일 수도 있다. 이처럼 언어 표현은 고정된 언어행위만을 수행하는 것은 아니어서 우리의 일상생활에서 매우 역동적으로 다양한 언어행위를 수행하고 있다. '아 추워'라는 표현이 두 남녀 사이에서 사용될 때, 그것의 언표내적 행위는 얼마나 다양할까.

1.4. 간접 언어행위

한국어의 문장 유형을 평서문, 의문문, 명령문, 청유문이라고 할 때 이들 문장 유형의 일반적인 언표내적 행위는 각기 진술, 질문, 명령 또는 요청이라고 할 수 있다. 이와 같이 문장의 형태가 그것이 가진 언표내적 행위와 일치하는 것을 직접 언어행위(direct speech act)라고 한다. 그러나 문장의 형태가 언표내적 행위와 일치하는 않는 경우들이 있는데, 예를 들어 '나 배고파'라는 평서문이 단순한 진술이 아니라 '먹을 것을 달라'는 요청으로 쓰일 수 있다. 이와 같이 문장 형태에 따른 전형적인 언표내적 행위가 아니라 다른 언표내적 행위가 수행되는 것을 간접 언어행위(indirect speech act)라고 한다.

> (12) 가. 손님, 이제 영업시간이 끝났습니다.
>   나. 차가 너무 빠른 것 같아.
>   다. 우리 내일 영화 보지 않을래?
>   라. 누가 아직도 안 자고 있어?

(12가)는 영업시간이 종료되었음을 알리는 평서문이지만 청자에게 이제 그만 나가 달라는 요청을 간접적으로 하는 것으로 해석할 수 있고, (12나)의 평서문도 차를 천천히 몰라는 명령을 하는 것으로 해석할 수 있다. (12다, 라) 역시 의문문의 형태이지만 청자에게 요청을 하거나 명령을 하는 것으로 해석할 수 있다. 이와 같이 평서문의 전형적인 언표내적 행위인 진술 행위, 의문문의 언표내적 행위인 질문 행위처럼 문장 유형에 따른 전형적인 언표내적 행위가 아닌, 다른 언표내적 행위를 수행하는 것을 간접 언어행위라고 한다.

2. 화용론의 원리와 함축

2.1. 화용론의 원리

사람들이 말을 할 때는 누구에겐가 무엇인가를 전달하기 위한 의도에서 말을 하는데 이것이 모든 언어 행동의 기초이다. 이를 의사소통의 원리(communicative principle)라고 한다. 이것은 인간의 모든 언어 사용의 숨은 조건이 되며, 인간의 언어 사용에 대한 모든 연구에서 암시적으로 합의된 전제 중의 하나라고 할 수 있다. 의사소통을 하지 않는 것은 불가능하다.

언어 사용자들이 의사소통을 하려 할 때나 하고 있다고 생각할 때 실제로 항상 의사소통이 이루어지지는 않는다. 그러나 이 문제는 언어 사용자가 문법의 규칙들을 지키고 있는지의 문제와는 아무런 관련이 없다.

의사소통의 원리에 따르면, 사람들은 의사소통할 때 서로에게 전달하고자 하는 무언가를 갖고 있으며, 의사소통은 사람들이 협조하도록 요구되는데, 대화의 그러한 사실들은 상호 용인되고 화용적으로 결정된 맥락에서만 의미를 갖게 된다.

이와 같이 의사소통의 과정에서 화자와 청자가 준수하는 원리로서 그라이스(Grice, 1975)에서는 협력의 원리를 제시했다.

> (13) 협력의 원리(co-operative principle)
> 당신이 참여하는 대화가 지향하는 목적에 따라 대화에서 당신이 기여하는 바가 대화가 일어나고 있는 그 단계에서 필요한 것이 되도록 하라.

협력의 원리는 사람들이 대화할 때, 화자는 지금 하고 있는 대화의 목적을 파악하고 그 목적에 맞게 말을 하고, 청자는 화자의 말이 그 대화의 목적이나 상황에 맞게 하는 말로 받아들이고 해석한다는 것이다.

> (14) 가. 엄마 돈 좀 있어?
> 나. 이 만 오천 원 있어.
> 나′. 만 원밖에 없어.
> 나″. 너 줄 돈 없는데.

(14)의 대화는 대화 상황에 따라 화자의 대화 목적이 다르게 파악

될 수 있어서, (14나)는 대화의 목적을 가지고 있는 돈의 액수에 대한 질문으로 파악한 청자의 반응으로, (14나′)와 (14나″)는 대화의 목적을 돈을 달라는 요청으로 파악하여 줄 수 있는 돈의 액수를 언급하거나, 요청에 대한 거절을 표현한 것으로 해석할 수 있다.

그라이스는 이러한 협력의 원리를 구성하는 것으로서 아래의 네 가지 하위 원리(격률)를 제시했다.

> (15) 대화의 격률
> 　　가. 양(quantity)의 격률
> 　　　ㄱ. 대화의 현재 목적에 필요한 만큼의 정보를 제공하라.
> 　　　ㄴ. 대화에 필요 이상의 정보를 제공하지 마라.
> 　　나. 질(quality)의 격률
> 　　　ㄱ. 틀렸다고 믿는 것은 말하지 마라.
> 　　　ㄴ. 적절한 증거가 없는 것은 말하지 마라.
> 　　다. 관계(relation)의 격률
> 　　　: 적절한 것이 되도록 하라.
> 　　라. 방법(manner)의 격률
> 　　　: 알아듣기 쉽게 말하라, 그리고 특히
> 　　　ㄱ. 모호함을 피하라.
> 　　　ㄴ. 중의성을 피하라.
> 　　　ㄷ. 간결하게 말하라.
> 　　　ㄹ. 순서에 맞추어 말하라.

일반적으로 성공적인 의사소통 과정에서는 협력의 원리와 대화 격률이 준수되지만, 언어 사용자는 이를 위반함으로써 언어의 표현적 의미와는 다른 의미를 전달하기도 한다. 아래에서 협력의 원리와 대화 격률이 위반됨으로써 발생하는 의미를 살펴본다.

2.2. 함축

함축은 대화에서 우리가 무엇을 듣게 될 것인지 예상하는 것에 맞추어 발화를 이해하는 방법에 관한 것이라고 할 수 있다. 그래서 어떤 특정한 상황에서 발화된 질문에 대해서 전혀 무관해 보이는 대답이 적절한 것으로 해석될 수 있다. 예를 들어 누군가가 내게 "몇 시입니까?"라고 물었을 때 "버스가 막 지나갔습니다."라는 대답은 만일 버스가 하루에 한 번만 있고 매일 아침 우리 집 앞을 7시 30분에 지나가며, 상대방이 이 사실을 알고 있다면, 그 대답은 질문에 대한 적절한 답변으로 받아들여질 수 있다. 그런데 여기에서 그와 같은 맥락에 대한 정보들을 제공해 주는 것으로 볼 수 있는 엄격히 '문법화된' 것은 아무것도 없다. 따라서 의미의 파악을 순전히 문법적인 것에 국한한다면, 이 대화에는 언어 사용자 및 그들의 맥락에 관한 필요 정보를 제공하는 문법적인 항목들이 없으므로, 그런 대답은 적절한 것으로 파악될 수 없을 것이다. 이와 같이 함축은 대화 상에서 혹은 관습적으로 어떤 표현이 가지는 추론적 의미를 뜻한다.

대화에서 가장 기본적인 것은 대화 참여자들이 협력 원리와 대화 격률을 준수하고 있다는 가정이다. 화자는 이러한 가정을 바탕으로 전달하고자 하는 바를 함축하고, 청자도 이러한 가정 속에서 추론하여 함축된 의미를 파악하고자 한다. 이와 같이 대화 격률에 대한 화자의 가정과 청자의 추론에 의해서 파악되는 것을 대화 함축이라고 한다. 대화 함축에는 특별한 맥락이나 배경 지식이 필요 없이 추론되는 '일반 대화 함축'과 특별한 맥락이 반드시 필요한 '특정 대화 함축'이 있다.

다음의 (16)은 화자가 김 선생의 집이 어디인지 모르고 있음을 함축한다.

(16) 김 선생은 어디에 살아요?

여기에서의 함축은 화자가 질의 격률을 지키고 있다는 가정에 의해서 발생한다. 만일 화자가 김 선생의 집의 위치를 알고 있으면서 (16)을 말한다면 그것은 질의 격률을 위반한 것으로 앞에서 언급한 것과 전혀 다른 내용의 함축을 갖게 된다. 일반적으로 (16)과 같은 순수 의문문은 화자가 질문의 답을 모르고 있음을 함축하는데, 이것이 특별한 맥락이나 배경지식 없이 청자가 추론할 수 있는 일반 대화 함축이다.

청자가 특별한 맥락이나 배경 지식을 통하여 추론할 수 있는 함축을 특정 대화 함축이라고 한다.

(17) 가. 오늘 저녁 모임에 나올 수 있어?
　　　나. 오늘이 결혼기념일이야.

(17나)의 대답은 (17가)의 질문에 직접 관련이 없는 것으로 보이지만, (17가)의 화자는 (17나)의 화자가 대화 격률을 준수할 것이라는 전제에서 자신의 질문과 대답 사이의 관련성을 얻기 위하여 배경 지식을 활용하게 된다. 결혼기념일은 아내와 함께 해야 하기 때문에 (17나)의 화자가 저녁 모임에 나올 수 없음을 알 수 있다. 이와 같이 특정 대화 함축은 청자가 함축 의미를 추론하기 위해 반드시 특정 맥락이 필요하다.

고정 함축은 대화 함축과 달리 협조의 원리나 대화 격률과 관계없이 오직 발화에 사용된 언어 표현의 고정 자질에 의해서 추가적인 의미를 함축한다.

(18) 가. 영이는 과자를 먹었어.

　　나. 영이는 과자도 먹었어.

　　다. 영이는 과자만 먹었어.

(18가)는 영이가 과자를 먹었다는 사태에 대한 단순한 정보 제공으로 파악되지만, (18나)는 영이가 그 사태 이외의 다른 사태와 관계가 있다는 것을, 즉 다른 것도 먹었다는 의미를, (18다)는 다른 사태와는 관계가 없다는 배제의 의미를 전달하고 있다. 이러한 의미의 차이는 조사 '도'와 '만'에 의해서 발생하는데, 이와 같이 문장을 이루는 특정 요소에 의해 의미가 부가되는 것을 고정 함축이라고 한다.

=====〈깊이 알기〉대화 격률의 위반과 함축 =====

　일반적으로 대화 참여자는 대화에서 협력 원리와 대화 격률이 지켜질 것이라고 가정하는데, 화자가 의도적으로 격률을 위반함으로써 청자로 하여금 특별한 의미를 추론하도록 할 수 있다. 격률이 위반됨으로써 발생하는 함축을 몇 가지 살펴본다.

　(가) 지금쯤 영수는 유럽에 있겠지? - 어딘가 있겠지.
　(나) 나도 사람이야. - 넌 사람이 아니야.
　(다) 어제 만난 그 사람 어땠어? - 해는 동쪽에서 떠.
　(라) 언제 졸업해? - 취직을 하면 졸업할 거야.

　위에서 (가)의 대답은 양의 격률을 위반함으로써 화자가 영수에게 관심이 없거나 말못할 사정이 있다는 함축을 불러일으킨다. (나)는 질의 격률을 위반함으로써 사람이 아니라는 언어 표현 자체의 의미가 아니라 행동이나 생각에 문제가 있다는 추론을 하게 한다. (다)는 관계의 격률을 위반하고 있는데 전혀 좋지 않았다는 추론을 하게 될 것이다. (라)는 방법의 격률을 위반함으로써 언제 졸업할지 모른다는 함축을 불러일으킨다.

3. 직시

3.1. 직시 체계

직시(deixis)란 어떤 대상을 가리키거나 지시하는 것을 의미하는 그리스어 'deiksis'에서 유래한 것인데, 담화 행위와 관련된 발화 맥락(context of utterance)의 여러 개체들을 언어 표현으로 기호화하는 것이다. 직시 체계에는 지시사(demonstrative), 인칭 대명사, 시제, 시간 부사, 장소 부사와 같이 발화 상황에 직접 관계되는 다양한 요소들이 있다.

직시 체계는 언어가 발화 맥락에서의 개체들을 기호화하거나 문법화하는 방법과 관계가 있으며, 화자의 발화에 대한 해석이 그 발화가 이루어진 발화 맥락에 대한 분석에 달려있다는 점이 중요하다. 예를 들어, 지시사 '이것'은 그것이 쓰이는 모든 경우에서 항상 동일하게 어떤 특정한 개체를 지칭하는 것으로 해석되는 것이 아니라, '이것'이 쓰인 발화의 맥락에 대한 분석에 따라 상이한 개체를 지시한다.

(19) 내가 어제 이것을 너에게 주었지?

(19)에서 사용된 언어 표현들은 그것이 사용되는 맥락에 따라서 지시하는 바가 달라진다. 화자는 1인칭 대명사 '나'를 통해서 화자 자신을, 2인칭 대명사 '너'를 통해서 청자를, '어제'를 통해 특정 시간을, '이것'을 통해서 발화 맥락에 존재하는 특정 개체를 가리킨다. 그런데, '나'와 '너'가 누구인지 즉 어떤 특정 개인을 지시하는지, '어제'가 언제인지 즉 어떤 특정 날짜를 지시하는지, '이것'이 어떤 물건인지는 누가 누구에게 언제 발화하였느냐에 따라서 각기 그 지시하는 바가

달라진다. 이것은 화자가 말을 하면서 지시 대상을 직접 가리키기 때문에 장면이 바뀌면 지시 대상도 달라지기 때문이다. 이처럼 언어와 맥락 사이의 관계가 언어 자체에 반영되는 명확한 방법이 직시이다.

> (20) 가. 영이가 민수를 2011년 11월 11일 11시에 명동성당 앞에서 기다렸다.
>   나. 나는 너를 어제 11시에 이 성당 앞에서 기다렸다.

(20가)는 발화와 관련된 요소들이 문장에 명시적으로 나와 있기 때문에 화자와 청자가 누구이든, 발화 장소가 어디이든, 그 뜻을 파악하는 데에 아무런 문제가 없다. 그렇지만 (20나)는 발화 상황을 알지 못하면 언어 표현의 구체적인 의미를 파악하지 못한다. '나'가 누구를 지시하는지, '너'는 누구인지, '어제'는 어느 날짜인지, '이 성당'은 어느 성당을 가리키는지는 (20나)가 그것이 발화 된 맥락에 대한 분석을 통해서만 파악할 수 있다.

이와 같이 우리가 말을 하면서 발화 맥락에 존재하는 어떤 개체를 직접 지시하기 위해서 언어 표현을 사용하는 것이 직시(deixis)이고, (20나)의 '나, 너, 이것, 어제'와 같이 직시의 목적을 달성하기 위하여 사용되는 언어 형태를 직시 표현(deictic expression)이라고 한다. 이에 반하여, (20나)와 같은 대상을 가리킬 수도 있지만 발화 맥락 요소들을 직접 가리키지 않는 (20가)에서의 '영이, 민수, 11월 11일, 명동성당'과 같은 표현을 비직시적 표현(non-deictic expression)이라고 한다. 직시 표현은 그것이 사용되는 모든 경우에 적용되는 고정적인 개체를 지시하는 것이 아니라, 그것이 사용되는 발화 맥락에 존재하는 화자, 청자, 지시체, 장소 또는 시간과 같은 특정한 실체를 지시한다.

3.2. 직시의 중심

특정 언어 표현이 발화 맥락에서 무엇을 지시하는지를 파악하기 위해서는 그 기준이 있어야 하는데, 이를 직시의 중심(deictic center)이라고 한다. 직시의 중심은 일상생활에서 흔히 사용되는 무표적 직시의 중심(unmarked deictic center)과 특정한 목적을 위하여 사용되는 유표적 직시의 중심(marked deictic center)으로 구별할 수 있다.

3.2.1 무표적 중심

담화는 일반적으로 화자를 중심으로 이루어지는데, 화자를 기준으로 직시 표현이 발화 맥락의 특정 개체를 지시할 경우에 화자가 직시의 무표적 중심이 된다. 예를 들면, 화자는 자신을 기준으로 담화에 참여하는 사람을 인칭 대명사로 나타내고, 발화할 때 화자가 위치하는 장소를 기준으로 사태가 일어나는 곳을 지시하며, 화자가 발화하는 시간을 기준으로 사건이 벌어진 시간을 지시한다. 이외에도 발화할 때 화자가 위치하는 발화 맥락에서의 사회적 지위를 기준으로 청자 혹은 지시체의 사회적 지위를 반영하는 직시적 표현이 있다.

> (21) 가. 내가 내일 너를 찾아갈게.
> 나. 이곳의 경치는 정말 아름답다.
> 다. 난 아직도 10년 전의 일을 잊을 수 없다.
> 라. 나는 저 분이 누구인지 모릅니다.

(21가)에서 화자는 자신을 직시의 기준으로 하여 청자를 이인칭 대명사로 표현하며 화자가 위치한 장소가 이동의 중심임을 '가다'라는 표현으로 나타내고 있다. (21나)에서 화자는 발화 장소와 관련하여

기술의 대상이 되는 장소를 '이곳'으로 지시하는데, 그 장소가 직시의 중심인 발화 장소와 근접함을 나타내는 지시사 '이곳'으로 표현하고 있다. (21다)에서는 '10년 전'이 구체적으로 언제인지가 발화하는 시간을 직시의 중심으로 하여 파악된다. (21라)에서는 화자와 지시되는 사람 사이의 사회적 관계가 '저 분'이라는 존대 표현을 통해 지시되었다. 이와 같이 화자, 화자의 위치, 화자가 발화하는 시간, 화자의 사회적 지위에서와 같이 화자가 직시 표현에서의 중심이 되는 것을 직시의 무표적 중심이라 한다.

3.2.2 유표적 중심

직시의 중심이 화자가 되는 것이 일반적이지만, 발화 상황이나 맥락에 따라서는 화자가 직시의 중심이 되지 않는 경우도 있다. 화자는 때대로 공손하고 정중한 발화나 전달하고자 하는 의도에 따라서 청자 또는 사태에 등장하는 다른 개체를 기준으로 인칭 대명사를 사용하거나, 청자의 위치나 특정한 장소를 기준으로 하거나, 청자가 메시지를 수신하는 시간을 기준으로 사건이 일어난 시간을 지시하기도 한다.

> (22) 가. (전화에서) 선생님, 철수가 학교에 왔나요?
> 나. 회사는 지하철 역에서 2킬로미터 떨어져 있다.
> 다. 내가 급한 일이 생겨서 자리를 비웠으니 두 시간 후에 오기
>   바란다.
> 라. 난 이 편지를 쓰면서 널 생각했단다.

(22가)에서는 발화시 청자의 위치를 기준으로 그곳으로의 이동을 나타내고 있는데, 직시의 중심이 '나'(화자)라면 '갔어요'가 쓰여야 한

다. (22나)는 화자가 발화할 때의 장소가 기준이 아니라, 회사를 직시의 중심으로 그곳으로부터 역까지의 거리를 표현하고 있다. (22다)는 화자가 만나기로 한 사람에게 그 사람이 쪽지를 볼 미래의 시간을 직시의 중심으로 삼아 쪽지를 쓸 시간에는 아직 일어나지 않은 사건을 과거 시제로 표현하고 있으며, 또한 쪽지를 쓰는 시간(발화 시간)을 기준으로 현재 사태('바란다')를 기술하고 있어서, 한 표현 안에서 직시의 중심이 이중적으로 사용되었다. (22라)는 화자(필자)가 청자(독자)가 편지를 읽게 되는 미래의 시간을 기준으로 하여 화자가 발화하는 시간 즉 편지를 쓰는 시간에 벌어진 사태를 과거 시제로 나타내고 있다. 이처럼 화자가 발화 맥락을 이루는 개체들을 지시할 때 화자 자신이 아닌 다른 개체를 중심으로 직시 표현을 사용하여 그것이 직시의 중심이 되는 것을 직시의 유표적 중심이라고 한다.

3.3. 맥락과 직시

앞에서 직시는 발화 맥락의 요소들을 언어 표현으로 기호화 하거나 문법화하는 것과 관계가 있으며 올바른 발화 해석은 그 발화 맥락의 분석에 달려있음을 기술했는데, 직시는 그 표현이 맥락 속의 어떤 대상을 가리키느냐에 따라 몇 가지 유형을 설정할 수 있다.

인칭 직시는 발화 맥락에 참여한 사람들을 기호화하여 화자가 그 대상을 직접 지시하는 것이다.

> (23) 가. 내가 너를 그 사람에게 소개해 줄 수 있어.
> 　　 나. 우리는 이번 시간에 직시에 대해 살펴보겠다.
> 　　 다. 우리는 내일 그 모임에 못 가.

라. *(학생이 같은 과 교수에게) 오늘 저희 과 행사가 있는데 교
수님도 꼭 오세요.

인칭 직시는 일반적으로 인칭 대명사에 의해서 실현되는데, (23가)
에서 발화에 참여하는 화자는 1인칭 표현 '나'로 청자는 2인칭 표현
'너'로, 제삼자는 '그 (사람)'으로 표현된다. (23나)와 (23다)에서 볼
수 있듯이 '우리'는 맥락에 따라서 '청자'를 포함하는 경우와 '청자'가
배제되는 경우가 있다. 이는 '우리'의 낮춤말인 '저희'의 경우에도 마
찬가지여서, (23라)는 청자인 '교수'가 포함되는 경우인데 '저희'라는
표현을 사용함으로써 비문법적인 표현이 된다.
시간 직시는 화자가 특정 시점을 직시의 중심으로 삼아 사태가 일
어난 시간을 가리키는 것을 말한다.

(24) 가. 지금 몇 시야?
나. 30분 후에 돌아올게.
다. (어제는) 하루 종일 비가 내렸다.

시간 직시는 직시의 중심이 무엇이냐에 따라 해석이 달라질 수 있
는데, (24가)에서는 '지금'이 발화시를 기준(직시의 중심)으로 현재를
가리키는데 반해, (24나)의 표현이 메모에 적혀 있는 것이라면 직시
의 중심이 발화시가 아니라 수신시라고 해석하는 것이 타당할 것이
다. (24다)에서 '-었-'이라는 시제 표현도 직시 표현으로 기능하고
있어서 발화시를 기준으로 (24다)의 사태가 과거의 사태임을 전달하
고 있다.
장소 직시는 발화와 관련된 개체의 위치를 직접 가리키는 것을 말한다.

(25) 가. 여기는 꽃이 많이 폈네.
　　　나. 앞으로 조금만 더 가.
　　　다. 내일은 학교에 안 {가는/오는} 날이야.

(25가)에서 '여기'는 화자가 위치한 곳을 가리키는 직시 표현이고, (25나)의 '앞'은 청자가 위치한 곳을 기준으로 방향을 가리키는 직시 표현이다. 장소 직시는 (25다)에서와 같이 서술어에 의해서도 나타날 수 있는데, (25다)는 '가다'가 쓰이면 '학교'가 아닌 장소에서 발화된 것으로 파악되고, '오다'가 쓰이면 학교에서 발화된 것으로 파악된다.

직시 중에는 발화 속에 포함된 것으로서 담화 연속체의 한 부분을 이루고 있는 언어 표현 대한 직시가 있는데 이를 담화 직시라고 한다.

(26) 가. 앞에서 우리는 직시의 개념을 설명했다.
　　　나. 다음으로는 이것의 기능을 살펴보겠습니다.

(26가)의 '앞'은 선행 담화를 가리키며 (26나)의 '다음'은 후행 담화를 가리키고 있는데, 이와 같이 담화의 한 부분을 이루는 언어적 표현에 대한 직시를 담화 직시라고 한다.

사회 직시는 발화에 참여하는 대상들의 사회적 신분이나 관계를 언어 표현으로 기호화한 것이다.

(27) 가. 저희는 잘 모르는 일입니다.
　　　나. 선생님께서 오신다.

(27가)에서 '저희'는 인칭 직시이면서 청자가 화자에게 존대의 대상임을 나타내는데, 이러한 관계는 상대높임법의 종결 어미 '-ㅂ니다'를 통해서도 실현된다. (27나)에서는 '께서'와 '-시-'가 그러한 기능을 담

당하고 있다. 이와 같이, 화자와 청자, 주어 사이의 사회적 맥락에 따른 사회적 관계를 언어 표현을 통해 기호화하는 것을 사회 직시라고 한다.

∥ 생각 넓히기 ∥

'이, 그, 저'의 직시 체계

한국어의 직시 표현 체계에서 '이, 그, 저'는 삼원 체계로 대단히 생산적으로 쓰인다. 영어와 같은 일부 언어들은 'this/here/now, that/there/then'과 같은 이원 체계를 보인다. 일반적으로 '이'는 화자 가까이 있는 대상을, '그'는 청자 가까이 있는 대상을, '저'는 화자와 청자로부터 멀리 있는 대상을 가리키는 것으로 설명된다.

(가) 이 사람/그 사람/저 사람 ; 이분/그분/저분, 이것/그것/저것
(나) 이 곳/그 곳/저 곳 ; 여기/거기/저기, 이리/그리/저리
(다) 이때/그 때/*저 때, 이 다음/그 다음/*저 다음 ; 이번/*그번/저번

(가)는 사람이나 사물을, (나)는 장소를, (다)는 시간을 가리킨다. 그런데 (다)에서 볼 수 있듯이 '이, 그, 저'가 언제나 대립되는 체계를 형성하지는 않는데 그 원인이 무엇인지에 대해서는 아직 명확히 밝혀진 바가 없다.

● 토 론 거 리 ●

① 문장 유형에 따른 직접 언어행위에는 어떠한 것들이 있는지 더 많은 실례를 찾고, 언어행위의 측면에서 문장 유형을 어떻게 구별할 수 있는지 분류해 보자. 그리고 그 발화의 언표내적 행위가 무엇이며 그 적정 조건은 무엇인지에 대해서 생각해 보자.

② 서얼(Searle 1969)은 오스틴의 언표내적 행위를 진술 행위, 지시 행위, 약속 행위, 표현 행위, 선언 행위로 분류하였다. 아래의 언어 표현들이 어떤 언표내적 행위로 분류될 수 있는지, 분류될 수 없거나 동시에 둘 이상의 언표내적 행위로 분류될 수 있는지, 그 근거를 중심으로 이야기해 보자.

(예) 가. 물은 셀프입니다.
     나. 아직도 담배를 피우십니까?
     다. 불이야!
     라. (급훈) 더 이상 미룰 수 없다. 너의 대학 나의 결혼.

③ 위에서 분류한 언표내적 행위가 성립하기 위한 적정 조건에 대해서 이야기해
   보자.

④ 다음의 대화가 웃음을 유발하는 이유를 함축의 관점에서 토론해 보자.

   (사오정 친구들이 카페에 갔다.)

   사오정1: 난 우유.

   사오정2: 그럼 난 우유.

   사오정3: 그럼 나도 콜라.

   사오정4: 그러니까, 아저씨 사이다 네 잔 주세요.

   사오정 웨이터: 손님, 죄송하지만 저희 가게엔 율무차가 없는데요.

⑤ 위의 언어 표현들이 가지는 함축에 대해서 그라이스의 '협조의 원리'와 '대화
   격률'의 관점에서 이야기해 보자.

⑥ 다음의 대화에서 (가ㄴ)이 비문이 되는 이유를 '직시의 중심'을 근거로 토론해
   보자.

   (예) 가. (선생님이 어머니에게 전화로)

   　　　철수가 오늘 학교에 안 {ㄱ. 왔어요 / ㄴ. 갔어요}.

   　　나. (어머니가 선생님에게 전화로)

   　　　네? 철수가 학교에 안 {ㄱ. 왔어요 / ㄴ. 갔어요}?

더 읽을거리

　화용론의 주요 개념에 대해서는 Levinson(1983)/이익환·권경원 역(1996)
에 잘 설명되어 있으며, 그라이스 식의 화용론의 원리를 '적합성' 원리로 설명하
고자 한 Sperber & Wilson(1986)/김태옥·이현호 공역(1993)도 참고할 수 있
다. 화용론과 언어학의 다른 분야와의 관계에 대해서는 Huang(2007)/이해윤
옮김(2009)을, 화용론의 사회적, 문화적 측면에 대한 것은 Mey(2001)/이성범
옮김(2007)을 참고할 수 있다. 화용론의 원리와 개념의 실제 적용에 대해서는
이성범(2001)과 이성범(2012)을 살펴볼 수 있다.

제11장 한국어의 역사

▶ 이 장에서 다루는 문제
· 오늘날의 한국어와 수백 년 전의 한국어는 어느 정도 같고 달랐던 것일까?
· 한국어의 역사를 이해하는 데에는 어떤 지식과 방법이 필요할까?
· 한국어 역사의 개념은 어떻게 정의되며, 문헌 자료는 어떤 특징을 지닐까?
· 한국어의 소리, 낱말, 문법은 어떻게 달라져 왔을까?

모든 언어는 시간에 따라서 변화를 겪게 마련이다. 한국어 역시 맨 처음 쓰이기 시작한 이래 이제까지 크고 작은 변화를 겪어 왔으며, 훈민정음 창제 이후로는 매우 뚜렷한 모습으로 그 변화의 실제를 파악할 수 있게 되었다. 한국어의 역사를 이해하는 데에는 어떠한 태도와 관점이 필요한지, 또 실제로 문헌 자료를 통해서 밝혀진 한국어의 변화의 모습은 어떠한지를 살펴보기로 한다.

한국어의 역사는, 한국어의 음운, 형태와 어휘, 통사, 의미 등의 전 분야에 걸쳐서 살펴볼 수 있으므로, 한국어 연구의 대부분의 영역과 관련이 깊다. 그러므로 이 장에서 공부할 음운의 변화는 음운론과, 어휘와 형태의 변화는 형태론이나 의미론에, 문법의 변화는 통사론과 매우 밀접히 연관된다.

그런데 문헌 자료가 별로 남아 있지 않은 시기의 한국어 역사를 연구할 때는 기록에 의존할 수밖에 없으므로, 기록으로는 확인하기 어려운 음성이나 화용 등의 영역을 살펴보기는 어려운 한계점이 있다.

1. 한국어 역사의 개념과 시대의 구분

1.1. 한국어 역사의 개념과 특징

한국어 역사를 다루는 분야인 '국어사'는 "국어의 음운, 어휘, 말본이 변천하여 온 역사 또는 그 학문"(『우리말큰사전』, 한글학회 편), 또는 "아득한 옛날부터 국어가 겪어온 변화들을 밝혀, 그 역사를 체계적으로 서술하는 것"(『국어사개설』, 이기문 저)으로 정의되듯이, 정확히 알 수 없는 한국어의 맨 처음부터 오늘날까지 일어난 변화를 대상으로 한다. 국어사를 '한국어 변천사', 또는 '한국어 발달사'로 말하는 경우도 있는데 그 뜻에는 별 차이가 없다.

한국어의 역사와 변천을 생각할 때 우리는 다음의 몇 가지의 중요한 점을 이해해 둘 필요가 있다.

첫째, 살아 있는 생명체와 같이 언어 역시 항상 변화하는 과정에 있으므로, 언어의 변화는 항상 연속적이고 점진적인 성격을 띠며, 그 변화는 짧은 시간으로는 관찰하기 힘들다.

둘째, 언어의 변화는 주로 음운이나 형태, 의미 중의 어느 한편에서 일어나게 되지만, 그 변화는 자연스럽게 언어 체계 전반에 걸친 변화를 초래한다. 예를 들어서, 아래아(ㆍ)의 소리값(음가)이 불분명해지는 변화가 일어남으로써 음운 체계가 흔들리게 되고, 결과적으로 표기(글자)로써 소멸된 이후에는, 그 소리가 들어 있던 단어들의 형태까지 변하게 되는 것이다. 예를 들어 '다ᄅᆞ다'의 경우 본래 문법 규칙으로는 '다ᄅᆞ+-아 → 달아'로 활용되던 단어이지만, 아래아가 없어져 버림에 따라서 '다르+-아 → 달라'로 활용하게 되어, 문법 규칙에까지 그 변화가 번지게 된다는 사실을 잘 보여 준다.

셋째, 한국어의 역사 연구는 주로 문헌 기록에 의존해서 이루어지게 되는데, 문자로 기록된 언어는 대체로 앞 시기 언어의 반영일 가능성이 크다는 것을 고려해야 한다. 현대 한국어에서 이미 소리로는 구별할 수 없음에도 불구하고, 표기상으로 'ㅐ'와 'ㅔ'(개:게)를 구별한다든지, 'ㅚ, ㅙ, ㅞ'를 구별하는 것 등이 좋은 예가 된다.

1.2. 한국어 역사를 연구하는 방법

한국어의 역사를 연구할 때에는, 한국어의 체계에서 일어난 변화를 '있는 그대로' 파악하여 사실적이며 실증적으로 기술하면서, 그러한 변화가 왜 생겼는지를 합리적으로 설명할 수 있는 원인을 찾아 설명하도록 하여야 한다.

1.2.1. 통시적 연구와 공시적 연구

한 언어의 역사를 시간의 흐름을 따라서 이루어진 변화에 주목하여 연구하는 것을 통시적(通時的, diachronic) 연구라 하는데, 가령 15세기부터 21세기 초에 이르는 동안 한국어 높임법(존대법) 체계의 변화를 살펴보려면 통시적 연구 방법을 취하게 된다. 한편, 역사 중의 어느 한 시기를 정하여 그 시간의 범위 내에서 관찰되는 언어의 모습에 주목하여 연구하는 것을 공시적(共時的, synchronic) 연구라 한다. 수백 년 전의 한국어든, 20세기의 한국어든 어느 한 시기의 언어만을 대상으로 하여, 그 시기에 관찰되는 한국어의 체계를 기술한다면 공시적 연구가 되는 것이다.

━━━ 〈깊이 알기〉 통시적 연구와 공시적 연구의 차이 ━━━

　통시적 연구와 공시적 연구 중 어느 방법을 따르느냐에 따라서 하나의 사실에
대해서도 해석이 달라질 수도 있다.

(1) '좁쌀'의 해석
　가. 공시적 관점 : {좁}+{쌀} 〉 좁쌀 ('좁'은 '조'의 이형태)
　나. 통시적 관점 : {조}+{ᄡᆞᆯ} 〉 좁쌀 (비교: 햅쌀, 맵쌀)
(2) '암캐, 수캐'의 해석
　가. 공시적 관점 : {암/수}+{캐} 〉 암캐, 수캐 ('캐'는 '개'의 변이형)
　나. 통시적 관점 : {암ㅎ/수ㅎ}+{개} 〉 암캐, 수캐

　(1)과 (2)에서처럼, 현대 한국어에서 나타나는 형태에 대해서 현대 시점의 체계
속에서만(즉, 공시적으로만) 보면 각각 (가)와 같이 기술할 수밖에 없지만, 통시적
인 사실 즉 과거의 언어 체계를 고려하게 되면 (1가, 2가)는 잘못된 분석이 된다.
이와 같이, 공시적 분석과 통시적 분석의 결과가 전혀 달라지는 일도 있다.

1.2.2. 전망적 방법과 회고적 방법

　한 언어의 역사를 기술할 때 과거로부터 현재를 향한 시간의 흐름
을 따라서 언어의 변천을 살피는 방법을 전망적(展望的, prospective)
방법이라 하고, 현재로부터 과거로 거슬러 가며 언어의 모습을 살펴
보는 방법을 회고적(回顧的, retrospective) 방법이라 한다.

　전망적 방법은 주로 한 언어의 기록이 충분히 남아 있어서 그 기록
에 나타나는 언어의 모습을 그 뒷시대와 비교함으로써 언어의 변천
과정을 기술해 나가는 것이기 때문에 기록이 없거나 충분하지 않은
경우에는 적용하기 어렵다. 한국어의 경우 주로 『훈민정음(訓民正音)』
이후에 남겨진 기록을 바탕으로 해서 이 방법을 적용할 수 있다.

　회고적 방법은 각 시대의 언어적 특성을 알아낼 수 있을 만큼의 기
록이나 자료가 남아 있지 않은 경우에, 자료가 풍부한 시기의 지식을

바탕으로 해서 시간을 거슬러 올라가면서 당시의 언어의 모습을 부분 부분 복원해 나가는 방법이다. 한국어의 경우에는 주로 훈민정음(한 글) 창제 이전 시기의 언어 기록 자료가 많지 않기 때문에 이러한 방 법을 활용한다.

1.3. 문헌 자료의 특성과 언해

한국어를 기록한 문헌 자료로는 주로 훈민정음, 즉 한글과 이를 활 용한 언해서(諺解書)들이 상대적으로 많이 남아 있고, 원문이 없이 순 수하게 당시의 한국어를 기록한 것은 『월인천강지곡(月印千江之曲)』 (1447년경)이나 편지글 같은 형식으로 남아 있다. 특히 1446년에 간행 된 『훈민정음』을 통해서 우리는 문자 창제의 경위, 문자의 창제 원 리, 운용의 실제까지도 명확히 파악할 수 있다. 이후 훈민정음으로 이루어진 문헌들은 거의 대부분이 국가의 중앙관청에서 간행되었고 일부가 지방에서 간행되기도 했다.

훈민정음 창제 직후 문헌들은 거의 대부분이 '언해'(諺解)라고 하는 형식으로 되어 있는데, 이것은 주로 한문을 당시의 한국어로 번역한 것이다. 문헌상으로 확인되는 '언해'라는 명칭은 1518년에 간행된 『정 속언해(正俗諺解)』에 나타나는데, 초기에는 이러한 형식의 책 이름에 '번역(飜譯)'과 '언해'라는 명칭이 함께 쓰이다가, 후대로 내려오면서 '언해'가 더 많이 쓰이게 된다.

'언해'에 쓰인 훈민정음(한글)은 주로 고유어의 표기, 한자음의 표 기, 한자의 중국음의 표기 등과 같은 몇 가지의 제한된 범위에서 쓰 였다.

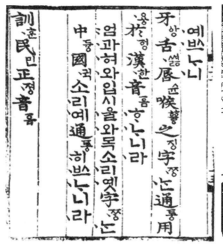

〈그림11-1〉『훈민정음』언해본(왼쪽)과 『번역노걸대』(오른쪽)

〈그림11-1〉의 왼쪽은 15세기의『훈민정음』언해본의 마지막 쪽이며, 오른쪽은 16세기의『번역노걸대(飜譯老乞大)』의 첫 쪽이다. 〈그림 11-1〉의『훈민정음』언해본에서 볼 수 있듯이, 고유어로 된 '엄(=어금니), 혀, 입시울(=입술), 목, 소리' 등의 명사나 '과, 와, 예, ᄂᆞᆫ'과 같은 조사, 'ᄡᅳᄂᆞ니, ᄡᅳᄂᆞ니라, ᄒᆞᄂᆞ니라'와 같은 용언들을 쓸 때 훈민정음(한글)이 대표적으로 사용되었다. 또한 〈그림11-1〉의 각 한자 아래편에 좀 작은 글씨로 각각의 한자음을 적는 데에도 역시 훈민정음이 쓰였다. 오른편 그림의『번역노걸대』에서도 역시 본문에 해당하는 중국어의 각 한자의 아래에 두 가지의 한자음이 표기되어 있는데, 이때에도 훈민정음이 쓰였다. 또한 본문의 언해문(번역문)에는 훈민정음이 주가 되고 그 안에 한자어가 나올 때는 한자로 표기하고 있다.

언해의 문체는 대개 한문 원문을(간혹 만주어나 몽골어를 원문으로 한 경우도 있음) 그대로 직역하는 형태를 취하기 때문에 당시의 실제 언

318 우리말 연구의 첫걸음

어와는 상당히 달랐을 것으로 추측되기 때문에 당시의 언어를 연구할 때에는 조심스럽게 다루어져야 한다. 한편 『석보상절(釋譜詳節)』이나 『삼강행실도(三綱行實圖)』 같은 책들은 상당히 당시의 구어에 가까운 것으로 일컬어지기도 한다.

1.4. 한국어 역사의 시대 구분

한국어의 역사가 음운, 어휘, 문법의 전반에 걸쳐서 낱낱이 밝혀져 있다면, 언어적 특성에 따른 시대 구분이 가능하겠지만, 한국어가 맨 처음 언제 비롯되었는지, 또 그때의 말의 모습은 어땠는지에 관해서는 오늘날까지 전해지는 기록이 거의 없어서 잘 알 수가 없다. 실제로 한국어의 전체 모습이 분명하게 드러나기 시작하는 것은 차자 표기와 훈민정음을 통해서이다. 그러므로 한국어가 성립된 이후 이제까지 이루어진 변천의 역사를 생각할 때에는 대체로 기록 이전과 이후로 나누어서 생각하는 것이 일반적이다. 한민족의 성립은 기록 이전의 시대로 매우 먼 옛날로 거슬러 올라가야 하지만, 한국어는 삼국 시대 무렵부터 매우 단편적인 기록으로만 남아 있기 때문에, 실질적으로는 조선 시대의 훈민정음 창제 이후에야 한국어의 전반적인 관찰이 가능해진다.

한국어의 역사를 가르는 시대 구분으로는, 삼국 시대로부터 고려 이전까지 차자 표기가 이루어진 시대를 고대 한국어, 한국어의 중심이 중부 지역으로 옮겨진 고려 시대로부터 훈민정음 창제 이전까지의 시기를 전기 중세 한국어, 훈민정음 창제로부터 일본의 침략 전쟁이 끝난 16세기 말엽까지를 후기 중세 한국어, 17세기에서 19세기 후반까지를 근대 한국어, 20세기 이후를 현대 한국어로 나누는 것이 일반적이다.

2. 소리(음운) 체계의 역사

한 언어의 소리(음운) 구조나 체계는 시간의 흐름에 따라서 그 소리들이 없어지기도 하고, 소리들 사이의 관계가 달라지기도 한다. 또한 단어와 단어 혹은 단어와 형태소, 형태소와 형태소가 결합할 때 일어나는 변동 방식이 달라지기도 한다. 한국어의 소리 체계가 비교적 뚜렷하게 밝혀져 있는 15세기로부터 오늘날까지, 닿소리(자음)와 홀소리(모음), 그리고 운소 체계는 적지 않은 변화를 겪어 왔다.

2.1. 닿소리(자음) 체계 변천의 특징

15세기의 22개 닿소리(자음)는 대체로 다음과 같은 체계를 이루고 있었다.

〈표11-1〉 15세기의 닿소리(자음) 체계

방법 \ 힘 \ 자리		입술		혀 앞 (혀끝)		혀 뒤	목청	
터짐	약한	ㅂ /p/	ㅸ /β/	ㄷ /t/		ㄱ /k/		
	켕긴(된)	ㅃ /p'/		ㄸ /t'/		ㄲ /k'/		
	거센	ㅍ /pʰ/		ㅌ /tʰ/		ㅋ /kʰ/		
붙갈이	약한			ㅈ /ts/				
	켕긴(된)			ㅉ /ts'/				
	거센			ㅊ /tsʰ/				
갈이	약한			ㅅ /s/	ㅿ /z/			
	켕긴(된)			ㅆ /s'/				
	거센						ㅎ /h/	ㆅ /h'/
코로		ㅁ /m/		ㄴ /n/		ㆁ /ŋ/		
흐름				ㄹ /l/				

(허웅 1983/1997:348-349, 허웅 1985:412-413)

15세기 중엽의 한국어와 현대 한국어의 닿소리 체계에서 가장 크게
달라진 점은, 닿소리 22개 중에서 /ㅸ, ㅿ, ㆅ/ 3개가 없어지고 19개
의 닿소리 음소가 되었다는 점이다(표의 진한 부분을 참조할 것). 없어
진 닿소리 중에서 /ㆅ/과 /ㅸ/의 두 음소는 15세기 후기에 없어져, 16
세기에는 대체로 20개의 닿소리 체계가 유지된 것으로 보인다. 닿소
리 /ㅿ/은 16세기에 표기가 동요하기 시작해서 임진왜란 이전에는 없
어진 것으로 생각되고 있다.

2.2. 홀소리(모음) 체계 변천의 특징

15세기에는 모두 7개의 홑홀소리(단모음)이 다음과 같은 체계를 이
루고 있었던 것으로 보인다.

〈표11-2〉 15세기의 홑홀소리(단모음) 체계

높이＼자리	앞	뒤	
		안둥근	둥근
높은	ㅣ /i/	ㅡ /i/	ㅜ /u/
가운데	ㅓ /ə/	ㆍ /ʌ/~/ŏ/	ㅗ /o/
낮은		ㅏ /a/	

(허웅 1983/1997:347)

이들 홀소리(모음) 중에서, 진하게 표시된 부분의 홀소리 /ㆍ/가 사
라지고, 다른 홀소리는 오늘날에도 남아 있음을 알 수 있다.[1] 이 홀
소리 /ㆍ/가 없어지면서, 남은 홀소리들 사이의 대립 체계가 흔들리
게 되고, 이러한 불안정한 체계를 보완하기 위해서 15세기에는 겹홀

---

1) 홀소리 /ㆍ/가 없어진 시기에 대해서 여러 가지 주장이 있지만 대체로 18세기의
   말에는 소리값이 사라진 것으로 생각된다. 다만 표기상으로는 20세기 초까지도 남
   아 있었다.

소리(중모음)이었던 /ㅐ, ㅔ, ㅚ, ㅟ/ 등이 홑홀소리으로 변화한다. 그러므로 15세기 이후 문헌에서 확인되는 겹홀소리들의 소리값은 현대 한국어와는 상당히 다를 수 있다는 점에 주의할 필요가 있다.

겹홀소리 /ㅐ, ㅔ, ·ㅣ/들은 18세기의 말엽까지는 그 소리값이 분명하게 겹소리로 유지되고 있다가 그 이후 홑홀소리로 변한 것으로 보이지만 완전한 변천이 이루어진 시기는 분명하지 않다. 현대 한국어에서 겹홀소리 /ㅢ/는 소리가 남아 있기는 하지만 불안정하다.

〈깊이 알기〉 15세기의 겹홀소리와 소리값
---

(1) 두겹홀소리(이중 모음)
　　오름　이-계: /요[jo], 야[ja], 유[ju], 여[jə],
　　　　　　　　　쬬[j'o], 쨔[j'a], 쮸[j'u], 쪠[j'ə]/
　　　　　　우-계: /와[ŏa], 워[ŭə], 웨[ŭ'ə]/
　　내림　이-계: /ᄋᆡ[ʌj], 의[ij], 외[oj], 애[aj], 위[uj], 에[əj]/
(2) 세겹홀소리(삼중 모음)
　　이-계: /ᅺ[joj], 얘[jaj], 위[juj], 예[jəj]/
　　우-계: /왜[ŏaj], 웨[ŭəj]/

/ᅇ/은 '켕김 홀소리'를 표기한 것으로 생각되는데 15세기에도 음소로서는 불안정했던 것으로 보이며, /ㆅ/과 비슷한 시기인 15세기 말에는 없어진 것으로 보인다. 허웅(1985:367-368)에서는, "「ㅇ」은 소리가 없는 것이니, 「ㅇ」의 된소리란 있을 수 없다. (중략) 곧 「ᅇ, ꥶ」 따위는 「여, 요」의 /i/를 보통 소리보다 그 공깃길을 더 좁히고, 음성 기관의 근육을, 된소리의 경우처럼 켕겨서 내는 소리이며, (중략) 그러므로 「ᅇ」와 같은 닿소리가 따로 있는 것이 아니라, /i/, /ㅣ/에 켕김(tense)과 안켕김(lax, loose)의 다름이 있었던 것으로 생각된다."고 설명하고 있다.

2.3. 운소 체계 변천의 특징

15세기와 16세기의 문헌에는 방점 표기가 사용되고 있었는데, 『훈민정음』의 아래 설명과 같이, 방점은 그 방점이 붙은 음절의 높낮이를 나타낸 것이었다.

> (1) 가. 한 점(거성) - 높은 소리　　　(예) ·혀, ·니
> 　　 나. 두 점(상성) - 높아가는 소리　 (예) :새, :뉘
> 　　 다. 점 없음(평성) - 낮은 소리　　 (예) 몬져, 부텨

이러한 높낮이 운소의 표기(방점)는 16세기까지 이어지지만 그 높낮이의 모습이 15세기와는 다소 달라졌을 가능성도 있으며, 현대 한국어에서는 홀소리의 길이만 일부 남아 있지만 이 역시 매우 불안정하다.[2] 더러 방언에서 나타나는 부분적인 높낮이는 이 시기의 성조의 흔적이라고 볼 수 있다.[3]

2.4. 소리가 이어질 때 일어나는 두 가지 음소 변동

15세기로부터 현대 한국어로 이르는 동안, 둘 이상의 소리가 이어질 때 일어나는 음소 변동에 중요한 변화가 일어났다.

첫째, 15세기 당시에는 두입술소리(양순음) /ㅁ, ㅂ, ㅍ/ 뒤에 /ㅡ/가 자유롭게 이어날 수 있었지만, 대체로 17세기 말에서 18세기 초에 걸쳐서 이런 조건에 나타난 /ㅡ/가 /ㅜ/로 바뀌었다.

> (2) 가. ·믈爲水, 브섭爲竈(훈민정음 해례본)　　　(15세기)
> 　　 나. 므릇~무릇, 더브러~더부러(여사서)　　　 (18세기)

---

2) 허웅(1985:248-250)에서는, 서울을 중심으로 한 중부 지방의 말에서, "말, 굴, 발, 손, 밤" 따위와 같이, 홀소리의 길고 짧음이 말뜻을 분화하는 기능을 하고 있다고 밝히고 있다.

3) 경상도의 일부 방언에서는 현대에도 세 가지의 높낮이에 따른 뜻 구별이 이루어지고 있다. (허웅 1985:247-248)

둘째, /ㄷ, ㅌ/이 /ㅣ/나 반홀소리(반모음) /j/ 앞에서 입천장소리 (구개음)로 되는 변화는 17세기 중반에 시작되어 18세기 초에는 완성 된 것으로 보인다. 아래의 (3)에서는 '디다〉지다'(패배하다)의 변화 모 습을 살펴볼 수 있다.

> (3) 가. 先生이 또 <u>디거다</u>(박통사언해)　　(17세기)
>   　나. <u>지며</u> 이긔믈(박통사언해)　　　(17세기)

3. 조어법 체계 변천의 역사

조어법의 두 가지 방법인 합성법과 파생법에는 어떠한 변화가 있었 을까?

3.1. 합성어 형성 방식의 변천과 특징

합성어는 통어적 합성어와 비통어적 합성어로 나뉘는데, 통어적 합 성어는 15세기로부터 현대 한국어에 이르기까지 거의 마찬가지의 방 식으로 이루어졌는데 비해서, 비통어적 합성어는 꽤 다른 모습을 보 인다.[4]

> (4) 통어적 합성어
>   　가. 명사+명사 〉 명사 : 밤낮, 낮밤, 똥오줌(糞尿)
>   　나. 관형사+명사 〉 명사 : 외섬
>   　다. 수사+명사 〉 명사 : 흔가지

---

4) 여기서는 주로 『우리옛말본』(허웅, 샘문화사, 1975)의 체계를 참고한다.

라. 수사+수사 〉 수사 : 두서

마. 동사+동사 〉 동사 : 녀러오다

(5) 비통어적 합성어

들-보다, 오락-누리다, 죽-살다, 감-프릭다, 동-굿다, 비리-누리다

오늘날 한국어에서도 간혹 보이는 '검푸르다, 오가다, 드나들다'와 같이, 한 낱말 안에 뿌리(어근)가 둘이 있지만 그 중 한편이 구속 형식으로 된 것을 비통어적 합성어라 하는데, 현대 한국어에 비해서 15세기의 용언에서는 매우 자유롭게 합성이 이루어졌다.

3.2. 파생어 형성 방식의 변천과 특징

파생어는 그 만드는 방식에 따라서 접두 파생어와 접미 파생어로 나뉘는데, 예를 들면, '비-웃다, 엇-막다, 초-ᄒᆞᄅᆞ'에서처럼, 15세기와 현대의 한국어 모두 마찬가지의 형성 방식으로 접두 파생어가 만들어진다. 접미 파생어는 현대 한국어에서보다 훨씬 다양한 접미사 형태가 관찰된다. (6)는 사동사를, (7)은 피동사를 파생하는 파생법이다.

(6) 사동사를 파생하는 접미사 '-이-/-히-/-기-/-오-/-우-/-호-/-후-/-고-'

깊다 → 기피다, 긁다 → 글키다, 옮다 → 옮기다, 몯다 → 모도다,

얼다 → 얼우다, 맞다 → 마초다, 멎다 → 머초다, 솟다 → 솟고다

(7) 피동사를 파생하는 접미사 '-이-/-히-/-기-'

가도다 → 가도이다, 박다 → 바키다, 둠다 → 둠기다

형용사와 부사를 파생하는 파생법에 있어서도, 접미사 형태나 적용되는 낱말에 현대 한국어와는 적지 않은 차이가 보인다.

> (8) 형용사 파생 접미사 '-브-/-ᄇ-/-ᄫ-/-ㅂ-/-업-/-롭-/-답-/-둡-'
> 저다 → 깃브다, 앓다 → 알ᄑ다, 웃다 → 웃ᄫ다, 그리다 → 그립다, 붓그리다 → 붓그럽다, 아ᅀᅳ-롭다, 아ᄅᆺ-답다, 病-둡다
> (9) 부사 파생 접미사 '-이-/-오-/-우-'
> 둏다 → 됴히(둏+이), 드믈다 → 드므리(드믈+이), 하다 → 해(하+이), 맞다 → 마조(맞+오), 기울다 → 기우루(기울+우)

4. 문법 체계의 역사

여기서는 15세기로부터 20세기의 한국어에 이르는 몇 가지 문법 체계의 변천을 개략적으로 이해해 보기로 한다.[5]

4.1. 조사의 체계 변천의 특징

문헌 기록을 통해서 조사 체계를 전면적으로 확인할 수 있는 15세기로부터 근대 한국어를 거쳐 오늘날에 이르는 주요한 조사의 체계를 비교해 보면 다음과 같다.

---

[5] 주로 허웅(1975)의 체계를 바탕으로 관련된 여러 연구 성과를 종합하며 살펴보기로 한다.

〈표11-3〉 조사 체계의 변천

조사＼시대		중세 한국어 (15~16세기)	근대 한국어 (17~19세기)	현대 한국어 (20세기~현재)
격조사	주격	이/ㅣ/∅	이/ㅣ/이가/가	이/가
	목적격	올/를/을/를/ㄹ	올/를/을/를/ㄹ	을/를/ㄹ
	관형격	익/의/ㅣ/ㅅ	의/익	의
	위치격	애/에/예/익/의~의게/ㅅ긔~ᄃ려	에/예/의~의게/ㅅ긔~ᄃ려	에~에게/께~더러
	방편격	로/ᄋ로/으로/으록	ᄋ로/으로/로	으로/로
	비교격	과/와/과로/와로~두고/이/으라와/이라와	과/와~보다가	과/와~보다
	호격	아~이여~하	아/야	아/야
연결조사		과/와~ᄒ고~이며	과/와~ᄒ고 ~이며/이시며/이먀/이라~이라	과/와~하고~이며/며
의문조사		고/오~가/아		(고/가)[6]
보조사		ㄴ/는/는/은/은, 도, ᄉ나, 곳/옷, 란/ᄋ란/으란, 곰/옴	ㄴ/는/는/은/은, 도, 야, 곳/옷, 란/ᄋ란/으란	는/은/ㄴ, 도, 야

(허웅 1975, 홍윤표 1994)

　이 표에서 보이는 조사 체계의 주요한 변화는 다음과 같다.
　첫째, 주격 조사가 '이/ㅣ'에서 근대를 거치면서 '가'가 새로 생긴 뒤에 '이/가' 대립으로 바뀌었다. 17세기 중엽에 들면 주격 조사로 쓰인 '가'들이 나타나기 시작하여 18세기에 '이/ㅣ/이가/가'가 함께 쓰이는 시기를 거쳐 19세기 말에는 현대 한국어와 같은 주격 조사 체계로 되었다.
　둘째, 격조사들의 쓰임에 있어서, 16세기에 들어서도 주격 조사나

---

6) "이 뭐꼬?", "그아가 가가?"처럼 일부 방언에 남아 있다. 지극히 부분적인 현상이므로, 현대 한국어의 문법 체계에서는 의문조사가 아니라, 어미의 일종으로 처리하기도 한다.

목적격 조사, 방편격 조사, 호격 조사 등의 형태나 쓰임에 큰 변화가 없다. 다만 '님금하, 世尊하'처럼 높임을 나타내는 호격 조사 '하'의 쓰임이 사라진다.

셋째, 16세기 이후 '의/익'는 관형격 조사로서의 쓰임이 강해지는 한편, '애/에'가 위치격 조사로 쓰이는 일이 생겨서 현대 한국어에 가까운 모습으로 변한다.

넷째, 비교격 조사 중 '두곤/두군/도곤' 등은 17세기 중엽까지 쓰이다가 없어진다.

다섯째, 15세기에 쓰이던 연결 조사 외에 'ᄒᆞ며'나 '이다'에서 파생된 '이며/이시며/이먀/이라~이라' 등이 발달하는 한편, 16세기 후기에 들어 '과/와'의 변이 형태 간의 음운론적 조건(견산과 갈모와, 활와 시울와)이 허물어지는 현상을 보이면서 /ㄹ/ 아래에서도 '과'가 쓰이게 되어(술과, 힁실과 등) 현대 한국어에 가까워진다.

여섯째, 의문 조사 '고/오'와 '가/아'가 현대 한국어에서는 없어졌다.

──── 〈깊이 알기〉 15세기의 조사 변이 형태의 조건 ════

15세기에는 조사들의 변이 형태의 조건들이 현대 한국어와 꽤 다른 경우가 많았다. 예컨대 목적격 조사를 보면 대체로 다음과 같은 변이 형태의 체계를 이루고 있었다.

(예) 목적격 조사 '롤/를/올/을~ㄹ'
　　가. 놀애롤 브르리(용비어천가 13) / 여슷 히롤 苦行ᄒᆞ샤(석보상절 6:4)
　　나. 너를 金 주료(남명집언해 상44-45) / 長壽를 求ᄒᆞ면(석보상절 9:23)
　　다. 나라홀 맛두시릴씨(용비어천가 6) / 阿難올 뵈야(능엄경언해 2:12)
　　라. 닐굽 거르믈(=거름+을) 거르샤(석보상절 6:17) / 天命을 모ᄅᆞ실씨(용비어천가 13)
　　마. 소릴(소리+ㄹ) 내야(월인석보 2:13) / 님금 位ㄹ 브리샤(월인석보 1:2)

〈표〉 음운적 조건에 따른 조사의 변이 형태

앞소리 앞홀소리	홀소리(개음절)		닿소리 (폐음절)
	〈단순〉	〈겹침〉	
밝음(양성)	ㄹ	를	을
어두움(음성)		를	을

이와 같은 모습은 목적격 조사뿐 아니라, 위치격 조사 '애/에/예/익/의'나 보조사 'ㄴ/ᄂ/는/은/은'에서도 마찬가지로 관찰할 수 있다.

4.2. 어미의 체계 변천의 특징

4.2.1. 종결법(의향법) 어미의 체계와 변천

현대 한국어와 달리, 15세기의 문헌에서 확인되는 서술법 어미는 '-다/라', '-은뎌/-을쎠/-마/-으리/-으니' 등이 있다. 15세기 의문법의 종결 어미는 그 앞에 선어말 어미 '-은-/-을-'이 함께 있을 때는 문장의 주어 인칭에 따라 다른 형태가 쓰였다. 즉 2인칭 주어가 쓰인 문장에는 '-(은/을)다', 1인칭과 3인칭 주어가 쓰인 문장에서는 '-(은/을)가', '-(은/을)고'들로 나타나는데, 문장에 의문사가 있을 때에는 '-고'가 쓰이고, 없을 때에는 '-가'가 쓰인다. 15세기의 명령법 어미로는 '-라', '-고라/-오라/-고려', '-아쎠/-어쎠', '-쇼셔'가 쓰였으며, 청유법 어미로는 주로 '-져'가 쓰였다.

═══〈깊이 알기〉 15세기의 종결법 어미의 실제 ═══

(1) 15세기의 서술법 어미 '-다/-라'
    가. 닐굽 히 너무 오라다(월인석보 7:2) / 올ᄒᆞ시이다 世尊하(능엄경언해 4:9)
    나. 地藏菩薩이 긔라(월인석보 21:59) / ᄒᆞ오사 내 尊호라(월인석보 2:34)
(2) 15세기의 서술법 어미 '-은뎌/-을쎠/-마/-으리/-으니'
    가. 義ᄂᆞᆫ 그 큰뎌(크+ㄴ 뎌)(내훈 3:54)
    나. 됴홀쎠(둏+올 쎠) 오ᄂᆞᆯ날 果報ㅣ여(월인석보 23:82)
    다. 그리호마 ᄒᆞᆫ 이미 分明히 아니ᄒᆞ면(내훈 3:21)
    라. 네 ᄆᆞᅀᆞᆷ이 고ᄅᆞ디 몯ᄒᆞ리(월인천강지곡 상, 기89)
    마. 곶 됴코 여름 하ᄂᆞ니(용비어천가 2)

(3) 15세기의 인칭 의문법 어미 '- 다/ - 고/ - 가'

　　가. 네 엇뎨 안다(월인석보 23:74) / 그듸 엇던 사른민다(월인석보 10:29)

　　나. 이제 엇더흐고(두시언해 25:24) / 어드메 이 셔울힌고(두시언해 15:40)

　　다. 西京은 편안흔가 몯흔가(두시언해 18:5)

(4) 15세기의 비인칭 의문법 어미 '-(니/리)오/-(니/리)아/어'

　　가. 네 어드러 가ᄂ니오(두시언해 8:6) / 엇뎨 겨르리 업스리오(월인석보 서
　　　　17) / 그 體 어듸 잇ᄂ뇨(능엄경언해 2:36)

　　나. 슬후미 이어긔 잇디 아니ᄒ니아(두시언해 7:14) / 功德이 하녀 져그녀(젹
　　　　+으녀)(석보상절 19:4)

(5) 15세기의 명령법 어미

　　가. 부텻 마를 바다 디니라(석보상절 13:62) / 舍利弗아 알라(월인석보 7:77)

　　나. 모든 疑心을 決ᄒ고라(석보상절 13:25) / 아ᄆ례나 救ᄒ야 내오라(월인석
　　　　보 23:87) / 어더 보고려(석보상절 6:13)

　　다. 술ᄫ쎠(ᄉᆞᆲ+아쎠)(석보상절 6:14) / 그 ᄠ들 닐어쎠(석보상절 6:17)

　　라. 이 ᄠ들 닛디 마른쇼셔(용비어천가 110) / 오래 겨쇼셔(월인석보 2:15)

(6) 15세기의 청유법 어미

　　가. 五欲을 ᄆᆞᄋᆞᆷᄀᆞ장 편 後에ᅀᅡ 出家ᄒ져(월인석보 7:2)

16세기에 들어서도 15세기와 거의 같은 종결법 체계가 유지되면서도 이른바 '반말'이 더 발달하게 된다. 의문법에서는 큰 형태적 변화가 보이지는 않지만 특히 서술법에는 15세기에 보이지 않던 '-은댜, -을샤, -고녀, -고야/-괴여' 등의 낮춤이나 반말 '-오, -음새' 등이, 명령법에서는 반말의 '-고, -우듸여, -게'나, 높임의 '-소/-소/-조/-오' 등이, 청유법에서는 낮춤의 '-쟈'나 반말의 '-새' 등의 형태가 새롭게 등장하게 된다.

〈깊이 알기〉 16세기의 종결법 어미의 실제

(1) 16세기에 발달한 낮춤이나 반말의 서술법 종결 어미

　　가. 그리 빙ᄀᆞ라 죽게 ᄒ연댜(무덤편지 145) / 고마올샤(옛날편지 31) / 아디
　　　　몯ᄒ고녀(맹자언해 2:23) / 갑슬 바도려 ᄒ노괴여(노걸대 하10)

　　나. 다시 ᄃᆞ닐 사ᄅᆞ미 이실 거시오(무덤편지 20) / 비로 감새(무덤편지 20)

(2) 16세기에 발달한 낮춤이나 반말의 명령법 종결 어미
　가. 만히 히여 다고(무덤편지 57) / 사라 가듸여(박통사 상63)
　나. 이리 이셔도 춤소(무덤편지 141) / 몬져 흔잔 자소(노걸대 상62) / 큰 형님
　　　몬져 례 받조(노걸대 상63) / 이리 오게(옛날편지 6)
(3) 16세기에 발달한 낮춤이나 반말의 청유법 종결 어미
　가. 비단 사 가지고 가쟈(노걸대 하23) / 사롤 브려 직쵹ᄒᆞ새(무덤편지 52)

　17세기 이후, '-매, -데, -게, -고나' 등이 새롭게 쓰이기 시작하는
한편, 이전에 자주 쓰이던 '-ㅅ다'가 사라져 간다. 19세기에 이르러서
는 서술법의 '-어라, -게라, -ᄂᆞ니라, -지라, -구나, -지다, -단다, -구
만, -지, -네, -구만' 등, 의문법의 '-소냐, -ᄂᆞ냐, -니, -ㄴ지, -오, -소'
등의 새로운 어미가 대량으로 출현하여 쓰이게 된다.

4.2.2. 그 밖의 어미 체계 변천의 특징

　접속법 어미의 분류 체계에 대한 기술 방식은 관점에 따라서 여러
가지로 이루어질 수 있으며 여기에 속한 어미의 종류나 형태가 모두
몹시 다양하므로 이의 역사적 변화를 한 눈에 살펴보기란 쉽지 않다.

=== 〈깊이 알기〉 15~16세기의 주요한 접속법 어미의 실제 ===

(1) 원인, 조건, 가정 등을 나타내는 접속법의 어미
　가. 제 모미 흔 바릿 ᄀᆞ새 다드르니 그 므리 솟글코(월인석보 21:23)
　나. 출가ᄒᆞ시면 正覺을 일우시리로소이다(월인석보 2:23)
　다. 블휘 기픈 남ᄀᆞᆫ ᄇᆞᄅᆞ매 아니 뮐씬 곶 됴코 여름 하ᄂᆞ니(용비어천가 2)
　라. ᄆᆞᅀᆞ미 解脫 몯ᄒᆞ야 業을 지ᅀᅥ 生ᄋᆞᆯ 受ᄒᆞ야 다슷 길헤 輪廻ᄒᆞ며(월인석보
　　　9:6-7)
　마. 아뫼나 와 가지리 잇거든 주노라(월인석보 7:3) / 禮 아니어든 뮈디 아니
　　　홀씨(내훈 3:69)
　바. ᄀᆞᄅᆞ매 빅 업거늘 얼우시고 또 노기시니(용비어천가 20)

(2) 앞의 사실과 긍정하기는 한다는 뜻을 나타내는 접속법의 어미
　　가. 구루멧 히 블 근ᄒᆞ나 더운 하ᄂᆞ리 서늘ᄒᆞ도다(두시언해 6:35)
　　나. 이제 나히 여쉰 둘헤 니르러도 ᄯᅩ 달옴 업스이다(능엄경언해 2:8–9)
　　다. 믈 깊고 ᄇᆡ 업건마른 하ᄂᆞ리 命ᄒᆞ실ᄊᆡ(용비어천가 34)
　　라. 가라 ᄒᆞ돌 가시리잇가(용비어천가 69)
(3) 나열이나 첨가의 뜻을 나타내는 접속법의 어미
　　가. 고히 길오 놉고 고ᄃᆞ며(석보상절 19:7) / 子ᄂᆞ 아ᄃᆞ리오 孫ᄋᆞ 孫子ㅣ니(월
　　　　인석보 1:7)
　　나. 여러 혀근 地獄이 이쇼ᄃᆡ 시혹 ᄒᆞ나히며 시혹 둘히며 시혹 세히며…(월인
　　　　석보 21:78)
　　다. 외니 올ᄒᆞ니 이긔니 계우니 홀 이리 나ᄂᆞ니라(월인석보 1:42)
(4) 그 밖의 여러 가지 뜻을 나타내는 접속법의 어미
　　가. 뎌 나라해 볼쎠 나거나 이제 나거나 쟝ᄎᆞ 나거나 ᄒᆞ리라(월인석보 7:76)
　　　　(가림과 선택의 뜻)
　　나. 겨지비 모롤 ᄇᆞ리고져 ᄒᆞ거든(석보상절 9:7) / 소ᄂᆞ로 가질 자ᄇᆞ샤 곳 것
　　　　고려 ᄒᆞ신대(월인석보 2:36) (의도의 뜻)
　　다. 나리 져므ᄃᆞ록 밥 몯 머거슈믈 놀라노니(두시언해 25:7) (어떤 상황에 미
　　　　침의 뜻)
　　라. 나싥 져긔 히 디여가ᄃᆡ 그 지븐 光明이 비췰ᄊᆡ(월인석보 1:9) (설명의 뜻)

　15세기의 명사형 어미로는 '-ㅁ'과 '-기', '-디'의 세 가지가 쓰였는데, 현대 한국어와는 반대로, 15세기에는 '-(오/우)ㅁ'은 매우 자유로이 쓰인 데 비해 '-기'는 그리 많이 나타나지 않는다.

〈깊이 알기〉 15~16세기의 명사형 어미의 실제

(예) 가. 됴ᄒᆞ 法 닷고ᄆᆞᆯ 몯ᄒᆞ야(석보상절 9:14) / 내 … 두리ᄫᅮ미 업소니(월인석보
　　　　7:6) / 사ᄅᆞ미 몸 ᄃᆞ외요미 어렵고(석보상절 9:28)
　　나. 남진 어르기를 ᄒᆞ며(월인석보 1:44) / 글지ᅀᅵ와 글스기로(두시언해 25:49)
　　다. ᄆᆞ슬히 멀면 乞食ᄒᆞ디 어렵고(석보상절 6:23)

4.3. 높임법(존대법) 체계 변천의 특징

높임법(존대법)은 말을 듣는 상대방을 높이는 상대 높임(들을이 높임 또는 상대 존대)과, 주로 말의 주어로 등장한 사람이나 사물에 대한 높임을 주체 높임(주체 존대), 그리고 주로 목적어나 그 밖의 성분으로 등장한 사람이나 사물에 대한 높임을 객체 높임(객체 존대)이라 하여 크게 셋으로 나뉜다.

4.3.1. 상대 높임법(상대 존대법)

15세기의 상대 높임(상대존대)은 크게 높임과 안높임의 두 범주로 구성되며, 서술어의 마침법에만 나타난다. 상대에 대한 높임은 서술법과 의문법에서는 '-으이-'를 종결 어미 앞에 붙이느냐 붙이지 않느냐에 따라서 상대방에 대한 높임과 안높임을 구분한다.

═══ 〈깊이 알기〉 15세기의 상대 높임법의 실제: 서술법과 의문법 ═══

아래의 예에서 (가)는 높임, (나)는 안높임의 용법을 나타낸다.

(1) 서술법에서의 상대 높임
  가. 世尊하 … 이런 고디 업스이다(능엄경언해 1:50) / 올ᄒᆞ시이다 世尊하(능엄경언해 2:58)
  나. 이 ᄠᅳ디 實티 아니타(능엄경언해 2:47) / 너와 나왜 同氣라(능엄경언해 1:41)
(2) 의문법에서의 상대 높임
  가. 엇뎨 일후미 無間地獄이잇고(월인석보 21:41) / 이 엇던 싸히잇가(월인석보 21:24)
  나. 어느 이를 ᄉᆞᆫᄒᆞᄂᆞ고(월인석보 13:55) / 어느 바ᄆᆡ ᄀᆞ마니 이실고(두시언해 21:26) / 便安히 잇ᄂᆞ가(두시언해 21:12) / 安否는 便安ᄒᆞ신가 아니ᄒᆞ신가 하논 마리라(석보상절 11:4)

───

한편, 청유법에서는 '-사'와 '-으이-'의 결합형인 '-사이다'로 높임을, '-져'로 안높임을 각각 나타내며, 명령법에서는 종결 어미 '-쇼셔'

나 '-아쎠/어쎠'로 높임을, '-라, -고라'로 안높임을 각각 나타낸다.

======〈깊이 알기〉 15세기의 상대 높임법의 실제: 청유법과 명령법 ======

아래의 예에서 (가)는 높임, (나)는 안높임의 용법을 나타낸다.

(1) 청유법에서의 상대 높임
　　가. 淨土애 흔듸 가 나사이다(월인석보 8:100)
　　나. 서르 브리디 마져(두시언해 16:18)
(2) 명령법에서의 상대 높임
　　가. 님금하 아르쇼셔(용비어천가 125) / 그 뜨들 닐어쎠(석보상절 6:17)
　　나. 舍利弗아 알라(월인석보 7:77) / 모든 疑心을 決ᄒ고라(석보상절 13:25)

상대 높임법의 체계에서는 16세기에 들어서 이전에 쓰이던 '-으닛
가' 같은 어미들이 사라지고, '-잇가'가 줄어 없어지면서, 이전에 아
주높임을 나타내던 '-으니(의)'가 반말처럼 쓰이게 된다. 명령법에서
는 '-소', 서술법과 의문법에서는 '-늬'가 자리를 잡게 된다.

근대 한국어의 상대 높임의 체계에서는, 높임에서는 '-옵ᄂ이다,
-ᄂ이다', 반말로는 '-옵늬, -옵, -늬' 등이, 안높임으로는 '-ㄴ다' 등의
어미들이 주로 쓰였다.

======〈깊이 알기〉 근대 한국어에서의 상대 높임법의 실제 ======

(1) 높임
　　가: 빅병이 다 죠스올가 ᄒ옵ᄂ이다(계축일기 하45, 내관이 광해군에게)
　　나. 夫人아 拜揖ᄒᄂ이다(오륜전비언해 1:17)
(2) 반말
　　가. 슬희여 아니 먹습늬(계축일기 하 32)
　　나. 어엿버 ᄒ늬(나주임씨 13)
(3) 안높임
　　가. 이 믈이 쇠거름ᄀ티 즈늑즈늑 것ᄂ다(노걸대언해 하8)

4.3.2. 주체 높임법(주체 존대법)

말의 주체, 즉 문장의 주어로 지시된 사람이나 물건을 높이는 주체 높임법은 '-으시-'로 표시되어 현대 한국어와 매우 유사하다. 다만, 어간의 끝이 /ㄹ/인 경우에 /으/가 탈락하지 않으며, '-어/아-'나 '-오/우-'가 뒤에 붙어서 '-으샤-'로 나타나기도 한다. 주체 높임법은 16세기에도 다를 바 없는 체계를 유지하여 현대 한국어로 이어진다.

〈깊이 알기〉 15세기의 주체 높임법의 실제

(예) 가. 王이 … 그 蓮花를 보리라 호<u>시</u>다(석보상절 11:31) / 스승닚 어마니미 … 일후믄 므스기<u>시</u>고(월인석보 23:82)
　　 나. 聖子ㅣ 나<u>샤</u> … 出家호<u>시</u>면 正覺을 일우<u>시</u>리로소이다(월인석보 2:23)

4.3.3. 객체 높임법(객체 존대법)

문장의 목적어나 부사어 자리에 나타난 사람이나 일, 또는 물건 등을 '객체'라고 하며, 이를 높이기 위해 15세기에 '-습-'이 쓰였는데, 그 나타나는 환경, 즉 음운적 조건에 따라서 매우 세밀히 구분되는 변이 형태들로 나타난다.

객체 높임의 '-습-'의 변이 형태는 /ㅸ/과 /△/의 변천에 따라서 그 변이 형태의 체계가 상당히 달라지게 되며, 근대 한국어로 들어서 '-습-'이 객체 존대에서 화자의 겸양의 뜻으로 바뀌어 감에 따라서 높임의 등급이 세분화되며 반말의 체계가 복잡하게 발달하게 된다.

〈깊이 알기〉 15세기의 객체 높임법의 실제: 어미 '-ᄉᆞᆸ-'의 변이 형태

뒷소리 / 앞소리	닿소리	홀소리
ㄱ, ㅂ, ㅅ	ᄉᆞᆸ	ᄉᆞᄫ
ㄷ	ᄌᆞᆸ	ᄌᆞᄫ
홀소리, ㄴ, ㅁ, (ㄹ)	ᅀᆞᆸ	ᅀᆞᄫ

(예) 가. 큰 罪ᄅᆞᆯ (님금ᄭᅴ) 닙ᄉᆞᆸ고(월인석보 2:72) / 敎化 닙ᄉᆞᄫᆫ 사ᄅᆞᄆᆞᆯ(월인석보 14:58)

나. 모ᄃᆞᆫ 衆生이 … ᄀᆞᄅᆞ치샤ᄆᆞᆯ 듣ᄌᆞᆸ고(능엄경언해 2:1) / 부텻 마ᄅᆞᆯ 듣ᄌᆞᄫᆞ면(석보상절 13:45)

다. 須達이 世尊 뵈ᅀᆞᆸ고져 너겨(석보상절 6:45) / 그ᄢᅴ 王이 … 부텨를 請ᄒᆞᅀᆞᄫᅡ(월인석보 7:37)

4.4. 때매김법(시제법) 체계 변천의 특징

15세기의 때매김법(시제법)의 체계는 현실법, 확정법, 추정법, 회상(경험)법의 체계를 이루고 있었다. 현실법이란 "어떤 행동이나 상태가 방금 눈앞에 나타나고 있거나 그렇게 생각하며 기술하는 시제법인데, 15세기에는 어미 '-ᄂᆞ-'로 표시된다. 확정법이란 어떤 행동이나 상태를 이미 결정된 사실로써 파악됨을 확실하게 표현하는 시제법을 뜻하는데, 어미 '-으니/과-', '-은'으로 표시한다. 추정법은, 어떤 일이 장차 또는 금방이라도 일어날 것으로 말하거나, 어떤 사실을 추측하여 말할 때 쓰이는데, 어미 '-리-'와 '-을'로 나타낸다. 회상법은, 과거의 어느 때를 기준으로 해서 그때에 말하는 이가 직접 경험한 일을 기술하는 시제법인데, 문장의 주어가 2·3인칭일 때는 어미 '-더/러-'를, 1인칭일 때는 '-다/라-'로 나타낸다.

━━ 〈깊이 알기〉 15세기의 때매김법의 실제 ━━

(1) 현실법 어미 '-ᄂᆞ-'
   가. 네 어미 이제 惡趣예 이셔 地極 受苦ᄒᆞᄂᆞ다(월인석보 21:53)
   나. 소리 잇ᄂᆞ이다(능엄경언해 4:126)
(2) 확정법 어미 '-ᄋᆞ니/과-', '-ᄂ'
   가. 녀느 쉰 아히도 出家ᄒᆞ니라(석보상절 6:10)
   나. 오ᄂᆞᆯᅀᅡ 맛나ᅀᆞᆸ과이다(법화경언해 3:119-120)
   다. 주근 後에(능엄경언해 2:2)
(3) 추정법 어미 '-리-', '-ᄋᆯ'
   가. 求ᄒᆞ면 아ᄃᆞᆯᄯᆞᄅᆞᆯ 得ᄒᆞ리라(석보상절 9:23)
   나. 갏 길흘 알외시리(월인석보 7:61)
(4) 회상법 어미 '-더/러-', '-다/라-'
   가. ᄠᅳ데 몯 마즌 이리 다 願ᄀᆞ티 ᄃᆞ외더라(월인석보 10:30)
   나. 내 지븨 이실 저긔 受苦ㅣ 만타라(월인석보 10:23)

  16세기 이후의 시제법 체계는 근본적으로는 15세기와 크게 다르지 않아서 확정법이나 추정법, 회상법 등은 형태나 용법이 거의 다름이 없지만 몇 가지의 특징적 현상이 눈에 띈다.

  첫째, 현실법에서 'ᄒᆞᄂᆞ다'가 홀소리 아래에서 '-ᄂ다'로 바뀌면서 'ᄒᆞᆫ다'로 바뀌는 현상이 자주 나타나기 시작한다. 이러한 변화는 17세기에 들어서 전면적으로 일어나서 종결 어미로 흡수되기 시작하여, /ᄋᆞ/ 음소가 없어지는 18세기 말에 이르러서는 '-ᄂᆞ-'는 종결 어미의 일부로 흡수되어 버린다.

  둘째, 16세기의 또 한 가지 큰 변화는, 15세기 말에 이미 쓰이기 시작한 완결(지속)법의 '-앗/아시-'가 하나의 문법 범주로 확립한다는 점이다. '-아시-'는 19세기 말에 '-앗시-'로 바뀌었다가 이후에 확립된 '-았-'의 확립으로 완성되게 된다. 현대 한국어에 나타나는 '-었었-'은 주시경의 『국어문법』(1910)에 "그 마당을 씰었었다"라는 예로 등장한다.

==== 〈깊이 알기〉 15세기와 16세기의 완결지속법의 변천의 실제 ====

(1) 15세기의 완결지속법 어미의 태동
   가. 오래 밧긔 <u>가</u> 이쇼니(두시언해 6:43) / 네 이제 … 부텨를 맛<u>나</u> 잇ᄂᆞ니(석
      보상절 6:11)
   나. 病ᄒᆞ<u>얫</u>거늘(석보상절 6:44) / 님그미 나<u>갯</u>더시니(용비어천가 49)
(2) 16세기의 완결지속법 어미의 확립
   가. 벼슬 ᄒᆞ<u>여 잇</u>더니(번역소학 10:4)
   나. 벼슬 ᄒᆞ<u>엿</u>더니(번역소학 10:5)
   다. 니블에 ᄣᅥ<u>여</u> 누엇거늘(번역소학 9:62) / 내 아히 되<u>엿</u>거니(소학언해 5:10) /
      내 보디 몯ᄒᆞ<u>얏</u>도다(번역소학 1:33)

셋째, 17세기에 일어난 큰 변화는, 인칭에 따른 '-더-'와 '-다-'의 대립이 사라지면서 '-다-'가 쓰이지 않게 되고, 새로이 '-드/드-'가 생겨서 '-더-'와 함께 쓰이게 된다. 18세기 말에는 /ᄋᆞ/ 음소가 없어진 영향으로 '-드-'는 '-드-'로 합쳐지게 된다.

넷째, 현실법의 '-으니-'와 추정법의 '-리-'는 16세기경부터 뒤따르는 종결 어미와 합쳐진 축약형(예를 들면 '-으니아' → '-으냐')이 더 자주 쓰이기 시작하여 17세기에 이르러서는 축약형만이 나타나게 되어, 점차 종결 어미로 흡수되어 간다.

• 토 론 거 리 •

① 같은 언어 현상에 대해서 통시적인 관점에서 볼 때와 공시적인 관점에서 볼 때, 그 설명이 달라지는 일이 종종 있다. 아래의 예를 두 가지의 관점에서 설명해 보도록 하자.
(예) 가. 개, 암캐, 수캐 / 닭, 암탉, 수탉 / 병아리, 암평아리, 수평 아리
    나. 조, 좁쌀, 햅쌀, 입쌀 / 차조, 찹쌀
    다. 이것이 {뭔고/뭔가} 하면….
    라. 이때까지/입때까지, 접때

② 15세기에 겹홀소리였던 /ㅐ, ㅔ/, /ㅚ, ㅙ, ㅞ/, /ㅟ/나 /ㅢ/들의 오늘날의 실제 소리값을 조사해 보고, 이들이 앞으로 어떻게 변해 갈 것인지에 대해서 추측해 보고 그 근거를 설명해 보자.

③ 옛 닿소리 글자 'ㆁ ㅸ ㅿ ㆆ'들의 소리값과 없어진 시기에 대한 여러 견해를 찾아보고 그 근거를 비교해 보자.

④ 아래의 예문에서 객체 높임의 '-숩-', '-숩-', '-줍-'이 쓰인 높임의 주체와 대상을 찾아 설명해 보자. (참고: 허웅1975:691-727)

(예) 가. 사나수림(娑羅樹林)이 (중략) 가지 드리워 여래(如來)를 둡숩고(석보상절 23:18)

　　 나. 아육왕(阿育王)이 부텨를 셤기숩ᄂᆞ니(석보상절 24:30)

　　 다. 위제희(韋提希) (중략) 부텻 말 듣줍고 (중략) 부텻 몸과 두 보살(菩薩)ᄋᆞᆯ 보숩고…(월인석보 08:76-77)

더 읽을거리

국어사에 대한 개관으로는 권재일(1998), 김동소(1998), 이기문(1961, 2006)을 참고할 만하다. 음운 체계의 변화에 관해서는 허웅(1985)을, 조어법 체계 변천은 구본관(1998), 허웅(1975)에서 살펴볼 수 있다.

문법 체계의 역사와 관련해서는 15, 16세기 문법은 고영근(1987, 2011), 안병희 외(1991), 허웅(1989, 1991)을, 근대 국어 문법은 홍윤표(1994), 홍종선 외(1998)를 참고할 수 있다.

제12장 한국어정보학 ●━━━━━━━━

한국어정보학은 한국어의 내적 구조에 관한 정보를 체계적으로 추출하고, 그것을 사전학적 기초 위에서 구조화하여 축적하는 것을 목적으로 하는 한국어 연구의 하위 분야다. 한편 한국어정보학은 지금까지의 언어 연구와는 상당히 다른 접근 방법을 사용한다. 언어학·전산학·정보과학 등 관련 학문 분야에서 사용하는 방법론을 원용하는, 즉 인지과학과 같은 통합과학적 학문이다.

한국어의 내적 구조에 관한 정보란 다른 말로 하면 텍스트(말뭉치)를 구성하는 언어 단위의 빈도와 분포에 관한 정보라고 할 수 있다. 분석 대상인 언어 단위는 일차적으로 의미를 지니는 문법 단위를 가리키는 것으로 형태론 및 통사론의 구성 단위를 포괄하게 되며, 분포란 용어는 언어 단위의 결합 양상까지를 포괄하는 개념으로 어휘론에서의 통합관계에 관한 분석과 무관하지 않다. 또한 이러한 언어 단위의 빈도와 분포에 관한 분석에서는 언어행위가 일어나는 상황 및 문맥에 대해 고려할 필요가 있다. 말뭉치 언어학에서의 사용역을 고려하여야 하는 것이다. 따라서 사회언어학에서의 언어 변이 분석 방법도 참조하게 된다.

한국어정보학적 분석을 통해 얻어진 언어 정보는 사전 편찬, 언어

교육 등에 활용할 수 있으며, 번역 및 통역, 전산학에서의 한국어 처리 시스템 개발을 위한 기초 자료로도 활용할 수 있다. 학문 분야로 성립한 지 얼마 되지 않는 신생 분야인 데다가, 컴퓨터와 네트워크의 성능 향상에 따른 활용 가능성이 열려 있는 만큼 앞으로의 응용 가능성이 높은 분야라고 할 것이다.

1. 한국어정보학이란 무엇인가?

1.1. 한국어정보학의 연구 방법

한국어정보학은 언어학 · 전산학 · 사전학 등의 방법론을 통합적으로 이용하게 된다. 분석 대상 언어 단위를 결정하는 데에는 한국어학의 연구 결과가 필요하고, 한국어 자료의 전산화를 위해서 말뭉치 언어학의 방법론에 기대며, 전산화된 자료를 컴퓨터를 이용해 처리하는 데에는 전산학적 지식이 쓰인다. 또 전산화된 자료의 분석 결과를 체계적으로 정리하고 활용할 수 있으려면 사전학적 · 정보과학적 지식이 필요하다. 이러한 까닭에 한국어정보학을 통합과학이라고 이야기하는 것이다. 이에 대해서는 1.2.에서 다시 설명하기로 한다.

1.2. 한국어정보학의 관련 학문 영역

통합과학으로서의 한국어정보학이라는 학문 분야는 언어학 · 전산학 · 정보과학의 여러 측면에서 한국어의 내적 구조와 관련된 여러 가지 정보를 체계화하고, 그것을 사전학의 기초 위에서 구조화하여 제시할 수 있어야 한다는 실질적인 필요성에서 출발한 것이다. 〈그림 12-1〉은 통합과학으로서의 한국어정보학 안에서 연관을 맺고 있는

인접학문들을 보인 것인데, 화살표와 번호는 각 영역의 연구가 상대
영역의 연구에 기여할 수 있는 것들을 예로 들어둔 것이다.

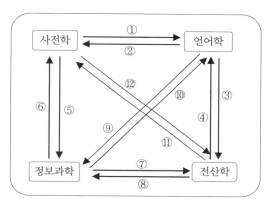

〈그림12-1〉 한국어정보학 안에서의 인접학문의 연계

① 사전학 → 언어학 : 어휘 항목의 총체적 기술
② 언어학 → 사전학 : 어휘론적 연구 결과
③ 언어학 → 전산학 : 자연언어처리시스템용 알고리즘 개발을 위한
  문법 기술, 문법 형식화를 위한 이론
④ 전산학 → 언어학 : 언어 연구를 위한 도구 개발
⑤ 사전학 → 정보과학 : 사전 개발 및 사전 편찬 방법론
⑥ 정보과학 → 사전학 : (학술)용어의 분류와 체계적 관리
⑦ 정보과학 → 전산학 : 정보의 축적 및 관리 방법론, 색인 이론
⑧ 전산학 → 정보과학 : 정보검색시스템 개발
⑨ 언어학 → 정보과학 : 언어의 구조에 대한 기본적 이해, 용어 사
  이의 의미 관계에 대한 언어학적 분석
⑩ 정보과학 → 언어학 : 데이터베이스의 설계와 구축, 활용에 관한 연구
⑪ 전산학 → 사전학 : 사전편찬시스템 개발
⑫ 사전학 → 전산학 : 자연어처리시스템용 어휘부 개발

┃ 생각 넓히기 ┃

한국어학과 한국어정보학의 연구 내용

한국어학과 한국어정보학은 둘 다 한국어를 연구 대상으로 한다. 그러면 한국어정보학은 한국어학과 어떻게 다른가? 한국어학은 이 책에서 다루고 있는 여러 하위 영역의 연구인데, 요약하면 개별 언어로서의 한국어의 문법을 다루는 개별 언어학이다. 따라서 한국어학은 한국어를 구성하는 언어 단위의 목록을 확인하고 그들 사이의 관계를 확인하는 한편, 각 언어 단위의 의미와 기능을 밝히는 것을 주된 연구 내용으로 한다. 그런데 한국어정보학은 이와는 조금 다르다. 한국어라는 개별 언어를 대상으로 한다는 점은 한국어학과 공통이지만 한국어정보학은 한국어에 대한 연구를 통해서 이미 알려져 있는 언어 단위를 대상으로, 언어 단위의 실제 사용 양상을 밝히는 것을 주된 연구 내용으로 한다. 컴퓨터로 처리가 가능한 형태로 만들어진 한국어 자료를 이용해서 언어 단위의 빈도(frequency)와 분포(distribution)를 밝히는 한편, 그러한 빈도와 분포가 지니는 의미를 해석하는 것이 한국어정보학의 주된 연구 내용이 되는 것이다. 이와 아울러 추출된 언어 단위의 빈도와 분포에 관한 정보를 체계적으로 구조화하여 한국어 연구의 여러 영역에서 활용할 수 있는 방법론과 도구를 개발하는 것도 한국어정보학의 연구 내용이 된다.

한국어정보학과 한국어 정보화의 개념 차이

한국어 정보화를 한국어정보학과 같은 것으로 생각하는 경우가 없지 않은데, 한국어정보학과 한국어 정보화는 전혀 다른 개념이다. 한국어 정보화는 한국어정보학의 연구 목표를 달성하기 위해 필요한 수단의 하나일 뿐이다.

한국어정보학에서는 개별 언어 단위의 빈도와 분포를 추출하는 작업이 일차적 과제다. 그런데 언어 단위의 빈도와 분포를 확인하는 작업은 이론적인 연구로는 이루어질 수 없는 일이다. 앞에서 이야기한 대로 컴퓨터로 처리가 가능한 형태로 만들어진 한국어 자료와 그러한 한국어 자료를 다룰 하드웨어 및 소프트웨어가 필요한 것이다. 한국어 정보화란 이렇게 한국어 자료를 컴퓨터로 처리가 가능한 형태로 만드는 작업과 전산화된 자료를 다루기 위한 소프트웨어의 개발과 관련된 일련의 작업을 뭉뚱그려 가리키는 것이다. 따라서 한국어 정보화를 한국어정보학에서 추구하는 언어정보의 추출 및 활용, 즉 언어 단위의 빈도와 분포의 확인 및 그를 활용하기 위한 연구와 같은 개념으로 다루어서는 안 된다.

═══〈깊이 알기〉 자연언어처리가 추구하는 목표 ═══════

　　자연언어(natural language)라는 용어는 프로그램 언어나 수학의 공식에서 사용되는 기호 등의 인공언어(artificial language)와 인간이 사용하는 언어를 구분하기 위해 사용한 것이다. 전산과학에서 인간의 언어에 대해 연구하는 영역이 자연언어처리이다. 이 자연언어처리 연구의 목적은 기계(컴퓨터)로 하여금 인간의 언어를 이해하고 사용할 수 있도록 하는 소프트웨어를 개발하는 데에 있다. 즉 "자연언어로 의사소통을 가능하게 하기 위한 계산 효율성이 있는 장치의 개발과 탐구"인 것이다. 이를 위해서는 음성인식, 문자인식 등의 인간이 사용하는 음성언어와 문자언어의 1차 분절적 요소를 처리할 수 있도록 하는 것부터 형태소 분석, 구문 분석, 의미 해석 등 언어학의 개별 하위 영역에서 다루는 언어 단위를 '처리'할 수 있어야 한다. 따라서 자연언어처리를 위한 연구는 특히 언어학와 상호 보완적 관계에 놓인다고 이야기할 수 있지만, 언어학과는 추구하는 목표가 다르다.

2. 한국어정보학의 지향점

　　한국어학과 한국어정보학이 어떻게 다른가에 대해서는 1.1.에서 간단히 설명하였지만, 한국어학적 접근과 한국어정보학적 접근이 어떻게 다른가를 구체적으로 보이지는 않았다. 이 절에서는 한국어정보학에서 다루는 문제를 한국어정보학적 분석 결과를 이용해서 좀 더 구체적으로 보이기로 한다. 이를 통해서 한국어정보학이 지향하는 바를 이해하도록 하려는 것이다.

2.1. 미지의 사실에 대한 탐구와 기지의 대상에 대한 분석

　　한국어학적 연구와 한국어정보학적 연구가 지니고 있는 차이를 요약하면 '미지(未知)의 사실에 대한 탐구'와 '기지(旣知)의 대상에 대한 분석'으로 이야기할 수 있을 것이다. 간단한 예를 통해 이를 살펴보기로 하자.

한국어 문법을 조금 배우면 형태소 '-았/었-'이 과거의 사건에 대한 서술에 쓰인다는 것을 알게 된다. 그런데 누나가 크게 말썽을 부린 동생에게 "너 이제 엄마한테 죽었다."고 이야기했다 하자. 이때의 '-었-'은 과거의 사건을 서술하는 데 쓰인 것이 아니다. 이런 용법의 '-었-'이 지니고 있는 의미 혹은 문법적 기능을 찾아내고 한국어 문법 체계 안에서 설명하는 것이 한국어학적 접근이다. '-었-'이라는 형태소의 기능 중에서 아직 분명히 밝혀지지 않은 것에 대한 탐구인 것이다. 그러나 한국어정보학적 접근에서는 앞의 예의 '-었-'의 의미 혹은 문법적 기능을 밝히는 것보다는 과거의 사건에 대한 서술에 쓰이는 '-었-'과 위의 예에서와 같은 용법의 '-었-'이 한국어 자료 안에서 어떤 쓰임새를 보이는가를 밝히는 데에 연구의 초점을 두게 된다. 전산화된 자료에서 '-었-'의 전체 용례 빈도, 과거 사건의 서술에 쓰인 '-었-'의 용례의 빈도, 그리고 예의 '-었-'과 같은 용법으로 쓰인 용례의 빈도를 추출하는 한편, 추출된 용례를 분석하여 두 용법의 '-었-'이 쓰이는 환경이 어떻게 다른가를 확인하는 데에 일차적 연구의 초점을 두게 되는 것이다. 물론 이때의 한국어정보학적 분석은 기본적으로 한국어학적 연구를 통해 밝혀진 '-었-'의 기능을 바탕으로 한 것이므로 이미 알고 있는 대상의 빈도와 분포에 관한 정보를 추출하고 분석하는 작업이 주를 이루는 것이다.

2.2. 한국어정보학적 연구의 예 : 연어의 계량적 분석과 활용

한국어학의 연구 대상 단위는 음운론, 형태론, 단어형성론, 구문론, 어휘론 등 연구 영역에 따라 다양하다. 한국어정보학은 그 연구 대상을 한국어학의 연구 결과에 기대게 되므로 이론적으로 한국어정보학에서 다루는 대상은 한국어학의 하위 영역에서 다루는 모든 언어 단위를 포괄하게 된다. 그러나 실제 지금까지의 한국어정보학적 연구는 어휘적 분석에 초점을 둔 경우가 많으며, 분석 결과의 활용도 어휘 연구와 관련된 분야에서 가장 활발하다고 할 수 있다.

이런 점을 고려하여 여기서는 어휘 분석의 예를 통해 한국어정보학적 분석에 대해 설명하기로 한다.

다음의 〈예시12-1〉은 300만 어절 규모의 균형말뭉치에서 한국어 학습용 기초명사의 하나인 '가슴[01]'(작은 어깨 번호는 『표준국어대사전』의 동형이의어 구분 번호. 이하의 서술에서도 같다)의 조사 결합형(가슴에, 가슴을, 가슴이)과 직접 통합하는 용언을 추출하고, 빈도와 연어 구성을 이루는 용언과의 결합 강도를 바탕으로 중요도를 글자꼴을 달리하여 보인 것이다. (☞연어 및 관련 개념에 대해서는 제8장 5절 '어휘 통합 관계' 참고)

〈예시12-1〉'가슴[01]'의 연어 구성 분석 결과(일부)

◎ 가슴[01] 몡 (1,040) [A]

▶ 가슴에 [190, 18.27%]

图 〈63, 33.16%〉 걸리다[01](2, 4.75) 그리다[02](2, 5.01) 꽂히다(2, 8.52) **달다[03]**(4, 8.00) **맺히다**(4, 9.55) 묻다[01](5, 9.12) 삭이다[02](2, 9.96) **새기다[01]**(5, 8.45) 심다[01](2, 6.87) 안기다[01](3, 9.19) 안다[01](8, 8.15) 오다[01](6, 3.82) 일다[01](2, 7.11) 지니다(3, 5.71) 찍히다[02](2, 8.10) 품다[01](11, 9.73)

▶ 가슴을 [194, 18.65%]

图 〈81, 41.75%〉 누르다[01](2, 6.43) 달래다[01](2, 7.91) **두근거리다**(3, 10.13) 두드리다(2, 7.42) 드러내다(2, 5.97) 때리다[01](4, 7.89) **설레다**(6, 10.65) 쓰다듬다(2, 8.40) (4, 12.20) 안다[01](7, 7.93) 어루만지다(2, 9.43) 열다[02](2, 4.30) 울리다[02](3, 9.24) 움켜쥐다(2, 8.91) **저미다**(3, 12.37) 적시다[01](2, 8.49) 조이다[01](2, 9.20) **졸이다**(4, 10.88) **죄다[01]**(2, 10.47) **쥐어뜯다**(3, 12.20) 진정시키다(2, 9.93) **짓누르다**(5, 11.25) 찢다(2, 8.68) **치다[02]**(5, 5.96) 터놓다(2, 9.70) 펴다(2, 6.25) **후비다**(4, 11.09)

▶ **가슴이** [277, 26.63%]

[형] 〈76, 27.44%〉 **갑갑하다**(2, 10.19) **답답하다**(10, 9.03) **뜨끔하다**(2, 10.69) **뭉클하다**(5, 11.51) 벅차다(2, 8.60) **뿌듯하다**(4, 10.23) 서늘하다(2, 8.19) **아리다**(3, 11.27) 아프다(28, 8.79) 있다[01](4, 0.10) 저리다[01](4, 9.66) **조마조마하다**(2, 10.19) **찡하다**[01](6, 11.16) 훈훈하다[01](2, 9.69)

[동] 〈103, 37.18%〉 내려앉다(4, 8.95) **두근거리다**(18, 12.20) **떨리다**[01](7, 8.54) **뛰다**[01](17, 9.83) 막히다(3, 6.60) 무너지다(5, 7.46) **미어지다**(7, 12.62) 보이다[01](2, 2.56) 부풀다(2, 7.74) 설레다(5, 9.87) **울렁거리다**(12, 12.22) **찢기다**[01](2, 9.23) 찢어지다(3, 8.54) **철렁하다**[01](8, 12.82) 터지다(8, 7.72)

예시에서 ◎가 붙은 '가슴[01]'은 기본형을 이용해서 조사 결합형 전체를 대표하는 표제항으로 삼은 것이다. 그 다음에 나온 괄호 안의 숫자(1,040)는 300만 어절의 한국어 자료에서 '가슴[01]'의 단독형 및 조사 결합형 용례의 수를 모두 합한 것으로, 이를 통해서 한국어 자료에서의 '가슴[01]'의 빈도상 순위를 알 수 있도록 한 것이다. 그 다음의 [A]는 〈한국어 학습용 기본명사〉 중 A등급에 속하는 것임을 나타낸다.

한국어의 명사는 조사가 결합한 형태로 쓰이는 경우가 많고, 또 어떤 조사와 결합한 상태인가에 따라서 직접 통합하는 용언이 달라지는 경우가 많기 때문에 명사와 결합하는 연어를 분석할 때에는 조사 결합형별로 직접 통합하는 용언을 추출하는 것이 바람직하다. 예시에서는 '가슴[01]'의 조사 결합형 중에서 중요한 세 가지가 직접 통합하는 용언의 분석 결과만 보였다.

'▶ 가슴에'의 다음에 있는 [190, 18.27%]는 표제항 '가슴[01]'의 용례 빈도 1,040 중에서 '가슴에'로 쓰인 용례가 190개로 18.27%를 차지함을 보인 것이고(▶ 다음에 나오는 조사 결합형 '가슴에, 가슴을, 가슴이'의 용례가 차지하는 비율을 모두 합하면 63.55%가 된다. '가슴[01]'의 조사 결합형 중 세 가지가 전체 용례의 2/3를 차지함을 볼 수 있는 것이다. 이러한

사실도 '가슴^{01}'의 용법과 관련하여 중요한 정보가 된다), 그 다음 행의 동
〈63, 33.16%〉는 '가슴에'라는 조사 결합형과 직접 통합하는 단어 중
동사의 빈도는 63개로 '가슴에'와 직접 통합하는 용례 중에서 33.16%
를 차지함을 보인 것이다. 그 뒤에 제시된 동사 16개는 '가슴에'와 통
합하는 동사 중 용례가 2 이상인 예만 보인 것이고, 각 동사에 붙인
괄호 안의 숫자(걸리다^{01}(2, 4.75)의 2와 4.75)는 각각 빈도와 결합 강도
를 나타낸다.

　위의 예시에서는 연어의 빈도와 결합 강도를 바탕으로 연어의 유형
을 자동으로 분류하여 글자꼴을 달리하여 제시했다. 간단히 설명하면
명조체 음영문자로 보인 '달다^{03}(4, 8.00), 맺히다(4, 9.55), 묻다^{02}(5,
9.12), 새기다^{01}(5, 8.45), 안다^{01}(8, 8.15), 오다^{01}(6, 3.82), 품다^{01}(11,
9.73)'는 보통 명조체로 제시한 '걸리다^{01}(2, 4.75), 그리다^{02}(2, 5.01),
꽂히다(2, 8.52), 삭이다^{02}(2, 9.96), 심다^{01}(2, 6.87), 안기다^{01}(3, 9.19),
일다^{01}(2, 7.11), 지니다(3, 5.71), 찍히다^{02}(2, 8.10)'보다 빈도와 결합
강도가 높은 동사임을 나타낸다. 이러한 결합 강도에 대한 정보는 특
히 한국어 학습에서 우선적으로 학습해야 할 단어가 어떤 것인지를
확인하는 데에 유용하다고 할 수 있다.

　또 '▶ 가슴이'의 연어 중에 고딕체의 음영문자로 제시한 예들이 있
는데(갑갑하다, 뜨끔하다, 뭉클하다, 뿌듯하다, 아리다, 조마조마하다, 찡
하다), 이들은 '가슴이'와 연어 구성을 이루는 빈도가 명조체 음영문
자로 보인 것들보다 상대적으로 낮지만 결합 강도는 높은 것들이다.
여기서 주목되는 것은 한국어 모어 화자는 일반적으로 명조체 음영문
자로 제시한 용언들보다 고딕체 음영문자로 제시한 용언들을 '가슴
이'와 밀접한 관련을 가지는 것으로 인식하는 경우가 많다는 점이다.
실제 '뭉클하다, 뿌듯하다, 조마조마하다, 찡하다'는 형용사는 '가슴'

혹은 '마음'이라는 명사와 어울려서만 쓰이는 경향이 있는데, 이런 경향을 한국어 모어 화자가 직관적으로 인식함을 보여주는 것이다. 그런데 여기서 중요한 점은 예시에 보인 연어의 추출, 연어 빈도의 산출, 결합 강도를 바탕으로 한 긴밀도 분석이 모두 자동으로 이루어진다는 것이다. 300만 어절 정도의 한국어 자료를 수작업으로 분석해서 예시와 같은 결과물을 만들어 내는 일은 –불가능하지는 않겠지만– 엄청난 시간과 노력이 소요되는 작업일 것이다. 그러나 한국어정보학적 접근에서는 한국어 자료를 전산화하고, 그것을 자동 혹은 반자동으로 분석할 수 있는 도구를 이용해서 상대적으로 짧은 시간 안에 원하는 결과물을 산출해 낼 수 있다. 이제 이러한 작업의 과정과 관련된 사항들을 절을 달리하여 간단히 서술하기로 한다.

===⟨깊이 알기⟩ 연어의 결합 강도 ===

연어(collocation)에 대한 정의는 연구자에 따라서 상당한 견해 차이가 있다. 이 장에서 이야기하는 연어는 말뭉치 안에서 서로 어울려 쓰이는 단어를 가리키는 것이다.

한편 결합 강도란 공기하는 단어들 사이의 긴밀도를 가리킨다. 이는 어떤 말뭉치에서 확인되는 두 단어가 우연히 공기할 확률에 따른 공기 빈도와 실제 공기한 빈도를 비교해서 우연히 공기할 확률에 따른 빈도보다 실제 공기한 빈도가 높으면 결합 강도가 높은 것이고 그 반대이면 결합 강도가 낮다고 판단하는 것이다. 이를 측정하는 방법으로 가장 잘 알려진 것은 상호 정보량(MI : Mutual Information)이다.

3. 말뭉치 언어학적 방법론의 원용

앞에서 간단히 서술했지만, 한국어정보학은 기본적으로 컴퓨터와 전산화된 한국어 자료를 이용해서 한국어 언어 단위의 빈도와 분포를 분석한다. 따라서 일차적으로 필요한 것이 전산화된 한국어 자료인데, 이를 구축할 때에는 말뭉치 언어학의 방법론을 원용하여 기초자료를 만들어 활용한다. 이 절에서는 전산화된 한국어 자료, 즉 말뭉치의 구축과 관련된 개념과 방법을 간단히 설명해 둔다.

3.1. 텍스트 데이터베이스 · 텍스트 아카이브 · 용례 모음

말뭉치와 흔히 혼동되는 용어로 텍스트 데이터베이스(text database), 텍스트 아카이브(text archive), 용례 모음(citation) 등이 있다. 이들 세 용어는 모두 전자화된 문서들의 모음이라는 공통점을 가지고 있기 때문인데, 이들은 각각 다음과 같은 점에서 말뭉치와 다른 개념이다.

3.1.1. 텍스트 데이터베이스

그 형태나 내용면에서 원시 말뭉치와 유사하다. 그러나 이 텍스트 데이터베이스는 전자화된 문서에 담겨 있는 지식(정보)의 활용을 목적으로 만들어진 것이라는 점이 말뭉치와의 중요한 차이라고 할 수 있다. 말뭉치는 문서에 담겨진 지식의 내용이 무엇인가와는 관계없이 텍스트를 구성하고 있는 언어 단위에 대한 정보(언어 정보)의 활용을 목적으로 만들어지는 것이기 때문이다. 잘 알려진 네이버의 〈지식in〉이나 위키백과(Wikipedia)가 텍스트 데이터베이스의 한 유형이라고 할 수 있다.

3.1.2 텍스트 아카이브

텍스트 아카이브란 전자화된 문서의 집합을 가리킨다. 원래는 텍스트 데이터베이스와 같은 구체적인 이용 목적을 가지고 만들어진 것이라기보다는 단순히 전자화된 문서를 저장하고 관리하기 위해서 만들어진 것인데, 전산화 기술의 진전에 따라서 주제별 분류, 색인어 등을 이용해서 특정 텍스트를 활용하려 하는 이들에게 원문을 제공하기도 한다. Riss4U 같은 논문 서비스가 한 예이다.

3.1.3. 용례 모음

용례 모음이란 일정한 목적을 위해서(주로 사전 편찬이 되지만) 만들어진 개별 어휘 항목의 용법·용례를 전자화한 것을 가리킨다. 따라서 이 용례 모음은 하나의 표제 항목 아래에 여러 문장을 모아 둔 형태일 수도 있고, 문장 하나하나로 이루어진 것일 수도 있다. 그러나 그들 문장 각각은 같은 언어 단위의 용법을 보인다는 공통점을 가지고 있을 뿐 언어학적으로 아무런 관련이 없다. 따라서 용례 모음의 문장들은 말뭉치에서 전제되는 '텍스트'로서의 요건을 충족하지 못하고, 이들의 집합도 말뭉치라고 이야기할 수 없는 것이다.

3.2. 말뭉치의 유형

말뭉치는 분류 기준에 따라 여러 가지 유형으로 나눌 수 있다. 말뭉치를 분류하는 기준으로는 말뭉치를 이루는 매체에 따른 구분, 말뭉치를 구성하는 방법이 무엇인가에 의한 구분, 말뭉치를 구성하고 있는 언어에 따른 구분, 말뭉치에 담고 있는 언어의 시기에 의한 구분 등이 주된 유형 분류 기준이 된다. 여기서는 이 중에서 기초적인 것들에 대해서만 설명해 두기로 한다.

3.2.1. 원시 말뭉치와 주석말뭉치

한국어정보학적 측면에서 말뭉치를 구분하는 가장 중요한 기준은 말뭉치에 부가적 정보를 더했는가 그렇지 않은가 하는 점이다. 이러한 기준으로 보면 말뭉치는 크게 원시 말뭉치(raw corpus)와 주석말뭉치(annotated/tagged corpus)의 두 가지로 나뉜다.

원시 말뭉치란 말뭉치에 다른 언어학적 정보를 더하지 않고 텍스트 원래의 내용만을 그대로 전자화한 것을 가리킨다. 이러한 원시 말뭉치도 특별한 목적이나 용도를 정하지 않고 대상 언어의 언어학적 특징 전반을 검토하기 위해 만들어진 것과 특정 연구 목적을 위해 만들어진 것으로 나눌 수 있다.

주석말뭉치는 원시 말뭉치에 말뭉치를 구성하고 있는 언어 단위들의 내적 구조 및 의미 기능에 대한 정보를 더한 것을 가리킨다. 가장 대표적인 것이 개별 단어가 문장 안에서 가지는 기능에 따른 분류인 품사 정보이다. 이러한 품사 정보를 더한 주석말뭉치를 문법 정보 주석말뭉치라고 하는데, 이 이외에 문장을 구성하는 성분에 대해서 문장 안에서의 기능에 대한 정보를 부가한 구문 정보 주석말뭉치, 실질어의 용례에 대해 해당 문맥에서의 의미에 대한 주석을 부가한 의미 정보 주석말뭉치 등이 있다.

3.2.2. 참조말뭉치와 특수말뭉치

대상 언어의 언어학적 특징 전반을 검토하기 위해 만들어진 말뭉치를 일반적으로 참조말뭉치(reference corpus)라 하고, 이를 특정 연구 목적을 위한 말뭉치와 구분해서 범용말뭉치(general corpus)라고 부르기도 한다. 특정한 분야의 연구 혹은 특정 영역에서의 이용을 목적으로 하는 말뭉치를 특수말뭉치라고 하는데, 대상 텍스트의 성격에 따라서 방언말뭉치(dialect corpus), 지역말뭉치(regional corpus), 학습자말뭉치(learner's corpus) 등으로, 말뭉치의 용도에 따라서 학습말뭉치(training corpus), 실험말뭉치(test corpus) 등으로 구분할 수 있다.

방언말뭉치는 말 그대로 방언자료를 전산화한 것이고, 지역말뭉치는 대개 국가 단위로 동일한 언어를 사용하는 집단이 산출한 텍스트를 전산화한 것이다. 예를 들어 한국어, 북한어, 중국조선어, 고려말 등의 언어 특성을 비교하기 위해 각 지역의 자료를 전산화하는 것이다. 학습자말뭉치는 모어 이외의 언어를 학습하는 학습자가 산출한 자료를 전산화한 것이다. 대개 학습자가 산출한 자료는 오류를 포함하는 경우가 많기 때문에 오류말뭉치라고도 한다.

학습말뭉치와 실험말뭉치라는 개념은 주로 자연언어처리 분야에서 사용되는 것으로, 어떤 자연언어처리시스템의 개발에 있어서 시스템(소프트웨어)으로 하여금 통계자료 혹은 규칙을 습득하도록 하기 위해 사용되는 말뭉치를 학습말뭉치라고 하고, 학습된(개발된) 결과를 시험해 볼 수 있도록 만든 말뭉치를 시험말뭉치라고 한다. 시험말뭉치는 다른 한편으로는 개발된 알고리즘이나 문법의 타당성을 테스트하는 데에 사용되기도 한다.

또 범용 말뭉치는 말뭉치를 구성하는 언어의 특성에 따라 문어말뭉치(written text corpus)와 구어말뭉치(spoken language corpus)로 나누기도 하고, 말뭉치에 반영된 언어의 시간적 분포에 따라 공시말뭉치(synchronic corpus)와 역사말뭉치(historical corpus) 등으로 구분하기도 한다.

3.2.3. 문맥색인 문법주석말뭉치

굴절어라는 한국어의 특성상, 앞에서 이야기한 문법주석말뭉치만을 이용해서는 원하는 정보를 추출하기 힘든 경우가 적지 않다. 〈예시12-1〉에 보인 단어별 연어 구성을 분석하려 하는 경우가 좋은 예가된다.

문맥색인 문법주석말뭉치(tagged kwic corpus)란 이러한 문제를해결하기 위해서 고안한 것으로 한국어의 특성을 반영하여 문법주석도구를 이용해 분석한 주석 결과물의 수정이나 어휘 정보의 추출이수월하도록 구성한 말뭉치를 가리킨다. 간단히 설명하면 원시 말뭉치와 문법주석말뭉치, 그리고 문법주석의 대상이 된 어절이 어떤 문맥에쓰였는지를 알 수 있게 하는 문맥색인(Kwic : Keyword in Context)을 한데 묶은 것이다.

〈그림12-2〉가 문맥색인 문법주석말뭉치의 예인데, 이 말뭉치는 기본적으로 네 부분(column)으로 구성된다. 각 칼럼은 탭(tab)으로 구분되어 있는데, 첫째 칼럼은 각 어절에 대한 인덱스로 파일명+어절번호로 이루어진다. 둘째 칼럼은 분석 이전의 원어절로 이루어지고 셋째 칼럼은 문법 주석의 결과로 이루어진다. 마지막 칼럼은 둘째 칼럼에 제시된 원어절이 어떤 문맥에서 사용되었는지를 알 수 있도록 한문맥색인이다. 기본적으로는 이렇게 네 칼럼이 한 행을 이루는데, 필요한 또 다른 정보가 있는 경우에는 새로운 칼럼을 추가하면 되므로다양한 주석을 추가할 수 있다. 예를 들어 셋째 칼럼의 분석 결과에보인 동형이의어 구분 정보를 이용해서 말뭉치에 쓰인 모든 한자어를한자로 전환할 수 있다. 이렇게 한자화된 자료를 넷째 칼럼 앞에 추가하면 한자 및 한자어에 관한 정보를 추출할 수 있을 것이고, 원어

절에 나타난 실질어의 의미에 따른 쓰임새를 확인하고 싶으면 또 다른 칼럼을 추가해서 해당 칼럼에 일정한 기준에 따라(예를 들어 사전에서의 다의어 구분 기호를 이용해서) 정해진 의미 정보 주석을 추가하면 의미주석말뭉치로 활용할 수 있다.

k01.TXT_0005	장사	장사01/NNG	뿌린 만큼 거두는 먹는 {_장사_} '먹는 장사.' 여러분들은 이 단어만 들어도
k01.TXT_0006	'먹는	'/SS+먹02/VV+는/ETM	뿌린 만큼 거두는 먹는 장사 {_'먹는_} 장사.' 여러분들은 이 단어만 들어도
k01.TXT_0007	장사.'	장사01/NNG+./SF+'/SS	뿌린 만큼 거두는 먹는 장사 '먹는 {_장사.'_} 여러분들은 이 단어만 들어도
k01.TXT_0008	여러분들은	여러분/NP+들09/XSN+은/JX	만큼 거두는 먹는 장사 '먹는 장사.' {_여러분들은_} 이 단어만 들어도 왠지
k01.TXT_0009	이	이05/MM	거두는 먹는 장사 '먹는 장사.' 여러분들은 {_이_} 단어만 들어도 왠지 천박
k01.TXT_0010	단어만	단어/NNG+만/JX	먹는 장사 '먹는 장사.' 여러분들은 이 {_단어만_} 들어도 왠지 천박하거나
k01.TXT_0011	들어도	듣01/VV+어도/EC	장사 '먹는 장사.' 여러분들은 이 단어만 {_들어도_} 왠지 천박하거나 쉬워
k01.TXT_0012	왠지	왠지/MAG	'먹는 장사.' 여러분들은 이 단어만 들어도 {_왠지_} 천박하거나 쉬워 보이는
k01.TXT_0013	천박하거나	천박하02/VA+거나/EC	장사.' 여러분들은 이 단어만 들어도 왠지 {_천박하거나_} 쉬워 보이는 느낌
k01.TXT_0014	쉬워	쉽/VA+어/EC	여러분들은 이 단어만 들어도 왠지 천박하거나 {_쉬워_} 보이는 느낌을 가
k01.TXT_0015	보이는	보이01/VV+는/ETM	이 단어만 들어도 왠지 천박하거나 쉬워 {_보이는_} 느낌을 가질 것이다. '식
k01.TXT_0016	느낌을	느낌/NNG+을/JKO	단어만 들어도 왠지 천박하거나 쉬워 보이는 {_느낌을_} 가질 것이다. '식당
k01.TXT_0017	가질	가지/VV+ㄹ/ETM	들어도 왠지 천박하거나 쉬워 보이는 느낌을 {_가질_} 것이다. '식당집 아저
k01.TXT_0018	것이다.	것01/NNB+이/VCP+다/EF+./SF	왠지 천박하거나 쉬워 보이는 느낌을 가질 {_것이다._} '식당집 아저씨'란 단
k01.TXT_0019	'식당집	'/SS+식당/NNG+집01/NNG	천박하거나 쉬워 보이는 느낌을 가질 것이다. {_'식당집_} 아저씨'란 단어 역
k01.TXT_0020	아저씨'란	아저씨/NNG+'/SS+이/VCP+란/ETM	쉬워 보이는 느낌을 가질 것이다. '식당집 {_아저씨'란_}
k01.TXT_0021	단어	단어/NNG	보이는 느낌을 가질 것이다. '식당집 아저씨'란 {_단어_} 역시 그리 고상하거
k01.TXT_0022	역시	역시01/MAG	느낌을 가질 것이다. '식당집 아저씨'란 단어 {_역시_} 그리 고상하거나 대수
k01.TXT_0023	그리	그리02/MAG	가질 것이다. '식당집 아저씨'란 단어 역시 {_그리_} 고상하거나 대수롭지 않
k01.TXT_0024	고상하거나	고상하02/VA+거나/EC	것이다. '식당집 아저씨'란 단어 역시 그리 {_고상하거나_} 대수롭지 않게 들
k01.TXT_0025	대수롭지	대수롭/VA+지/EC	'식당집 아저씨'란 단어 역시 그리 고상하거나 {_대수롭지_} 않게 들린다. '밥
k01.TXT_0026	않게	않/VX+게/EC	아저씨'란 단어 역시 그리 고상하거나 대수롭지 {_않게_} 들린다. '밥장사.'
k01.TXT_0027	들린다.	들리03/VV+ㄴ다/EF+./SF	단어 역시 그리 고상하거나 대수롭지 않게 {_들린다._} '밥장사.' 이건 더더욱
k01.TXT_0028	'밥장사.'	'/SS+밥장사/NNG+./SF+'/SS	역시 그리 고상하거나 대수롭지 않게 들린다. {_'밥장사.'_} 이건 더더욱 안
k01.TXT_0029	이건	이것/NP+ㄴ/JX	그리 고상하거나 대수롭지 않게 들린다. '밥장사.' {_이건_} 더더욱 안 좋은 냄새가 난다. 이러
k01.TXT_0030	더더욱	더더욱/MAG	고상하거나 대수롭지 않게 들린다. '밥장사.' 이건 {_더더욱_} 안 좋은 냄새가
k01.TXT_0031	안	안02/MAG	대수롭지 않게 들린다. '밥장사.' 이건 더더욱 {_안_} 좋은 냄새가 난다. 이러
k01.TXT_0032	좋은	좋01/VA+은/ETM	않게 들린다. '밥장사.' 이건 더더욱 안 {_좋은_} 냄새가 난다. 이러한 느낌이
k01.TXT_0033	냄새가	냄새/NNG+가/JKS	들린다. '밥장사.' 이건 더더욱 안 좋은 {_냄새가_} 난다. 이러한 느낌이 오는
k01.TXT_0034	난다.	나01/VV+ㄴ다/EF+./SF	'밥장사.' 이건 더더욱 안 좋은 냄새가 {_난다._} 이러한 느낌이 오는 것은 왜
k01.TXT_0035	이러한	이러하/VA+ㄴ/ETM	이건 더더욱 안 좋은 냄새가 난다. {_이러한_} 느낌이 오는 것은 왜일까? 그
k01.TXT_0036	느낌이	느낌/NNG+이/JKS	더더욱 안 좋은 냄새가 난다. 이러한 {_느낌이_} 오는 것은 왜일까? 그것은

〈그림12-2〉 문맥색인 문법주석말뭉치의 예

이러한 문맥색인 문법주석말뭉치를 활용해서 추출할 수 있는 정보는 다양하다. 네 칼럼으로 구성된 기본적인 문맥색인 문법주석말뭉치를 이용하는 경우, 원어절 칼럼을 대상으로는 원시 말뭉치에 출현하는 어절 빈도와 음절 빈도를 추출할 수 있고, 분석 결과 칼럼을 대상으로는 빈도를 추출하면 단어 및 형태소 빈도를 한꺼번에 구할 수 있다.

또, 원어절 칼럼과 분석 결과 칼럼을 함께 활용하면 〈예시12-1〉에 보인 굴절형별 연어도 추출할 수 있다.

개념 정리 코퍼스

코퍼스(Corpus)라는 용어가 본격적으로 쓰이기 시작한 것은 1960년대 이후이다. 컴퓨터로 처리할 수 있는 형태로 가공된, 바꾸어 말해서 디지털화된 언어 자료를 가리킨다. 한국어학계에서는 말뭉치, 말모둠이라고 번역해 쓰기도 했다. 그런데 21세기에 들어서서 디지털화된 언어 자료의 유형이 크게 확대되었다. 저장 매체의 성능과 비용 문제로 20세기에는 별로 중요시하지 않았던 음성 자료나 이미지 자료, 동영상 자료까지로 확장된 것이다. 디지털 인문학이나 인문 언어학이라는 용어도 그리 낯설지 않게 되었는데, 이들 영역에서 중요하게 생각하는 것이 바로 음성, 이미지, 동영상 자료라고 할 수 있고, 언어 연구에 쓰이는 텍스트 자료를 가리키는 것으로 채택된 코퍼스라는 용어가 이제는 이들을 포괄적으로 가리키게 되었다.

문제는 '말뭉치'나 '말모둠'이라는 한국어 번역으로는 이러한 포괄적 의미를 나타내기 어렵게 된 것이다. 이러한 까닭에 이 글에서는 이미 사용해 오던 '말뭉치'라는 용어는 텍스트 자료를 가리키는 것으로 한정하여 쓰기로 하고 한국어정보학의 연구 대상이 되는 디지털 인문학, 인문언어학적 연구 자료 전반을 가리킬 때의 용어로는 '코퍼스'를 번역하지 않고 그대로 사용하기로 한다.

▌생각 넓히기 ▌

어절 중의성

원시 말뭉치를 대상으로 어절 빈도를 추출하는 경우에는 소위 어절 중의성 문제가 제기된다. '줄'이라는 어절이 '주-'라는 동사의 활용형인지, 명사 '줄'의 단독형인지, 의존명사 '줄'인지 구분할 수 없기 때문이다. 한편 '가슴[01]'의 굴절형 빈도에서 단 3가지 굴절형이 전체 용례의 60% 이상을 차지하는 것을 〈예시 12-1〉를 통해 확인할 수 있었다. 어절 빈도를 추출할 때에 어절별로 그 어간형을 참조할 필요가 있음을 보여주는 예라고 할 것이다. 굴절어라는 한국어의 특성상, 한 단어의 굴절형별 빈도를 확인하는 작업은 실제 그 단어의 쓰임새를 파악하는 데에 상당히 중요한 의미를 지닌다. 이른바 불구동사니 불완전계열이니 하는 용어로 한정적 굴절형을 가진 어휘를 구분하는 것도 이와 같은 맥락이다. 문법주석말뭉치는 이런 어절 중의성 문제를 해결하는 데에 필수적이라고 할 것이다.

4. 전산학적 언어 처리의 활용

4.1. 전산학적 언어 처리의 여러 분야

한국어정보학에서 사용하는 자료의 양은 통계적 신뢰성을 확보할 수 있어야 하기 때문에 대규모 자료를 분석 대상으로 하는 경우가 많다. 이러한 대규모 자료를 다룰 때 전산학에서의 자연언어처리 기술을 이용해 개발된 소프트웨어를 사용하게 된다. 어절을 구성하는 언어 단위를 분석하는 형태소 분석, 둘 이상의 어절로 이루어진 통사 단위(구, 절, 문장 등)를 분석하는 구문 분석 도구, 어절 혹은 통사 단위의 의미를 분석하는 데에 필요한 의미 분석 도구 등이 이러한 분석 도구의 대표적인 예이지만, 이 이외에도 음성 자료의 음소나 문자 자료의 자소를 분석하는 도구도 필요한 경우가 있으며, 화용적 요소를 추출하고 분석하는 도구도 필요할 것이다.

4.2. 한국어 문법주석과 문법주석 도구

말뭉치 주석은 원시 말뭉치를 대상으로 말뭉치를 구성하고 있는 언어 단위들의 내적 구조 및 의미 기능에 대한 정보를 더해서 주석말뭉치를 산출해 내는 과정이다. 그러나 실제 말뭉치에 첨가되는 언어학적 정보는 그 유형이 다양하며 또 주석의 목적에 따라서 그 방법과 내용이 달라지게 되기 때문에, 첨가되는 언어학적 정보의 유형 및 주석 목적에 따라서 주석 과정에서 고려되어야 할 문제가 달라지게 된다. 여기서는 문맥색인 주석말뭉치의 중심이 되는 문법 정보 주석에 대해서 간단히 설명하고, 그러한 문법 정보 주석에 사용하는 주석 도구를 소개하기로 한다.

4.2.1. 문법 정보 주석

문법 정보 주석(grammatical annotation)은 대체로 띄어쓰기를 기준으로 한 어절 단위에 문법적 정보를 더하는 작업을 가리킨다. 영어를 비롯한 인구어의 경우에는 부가되는 정보가 주로 품사를 중심으로 이루어지기 때문에 흔히 품사 주석(part of speech annotation)이라고도 하는데, 품사 이외에도 성(性, gender), 수(數, number), 격(格, case) 등과 시제(時制, tense) 등 개별 언어의 문법 범주에 관한 정보가 그 주된 내용을 이룬다. 따라서 문법 정보 주석은 언어에 따라서 그 주석의 내용이 달라질 수밖에 없다. 특히 국어의 경우 성·수 등 인구어에서 중요하게 다루어지는 문법 범주는 존재하지 않는 반면, 그들 언어에 존재하지 않는 조사가 존재한다든가, 어미가 문법범주 실현의 주된 역할을 한다든가, 단어 형성에 있어서 합성어 생성이 자유롭다든가 하는 특성을 지니고 있어서 인구어에서의 문법 정보 주석 방법을 그대로 따르기 어렵다.

현재 사용되고 있는 한국어 자료에 대한 문법 정보 주석은 대개 21세기 세종계획에서 제시한 기준에 따라 이루어지는 것이 일반적이다. 〈표12-1〉에 제시한 것이 현대 한국어를 대상으로 한 문법 정보 주석에서 사용하는 분류 체계와 약호이다. 이 이외에 기호 및 분석이 불가능한 단위에 대해서는 〈표12-2〉에 제시한 표지를 사용하고 있다.

〈표12-1〉 21세기 세종계획 문법 정보 주석 분류와 표지

대분류	소분류	세분류
(1) 체언	명사NN	일반명사NNG
		고유명사NNP
		의존명사NNB
	대명사NP	대명사NP
	수사NR	수사NR
(2) 용언	동사VV	동사VV
	형용사VA	형용사VA

대분류	소분류	세분류
(2) 용언	보조용언VX	보조용언VX
	지정사VC	긍정지정사VCP
		부정지정사VCN
(3) 수식언	관형사MM	관형사MM
	부사MA	일반부사MAG
		접속부사MAJ
(4) 독립언	감탄사IC	감탄사IC
(5) 관계언	격조사JK	주격조사JKS
		보격조사JKC
		관형격조사JKG
		목적격조사JKO
		부사격조사JKB
		호격조사JKV
		인용격조사JKQ
	보조사JX	보조사JX
	접속조사JC	접속조사JC
(6) 의존형태	어미E	선어말어미EP
		종결어미EF
		연결어미EC
		명사형전성어미ETN
		관형형전성어미ETM
	접두사XP	체언접두사XPN
	접미사 XS	명사파생접미사XSN
		동사파생접미사XSV
		형용사파생접미사XSA
	어근XR	어근XR

〈표12-2〉 기호에 대한 표지

(7) 기호	마침표, 물음표, 느낌표	SF
	쉼표, 가운뎃점, 콜론, 빗금	SP
	따옴표, 괄호표, 줄표	SS
	줄임표	SE

(7) 기호	붙임표(물결, 숨김, 빠짐)	SO	
	외국어	SL	
	한자	SH	
	기타 기호(논리 수학기호, 화폐 기호 등)	SW	
	명사추정범주	NF	
	용언추정범주	NV	
	숫자	SN	
	분석불능범주	NA	

4.2.2. 문법 정보 주석 도구

현재 개발되어 널리 사용되고 있는 한국어 문법 정보 주석 도구로는 21세기 세종계획의 일환으로 개발되어 보급된 〈지능형 형태소 분석기〉와 울산대학교 자연언어처리연구실에서 개발하여 보급한 U-tagger가 대표적이다. 그런데 〈지능형 형태소 분석기〉는 Windows7이나 Windows8에서는 제대로 작동하지 않는 문제를 안고 있다. 특히 Windows8에서는 아예 사용이 불가능하다. 결국 한국어 원시 말뭉치를 대상으로 한 문법 정보 주석에는 U-tagger를 사용할 수밖에 없는 것이다. 문제는 이 U-tagger의 분석 결과가 출력되는 형태가 언어 정보의 추출에 효율적인 형태가 아니라는 점이다. 예를 들어 "한국에 오신 지 얼마나 되셨어요?"라는 문장을 분석한 결과가 "한국_05/NNP+에/JKB 오_01/VV+시/EP+ㄴ/ETM 지_02/NNB 얼마나/MAG 되_01/VV+시/EP+었/EP+어요/EF+?/SF"와 같이 원어절이 어떤 형태였는지 알기 어려운 방식으로 출력되는 것이다. 앞에서 설명한 문맥색인 문법주석말뭉치를 만들기 위해서는 원시 말뭉치와 문법주석 결과물을 대비해서 어절 단위로 재정렬하고 거기에 문맥색인을 붙여 주어야 하는 것이다.

▌생각 넓히기 ▌

한글 코드와 한국어 텍스트 처리 도구

　현재 개발되어 쓰이는 〈지능형 형태소 분석기〉나 U-tagger 등의 한국어 문법주석도구는 완성형 한글 코드(KS 5601-1987)로 저장된 텍스트만 처리할 수 있다. 따라서 KS 5601-1987에 들어 있지 않은 한글 음절이나 한자가 포함된 텍스트는 정상적으로 처리하지 못한다. 그러므로 앞으로의 한국어 문법주석도구를 비롯한 한국어 텍스트 처리도구의 개발에서는 Unicode라고 불리는 코드로 저장된 텍스트를 다룰 수 있도록 할 필요가 있다.

5. 언어정보 데이터베이스의 구축과 활용

5.1. 언어정보 데이터베이스란 무엇인가?

　언어정보 데이터베이스란 언어정보 추출 대상이 되는 어휘 항목을 접근점(access point)으로 삼고, 한편으로는 그 접근점을 중심으로 앞에서 이야기한 미시정보의 구성에 필요한 제반 정보를 체계적으로 축적함으로써 해당 어휘 항목의 기술에 요구되는 모든 정보를 한꺼번에 관리할 수 있게 하고, 다른 한편으로는 표목 자체의 문헌 자료들 안에서의 표기상의 변이, 사용 영역별 출현 빈도 및 총빈도, 다른 어휘 항목과의 관계 등을 데이터베이스를 구성하는 요소에 포함함으로써, 언어를 연구하는 학자나 사전편찬자, 기타 어휘부를 구성하고자 하는 이들이 자신이 필요로 하는 정보를 손쉽게 찾아 쓸 수 있도록 한 시스템을 가리킨다.

5.2. 언어정보 데이터베이스의 실제 : Word Sketch

　Word Sketch는 어떤 단어의 문법적 용법과 결합적 특성을 말뭉치 분석 결과를 바탕으로 정리한 언어정보 데이터베이스라고 할 수 있다. 가장 대표적인 것이 BNC(British National Corpus)를 분석한 결과를 이용해 구축된 것이다.

http://www.sketchengine.co.uk/를 방문하면 BNC를 분석한 결과로 만들어진 Word Sketch를 30일간 무료로 시험해 볼 수 있는데, 각 단어(명사, 동사, 형용사)의 BNC 안에서의 빈도, 문형, 연어, 문맥 색인 등의 정보를 확인할 수 있다.

〈그림12-3〉은 명사 'mouse'의 Word Sketch 첫화면의 일부를 보인 것인데, 'mouse'를 목적어로 취하는 동사, 'mouse'를 주어로 취하는 동사, 'mouse'와 함께 쓰이는 형용사, 'mouse'의 수식어 등이 각각 결합 빈도순으로 나열되어 있는 것을 볼 수 있다.

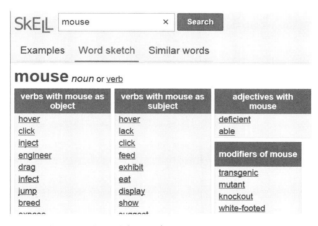

〈그림12-3〉 명사 'mouse'의 Word Sketch 첫화면

〈그림12-4〉는 〈그림12-3〉의 화면에서 'mouse'를 목적어로 취하는 동사 중 'drag'를 클릭했을 때 보여주는 용례의 일부이고, 〈그림12-5〉는 코퍼스에서 연관이 있는 단어의 네트워크 통해 추출한 'mouse'의 유의어 목록과 그 네트워크이다.

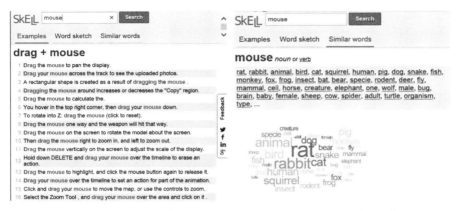

〈그림12-4〉 명사 'mouse'와
동사 'drag'가 결합한 용례

〈그림12-5〉 명사 'mouse'의
유의어 네트워크

 예로 보인 것은 영어의 경우이지만, 앞에서 URL을 보인 Word Sketch에서는 모두 65개 언어를 대상으로 한 유사한 정보를 제공하고 있다.

▌ 생각 넓히기 ▌

어휘 네트워크는 어떻게 만들어지는가

 계량적 텍스트 분석 중에서 어휘 단위 사이의 관계, 혹은 연관성을 계량적으로 분석하는 방법에는 텍스트에서의 공기 빈도 이외에도 여러 분석 방법이 가능하다. 그러나 최근 들어 대용량 코퍼스를 대상으로 공기 관계를 분석하는 사례가 크게 증가하고 있다. 공기 관계를 분석하는 단계는 분석 대상 단위의 결정, 빈도 조사, 언어 단위 사이의 연관성 계산, 다변량분석의 네 단계로 구성된다. 이중에서 다변량분석은 통계적 처리의 한 방식으로 주로 군집분석, 요인분석과 같은 기법을 사용한다. 다변량분석 기법 중에서도 다변량분석의 결과가 바로 시각적 표현이 되기도 한다. 〈그림 12-5〉에서 보인 유의어 네트워크가 이런 기법을 이용한 것이다.

◦ 토 론 거 리 ◦

① http://www.sketchengine.co.uk/를 방문하여 영어 BNC 코퍼스를 대상으로 구축된 영어 Word Sketch의 구성을 살펴보고, 한국어 코퍼스를 분석한 정보를 이용해서 언어정보 데이터베이스를 구축할 때에 그대로 포함될 수 있는 것과 한국어의 문법적 특징에 맞게 수정되어야 할 것에는 어떤 것이 있는지를 검토해 보라.

② 한국어정보학의 응용 영역으로는 한국어 교육, 한국어 사전 편찬 등을 들 수 있다. 구체적으로 한국어 교육 및 한국어 사전 편찬에 한국어정보학적 연구 결과가 어떻게 활용될 수 있을지 논의해 보라.

③ 한국어 자료의 전산처리는 컴퓨터의 한글 코드와 밀접한 관련이 있다. 한국어 표준 코드(KS 5601) 선정의 역사에 대해 알아보자.

④ 한국어에서 '물[水]'이라는 명사와 통합하는 용언은 '마시다'가 일반적이지만, 특정한 상황에서는 '물을 마시-'라는 표현이 부자연스러운 경우가 있다. 어떤 경우인지를 살펴보고, 영어, 중국어, 일본어 등의 외국어에도 그러한 제약이 있는지 검토해 보자.

더 읽을거리

　한국어정보학 입문서로는 서상규·한영균(1999)와 홍윤표(2012)가 있다. 말뭉치 구축의 일반적 기준에 대해서는 강범모 편역(1997)과 강범모(2002)를 참조할 수 있고, 한국어 말뭉치 구축에 대해서는 김흥규·강범모(1996), 서상규(2002, 2008)을 참조할 수 있다. 구어말뭉치의 구축과 활용에 관해서는 서상규·구현정 공편(2002)를 참조할 수 있으며, 말뭉치에서의 한국어 연어 추출과 관련한 연구로 한영균(2002)가 있다. 한국어 말뭉치를 기반으로 한 한국어 기본어휘 선정과 관련해서는 서상규(2013)이 있고, 한국어 의미주석과 그를 이용한 의미 빈도 사전 편찬에 대한 연구로 서상규(2014)가 있다.

　이 이외에 말뭉치 언어학에 관한 개론서로는 McEnery & Hardie(2012), Meyer, Charles F.(2004)를 참조할 수 있다.

제13장 한국어교육학

▶ 이 장에서 다루는 문제
· 우리는 어떻게 외국어/제2언어를 습득할까?
· 외국어를 어떻게 가르치고 배우는 것이 효과적일까?
· 모국어와 외국어의 차이는 학습에 어떤 영향을 미칠까?

한국어교육학은 모국어 외의 또 다른 언어를 습득하는 과정과 절차를 연구하고, 이를 통해 한국어를 효율적으로 교수, 학습하는 방안을 모색하는 학문이다. 인간은 외국어 학습을 통하여 다른 나라의 언어와 문화를 이해하고, 이를 수단으로 목표 언어 화자와 소통하고 교류한다. 이렇듯 언어와 문화 차이를 인식하게 하는 외국어 학습은 인간의 소통 능력과 더불어 인지 능력을 함께 높일 수 있다고 알려져 있다.

과거의 외국어 교육은 한국인의 외국어 학습이라는 한 방향이 주를 이루었지만, 최근에는 외국인의 한국어 학습도 활발해지고 있다. 한국의 경제적 발전과 '한류'라고 불리는 한국 문화의 보급 및 교류가 큰 역할을 하고 있으며, 국제 간 소통의 증가와 더불어 인터넷의 발달도 양방향 교류의 요인이 된다. 최근 한국어를 배우는 많은 외국인들의 학습 동기는 단순한 문화적 호기심보다는 취업이나 학업과 같은 도구적 동기에 따른 한국어 학습인 경우가 늘고 있다.

외국어 학습은 모국어 외의 또 다른 언어를 습득한다는 점에서 자국어 습득과 구분된다. 이때 이미 자리하고 있는 모국어는 제2언어 습득에 긍정적, 부정적 전이를 일으키게 된다. 또한 자연적 습득의 과정을 거치는 모국어 습득과는 달리, 외국어 학습은 주로 인위적 교수 환경을 가지므로, 교수와 학습의 효율적 방법론에 많은 관심을 기울이게 된다. 아울러 언어 규범이나 이론보다는 언어 사용의 실제적 양상에 주의를 기울이게 되며 글뿐만 아니라 구어의 의사소통의 규칙과 전략에도 주목하게 된다.

1. 제2언어 습득과 한국어교육

1.1. 한국어교육학

한국어교육학은 효과적인 한국어교육의 내용과 방법을 학술적으로 연구하는 학문 분야로 크게 지식(내용) 영역과 교수 영역으로 구분된다. 먼저 지식 영역은 효과적인 교수를 위한 한국어 지식에 대한 연구로 음운, 어휘, 문법, 담화, 문화 등의 영역이 대상이 되며, 이들 영역은 각각 발음 교수, 어휘 교수, 문법 교수, 문화 교수로 나뉜다. 그리고 의사소통 기능(말하기, 듣기, 읽기, 쓰기)인 교수 영역으로 확장된다. 한국어를 대상으로 한다는 점에서 국어학이나 국어교육에서 다루는 언어 지식과 궁극적으로는 일치하나, 한국어교육이라는 목표 아래 다루어지는 지식이라는 점에서는 구체적인 내용은 다소 차별화된다. 상대적으로 문어에 비해 구어 영역에 비중을 두게 되며, 규범적 문법만이 아닌 학습자에게 노출되어 입력되는 실제 자료로서의 언어에 더 관심을 두고, 언어 지식의 위계화나 난이도 분석을 통한 교수의 효용성에 초점을 둔다.

한국어교육학은 교육이라는 측면에서 교수자론, 학습자론, 교재론, 평가론, 교수법 등의 교육과정 영역과도 관련을 가진다. 이 영역은 일반적으로 교육학과 관련을 가지나 외국인 학습자를 대상으로 한다는 점에서 일반적인 교육학적 접근과는 다르다. 고려해야 할 변인도 다양해서, 교수자 변인은 한국인과 외국인 교수자로 변별될 수 있으며, 학습자도 학습 목적과 태도에 따라 세분되어 다루어져야 한다. 교재론과 평가론은 말하기 교재와 듣기 교재, 읽기 평가와 쓰기 평가와 같이 구체적으로 언어 지식의 세부 영역과 연계되어 다루어지기도 한다. 언어 교수법은 언어 교육의 목표에 따라 시기별로 변화되어 왔는데 최근에는 의사소통에 중심을 둔 의사소통 교수법이 중심을 이루고 있다.

이밖에도 한국어교육학은 인접 학문인 문학, 사회학, 심리학, 인류학과 밀접한 관련을 맺으며, 사전학이나 대조언어학과 밀접하게 연계된다.

제1언어는 학습자가 가장 편하게 구사할 수 있는 언어를 말하며, 흔히 L_1이라고 줄여 말하기도 한다. 이에 대해 모국어라는 용어가 혼용되기도 하나 용어상의 혼란을 고려한다면 제1언어로 표현하는 게 명확하다. '제2언어'란 학습자가 '제1언어' 외에 접하는 언어를 말한다.

〈그림13-1〉 L_1과 L_2

제2언어는 제1언어 다음에 습득되는 언어들을 총괄하는 광범위한 용어로 쓰이기도 하고, 제1언어 다음으로 두 번째로 습득되는 언어라는 한정적인 의미로 사용되기도 하는데, 후자의 경우에는 L_2, L_3, L_4 등으로 구별하여 사용하기도 한다.

개념 정리 습득과 학습

　습득(acquisition)과 학습(learning)은 동일한 개념으로 혼용되어 사용되기도 하고, 학자에 따라 이를 구분하여 사용하기도 한다. 학자에 따라 제1언어는 '(자국어) 습득'으로 제2언어는 '(외국어) 학습'으로 구분하기도 하고, '습득'은 개인이 의식하지 못하는 잠재적인 과정으로, '학습'은 의식하는 과정으로 구분하기도 한다.

　이밖에 학습과 관련된 용어로 '외국어로서의 한국어교육'(KFL: Korean as a Foreign Language)와 '제2언어로서의 한국어교육'(KSL: Korean as a Second Language)이 사용된다. 이는 영어의 EFL과 ESL에 한국어를 대응시킨 용어이다. 흔히 KFL은 외국어 수업 외의 언어 환경이 목표 언어가 아닌 경우에 해당하며, KSL은 수업 외의 일상적 환경에서 목표 언어를 사용하는 환경에 해당하는 것으로 해석한다. 국외에서 수업 중에만 한국어를 학습하는 외국인 학습자가 KFL 환경에 있다고 한다면, 한국에 들어와 장기 체류나 영구 체류를 하는 유학생이나 이주민의 경우에는 KSL 환경에 놓여 있다고 볼 수 있다. 최근에는 이런 용어들을 응용적으로 활용하여 '계승어로서의 한국어교육'(KHL: Korean as a Heritage Language)을 따로 구분하기도 한다. 왜냐하면 재외 동포의 경우에는 한국어 학습의 목표나 요구가 단순히 외국어로 학습하는 학습자와 다르며, 가정에서의 한국어 사용 등 학습 환경에서도 차이가 있을 수 있으므로 이를 구분하여 독립된 영역으로 볼 수 있기 때문이다.

1.2. 언어 능력과 의사소통 능력

　효과적인 '제2언어 습득'을 위해서는 어떤 언어 능력을 갖추어야 할

까? 언어 능력(linguistic competence)이라는 용어는 촘스키(Chomsky)
에 기댄다면 좁은 의미의 문법적 능력을 의미한다. 언어 습득 분야에
서는 '의사소통 능력(communicative competence)'이라는 용어를 사용
하는데, 효과적인 언어 습득을 위해서는 문법적 능력 외에 사회언어
학적 능력, 담화 능력, 전략적 능력을 포함하는 의사소통 능력이 필
요하다고 보는 데서 생겨났다.

먼저 문법적 능력이란 어휘, 발음 규칙, 철자법, 단어 형성, 문장
구조 등의 언어학적 기호를 정확히 사용하여 문법적으로 올바른 문
장을 생성해 내는 능력을 말하며, 둘째로 사회언어학적 능력은 묘사,
설명, 설득, 정보 전달 등의 특정 언어 기능을 수행하기 위해 사회적
맥락과 담화 상황에 맞게 문법적 형태를 사용하거나 이해하는 능력
을 말한다. 주제, 대화 참여자, 발화 상황 등이 화자에 의해 전달되
는 발화의 태도나 화법, 격식의 적절성을 결정한다. 셋째로 담화 능
력이란 형태적인 응집성과 내용상의 결속성을 이루기 위해 생각을
조직하는 능력을 말하는 것으로, 담화 능력을 갖춘 사람은 지시어,
접속사 등의 형식적 응집 장치(cohesive device)와 내용의 결속 장치
(coherent device)를 이용하여 의미적 완결성과 통일성이 있는 담화
를 구성해 내고 이해할 수 있다고 본다. 마지막으로 전략적 능력은
발화 생산자가 소통의 효율성을 높이고 소통 장애를 보상하기 위해
사용하는 언어적, 비언어적 전략의 사용 능력을 말한다. 결국 제2언
어 습득이란 이러한 의사소통 능력을 갖추어 가는 절차와 과정을 의
미한다.

2. 한국어 지식 영역

2.1. 발음 교육

발음 교육은 외국어를 말할 때 정확한 발음을 구사하여 모국어 화자와의 성공적인 의사소통을 수행하는 것을 목표로 한다. 부정확한 발음은 의사소통의 오해를 불러일으킬 수 있으며, 때로는 의사소통 자체를 불가능하게 만들 수 있다. 특히 발음에 대한 요구는 학습자의 정서적 태도와 밀접하게 연결되어 있는 영역으로 대부분의 학습자들은 정확한 발음과 자연스러운 억양으로 말할 때 자신감과 학습 동기를 갖게 된다. 숙달도가 높아가도 발음이 좋지 않으면 목표 언어의 사용에 자신감을 잃는 학습자가 많다. 하지만 최근의 의사소통 교수법은 효율적인 의사소통 여부에 중점을 두므로, 모국어 화자가 음을 변별하여 의사소통에 지장이 없다면 외국인 학습자로 하여금 모국어 화자 수준의 완벽한 발음을 강하게 요구하지 않는 경향이다.

발음은 특히 말하기, 듣기와 연계되어 있으므로, 표준적 발음 외에도 현실 발음에 주목할 필요가 있다. 대부분의 현실 발음은 학습자 스스로 실제 언어 맥락에서 자연스럽게 접하고 인지하게 되므로, 주로 표준적 발음을 중심으로 가르치게 된다. 다만, 학습자들이 한국인 화자와의 소통에서 반드시 표준 발음만을 접하는 것이 아니므로 현실 발음과의 괴리가 매우 큰 경우, 표준 발음과 현실 발음을 비교해 줌으로써 학습자로 하여금 이를 인식하게 할 필요가 있다. 이런 의미에서 학교 문법에서 구분하고 있는 /애/와 /에/, /어:/와 /어/에 대한 구별을 학습자에게 지나치게 강조하기보다는 현실적인 발음 방법을 함께 제시해 주는 것이 일반적이다.

발음 교수의 방법은 숙달도에 따라 달라질 수 있다. 보통 언어 간의 설명이나 매체나 도구를 사용하여 음운 차이를 인지하게 한다. 흔히 경음과 격음을 구별하기 위해 얇은 종이를 입 앞에 대고 소리를 내어 종이의 흔들림을 관찰하게 하거나, 거울을 보면서 발음 시 입 모양에 주의를 기울이게 하는 방법을 많이 사용한다. 때로는 발음 기관의 모형을 사용하여 조음 기관의 움직임을 설명하기도 한다. 발음 연습은 최소 변별쌍을 활용한 다양한 연습 활동에 주력하되, 개별 음소나 단어에 머물지 않고, 문장 내에서 유의미한 발음 연습이 이루어지도록 유도한다. 발음 변별은 듣기 연습을 통해 이루어지기도 한다.

   (1) 가. 달/딸, 불/풀/뿔, 머리/마리/무리
     나. {팔/발}을 앞으로 올려 보세요.

 동일 언어권 학습자를 교수할 때는 음운 대조의 연구 결과들을 활용하는 것이 좋은 방법인데, 이는 L1에 의한 부정적 전이가 가장 많이 나타나는 영역이 발음 영역이기 때문이다. 대부분의 외국인 학습자들은 흔히 /ㅂ/, /ㅃ/, /ㅍ/ 의 발음과 이들의 구별을 어려워하고, 모음 중 /으/와 /어/를 발음하는 데에 어려움을 겪는다.

 초급을 제외하고는 발음만을 따로 가르치기가 쉽지 않으므로 중급과 고급에서는 다소 소홀해질 수 있으며, 이런 이유로 숙달도가 증가해도 발음의 개선이 이루어지지 않는 사례도 많으므로 지속적으로 발음 연습을 위한 노력이 필요하다. 효과적인 발음 교수를 위해서 발음 클리닉 및 학습자의 발음 자가 점검 프로그램 등의 교구 등이 활용되기도 한다.

2.2. 어휘 교육

어휘(vocabulary)는 L1이나 L2 습득 과정 모두에서 언어 습득의 시작이 된다. 대부분 어린이는 단어를 시작으로 말을 배우기 때문이다. 또한 어휘는 의미를 전달하는 기본 단위가 되므로 의사소통에서 필수적인 요소가 된다. 특히 언어 학습의 초기에는 외국어에 대한 문법 지식이 다소 부족해도 어휘력이 풍부하다면 문장의 의미를 이해하거나 전달하는 데에 큰 어려움이 없다. 아래 문장을 살펴보면 조사 사용이나 시제의 사용이 부정확하더라도, 의미 전달에는 크게 문제가 없음을 알 수 있다.

(2) 어제 비를 많이 옵니다. (학습자 발화)

문제는 어휘 학습이 쉽지 않다는 것인데, 우선 어휘는 양적 규모가 커서 음운 지식이나 문법 지식에 비해 학습의 부담량이 매우 크다. 이런 이유로 어휘 교육에서는 숙달도별로 적절한 어휘량과 이에 따른 어휘 항목의 선정이 주된 관심이 되어 왔다. 또한 언어 간의 어휘 차이가 매우 크다. 언어 간 대조 결과 존재하지 않는 어휘가 있거나 기본 의미가 같더라도 나머지 의미는 다른 단어를 사용하는 경우도 많기 때문이다.

먹다		EAT
빵을 먹다	⇔	eat the bread
물을 먹다		drink the water
더위를 먹다		be affected by heat
나이를 먹다		get older
–		–

〈그림13-2〉 한국어 '먹다'와 영어 'EAT'의 어휘 대조

아울러 학습자들은 하고 싶은 말을 표현할 알맞은 단어를 찾을 수 없거나 이미 학습한 어휘마저 혼동될 때 좌절을 겪게 되는데, 학습자들은 새로운 어휘의 습득과 더불어 이들을 장기 기억으로 저장해야 하는 이중고를 겪게 되기 때문이다.

어휘에 대한 양적 지식 외에도 질적 지식이 필요한데, 생산 어휘의 경우가 특히 그러하다. 흔히 학습자가 알아야 할 어휘는 '이해 어휘'와 '생산 어휘'로 구분된다. 이해 어휘가 듣거나 읽는 과정에서 알 수 있는 어휘라면 생산(표현) 어휘는 말하거나 쓰는 과정에서 사용할 수 있는 어휘를 의미한다. 생산 어휘는 다양한 용법을 알아 실제로 표현해야 한다는 점에서 어휘에 대한 질적 지식을 요구하게 되므로, 생산 어휘를 늘려가는 것은 쉽지 않다.

───〈깊이 알기〉 생산 어휘로서 제2언어의 단어를 안다는 것 ═══

　　생산 어휘로서 제2언어의 단어를 안다는 것은 단순히 의미를 파악하는 것이 아니라 단어의 용법을 알며 능동적인 사용을 위해 단어를 상기할 수 있는 능력, 텍스트에 있어서 단어가 나타날 가능성에 관한 지식, 단어가 들어갈 통사적 틀과 그 기저 형식 및 파생어의 지식, 모국어의 대응 관계에 관한 지식, 단어의 화용적 기능이나 담화적 기능, 단어와 연관되는 연어적 패턴 범위에 관한 지식이 있음을 의미한다. 이런 의미에서 학습자는 어휘의 양적 지식 외에 질적 지식을 갖추어야 한다. 한 어휘에 대한 질적 사용 능력은 자신의 의사를 효과적으로 전달할 수 있다는 점에서 표현력의 필수 요소가 된다.

───────────

어휘 지식은 말하기, 듣기, 쓰기에 바탕이 되지만 특히 문장을 이해하는 읽기에 가장 중요한 역할을 한다. 외국어 학습에서 어휘 지식이 많으면 읽기를 잘 할 수 있다는 논의는 일반적이며, 반대로 읽기 연습을 통해 어휘 지식이 증가한다는 논의도 있다.(☞어휘 지식에 대해서는 제8장 1.3절 '어휘 지식' 참고)

어휘를 제시하고 설명하는 방법은 다양하다. 구체물인 경우에는 실물이나 그림을 보여주거나, 관련 동작을 보여주기도 한다. 추상 어휘인 경우에는 뜻풀이를 제시하거나 해당 어휘가 사용되는 상황을 설명하기도 한다. 해당 단어가 들어간 예문을 제시하여 의미를 파악하게 하거나 번역어를 주기도 한다. 또한 이미 학습한 단어를 장기 기억으로 가져가게 하기 위해 어휘 기억하기 전략을 활용하기도 하고 어휘 게임이나 다양한 어휘 과제를 통해 학습한 어휘를 강화하기도 한다.

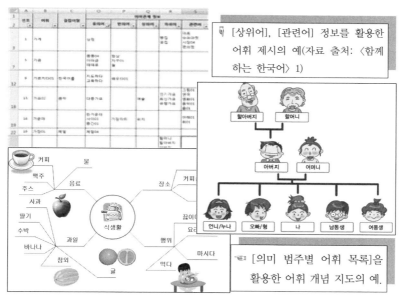

〈그림13-3〉 의미 관계 정보를 활용한 어휘 교수의 예시

▌생각 넓히기 ▌

유사 어휘의 변별

학습자들은 유사한 어휘에 대한 변별을 어려워하기도 한다. 다음 단어들은 사용에 있어 어떤 차이가 있을까?

(예) 가. 어제 파티 참 {즐거웠어요 / [?]기뻤어요}.
  나. {마침내 / [?]드디어} 그 분이 돌아가셨어요.
  다. 운동화 {끈 / [?]줄}
  라. 고양이들이 {[?]다투고 / 싸우고} 있어요.
  마. (머리를 {기르려고 / [?]키우려고} 해요.

2.3. 문법 교육

학습자들은 문법 학습을 통해 의미 표현을 향상시키고 정확한 의사소통을 수행할 수 있게 된다. 문법은 일상생활에서의 의사소통에서 필수적인 부분이며 교수요목 설계(syllabus design)에 많은 영향을 미치는 영역이다. 한때, 의사소통 교수법에서는 학습자가 의사소통 능력을 얻게 된다면 언어의 구조나 형식은 저절로 알 수 있다고 보아 문법을 배제한 면이 있었다. 하지만 최근에는 다시 문법 교수의 중요성이 부각되고 있다.

언어를 사용하는 출발점은 '의미'가 된다. 즉, 학습자가 어떤 의미 전달의 요구를 가지게 되면 해당 의미를 전달하는 가장 효과적인 문법적 표현을 찾게 되는 것이다. 이때 문법적 제약 정보를 통해 의미를 정확하게 전달해야 하며 해당 표현의 맥락 정보를 통해 청자 변인, 격식성 변인을 고려해 이를 적절하게 사용할 수 있어야 한다. 이는 문법에 대한 학습이 단순히 개별 문법 항목에 대한 지식 및 제약 정보를 넘어서서 문법의 실제적인 사용에 이르러야 한다.

문법 교수는 '개별 문법 항목의 제시 및 설명-연습-활용-정리' 등
의 순으로 교수되며, 개별 문법 항목의 특성이나 학습자의 목표에 따
라 PPP(제시-연습-생성) 방식이나 TTT(과제-교수-과제) 방식으로 이
루어진다. 문법 교수는 연습과 활용을 핵심으로 유의미한 맥락에서
구체적인 의사소통 기능 수행과 밀접하게 관련이 되어 있을 때 효용
을 얻을 수 있다.

〈깊이 알기〉 문법 교수의 방법

가장 널리 알려진 문법 교수의 방법으로 아래와 같은 것들이 있다.

- PPP(Presentation → Practice → Production) 모형
  기존 문법에 대한 지식적인 부분만 제시(Presentation)한 뒤에 연습(Practice)을
  통해 생성(Production)하는 정확성을 강조하고 유창성을 가미하는 교수 모형이
  다.
- TTT(Task → Teach → Task) 모형
  과제(Task)를 기반으로 하며 과제 해결을 통해 유창성을 익힌 후 정확성을 가미
  한 문법 교수 모형이다.

숙달도별로 교수되는 문법은 다르다. 초급과 중급에 이르기까지는
구어에서의 사용 빈도가 높은 문법 항목을 주로 다루게 되며, 고급에
이르러서는 사용 빈도가 낮은 문형뿐만 아니라 문어에서의 비중이 높
은 항목도 다루게 된다.

2.4. 문화 교육

언어 학습자의 언어 교육의 목표가 의사소통에 초점을 두면서 문화
교수의 중요성이 커져 가고 있다. 한국인 화자와 소통하고자 하는 외
국인 학습자들에게 문화의 습득은 궁극적인 목적이 될 수도 있기 때

문이다.

　단순히 언어 형태와 기능만을 성공적으로 학습했다고 목표 언어 화자와의 성공적인 의사소통을 수행하기는 어렵다. 언어 교육과 문화 교육이 밀접한 상관성을 가지는 이유는 언어가 담화 공동체의 관습과 사회, 문화를 담고 있어 텍스트의 의미를 파악하기 위해서는 언어 공동체의 관습과 문화를 이해하는 일이 필수적이기 때문이다.

　이런 이유로 대부분의 외국어 프로그램들은 외국 문화에 대한 이해를 외국어 학습의 명시적 목표 중의 하나로서 설정하고 있다. 하지만 언어만 학습하면 목표 문화에 대한 이해와 통찰도 자동으로 이루어질 것이라는 잘못된 가정도 존재한다. 그러나 목표 문화에 대한 학습은 언어 학습 과정에서 부수적으로 저절로 이루어지는 것이 아니며, 교실이라는 학습 환경 속에서 문화를 교수하는 일도 쉽지 않다. 따라서 한국어 교사의 문화에 대한 지식과, 문화 교수의 목표 및 방법론에 대한 인식은 문화 학습의 성패에 중요한 역할을 한다.

　언어 교육과 연계되어 다루어지는 문화 교수의 내용은 크게 정보 문화, 성취 문화, 행동 문화로 나뉜다. 모국어 화자와의 소통을 위해서는 정보 문화, 성취 문화와 같은 문화의 내용 정보를 알아야 하지만, 행동 문화의 학습을 통해 모국어 화자와 발생할 수 있는 의사소통의 갈등을 해소하는 데에 노력을 기울여야 한다. 한국어교육에서 다루어야 할 문화 교수의 내용은 일상생활 문화로부터, 한국인의 사고방식, 제도, 문화유산에까지 광범위하므로, 어디까지를 문화 교수의 내용에 포함해야 하는지에 대해서는 학습자의 요구를 우선적으로 고려하여 학습자별로 선정하여야 할 것이다.

개념 정리   정보 문화와 성취 문화, 행동 문화

정보 문화(informational culture)란 평균적인 교육을 받은 모국어 화자들
이 그들의 사회, 지리, 역사, 영웅 등에 대해서 알고 있는 정보와 사실을 의미
한다. 성취 문화(achievement culture)란 목표어 문화에서 음악, 미술, 문학
등과 같은 형태로 성취된 업적을 의미한다. 행동 문화(behavioral culture)란
일상생활의 총체를 지칭하는 것으로 한 사회 속에서 한 민족이 행동하는 양식
을 말한다.

흔히 모국어 화자들은 외국인의 언어적 실패에 대해서는 오히려 관
용적이지만, 문화적 실패에는 관대하지 못하다는 연구 결과가 많다.
이는 목표 언어권 문화를 배우고 이해하지 않으면, 의사소통의 갈등
을 초래할 수도 있다는 것을 의미한다.

문화 교수의 방법으로는 문화 간 차이를 이해하고 표현하는 비교
방법이나 목표 문화에서 오해될 소지가 있는 사건들을 기술해 점검하
는 '문화 감지 도구'를 활용하는 방법이 있다. 또한 다양한 시각 자료
나 실물 자료를 제공하는 문화 캡슐이나 목표 문화의 전형적인 요소
들을 한 공간에 모아 전시하는 문화 섬 등의 방법도 있다. 목표 문화
를 알기 위해 관찰을 할 수도 있고 모국어 화자와의 직접적인 접촉을
통한 활동 역시 주된 방법이라 할 수 있다.

=== 〈깊이 알기〉 문화 감지 도구 ===

'문화 감지 도구'는 문화 간 차이로 인해 상호작용에 있어 오해나 갈등이 있을 수
있는 상황을 재현한 뒤, 이에 적절한 행동에 대한 문화 간 차이에 대해 토론해 보
는 문화 교수의 방법으로 활용될 수 있다.

(예) 한국 친구와 함께 점심을 먹었는데, 그 친구가 내 점심 값까지 모두 내 주었다. 점심을 먹은 후 커피를 마시기로 했다면 커피 값을 누가 낼 것인지에 대한 당신의 생각은?
　가. 각자 자신의 커피 값을 내면 된다.
　나. 친구가 밥을 사 주었으므로 내가 커피 값을 내야 한다.
　다. 친구가 또 커피 값을 내면 그냥 얻어먹는다.

3. 한국어 교수 영역

3.1. 말하기 교육

말하기는 언어와 비언어적인 표현을 사용하여 자신의 생각, 느낌, 정보 등을 표현하는 과정이다. 음성 언어를 대상으로 한다는 점에서 듣기와 공통점을 지니며, 표현 영역이라는 점에서는 쓰기와 공통점을 지닌다.

말하기 교육의 목표는 모국어 화자와의 상호작용 속에서 자신의 의사를 명확하게 표현하게 하고, 상대방의 의사를 이해하여 상황에 맞게 즉각적으로 적절하게 대처하게 하며, 자신이 필요로 하는 정보를 요구하여 알아내거나 확인하게 하고, 인간관계를 원활하게 유지하도록 하는 데에 있다. 즉, 말하기는 정보 교류나 정보 알아내기, 친목 유지의 기능을 모두 수행한다. 소통으로서의 말하기는 단순히 조음을 하여 음성학적으로 어떤 소리를 내는 과정이 아니라 인지적 과정을 거치는 복잡한 기능이다. 따라서 이해 영역인 듣기에 비해 복잡한 기제를 거치며, 상대방의 말을 듣고 그에 반응하는 것이므로 청자와의 상호작용 속에서 이루어지는 것이 특징이다. 또한 음성 이외에 어조, 억양 등을 활용하여 청자에게 자신의 의사를 전달해야 한다는 점에서 청자 요인이 매우 중요하다.

한국어 학습자들은 학습 목적에 따라 일상생활에서의 한국인과의 단순한 대화로부터 실제적인 업무 수행, 학문적 과업 수행에 이르기까지 다양한 영역에서 말하기 능력의 수행을 필요로 한다. 특히 듣기와 말하기 의사소통 환경에 가장 많이 노출되어 있으므로, 자신의 생각을 표현하는 말하기 능력은 매우 중요한 요소가 된다. 말하기는 또한 학습자 스스로 자신의 언어 능력을 측정하는 지표가 되는 경우가 많아서 언어 학습의 동기를 부여하는 중요한 도구가 되기도 한다. 따라서 말하기는 다른 언어 교육에서와 마찬가지로 한국어교육에서도 가장 중요한 언어 기능으로 여겨진다.

말하기 교수의 주된 내용은 구 단위의 무리 짓기, 반복 표현, 축약형 사용, 구어적 표현 등의 다양한 구어적 특성과 더불어 적절한 발화 속도, 억양, 강세 등이라 할 수 있다. 초급은 일상생활에서 기초적으로 요구되는 친숙한 주제를 활용한 언어 수행에 초점을 두며, 중급에서는 사회적이고 추상적인 주제에 대해 유창하게 말할 수 있고 발화 상황과 대화 상대자에 따라 구분되는 발화의 격식을 적절히 사용하는 데에 목표를 둔다. 고급에서는 격식적인 맥락에서의 언어 수행과 더불어, 다소 친숙하지 않은 사회적 주제나 전문 분야의 주제에 대해서도 말할 수 있어야 함을 목표로 한다.

말하기 교수는 필연적으로 듣기 교수와 연계되므로, 상호작용을 촉진시킬 수 있는 다양한 교실 활동을 수행하게 된다. 정확성과 유창성을 추구하는 다양한 연습 활동을 수행하는데, 문형 중심의 통제된 말하기 연습부터, 학습자 간 짝 활동, 소그룹 활동 등이 활용된다. 단순한 문형 반복 연습, 인터뷰, 정보 결함 활동, 역할극, 문제

해결 활동 등이 이루어진다. 학습자의 말하기에 대한 교사의 오류 수정은 오류의 유형(언어적 오류, 기능 수행 오류, 사회문화적 오류 등)에 따라, 학습자 변인(숙달도, 태도, 동기 등)에 따라 수업의 단계(이미 학습한 요소인지 새로 도입되는 요소인지 등)에 따라 다양한 방법으로 적용된다.

─── 〈깊이 알기〉 오류 수정의 다양한 방법들(Harmer 2001) ───
- 반복 요구: 학습자의 오류 부분을 다시 한 번 되물음으로써 오류가 있음을 암시한다.
- 모방: 학습자의 오류 부분을 그대로 따라함으로써 오류 사실을 지적한다.
- 지적 또는 질문: 틀렸음을 말해주거나 질문을 통해 지적한다.
- 표정: 표정이나 몸짓으로 틀렸음을 암시한다.
- 힌트: 힌트가 될 만한 단서를 제공하여 스스로 고치도록 한다.
- 직접 고쳐주기: 올바른 문장으로 고쳐서 말해준다.

3.2. 듣기 교육

듣기는 화자와 청자 간의 적극적인 의미 협상을 통한 의사소통 행위로 정의된다. 듣기는 특히 다른 기능으로의 전이가 큰 영역으로 알려져 있으며, 일반적으로 한 인간의 의사소통에서 할애되는 시간이 가장 많다는 점에서 언어 교육에서 중요하게 다루어져 왔다. 즉, 듣기는 의사소통의 기초이며 필수적인 기능인 것이다. 듣기는 음성 언어를 대상으로 한다는 점에서는 말하기와 연계되며, 이해 영역이라는 점에서는 읽기와 연계된다.

성공적인 듣기를 수행하기 위해서는 음운 지식과 더불어 어휘력, 문법 항목 등에 대한 기본적인 지식을 갖추어야 할 뿐 아니라 휴지, 반복, 도치, 삽입 머뭇거림 등의 다양한 구어적 특성을 이해해야 한다. 하지만 듣기는 말하기와는 달리 담화에 개입하거나 대화의 진행 속도를 조절할 수 없는 측면이 있어서 학습자가 매우 어려워하는 영역이기도 하다. 또한 듣기의 내용은 개별 음 단위에서부터 단어, 문장, 단락, 이야기까지를 모두 포함하게 되며, 비언어적 정보나 상황에 대한 이해, 화자의 태도나 의도 등을 이해해야 한다는 점에서, 교수 현장에서는 듣기를 위한 전략 교수가 중요하게 다루어진다.

듣기의 자료는 실생활에서 자주 사용되는 실제성을 갖춘 자료가 강조된다. 교육적 효과를 위해 초급의 숙달도에서는 다소 느린 발화 속도나 인위적인 대화문이 제시될 수도 있으나, 궁극적으로는 실생활로의 전이가 가능하도록 실제성을 갖춘 다양한 장르의 텍스트가 듣기 자료로 제공되는 게 좋다. 듣기 수업은 과정 중심으로 듣기 전 단계–듣기 단계–듣기 후 단계로 절차화 되는 것이 일반적이며, 듣기 전후에 효과적인 듣기 활동을 수행하기 위한 다양한 자료와 전략이 제공된다.

교실에서는 듣고 따라 하기, 듣고 그림 그리기, 듣고 답하기, 듣고 요약하기, 듣고 이야기 확장하기 등 다른 의사소통 기능과 연계된 다양한 활동이 제시된다. 숙달도에 따라 듣기 활동도 다양하게 제공되는데 단순한 음 식별하기부터 실생활 대화 듣기, 전화 받기, 뉴스 듣기, 드라마 듣기, 강의 듣기 등이 있다.

3.3. 읽기 교육

읽기는 문어를 대상으로 하는 이해 영역으로서, 학습 효과가 가장 오래 지속되는 기능으로 알려져 왔다. 문어를 대상으로 한다는 점에서 쓰기와 연계되며 이해 과정이라는 점에서 듣기와 연계된다. 읽기는 독자 스스로 자신의 배경 지식을 활용하여 담화 의미를 파악하여 필요한 정보를 얻는 과정이다. 이전의 언어 교육에서는 읽기를 수동적인 이해 과정으로 보았으나, 읽기는 결국 독자 스스로의 이해 과정을 통해 독자적으로 의미 파악을 해 나간다는 점에서 능동적이고 적극적인 과정으로 이해되고 있다. 따라서 최근에는 독자의 배경 지식을 활성화하는 다양한 방안에 대한 연구가 활발히 이루어지고 있다.

읽기의 목표는 단순히 자료에 나타난 정보를 파악하는 것을 넘어 글을 근거로 명시적으로 제시되지 않은 행간의 내용을 추론하거나 글의 내용이나 문체를 통해 필자의 의도나 생각을 분석하여 비평적으로 이해하는 것까지를 모두 포함한다. 따라서 글을 이해하는 능력은 단순히 언어적 지식을 넘어 사회문화적 지식과 주제에 대한 지식, 글의 장르에 대한 지식까지도 요구된다.

흔히 읽기 학습의 과정은 상향식 모형과 하향식 모형, 그리고 상호적 모형으로 나뉘어 설명된다. 먼저, 상향식 모형(bottom-up processing)은 언어의 작은 단위인 음절로부터 단어, 문장, 단락, 담화의 순으로 이해하는 과정을 말한다. 이때 학습자는 주어진 언어 정보를 모아 이해하게 되며 글을 순서대로 읽게 된다. 글을 구성하고 있는 언어 단위의 이해를 거쳐 글 전체를 이해해 가는 방식인 것이다. 이에 반해 하향식 모형(top-down processing)은 학습자의 배경 지식에 기대어 언어 정보를 추측하며 이해해 가는 과정이라고 할 수 있다. 한편, 상호작용적 모형(interactive model)은 글에 따라 상향식 모형과 하향식 모형이 절충적으로 작용하는 것으로 글을 순환적으로 이해하는 방식이다.

읽기 자료의 선정은 읽기의 목표와 숙달도에 따라 달라질 수 있다. 정보를 얻기 위함인지, 감상을 위해서인지에 따라 달라질 수 있으며 숙달도별 학습 목표에 따라 관련된 해당 자료를 읽게 되기 때문이다.

따라서 교사는 학습자의 목표와 흥미를 고려하고 실생활로의 전이가 용이한지를 전체적으로 판단하여 읽기 학습 자료를 선별해야 한다. 또한 쓰기 활동과의 연계를 위해서는 읽기를 통해 특정 장르의 전형적인 문어적 특성을 보여주는 것도 좋다. 특정한 장르의 쓰기 방식과 전형적 표현들은 읽기를 통해 수월하게 학습될 수 있기 때문이다.

읽기 수업은 보통 읽기 전 단계 – 읽기 단계 – 읽기 후 단계의 절차로 이루어지며, 듣기 수업과 마찬가지로 훑어 읽기와 정보 찾기 등의 다양한 전략 교수도 이루어진다.

▌생각 넓히기 ▌

최근 읽기의 능동성에 대한 다양한 논의들

- 읽기는 일반적인 지적 능력인 '의미 형성 능력', '학습자의 배경 지식', '과정 전략'이 의미를 형성하기 위해 상호작용 하는 것이다. (Coady 1979)
- 읽기는 텍스트 정보와 독자가 텍스트에 가져가는 정보와의 결합 과정이다. (Widdowson 1979)
- 읽기란 독자가 다양한 언어학적 기호를 인식하고, 그 의미를 언어학적 자료 처리 메커니즘과 자신의 스키마와 배경 지식을 통해서 해석하는 것이다. (Brown 1994)
- 읽기란 저자가 독자에게 제공하는 가구 조각을 독자 스스로 갖고 있는 배경 지식과 경험 지식을 동원하여 하나의 가구로 조합해 나가는 과정이다. (Nuttall 1996)
- 읽기는 사실을 단순히 파악하는 능력뿐만 아니라 주어진 정보를 분석하고 종합하는 모든 능력을 요구하는 일련의 사고 과정이다.(Carrell & Grabe 2002)
- 읽기란 독자가 지닌 배경지식과 읽기 목적을 달성하기 위한 다양한 전략을 사용하여 요구에 따른 적절한 이해와 더불어 알맞은 속도를 바탕으로 정보를 처리하는 것이다. (Anderson 2003)

3.4. 쓰기 교육

쓰기는 문어를 사용하여 자신의 생각, 느낌, 정보 등을 표현하는 과정이다. 쓰기 교육은 단순 베껴 쓰기에서부터 자신의 생각을 글로 표현하는 자유 작문에 이르기까지 광범위한 내용을 포함한다.

의사소통 능력은 말하기, 듣기 기능을 통한 구어 능력과 읽기, 쓰기를 통한 문어 능력을 고루 갖춤으로써 이루어진다. 하지만 실제 교육 현장에서는 교육 과정에 시간적인 제약이 있고, 말하기 학습에 중점을 두게 되므로 글을 통한 의사소통 능력 향상에는 시간을 충분히 할애를 하지 못하고 있다. 또한 쓰기는 언어 교육에서 개발해야 할 주요 수단이라기보다 다른 영역을 보조하고 강화하는 보조 기능이라는 인식이 남아 있다.

쓰기는 철자, 어휘, 문법 등에 대한 복합적인 능력을 요구하므로 이를 체계적으로 조합할 수 있는 교육이 필요하다. 그리고 말하기에 비해 복잡하고 완성된 문장을 필요로 하므로 다양한 어휘와 문법 지식, 텍스트의 구조 및 수사 형식에 대한 지식을 필요로 한다. 또한 쓰기는 읽기가 반복적 읽기를 통한 이해에 초점을 맞추는 것과는 달리 수정의 기회를 갖는다 해도 일단 완성되어 송출되면 다시 교정하기 어려우며, 다른 비언어적 장치 없이 글을 통해서만 독자의 생각을 성공적으로 전달해야 한다는 점에서 형식적이고 체계적인 장치와 효과적인 전달 전략을 필요로 한다.

사실 실제 쓰기는 메모나 편지, 이메일 등으로 단순화되는 경향이 많지만, 학문 목적 학습자들이나 직업 목적 학습자들에게는 전문 지식이 요구되므로 각 영역의 업무를 수행할 수 있는 어휘, 문법, 담화 지식 등이 요구된다. 쓰기 능력을 구성하는 범주는 글의 주제에 대한 내용적 지식, 상황에 맞게 글을 작성할 수 있는 맥락적 지식, 정확한 철자나 어휘, 문법을 구사할 수 있는 언어 지식, 그리고 쓰기 과정의 전략에 대한 쓰기 절차 지식으로 구분된다. 학문 목적이나 직업 목적 학습자들은 특정 전문 영역에서 요구되는 맥락 지식에의 요구가 특히 필요하다.

쓰기 교수의 방법은 초점을 어디에 두는지에 따라 글의 결과물에 초점을 두는 형식 중심 교수와 쓰기의 과정을 중시하는 과정 중심 교수, 그리고 독자를 고려하는 장르 중심 교수로 이어져 왔다. 완성된 작문을 지도하는 경우, 다른 의사소통 기능까지 연계되는 과정 중심 쓰기가 도입되어 활용되고 있으며, 글의 다양한 장르별 쓰기 연습도 주목받고 있다.

쓰기 수업은 쓰기 전 단계-쓰기 단계-쓰기 후 단계의 절차로 이루어지는데, 주제를 선정하고 아이디어를 모으고 계획하는 쓰기 전 단계에서는 짝 활동이나 그룹 활동을 통해 의견을 교환하는 활동이 이루어지며 개요 작성이 이루어진다. 쓰기 단계에서는 구상한 개요를 바탕으로 한 초고 쓰기와 이에 대한 교사-학생 간, 학생-학생 간 피드백 받기와 교정하기가 이루어진다. 쓰기 후 단계에서는 쓴 내용을 발표하거나 쓴 내용을 토론하는 활동을 통해 다른 언어 기능과 통합하게 되며, 교사의 최종 피드백을 거쳐 글을 완성하게 된다.

수업 중에 이루어지는 연습 활동으로는 베껴 쓰기, 받아쓰기, 바꿔 쓰기, 빈칸 채우기 등의 통제된 쓰기부터 도표 해석하기, 담화 완성하기 등의 유도된 쓰기가 이루어진다. 중급 후반부터는 다양한 주제와 다양한 종류의 글을 자유롭게 쓰기 활동이 이루어진다.

4. 대조분석 및 오류분석

4.1. 대조분석

대조분석은 언어 학습의 어려움을 학습자의 모국어와의 대조를 통해 예측하려는 외국어교육에서의 연구 방법론이다. 대조언어학과 깊은 관련을 가지고 있으며, 언어 간 유사성보다는 차이에 주목하여 학습자의 어려움을 예측하고자 하는 데에 그 특성이 있다.

〈표13-1〉 대조분석의 사례: 스페인어-한국어

스페인어 · 한국어의 음운대조			
		한국어	스페인어
자음	파열음	/ㅂ, ㄷ, ㄱ/	/b, d, g/
		/ㅃ, ㄸ, ㄲ/	/p, t, k/
		/ㅍ, ㅌ, ㅋ/	기식음을 동반한 파열음은 없음.
	파찰음	/ㅈ/	/ĵ/
		/ㅊ/	/č/
		/ㅉ/	한국어의 'ㅉ'과 대립하는 소리 없음.
	마찰음	/ㅅ, ㅆ, ㅎ/	/ß, f, θ, đ, s, ʃ, ž, x/
	유음	/ㄹ/	/l, ʎ/
	비음	/ㅁ, ㄴ, ㅇ/	/m, n, ɲ/
모음		/ㅏ, ㅑ, ㅓ, ㅕ…/	/a, e, i, o, u/

(강현화 외 2003)

대조분석은 음운, 어휘, 문법, 담화, 문화의 영역에서 다양하게 이루어지고 있으며, 특정 언어권 화자의 공통적 오류에 대한 설명을 제공할 수 있다. 아울러 대조분석의 결과는 학습자의 오류의 원인을 설명하는 데에 도움을 주고, 수업 자료의 작성이나 평가에 활용할 수 있다. 하지만 동일 언어권의 학습자가 늘 같은 유형의 오류를 보이는 것은 아니며, 학습자가 산출하는 오류의 대부분이 충분히 학습이 이

루어지지 않아서 생기는 무지에 의한 오류인 경우가 많다는 점, 학습
자의 오류의 원인이 모두 언어 간 차이의 결과 때문만은 아니라는 점
등은 이론의 한계를 보인다.

4.2. 중간언어 이론 및 오류 분석론

대조분석 이론은 이후 중간언어 이론, 오류분석 이론으로 발전하였
다. 셀링커(Selinker, 1972)가 주장한 중간언어 이론은 학습자의 언어
를 발달의 측면에서 파악하는 이론으로 '중간언어(Inter language)'라
는 용어를 통해 알 수 있듯이, 학습자 언어를 나름의 체계성을 가지
는 언어로 보는 시각이다. 즉 학습자의 언어를 단순히 오류가 아닌
스스로의 체계를 가지고 단계적으로 발달하는 과정으로 파악한다.

〈깊이 알기〉 중간언어에 나타나는 오류의 5가지 특성(Selinker 1972)

① 언어 전이(language transfer): 학습자의 모국어에서 오는 오류
② 훈련 전이(transfer of training): 학습훈련 과정에서 오는 교재나 지도교사 등
  에 의한 일종의 유도적 오류
③ 제2언어 학습 전략(strategies of second language learning): 학습자가 복잡한 목
  표어 체계를 단순한 체계로 수정하여 이용하는 학습방법에서 기인하는 오류
④ 제2언어 의사전달 전략(strategies of second language communication)
  : 학습자가 목표어 화자와의 의사소통을 위해 그가 소유하고 있는 언어 지식
  을 무엇이든 아무거나 활용하는 데서 오는 오류
⑤ 목표어 규칙의 확대 적용(overgeneralization of TL linguistic material): 목표어
  규칙의 확대 적용 및 경험 부족으로 인한 그릇된 유추에서 오는 오류

이런 시각은 중간언어에 나타나는 다양한 학습자의 전략을 파악할
수 있게 하고, 제2언어 습득의 단계와 절차를 파악할 수 있게 했다.
한편, 학습자가 산출한 오류에 주목하여 오류의 유형을 분류하고 오

류의 원인을 진단하고자 하는 연구가 '오류 분석론'이다. 아래는 한국어를 배우는 학습자들이 많이 산출하는 오류의 예들이다.

> (3) 가. *철수가 √영희뿐 좋아한다.
> 나. *√철수가도 밥을 먹었어요.
> 다. *철수가 학교에 √갔는다.
> 라. *선생님께서 학교에 √가더시라.
> 마. *배가 √고팠어서 밥 먹었어요.
> 바. *나는 나중에 외국인에게 √친절할 사람이 될 거예요.

　오류 분석의 결과는 학습자의 학습 상태를 진단하는 좋은 자료가 된다. 오류(error)는 일회적인 실수(mistake)와는 구분되며, 학습자가 해당 단계에서 스스로 옳다고 판단하여 지속적으로 산출하는 언어 자료를 의미한다. 흔히 오류는 모국어와의 관계에 따라 언어 간 오류(interlingual)와 언어 내 오류(intralingual)로 구분되며, 오류의 범위에 따라 전체적 오류와 국부적 오류로 나뉜다.

　오류를 분석하는 방법은 전체 오류를 결과에 따른 유형으로 분류하는 대치, 첨가, 누락으로 구분하는 방법과 품사별로 구분하는 방법, 언어의 영역(음운, 형태, 문법, 담화)별로 구분하는 방법 등 분석의 목적에 따라 다양하게 나뉜다.

5. 한국어 교육과정론

5.1. 교육과정

교육과정(curriculum)이란 교육의 목적에 비추어 타당하게 선택된

교육의 내용으로서, 교육 철학에 기반한 교육 목적과 목표, 교육 내용, 교수 방법, 교육 평가의 순환적 과정을 포함한다. 성공적인 한국어 교수를 위해서는 학습자와 교사를 비롯한 관계 집단의 요구를 조화롭게 수용하여 교육과정을 개발하는 것이 기본 조건이 된다. 즉 교육과정은 교육 프로그램의 계획, 운영, 평가, 관리를 위한 원리이며 절차인 셈이다.

최근 중시되고 있는 학습자중심 교육과정은 학습자들이 실제 언어생활에서 사용할 수 있는 의사소통 능력을 습득하도록 유도하는 것으로 요구분석과 목표설정, 방법론 제시, 평가 등을 주요 구성성분으로 하여 학생들의 요구를 최대한 교수요목에 반영하려는 특성을 지닌다. 성과 중심보다는 과정 중심 지향적이며 학습과정 상에서 학습자를 수동적 존재가 아니라, 능동적 존재로 인식한다.

5.2. 교수요목

교육과정에서 포함되어야 하는 구체적인 내용이 교수요목이다. 흔히 실러버스로 불리기도 하는데, 교수요목은 교육과정에서 교육 평가를 뺀 부분으로 학습자들이 배워야 할 교육 내용과 순서의 개요를 말한다. 교수요목은 교사에게 수업 지침서 역할을 하고 수업 내용을 구성하는 데에 필요한 정보가 될 수 있으며 학습자는 교수요목을 통해 수업 계획이 어떻게 되는지 각각의 수업이 어떻게 이루어져 있는지에 대한 정보를 얻을 수 있게 된다.

언어 교육에서 주로 논의되는 교수요목은 아래와 같은 것들이 있다. 먼저 '상황 중심 교수요목'은 의사소통 상황이 구성 원칙이 된다. 의사소통 장면들 즉, 거리, 버스 정류장, 시장, 집, 가게, 식당, 학교 등 학습자들이 접할 수 있는 가능성의 순서대로 학습 내용을 구성한다. 문법 교육을 배제하지는 않으나 문법 교육이 체계적으로 진행되지는 않는다는 특징이 있다. '문법적 교수요목'은 전통적으로 가장 많이 사용되어온 교수요목으로 문법이 언어 학습의 핵심이라고 이해하는 학습자들에게 호응을 받는 교수요목이다. 문법적 교수요목은 교육 내용을 문법 항목으로 구성하고, 이를 난이도나 사용 빈도, 단순성, 규칙성의 기준에 따라 순차적으로 배열한다.

'개념 중심의 교수요목'은 기능-개념 중심의 교수요목이라고도 불린다. 개념 중심 교수요목은 시간, 수량, 공간, 거리, 위치 등과 같은 개념 범주를 교수 대상으로 한다. 이 교수요목은 의미 위주의 내용을 먼저 고려하고 이를 바탕으로 언어 형태를 교수 내용으로 선정하고 의사소통 능력을 기르는 것을 목표로 삼고 있다. 하지만 학습자의 의사소통 능력을 기른다는 장점이 있으나 이 교수요목 역시 개념이라는 특정 언어 항목의 축적만을 의미할 수도 있는 단점이 있다. '기능 중심 교수요목'은 요청하기, 설명하기, 인사하기, 거절하기, 감사하기, 제안하기, 설득하기 등과 같은 언어 기능을 교수의 대상으로 삼는다. 이 교수요목은 의미 위주의 내용을 먼저 고려하고 이를 바탕으로 언어 형태를 교수 내용으로 선정하고, 기능적인 의사소통에 초점을 맞추어 의사소통 능력을 기르는 것을 목표로 삼고 있다. '과제 중심 교수요목'에서 설계의 기본 단위는 주문하기, 물건 사기, 집 구하기 등 특정 목적을 갖는 활동인 과제이다. 사람들이 일상생활에서 하는 모든 일들을 과제로 유형화하고, 과제 수행 과정에서 요구되는 언어의 종류와 양, 필요한 자료, 문제 해결의 수 등을 고려하여 과제 배열 순서를 정한다. 언어 형식보다는 언어 사용에 초점을 두는 교수요목이다. 이 교수요목에서는 언어 습득은 단어를 암기하거나 문법 연습을 할 때가 아니라 이해 가능한 입력 자료를 받았을 때 일어난다고 본다. '내용 중심 교수요목'은 형태가 아니라 내용에 초점을 둔다. 주로 학문 목적 학습자를 위해 설계되며, 학문적 주제에 대해 의사소통하는 능력을 신장하는 것을 목표로 삼는다.

최근에는 특정 교수요목에만 치우지지 않는 아래와 같은 다중 교수요목을 선정하는 것이 일반적이다.

	제목	소제목	과제	어휘	문법	문화
01	나의 생활	살다가 보니 적응이 됩니다	살고 있는 곳 소개하고 추진하기	주거 환경 관련	-다가 보니 -긴 하는데	서울의 외국인 마을
		저희 부모님이나 다름없는 분이예요	회고록 쓰기	감정 관련 어휘	-없더라면 아니 다름없다	
		시간을 낭비하지 않도록 계획을 세우세요	시간 관리, 계획하기	계획 관련 어휘	-도록¹ -는다고 해서	
		다른 삶도 도와 가면서 살아야겠어요	가치 기준 토론하기	가치 기준 관련 어휘	-는다 -는다 하는 게, -어 가면서	
02	사람의 성격	수줍음을 많이 타는지 말이 없어요	성격 묘사하기	성격 관련 어휘	-는지 -다가 보면	체질과 성격
		상상력만 풍부하면 뭘 해요?	적성 알아보기	직업 관련 어휘	-더니 -으면 뭘 해요?	
		일을 시작했다 하면 끝까지 해요	성격과 환경과의 관계 토론하기	환경 관련 어휘	-을 게 아니라 -았다 하면	
		귀 기울여 듣지 않으세요	뉴스 듣고 차이점 파악하기	질병 관련 어휘	-을 뻔하다 -는다기에	
03	일상의 문제	교환을 하고 싶어요	교환이나 환불하기	교환, 반품 관련 어휘	-기에는 -고 보니	이웃사촌
		그렇게 시끄러워서야 어디 쉴 수 있겠어요?	인터넷 답글 쓰기	피해 관련 어휘	-어서야 어디 -겠어요?, -는다 해도	

〈그림13-4〉『연세한국어 4』교수요목 일부

5.3. 교재론

교재는 교육 내용을 선정하고 조직하며, 선정된 내용을 교육 목표 및 학습 단계에 맞춰 재가공함으로써 학습자로 하여금 학습 목표 설정을 구체화하는 기능을 한다. 따라서 좋은 교재는 '교육 내용의 제시 기능'보다 '교수 및 학습 과정의 조절 및 안내 기능'을 더욱 충실히 담당하는 교재라고 할 수 있다.

국내외에서 '외국어 또는 제2언어로서의 한국어' 교재로 발간된 한국어 교재는 33개국의 3,400여 권에 이르는 것으로 알려진다. 그 중에서 90% 이상이 10년 이내에 개발된 것이어서 최근 급증하는 한국어교육의 수요를 짐작케 한다. 최근 학습 목적이 더욱 다양해지면서 교재 사용자 요구도 더욱 다양해지고 있다.

말하기, 듣기, 읽기, 쓰기가 통합된 숙달도별 통합 교재가 가장 많은 비중을 차지하고 있으며, 필요에 따라 각 영역별 분리 교재가 개발되기도 한다. 아울러 발음 교재, 어휘 교재, 문법 교재, 문화 교재와 같은 내용 영역별 교재도 최근 발간이 늘고 있으며, 학습자의 언어 학습 목적에 따른 결혼이주여성을 위한 교재, 학문 목적 학습자를 위한 교재, 직업 목적 학습자를 위한 교재의 발간도 활발하다.

〈표13-2〉 교재의 유형

기 준	유형 분류
지역·기관	· 국내 교재 / 현지화 교재 · 국내 교육기관용 / 국외 세종학당용 / 국외 대학용 / 국외 사회교육기관용 / 한글학교용 / 한국학교용
교육과정	· 일반 목적 교재 / 학문 목적 교재 / 직업 목적 교재 · 대학생용 / 여성결혼이민자용 / 근로자용 / 일반인용 / 중도입국자녀용 · 성인용 / 청소년용 / 아동용 · 집중과정용 / 단기과정용 / 특별과정용
교육과정에서의 위치	· 주교재 / 부교재 / 보조교재 / 워크북
언어 기능·범주	· 통합 교재 / 말하기 교재 / 듣기 교재 / 읽기 교재 / 쓰기 교재 · 발음 교재 / 문법 교재 / 어휘 교재
멀티미디어 특성	· 시각 자료 / 청각자료(CD, 오디오 테이프) / 시청각 자료 (비디오, DVD, 동영상 등) / 웹기반 자료

(강현화 2005: 302)

5.4. 평가론

평가(assessment)는 교수와 학습, 교육과정의 시작과 끝을 유기적으로 연결해 주는 기능을 한다. 언어 평가는 언어 능력을 측정하는 것으로 학습자가 목표를 얼마나 성취했는지를 점검하며, 학습자의 언어 숙달도를 측정하는 역할을 한다. 언어 평가는 교육과정 내에서 학습의 성취를 평가하는 성취도 평가와 언어 숙달도를 객관적으로 평가하는 숙달도 평가가 있다.

'한국어능력시험'은 대표적인 숙달도 평가로 1997년부터 KPT라는 이름으로 시행되다가 2006년 TOPIK으로 개칭되었다. 한국어가 모국어가 아닌 외국인 및 재외 동포들을 대상으로 한국어 의사소통 능력을 평가하는 표준화된 국가 공인 시험이다. 한국어능력시험은 현재 국내 35개 지역, 해외 68개국 192개 지역(2015년 1월 기준)에서 시행되고 있다. 횟수가 더해갈수록 수험자도 크게 급증하고 있으며, 시험의 방식도 수요에 맞추어 조금씩 변화하고 있다. 향후로는 일반적인 언어 평가가 그렇듯 종이 평가에서 컴퓨터 기반 평가로, 웹 기반 평가로 전환되어 갈 것이며, 시험의 내용에 있어서도 말하기 평가가 새롭게 도입되고, 한국어 학습 목적에 따른 평가가 개발될 것으로 전망된다.

더 읽을거리

한국어교육 일반론에 관해서는 강현화 외(2012) 한국어교육론, 허용 외 외국어로서의 한국어교육학 개론(2009)을 참조할 수 있다. 한국어교육학 연구의 현황에 대해서는 강현화(2010)에서 자세히 소개하고 있고, 어휘교육과 관련된 연구방법론에 대해서는 원미진(2011)을 참고할 수 있다. 한국어교육학의 세부 영역은 워낙 방대하므로 이루어진 연구의 수가 매우 많다. 한재영(2013)에서는 약 7,500여 편의 논문을 주제별로 분류해 목록을 제시하고 있으므로 이를 살피면 전반적인 연구 동향을 짐작할 수 있을 것이다. 대조분석론에 대해서는 강현화 외(2003), 허용·김선정(2013)을 참고할 수 있다.

참고문헌

강범모 편역(1997), 『전자텍스트 부호화 개설 : TEI 라이트』, 고려대학교 민족문화
　　　연구소, Burnard, Lou, Sperberg-McQueen, C. Michael, TEI lite : an in-
　　　troduction to text encoding for interchange.

_____(1999), 「텍스트 부호화와 문서표준 : TEI / SGML」, 홍윤표 외(1999).

_____(2010), 「공기 명사에 기초한 의미/개념 연관성의 네트워크 구성 공기 명사에
　　　기초한 의미/개념 연관성의 네트워크 구성」, 『한국어 의미학』 32, 한국어의미
　　　학회.

강승혜(2002), 「재미교포 성인 학습자 문화 프로그램 개발을 위한 요구조사 분석
　　　연구」, 『한국어교육』 13-1, 국제한국어교육학회.

_____(2003), 「한국어교육의 학문적 정체성 확립을 위한 한국어교육 연구 동향 분
　　　석」, 『한국어교육』 14-1, 국제한국어교육학회.

강영봉 외(2008), 『제주 지역어 생태 지수 조사 보고서』, 국립국어원.

강옥미(2003), 『한국어 음운론』, 태학사.

강현석 외(2014), 『사회언어학: 언어와 사회, 그리고 문화』, 글로벌콘텐츠.

강현화 외(2003), 『대조분석론 : 한국어·스페인어 문형 대조를 바탕으로』, 역락.

_____(2000), 「코퍼스를 이용한 부사의 어휘교육 방안 연구」, 『이중언어학』 17, 이
　　　중언어학회.

_____(2004), 「통합적 어휘 관계를 이용한 관련어 교수 방안」, 『국제한국어교육학
　　　회: 학술대회논문집』, 국제한국어교육학회.

_____(2005), 「한국어 문법 교육론」, 『외국어로서의 한국어 교육학』, 한국방송통신
　　　대학교 출판부.

_____(2007), 「한국어 교재의 문형유형 분석」, 『한국어교육』 18-1, 국제한국어교
　　　육학회.

_____(2010), 「한국어교육학 연구의 최신 동향 및 전망」, 『국어국문학』 155, 국어국
　　　문학회.

_____(2013), 「어휘연구방법론의 이론과 실제」, 『언어와문화』 9-3, 한국언어문화
　　　교육학회.

_____(2014), 「한국어교육용 중급 어휘 선정에 대한 연구」, 『외국어로서의한국어교
　　　육』 40, 연세대 언어교육연구원.

_____·이미혜(2012), 『한국어교육론』, 한국방송통신대학교 출판부.

경희대학교 국제교육원(2011), 『한국어』 1–6, 경희대학교 출판국(교과서/워크북 10권).

고려대학교 한국어문화교육센터(2010), 『재미있는 한국어』 1–6, 교보문고(교과서/
　　워크북 12권).

고영근(1987), 『표준중세국어문법론』, 탑출판사

_____(1992), 「형태소란 도대체 무엇인가?」, 『남사 이근수박사환력기념논총』, 이
　　병근 외 편(1993)

_____(2004), 『단어 문장 텍스트』(보정판), 한국문화사.

_____(2005), 「형태소의 교체와 형태론의 범위」, 『국어학』 46, 국어학회.

_____(2007), 『한국어의 시제 서법 동작상』, 태학사.

_____(2011), 『중세국어의 시상과 서법』, 집문당.

고영근·구본관(2008), 『우리말 문법론』, 집문당.

_____·남기심(1983), 『국어의 통사·의미론』, 탑출판사.

고정의(1998), 『사동법』, 서울대학교 국어연구회.

구본관(1998), 『15세기 국어 파생법에 대한 연구』, 태학사

_____(2010), 「국어 품사 분류와 관련한 몇 가지 문제」, 『형태론』 12–1, 형태론학회.

구현옥(2010), 『개정판 국어 음운학의 이해』, 한국문화사.

국립국어연구원(2001), 『새국어생활』 11–3, 4, 국립국어연구원.

_____(2002), 『새국어생활』 12–2, 국립국어연구원.

국립국어원 저(2009) 『한국어교육의 이해』, 한국문화사.

_____(2005ㄱ), 『외국인을 위한 한국어문법 1』, 커뮤니케이션북스.

_____(2005ㄴ), 『외국인을 위한 한국어문법 2』, 커뮤니케이션북스.

국문연구소(1909), 『국문연구의정안(國文研究議定案)』.

권순희(2002), 「수업 분석을 통한 한국어 교수법 연구」, 『선청어문』 30, 서울대학교
　　사범대학 국어교육과.

권재일(1985), 『국어 복합문 구성 연구』, 집문당.

_____(1998), 『한국어 문법사』, 박이정.

김광해(1993), 『국어 어휘론 개설』, 지식과교양.

_____(1995), 『어휘 연구의 실제와 응용』, 집문당.

_____(1999), 『국어지식 교육론』, 서울대학교 출판부.

_____(2003), 「교육용 어휘와 한국어교육용 어휘」, 『국어교육』 111, 한국어교육학회.

김동소(1998), 『한국어 변천사』, 형설출판사.

김동식(1981), 「부정 아닌 부정」, 『언어』 6-2, 한국언어학회.

_____(1990), 「부정법」, 『국어연구 어디까지 왔나』, 동아출판사.

김무림(1992), 『국어음운론』, 한신문화사.

김방한(2001), 『언어학의 이해』, 민음사.

김봉모(1992), 『국어 매김말의 문법』, 태학사.

김석득(1974), 「한국어의 시상」, 『한불연구』 1, 연세대학교 한불연구소.

김선철(2008), 「외래어 표기법의 한계와 극복 방안」, 『언어학』 16-2, 한국언어학회.

김선효(2002), 『현대 국어의 관형어 연구』, 서울대학교 박사학위 논문.

김영송(1981), 『우리말 소리의 연구(고친판)』, 과학사

김영숙(2002), 『초등영어 어휘 교육』, 한국문화사.

김영희(1998), 『한국어 통사론을 위한 논의』, 한국문화사.

김은혜(2011), 「한국어교육 : 의미 중심 어휘지도를 위한 고급 한국어 학습자의 단어
　　　연상 조사」, 『새국어교육』 88, 한국국어교육학회.

김정숙・조항록・이미혜・원진숙(2008), 『초급 한국어 읽기』, 한림출판사.

김정은(2003), 「한국어 파생어 교육 연구」, 『이중언어학』 22, 이중언어학회.

김종택(1992), 『국어 어휘론』, 탑출판사.

_____・남성우(1994), 『국어의미론』, 한국방송대학교 출판부.

김준기(2010), 「의미범위와 의미정보의 상관성에 대하여」, 『한국어 의미학』 32, 한
　　　국어의미학회.

김진우(2004), 『언어』, 탑출판사.

_____(2007), 『언어 이론과 그 응용』, 탑출판사.

김차균(1980), 「국어 시상 형태소의 의미」, 『한글』 169, 한글학회.

김하수(2008ㄱ), 『문제로서의 언어 1:사회와 언어』, 커뮤니케이션북스.

_____(2008ㄴ), 『문제로서의 언어 2:민족과 언어』, 커뮤니케이션북스.

_____(2014), 『문제로서의 언어 3: 소통과 언어』, 커뮤니케이션북스.

김현권 역(2012), 『일반언어학 강의』, 지식을만드는지식.

김흥규・강범모(1996), 「고려대학교 한국어 말모둠I : 설계와 구성」, 『한국어학』 3,
　　　한국어학회.

남광우(1960), 『고어사전』, 동아출판사.

남기심 외(1975), 『現代國語文法』, 啓明大學出版部.

_____ 외(1999), 『외국인을 위한 한국어교육의 방법과 실제』, 한국방송대학교 출판부.

남기심 외(2006), 『왜 다시 품사론인가』, 커뮤니케이션북스.

_____(1972), 「현대 국어 시제에 관한 문제」, 『국어국문학』 55·56·57, 국어국문학회.

_____(1983), 『現代國文法』, 啓明大學出版部.

_____(1986), 「'서술절'의 설정은 타당한가」, 『국어학신연구』, (고영근 외)태학사, [남기심 1996. 517-524 재수록].

_____(1996), 『국어문법의 탐구』Ⅰ, 태학사.

_____(2001ㄱ), 『국어문법의 탐구』Ⅴ, 태학사.

_____(2001ㄴ), 『현대국어 통사론』, 태학사.

_____·고영근(1993), 『표준국어문법론』, 탑출판사.

도원영·박주원(2011), 『〈고려대한국어대사전〉과 사전학』, 지식과교양.

리의도(1990), 『우리말 이음씨끝의 통시적 연구』, 어문각.

목정수(2003), 『한국어 문법론』, 월인.

문금현(2011), 「어휘장을 활용한 한국어 어휘 교육」, 『우리말교육현장연구』 5-2, 우리말교육현장학회.

문숙영(2009), 『한국어의 시제 범주』, 태학사.

민현식(2000), 「한국어교재의 실태 및 대안」, 『국어교육연구』 7, 서울대학교종합교육연구원 국어교육연구소.

_____(2005), 「한국어교육학 개관」, 『한국어교육론 1』, 국제한국어교육학회 편, 한국문화사.

박정운(1997), 「한국어 호칭 체계」, 『사회언어학』 5-2, 한국사회언어학회.

박창해(2007), 『현대한국어 통어론연구』, 연세대학교 출판부.

박한상 역(2006), 『음향 및 청취음성학의 이해』, 한빛문화.

방언연구회 편(2001), 『방언학 사전』, 태학사.

방찬성·이혜윤(2008), 「코퍼스를 이용한 상하위어 추출 연구」, 『인지과학』 19-2, 한국인지과학회.

배두본(2000), 『외국어교육 과정론』, 한신문화사.

배주채(1996/2011), 『국어음운론개설』, 신구문화사

_____(2013), 『개정판 한국어의 발음』, 삼경문화사.

_____(2003), 『한국어의 발음』, 삼경문화사

백두현·이미향·안미애(2003), 『한국어 음운론』, 태학사.

백봉자(1999), 『외국어로서의 한국어 문법 사전』, 연세대학교 출판부.

백봉자(2001), 「교재와 교수법을 통해 본 한국어교육의 역사와 과제」, 『외국어로서
　　의 한국어교육』 25·26, 연세대학교 언어교육연구원 한국어학당.

복거일(1998), 『국제어 시대의 민족어』, 문학과지성사.

서강대학교 한국어교육원(2008), 『New 서강한국어』 1A-5B, 서강대학교 국제문화
　　교육원 출판부(교과서/워크북 20권).

서상규(2002), 『한국어 기본어휘와 말뭉치 분석, 21세기 한국어교육학의 현황과 과
　　제』, 한국문화사.

＿＿＿(2007), 「한국어교육 연구방법론의 문제점과 개선 방안」, 제3차 한국언어문
　　화국제학술대회, 경희대학교 대학특성화사업단.

＿＿＿(2008), 「한국어 특수말뭉치의 구축 현황과 그 특징 - 21세기 세종계획의 성과
　　를 중심으로」, 『한국사전학』 12, 한국사전학회.

＿＿＿(2013), 『한국어 기본어휘 연구』, 한국문화사.

＿＿＿(2014), 『한국어 기본어휘 의미빈도 사전』, 한국문화사.

＿＿＿·한영균(1999), 『국어정보학입문』, 태학사.

서울대학교 국어교육연구소(2002), 『고등학교 문법』, 교육과학기술부.

서울대학교 한국어문학연구소(2012), 『한국어교육의 이론과 실제』, 아케넷.

서정수(2006), 『국어문법』(한세본), 도서출판 한세.

서태룡 외(1998), 『문법 연구와 자료』, 태학사.

성기철(1985), 『현대 국어 대우법 연구』, 서울대학교 박사학위 논문.

송석중(1981), 「한국말의 부정의 범위」, 『한글』 173·174, 한글학회.

시정곤(2006), 『현대국어 통사론의 연구』, 월인.

신지영 외(2012), 『쉽게 읽는 한국어학의 이해』, 지식과교양.

＿＿＿(2011), 『한국어의 말소리』, 지식과교양.

신현숙(2011), 「의미망을 활용한 한국어 어휘 교육」, 『한국어문학연구』 56, 한국어
　　문학연구학회.

심재기(1982), 『국어어휘론』, 집문당.

안명철(1998), 「동사구 내포문」, 『문법 연구와 자료』(서태룡 외. 1998), 태학사.

안병희 외(1991), 『중세국어문법론』, 학연사

양동휘(1978), 「국어관형절의 시제」, 『한글』 162, 한글학회.

＿＿＿(1979), 「국어의 피사동」, 『한글』 166, 한글학회.

양명희(2006), 「보어와 학교문법」, 『한국어학』 32, 한국어학회.

양순임(2003), 「유기음화와 관련된 한국어 발음 교육」, 『이중언어학』 22, 이중언어

학회.

양정석(1987), 「이중주어구문과 이중목적어문」, 『연세어문학』 20, 연세대학교 국어
국문학과.

양정환 외(2010), 『2010년 국민의 언어 의식 조사』, 국립국어원.

연세대학교 한국어학당(2013), 『연세한국어』 1-6, 연세대학교 출판부(교과서/워크
북 12권).

염광호(1998), 『종결어미의 통시적 연구』, 박이정.

옥철영(2008), 『한국어 어휘의미 체계 기반 입체적 기본어휘 사전 구축 연구』, 국립
국어원.

＿＿＿(2008), 『한국어 어휘의미 체계 기반 입체적 기본어휘 사전 구축 연구』, 국립
국어원.

왕한석 외(2005), 『한국 사회와 호칭어』, 역락.

원미진(2011), 「한국어 어휘 교육 연구의 방향 모색」, 『한국어교육』 22-2, 국제한국
어교육학회.

유동석(1998), 「주제어와 주격중출문」, 『문법 연구와 자료』(서태룡 외. 1998), 태학사.

유창돈(1964), 『이조어사전』, 연세대학교 출판부.

유필재(2005), 『음운론 연구와 음성전사』, 울산대학교 출판부.

유현경(1986), 「국어 접속문의 통사적 특질에 대하여」, 『한글』 251, 한글학회.

＿＿＿(1994), 「논항과 부가어」, 『우리말글 연구』 1, 우리말학회.

＿＿＿(2001), 「간접인용절에 대한 연구」, 『국어문법의 탐구』 Ⅴ(남기심 엮. 2001),
태학사.

＿＿＿・강현화(2002), 「유사 관계 어휘 정보를 활용한 어휘교육 방안」, 『외국어로
서의 한국어교육』 27, 연세대학교 한국어학당.

＿＿＿・남길임(2009), 『한국어 사전 편찬학 개론 – 사전 편찬의 이론과 실제』, 역락.

윤애선(2012), 「한국어 어휘 의미망 KorLex 2.0 : 의미 처리와 지식 공학을 위한
기반 언어 자원」, 『한글』 295, 한글학회.

윤평현(2008), 『국어의미론』, 역락.

＿＿＿(2013), 『국어의미론 강의』, 역락.

이경우(1983), 「부정소 ‘아니’와 ‘못’의 의미」, 『국어교육』 44・45, 한국어교육학회.

이경화(2003), 『읽기 교육의 원리와 방법』, 도서출판 박이정.

이관규(2004), 『학교 문법론』(개정판), 월인.

이극로(1932), 「조선말의 사투리」, 『동광』 29, 京城 : 東光社.

이기문(1961), 『국어사개설』, 민중서관.

_____(2006), 『국어사개설(신정판)』, 태학사.

_____ㆍ김진우ㆍ이상억(2000), 『국어음운론(증보판)』, 학연사.

이기용(1979), 「두 가지 부정문의 동의성 여부에 대하여」, 『국어학』 8, 국어학회.

이기황ㆍ이재윤(2010), 「한국어 사전 어휘의 네트워크 분석: 『연세한국어사전』의 경우」, 『한국사전학』 16, 한국사전학회.

이두행(2011), 『통계에 기반한 한국어 연어 결합 측정의 평가』, 연세대학교 석사학위논문.

이미혜(2005), 「한국어 기능교육론 2」, 『외국어로서의 한국어 교육학』, 한국방송통신대학교 출판부.

이병근(1976), 「「새갱이」(土蝦)의 통시음운론」, 『어학』 3, 전북대학교 어학연구소.

_____ㆍ송철의 편(1998), 『音韻 Ⅰ』, 태학사.

이상규ㆍ조태린 외(2008), 『한국어의 규범성과 다양성 - 표준어 넘어서기』, 태학사.

이상억(1999), 『국어의 사동ㆍ피동 구문 연구』, 집문당.

이선우 역(1990), 『언어에 대한 지식』(노엄 촘스키 지음), 민음사.

이성범(2001), 『추론의 화용론』, 한국문화사.

_____(2012), 『화용론 연구의 거시적 관점 : 이론과 실제』, 소통.

이승재(2004), 『방언 연구 : 자료에서 이론으로』, 태학사.

이양혜(2011), 「한국어 학습자를 위한 특이파생어 교수, 학습 방안 연구」, 『우리말연구』 28, 우리말학회.

이용주(1972), 『意味論槪說』, 서울대학교 출판부.

이은경(1998), 「접속어미의 통사」, 『문법 연구와 자료』(서태룡 외), 태학사.

이익섭 외(2008), 『한국언어지도』, 태학사.

_____(2000), 『사회언어학』(개정판), 민음사.

_____(2003), 『국어 부사절의 성립』, 태학사.

_____(2006), 『방언학』(3판), 민음사.

_____ㆍ임홍빈(1983), 『국어문법론』, 학연사.

_____ㆍ채완(1999), 『국어 문법론 강의』, 학연사.

이정민ㆍ이병근ㆍ이명현 편(1977), 『언어과학이란 무엇인가』, 문학과지성사.

이정복(2006), 「국어 경어법에 대한 사회언어학적 접근」, 『국어학』 47, 국어학회.

이주행(2007), 『한국어 사회방언과 지역방언의 이해』, 한국문화사.

이진호(2012), 『한국어의 표준 발음과 현실 발음』, 아카넷.

_____(2014), 『개정판 국어음운론 강의』, 삼경문화사.

이충우(2006), 『좋은 국어 어휘 교육 어떻게 할 것인가?』, 교학사.

이필영(1992), 『현대국어의 인용구문에 관한 연구』, 서울대학교 박사학위논문.

_____(1994), 「대등절과 종속절에 대하여」, 『선청어문』 22, 선청어문학회.

_____(1998), 「명사절과 관형사절」, 『문법 연구와 자료』, 태학사.

이해영(2002), 「한국어 듣기 교육의 이론과 실제」, 『21세기 한국어 교육학의 현황과
    과제』(박영순 편), 한국문화사.

이현복 외(1997), 『한글 맞춤법, 무엇이 문제인가?』, 태학사.

이호영(1996), 『국어음성학』, 태학사.

이홍식(1990), 「현대국어 관형절 연구」, 『국어연구』 98, 국어연구회.

_____(2000), 『국어 문장의 주성분 연구』, 월인.

이화여자대학교 언어교육원, 『이화 한국어』 1-6, EPRESS(교과서/워크북 12권).

이희승(1968), 『새문법』, 일조각.

_____(1975), 「單語의 定義와 助詞・語尾의 處理問題」, 『現代國語文法』(남기심 외),
    啓明大學出版部. [『李熙昇全集』1에 재수록].

_____(2000), 『일석 이희승전집』(一石李熙昇全集)1, 서울대학교 출판부.

이희자・이종희(2001). 『한국어 학습용 어미조사 사전』, 한국문화사.

임동훈(1997), 「이중주어구문의 통사구조」, 『한국문화』 19, 서울대학교 한국문화연
    구소.

임지룡(1991), 「국어의 기초어휘에 대한 연구」, 『국어교육연구』 23, 경북대학교 국
    어교육학과.

_____(2003), 『국어의미론』, 탑출판사.

_____(2010), 「어휘의미론과 인지언어학」, 『한국어학』 49, 한국어학회.

임칠성(2003), 「기초 어휘 선정 방법론」, 『새국어생활』 13-3, 국립국어연구원.

임홍빈 외(1993), 『국어 어휘의 분류 목록에 대한 연구 보고서』, 국립국어원.

_____(1978), 「부정법논의와 국어의 현실」, 『국어학』 6, 국어학회.

_____(1990), 「존경법」, 『국어연구 어디까지 왔나』, 동아출판사.

장경희(1985), 『현대국어의 양태범주 연구』, 탑출판사.

_____(1987), 「국어의 完形補節의 해석」, 『국어학』 16, 국어학회.

_____(1998), 「서법과 양태」, 『문법 연구와 자료』, 태학사.

장경희(2002), 「대명사」, 『새국어생활』 11-4, 국립국어연구원.

정승철(2013), 『한국의 방언과 방언학』, 태학사.

정연찬(1997), 『(개정) 한국어 음운론』, 한국문화사.

조선어학회(1940), 외래어표기법통일안

조태린(2006), 「'국어'라는 용어에 대한 비판적 고찰」, 『국어학』 48, 국어학회.

_____(2009), 「한글의 개선, 활용, 수출(세계화) 논의에 대한 비판적 고찰」, 『한국
　　　어학』 42, 한국어학회.

_____(2010), 「언어 규범과 언어 변이의 문제 - '표준 화법'을 중심으로」, 『사회언
　　　어학』 18-2, 한국사회언어학회.

조항록(2005), 「국내 한국어교육의 발달 과정과 특징」, 『우리말학회 전국학술대회
　　　주제발표 논문집』, 우리말학회.

_____(2010), 『한국어교육정책론』, 한국문화사.

주시경(1910), 『국어문법』, 박문서관.

채숙희(2002), 「연결어미 상당의 명사구 보문 구성 연구」, 『국어연구』 170, 국어연
　　　구회.

채현식(1994), 「국어 어휘부의 등재소에 관한 연구」, 『국어연구』 120, 국어연구회.

최명옥(2004), 『국어음운론』, 태학사

최승언 역(2006), 『일반언어학 강의』, 민음사.

최현배(1937/1971), 『우리말본』, 정음사.

_____(1953), 『우리말 존중의 근본 뜻』, 정음사.

최형강(2004), 『국어의 격조사구 보어 연구』, 서울대학교 박사학위논문.

최형용(1999), 「국어의 단어 구조에 대하여」, 『형태론』 1-2, 박이정.

최호철(1995), 「국어의 보어에 대하여」, 『한국어학』 2, 한국어학회.

한국방송통신대학교 평생교육원(2005), 『외국어로서의 한국어교육학』, 한국방송통
　　　신대학교 출판부.

_____(2005), 『외국어로서의 한국어학』, 한국방송통신대
　　　학교 출판부.

한국사회언어학회 편(2012), 『사회언어학 사전』, 소통.

한국어문교육연구회 편(2005), 『한자교육과 한자정책에 대한 연구』, 역락.

한국정신문화연구원(1987ㄱ), 『한국방언자료집 Ⅲ(충청북도편)』, 한국정신문화연
　　　구원.

_____(1987ㄴ), 『한국방언자료집 Ⅴ(전라북도편)』, 한국정신문화연구원.

한국정신문화연구원(1989), 『한국방언자료집 Ⅶ(경상북도편)』, 한국정신문화연구원.

_____(1990ㄱ), 『한국방언자료집 Ⅳ(충청남도편)』, 한국정신문화연구원.

_____(1990ㄴ), 『한국방언자료집 Ⅱ(강원도편)』, 한국정신문화연구원.

_____(1991), 『한국방언자료집 Ⅵ(전라남도편)』, 한국정신문화연구원.

_____(1993), 『한국방언자료집 Ⅷ(경상남도편)』, 한국정신문화연구원.

_____(1995ㄱ), 『한국방언자료집 Ⅸ(제주도편)』, 한국정신문화연구원.

_____(1995ㄴ), 『한국방언자료집 Ⅰ(경기도편)』, 한국정신문화연구원.

한글학회 편(1992), 『우리말 큰 사전』, 어문각.

한길(1993), 「월조각의 되풀이법 연구」, 『한글』 211, 한글학회.

한송화·강현화(2004), 「연어를 이용한 어휘교육 방안연구」, 『한국어교육』 15-3, 국어국문학회.

한영균(1988), 「비음절화 규칙의 통시적 변화와 그 의미」, 『울산어문논집』 4, 울산대학교 인문대학 국어국문학과.

_____(2002), 「어휘 기술을 위한 연어정보의 추출 및 활용과 관련된 몇 문제」, 『국어학』 39, 국어학회.

한재영 외(2003), 『한국어 발음교육』 155, 한림출판사.

_____ 외(2010), 『한국어 어휘 교육』, 태학사.

_____(2013), 『한국어교육 연구의 현황』, 신구문화사.

한정한 외(2008), 『한국어 어휘의미망 구축을 위한 기초 연구』, 보고사.

_____(2011), 「통사 단위 단어」, 『국어학』 60, 국어학회.

허용 외(2003), 『한국어교육을 위한 한국어 문법론』, 한국문화사.

____ 외(2012), 『외국어로서의 한국어교육학 개론』, 박이정.

____·김선정 역(2005), 『음운론의 이해』, 동인.

____·김선정(2013), 『대조언어학』, 소통.

허웅(1965), 『국어음운학(개고신판)』, 정음사

____(1975), 『우리 옛말본-15세기 국어 형태론』, 샘문화사.

____(1983/1997), 『국어학 -우리말의 어제와 오늘-』, 샘문화사.

____(1985), 『국어음운학 : 우리말 소리의 오늘 어제』, 샘문화사.

____(1987), 『국어 때매김법의 변천사』, 샘문화사.

____(1989), 『16세기 우리 옛말본』, 샘문화사.

____(1991), 『15·16세기 우리 옛말본의 역사』, 탑출판사.

허웅(1997), 『언어학:그 대상과 방법』, 샘문화사.

____(1999), 『20세기 우리말의 통어론』, 샘문화사.

____·권재일 엮음(2011), 『언어학 개론』, 지식을만드는지식.

허재영 외(2014), 『한국어학의 이해』, 소통.

홍윤표(1994), 『근대국어연구(I)』, 태학사.

_____ 외(1999), 『한국어와 정보화』, 태학사.

_____(2012), 『국어정보학』, 태학사.

홍재성(2001), 「한국어의 명사 I」, 『새국어생활』 11-3, 국립국어연구원.

_____(2001), 「한국어의 명사 II」, 『새국어생활』 11-4, 국립국어연구원.

홍종선 외(1998), 『근대국어 문법의 이해』, 박이정.

_____ 외(2009), 『국어사전학 개론』, 제이앤 씨.

나카가와 아키오(中川明夫)(2012), 「{명사+동사 '부리다·떨다·피우다'} 연어에 대한 연구」, 『한국언어문화학』 9-1, 국제한국언어문화학회.

다지마 이쿠도(田島鴥堂)(1993), 「語彙分類の考」え方」, 『日本語學』 12.

오구라 신페이(小倉進平)(1944), 『조선어 방언의 연구(朝鮮語方言の研究)』, 東京 : 岩波書店 昭和19.

Anderson, N.(2003), Reading. In D. Nunan (Ed.), *Practical English language teaching*. New York: McGraw Hill.

Austin, J.L.(1962), *How to do Things with Words*, London: Oxford University Press.

Bartsch, R.(1987), *Norms of language: Theoretical and practical aspects*, London & New York: Longman.

Bonvillain, N./한국사회언어학회 편역(2002), 『문화와 의사소통의 사회언어학』, 한국문화사.

Bourdieu, P.(1982), *Ce que parler veut dire : l'économie des échanges linguistiques*, Paris: Fayard.

Brown, H.D.(1994), *Teaching by principles: An interactive approach to language pedagogy*. New York: Longman.

Carrellr, P.L. & W. Grabe.(2002), Reading. in Schumitt, N. (Ed): *An Introduction to Applied Linguistics*. London: Arnold.

Chambers, J.K. & Trudgill, P.(1980), *Dialectology*, Cambridge: Cambridge University Press.

Chomsky, N., & Halle, M.(1968), *The sound pattern of English*, Harper & Row, New York, Evanston and London.

Coady, J.(1979), A psycholinguistic model of the ESL reader. In *Reading in a second language*, 5-12, Rowley, Mass.: Newbury House.

Coulmas, F.(1989), *The Writing Systems of the World*. Oxford: Blackwell.

Coxhead, A. J./김창구 역(2012), 『I.S.P Nation의 외국어 어휘의 교수와 학습 : Learning vocabulary in another Language』, 소통.

Dirk Geeraerts/임지룡 · 김동환 공역(2013), 『어휘의미론의 연구 방법』, 경북대학교출판부.

Downes, W.(1984), *Language and Society*, London: Fontana.

Fasold, R.(1990), *Sociolinguistics of language*, Oxford: Basil Blackwell.

Grice, H.P.(1975a), "Method in Philosophical Psychology: From the Banal to the Bizarre", *Proceedings and Addresses of the American Philosophical Association*(1975), 23-53.

_____(1975b), "Logic and Conversation", *Syntax and Semantics*, vol.3 edited by P. Cole and J. Morgan, Academic Press. Reprinted as ch.2 of Grice 1989, 22-40.

Gussenhoven, C. & Haike Jacobs(1998/2004), *Understanding Phonology*, Routledge.

Halliday, M. A. K.(1961), Categories of the theory of grammar, *Word*, 17-3.

Harmer, J.(2001), *The pracice of English language teaching* (3rd edition), Harlow: Longman.

Haugen, E.(1966/1972), "Dialect, language, nation", in J.B. Pride and J. Holmes(eds.)(1972), *Sociolinguistics: Selected Readings*, Harmondsworth: Penguin.

Hayes, Bruce(2009), *Introductory Phonology*. Wiley-Blackwell.

Huang, Y./이해윤 역(2009), 『화용론』, 한국외국어대학교 출판부.

Johnson, K.(2003), *Acoustic and Auditory Phonetics*. 2nd ed. Blackwell.

Joseph, J.E.(1987), *Eloquence and Power: the rise of language stand-ards and standard languages*, London: Frances Pinter.

Kager, René(1999), *Optimality theory*, Cambridge University Press.

Labov, W.(1966), *The Stratification of English in New York City*, Washington, D.C.: Center for Applied Linguistics.

Labov, W.(1972), *Sociolinguistic Patterns*. Philadelphia, PA: University of Pennsylvania Press.

_____(1973). "The boundaries of words and their meanings". In: Charles-James N. BAILEY / Roger W. SHUY (eds.), *New ways of analyzing variation in English*, 340-373. Washington D.C.: Georgetown University Press.

Ladefoged, P.(2003), *Phonetic Data Analysis: An Introduction to Fieldwork and Instrumental Techniques*. Blackwell

_____(2005), *Vowels and consonants : an introduction to the sounds of languages*, 2nd ed, Blackwell.

_____(2006), *A Course in Phonetics*. 5th ed.

Leech, G.(1970), *Towards a semantic description of English*, Indiana University Press.

Lewis, M.(1997), *Implementing the lexical approach*. Hove, England: Language Teaching Publications.

McEnery, Tony & Andrew Hardie(2012), *Corpus linguistics : method, theory and practice*, Cambridge University Press

Mey/이성범 역(2007), 『화용론 개관』, 한신문화사.

Meyer, Charles F.(2004), *English Corpus Linguistics_ An Introduction* - 2nd ed, Cambridge University Press.

Nation, I.S.P.(1990), *Teaching and learning vocabulary*. Boston: Heinle & Heinle.

Nuttall, C.(1996), *Teaching Reading Skills in a Foreign Language*, London: Heinemann.

Romaine, S./박용한·김동환 역(2009), 『언어와 사회』, 소통.

Sacks, H., Schegloff, E. A., & Jefferson, G.(1974), *A simplest systematics for the organization of turn-taking for conversation*. Language, 696-735.

Saussure, F. de(1916/1967), *Cours de linguistique générale*, Paris: Payot.

Searle, J.R.(1969), *Speech Acts*, Cambridge: Cambridge University Press.

Selinker, L.(1972), *Interlanguage*. International Review of Applied Linguistics, 10, 209-241

Sperber & Wilson/김태옥·이현호 공역(1993), 『인지적 화용론 : 적합성 이론과 커뮤니케이션』, 한신문화사.

Stephen C. Levinson/이익환·권경원 공역(1996), 『화용론』, 한신문화사.

Stubbs, M.(1983), *Discourse analysis: The sociolinguistic analysis of natural language* (Vol. 4). University of Chicago Press.

Vyvyan Evans/임지룡·김동환 공역(2012), 『인지언어학적 어휘의미론』, 경북대학 교출판부.

Wardhaugh, R./박의재 역(1999), 『현대사회언어』, 한신문화사.

Widdowson, H.G.(1979), *Explorations in Applied Linguistics 1*. Oxford: Oxford University Press.

Xue, G., & Nation, I. S. P.(1984), "A university word list", *Language Learning and Communication*, 3, 215-229.

찾아보기

저자 소개

유현경

연세대학교 국어국문학과 졸업, 동 대학원 국어학 석사 및 박사, 연세대학교 국어국문학과 교수
『국어 형용사 연구』(1998), 『왜 다시 품사론인가?』(2006, 공저), 『한국어 통사론의 현상과 이론』
(2011, 공저)

서상규

연세대학교 국어국문학과 졸업, 동 대학원 국어학 석사 및 박사, 연세대학교 국어국문학과 교수
『노걸대 어휘 색인』(전6권)(1997), 『한국어 기본어휘 연구』(2013), 『한국어 기본어휘 의미빈도
사전』(2014)

한영균

서울대학교 국어국문학과 졸업, 동 대학원 국어학 석사 및 박사, 연세대학교 국어국문학과 교수
『국어정보학입문』(1999, 공저), 『한창기 선생이 수집한 고문헌 자료의 가치와 인식』(2014, 공저)

강현화

연세대학교 국어국문학과 졸업, 동 대학원 국어학 석사 및 박사, 연세대학교 국어국문학과 교수
『한국어교육론』(2013, 공저), 『한국어교육 문법』(2016, 공저), 『한국어 유사문법항목 연구』
(2017, 공저), 『학습자 말뭉치의 구축과 활용 연구』(2017)

고석주

연세대학교 국어국문학과 졸업, 동 대학원 국어학 석사 및 박사, 연세대학교(원주) 국어국문학
과 교수
『격』(1998, 역), 『소쉬르와 비트겐슈타인의 언어: 어떻게 언어로 놀이를 하는가』(1999, 역),
『현대 한국어 조사의 연구 I』(2004)

조태린

연세대학교 국어국문학과 졸업, 동 대학원 국어학 석사, 파리10대학교 언어과학과 박사, 연세대
학교 국어국문학과 교수
『한국어의 규범성과 다양성』(2008, 공저), 『식민지 시기 전후의 언어 문제』(2012, 공편), 『사회
언어학: 언어와 사회, 그리고 문화』(2014, 공저)

우리말 연구의 첫걸음

2015년　3월 30일 초판 1쇄 펴냄
2017년　8월 17일 초판 2쇄 펴냄
2020년 12월 10일 초판 3쇄 펴냄

지은이 유현경 · 서상규 · 한영균 · 강현화 · 고석주 · 조태린
펴낸이 김흥국
펴낸곳 도서출판 보고사

책임편집 권송이
표지디자인 이준기

등록 1990년 12월 13일 제6-0429호
주소 경기도 파주시 회동길 337-15
전화 031-955-9797(대표), 02-922-5120~1(편집), 02-922-2246(영업)
팩스 02-922-6990
메일 kanapub3@naver.com / bogosabooks@naver.com
http://www.bogosabooks.co.kr

ISBN 979-11-5516-344-3 93710
ⓒ 유현경 · 서상규 · 한영균 · 강현화 · 고석주 · 조태린, 2015